U0554543

BLUE BOOK

**智库成果出版与传播平台**

中国社会科学院创新工程学术出版资助项目

产业蓝皮书
BLUE BOOK OF INDUSTRY

中国产业竞争力报告 (2023) *No.12*

ANNUAL REPORT ON INDUSTRIAL COMPETITIVENESS OF CHINA (2023) No.12

提升产业链供应链韧性和安全水平

主　编／张其仔
副主编／郭朝先　白 玫　邓 洲
　　　　胡文龙　张航燕

社会科学文献出版社
SOCIAL SCIENCES ACADEMIC PRESS (CHINA)

图书在版编目（CIP）数据

中国产业竞争力报告. 2023. No. 12：提升产业链供
应链韧性和安全水平 / 张其仔主编. --北京：社会科
学文献出版社，2023.12
　（产业蓝皮书）
　ISBN 978-7-5228-3167-1

　Ⅰ.①中…　Ⅱ.①张…　Ⅲ.①产业-市场竞争-研究
报告-中国-2023-2024　Ⅳ.①F121.3

　中国国家版本馆 CIP 数据核字（2023）第 248893 号

产业蓝皮书
中国产业竞争力报告（2023）No.12
　　——提升产业链供应链韧性和安全水平

主　　编／张其仔
副 主 编／郭朝先　白　玫　邓　洲　胡文龙　张航燕

出 版 人／冀祥德
组稿编辑／邓泳红
责任编辑／宋　静
责任印制／王京美

出　　版／社会科学文献出版社·皮书出版分社（010）59367127
　　　　　地址：北京市北三环中路甲 29 号院华龙大厦　邮编：100029
　　　　　网址：www.ssap.com.cn
发　　行／社会科学文献出版社（010）59367028
印　　装／三河市东方印刷有限公司

规　　格／开　本：787mm×1092mm　1/16
　　　　　印　张：26　字　数：389 千字
版　　次／2023 年 12 月第 1 版　2023 年 12 月第 1 次印刷
书　　号／ISBN 978-7-5228-3167-1
定　　价／158.00 元

读者服务电话：4008918866

# 主要编撰者简介

张其仔 中国社会科学院工业经济研究所副所长、研究员，博士生导师，中国社会科学院中国产业与企业竞争力研究中心主任。主要研究方向为产业经济学、发展经济学。发表中英文学术论文百余篇，出版专著 20 余部。

郭朝先 中国社会科学院工业经济研究所研究员、产业组织研究室主任，中国社会科学院大学教授、博士生导师，中国可持续发展研究会理事。主要研究方向为产业竞争力、工业发展、数字经济、碳排放与可持续发展。主持国家社科基金项目、中国社会科学院国情调研重大项目等 30 余项。发表论文和研究报告 100 余篇。

白 玫 经济学博士，中国社会科学院工业经济研究所研究员、中国社会科学院能源中心副主任，中国社会科学院大学教授。主持参与 40 余项国家重大（点）、中国社会科学院重大（点）以及有关部委、地方委托和国际合作研究项目，发表中英文学术论文 100 余篇，参与撰写《中国产业竞争力报告》10 余部。

邓 洲 经济学博士，中国社会科学院工业经济研究所副研究员、工业发展研究室主任。主要研究方向为工业发展、技术创新、产业结构等。发表论文 60 余篇，主持国家社科基金重点项目多项。曾获得中国社会科学院优秀对策信息奖一等奖。

胡文龙 管理学博士，中国社会科学院工业经济研究所副研究员、会计与财务研究室副主任，中国社会科学院大学副教授。主要研究方向为财务会计理论、企业竞争力、财务战略、业绩评价、管理会计、环境会计等。共主持和参与国家级与省部级课题 40 余项，发表论文 30 余篇，合作出版专著 5 部，获得省部级及以上学术奖励 2 项。

张航燕 管理学博士，中国社会科学院工业经济研究所副研究员，中国社会科学院大学副教授，主要研究方向为产业经济、国企改革等。独立及合作出版专著近 20 部，主持和参与各种课题 50 余项，单独或合作在《中国工业经济》《经济与管理研究》等期刊发表论文 10 余篇。曾获得中国社会科学院优秀对策信息奖一等奖。

刘志雄 中国政法大学商学院教授、副院长、博士生导师。兼任中国工业经济学会常务理事等学术职务。主要研究方向为产业经济、数字经济、公司治理和 ESG 等。主持完成国家社科基金项目、教育部人文社科项目、北京市自然科学基金项目等多项。发表学术论文 50 余篇，出版专著 4 部，曾获第四届农村发展研究奖专著提名奖。

王 磊 中国宏观经济研究院研究员。主要研究方向为产业经济、数字经济。近年来，主持完成中财办、国家发改委、国家市场监督管理总局等部委委托纵向课题 20 余项。获国家发展改革委优秀研究成果奖等省部级奖励 20 余项。出版著作 3 部，参著 30 余部，在《中国工业经济》、*Resources, Conservations and Recycling* 等权威和核心期刊发表论文 60 余篇。

李先军 中国社会科学院工业经济研究所副研究员、硕士生导师，主要研究方向为中小企业创新与经济发展、关键核心技术创新的组织与政策等。在《中国工业经济》《经济管理》《经济日报》等报刊发表论文 30 余篇，曾主持中国社会科学院国情调研重大项目、国家社科基金青年项目、国家高端智库项目等。

袁惊柱　管理学博士，产业经济学博士后，中国社会科学院工业经济研究所副研究员，院创新工程青年学者，主要研究方向为资源定价、能源转型、产业结构调整升级等。在《中国工业经济》《中国软科学》等期刊发表论文40余篇，出版专著1部，主编或副主编2部，参著30余部。主持国家社科基金项目、中国社会科学院青年学者资助项目等。曾获中国社会科学院研究生院优秀博士学位论文奖、能源软科学优秀成果奖等。

伍业君　经济学博士，铁道党校副教授，主要研究方向为产业经济与公共政策。主持及参与国家级、省部级科研课题共计30余项，发表论文20余篇，获得"全国党校系统优秀科研成果奖""国家乡村振兴局优秀征文奖"等奖项多项。

许　明　经济学博士，中国社会科学院工业经济研究所国际产业研究室副主任、副研究员，硕士生导师。入选国家高层次人才计划青年项目。主要研究方向为产业链供应链现代化、国际经贸规则等。在《经济研究》、*China & World Economy* 等期刊发表论文50余篇。先后主持国家社科基金重点课题、国家高端智库项目等10余项。曾获洪银兴经济学奖、中国社会科学院青年学习标兵等奖项。

徐　娟　经济学博士，西北大学公共管理学院副教授、硕士生导师。主要研究方向为公共经济学、公共政策、产业经济学等。在《管理学报》《经济管理》《经济评论》《国际贸易》等期刊发表论文20余篇，出版专著1部，参与完成著作多部。

杨小科　管理学博士，中国社会科学院大学副教授，硕士生导师，现任中国社会科学院大学研究生教育管理部（学位办公室）副主任。主要研究方向为企业战略、国企改革、人力资源管理等。先后发表学术论文10余篇，参与完成国家社科基金、中国社会科学院青年项目以及校级课题10余项。

曾获中国社会科学院大学科研成果奖一等奖。

**王罗汉** 经济学博士，中国科学技术发展战略研究院副研究员。主要研究方向为中美科技脱钩、中国企业遭"长臂管辖"、我国矿产资源战略与政策、"一带一路"科技创新合作政策等。出版专著《"一带一路"倡议对中国出口与对外直接投资影响的研究（2013—2017年）》。

**李 蕾** 经济学博士，河南财经政法大学国际经济与贸易学院副教授、国际经济教研室主任，主要研究方向为产业升级与产业竞争力等。主持和参与国家级、省部级、市厅级以及政府委托项目10余项，独著或合作出版专著12部，单独或合作在《经济与管理研究》《经济经纬》《上海经济研究》等期刊发表论文17篇。

# 前　言

提升产业链供应链韧性和安全水平已成为一个理论和实践中需要解决的重大问题。为了响应时代需要，《中国产业竞争力报告（2023）No. 12》再次聚焦产业链供应链问题，这是"中国产业竞争力报告系列"第三次专门研究产业链供应链问题。这次报告与前两次在内容上有所不同，除就关键产业链供应链进行研究外，还研究了我国提升产业链供应链韧性和安全水平的各类政策问题，同时对部分产业集群的发展情况做了探讨。希望此次报告的出版，对推动产业链供应链韧性和安全水平研究、实际提升产业链供应链韧性和安全水平有所助益。

报告的出版得到中国社会科学院创新工程项目的支持，得到社会科学文献出版社，特别是社会科学文献出版社皮书研究院、皮书出版分社的大力支持，在此，我谨代表课题组表示最诚挚的感谢！

张其仔

2023 年 12 月 24 日

# 目 录 ⟋

## Ⅰ 总报告

## Ⅱ 政策篇

皮书数据库阅读**使用指南**

# 总 报 告

General Report

## B.1
## 提升企业和企业家的能力素质
## 增强产业链供应链韧性和安全水平

张其仔*

**摘　要：** 增强产业链供应链韧性和安全水平要充分发挥企业和企业家的作用、提升企业和企业家能力素质。发挥企业和企业家的作用、提升企业和企业家能力素质是构建高水平社会主义市场经济体制的必然要求，是建设现代化产业体系的必然要求。企业是贯彻新发展理念的重要行动主体，企业是推动创新发展的主体。当前发挥企业和企业家的作用、提升企业和企业家能力素质，关键是要破解企业和企业家能力素质供给与新挑战、新要求不适应的矛盾，对此，应着力完善国有企业激励约束机制，发展壮大民营经济，重视企业在科技创新中的主体地位，发挥法治利长远、稳预期的作用。

---

* 张其仔，中国社会科学院工业经济研究所副所长、研究员，博士生导师，中国社会科学院中国产业与企业竞争力研究中心主任，主要研究方向为产业经济学、发展经济学。

关键词： 产业链供应链韧性 科技创新主体 企业家精神

# 一 发挥企业和企业家作用的意义

增强产业链供应链韧性和安全水平，需要加快构建高水平社会主义市场经济体制和现代化产业体系、推动新发展理念的落实落地和创新驱动发展的转变。企业和企业家是构建高水平社会主义市场经济体制、建设现代化经济体系、落实新发展理念和推动创新驱动发展的有生力量。

## （一）提升企业和企业家能力素质是构建高水平社会主义市场经济体制的必然要求

促进经济高质量发展，必须构建高水平社会主义市场经济体制。在浙江工作期间，习近平同志在总结浙江经济社会发展经验的基础上，提出了"八八战略"，"八八战略"的基本内容之一就是"进一步发挥体制机制优势，大力推动以公有制为主体的多种所有制经济共同发展，不断完善社会主义市场经济体制"[①]。党的二十大报告明确提出，"坚持和完善社会主义基本经济制度，毫不动摇巩固和发展公有制经济，毫不动摇鼓励、支持、引导非公有制经济发展"，其落脚点都在企业上。企业是市场运行的重要主体，生产、分配、交换等环节都离不开企业这个主体。毫不动摇巩固和发展公有制经济，就是要"深化国资国企改革，加快国有经济布局优化和结构调整，推动国有资本和国有企业做强做优做大，提升企业核心竞争力"。毫不动摇鼓励、支持、引导非公有制经济发展，就是要优化民营企业发展环境，依法保护民营企业产权和企业家权益，促进民营经济发展壮大。增强产业链供应链韧性和安全水平要通过构建高水平社会主义市场经济体制，激发国有企业、民营企业、大中小企业活力，推动企业和企业家能力素质的提升。

---

① 中央党校采访实录编辑室：《习近平在浙江》（上册），中共中央党校出版社，2021。

（二）提升企业和企业家能力素质是建设现代化产业体系的必然要求

增强产业链供应链韧性和安全水平要以建设现代化产业体系为基础。现代化产业体系从结构上表现为"一二三"产业结构，或劳动密集型、资源密集型、资本密集型、技术密集型产业各自所占比重，或传统产业、新兴产业、未来产业等各自所占比重，但其底层的逻辑是企业的分工协作关系，企业的分工协作关系、企业对资源的配置决定了现代化产业体系的变化和特性。建设现代化产业体系的任务最终还是通过一家家具体的企业去完成。加快转变经济发展方式，重点在优化产业结构、消化过剩产能，最终要落实到一家家企业上。提升产业创新能力、巩固优势产业地位、发展数字经济、培育壮大战略性新兴产业等一系列产业政策都需要通过具体的企业来完成。推动短板产业补链、优势产业延链、传统产业升链、新兴产业建链，增强产业的接续性和竞争力，都需要企业这个微观主体去完成。增强产业链供应链韧性和安全水平就是要通过构建现代化产业体系，使企业和企业家创造高质量的供给、引领和创造新的需求，推动供给和需求的高水平动态循环。

（三）贯彻新发展理念要求提升企业和企业家能力素质

增强产业链供应链韧性和安全水平要求贯彻新发展理念，贯彻新发展理念离不开企业，企业是贯彻新发展理念的重要行动主体。如贯彻创新发展理念要求突出企业在科技创新中的主体地位。创新是引领发展的第一动力，要实现经济量的合理增长和质的有效提升必须实施创新驱动发展战略。企业是创新的主体，是推动产业链与创新链融合发展的关键力量，打通科技与经济社会发展通道的关键环节，是国家创新体系的重要组成部分。创新链产业链融合，关键是要确立企业创新的主体地位。要增强企业创新动力，正向激励企业创新，反向倒逼企业创新。要发挥企业出题者作用。同样，贯彻协调、绿色、开放发展理念也离不开企业这个重要行动主体。

（四）发挥企业家作用是推动企业创新发展的必然要求

人才是第一资源，也是创新中最活跃、最积极的因素，创新驱动实质上是人才驱动。企业家是一种特殊的、稀缺的核心人才资源，特别是优秀企业家，就像顶尖科学家一样，更是一种最紧缺的人才。"为了加快形成一支规模宏大、富有创新精神、敢于承担风险的创新型人才队伍"，"要用好科学家、科技人员、企业家，激发他们的创新激情"。[①] 企业家是推动创新的重要动力，企业家是创新的组织者、推动者。企业家有十分敏锐的市场感觉，富有冒险精神。他们把新的思想、新的技术，通过新的组织方式和新的制度投入市场，并且还不断地开拓市场，使得经济得以发展。

## 二　提升企业和企业家能力素质面临的新挑战

当前发挥企业和企业家作用面临新挑战，突出表现为企业能力，企业家的信心、能力素质与供需态势变化、国际竞争态势变化以及新一轮科技革命和产业变革深化带来的不确定性、不稳定性提出的新要求不匹配。

### （一）供需关系变化提出的挑战

从供需关系上看，经济发展表现为供需之间的循环互动，表现为供需之间的相互作用，供需之间如果相互作用发挥有力，能起到互补放大效应，经济发展就能顺畅；供需之间如果形成相互制约，则经济发展就会出现困难。供需之间形成相互制约，其可以表现为需求不足或供给不足。现阶段我国的经济发展所面临的突出问题是有效需求不足。从投资看，制约我国投资的有三大因素：一是传统产业竞争优势弱化，制约投资；二是核心技术、关键产品短缺，制约投资；三是新兴产业、未来产业的风险过高，制约投资。从出

---

① 习近平：《全面增强自主创新能力，掌握新一轮全球科技竞争的战略主动》，载习近平《论科技自立自强》，中央文献出版社，2023。

口看，单边主义、贸易保护主义的抬头和全球经济增长乏力，在对我国的出口造成影响的同时也影响到国内投资。居民消费需求受到多重因素制约。一是人口结构的变化，人口老龄化对消费扩大产生影响。二是消费需求的结构性变化，软性需求比重日益增加。软性需求与硬性需求相比，其突出特点是选择性较大。硬性需求可以分为满足基本生活需要的需求和满足基本功能的需求。软性需求可以分为改善型需求、升级型需求、创新型需求等，这些需求硬约束小、选择弹性大。对于这类需求，居民收入变化的冲击具有不对称性，收入下降的冲击大于居民收入上涨的冲击，要弥补收入下降产生的收入缺口需要通过更大的收入上涨才能做到。三是受新冠疫情影响，收入增长预期有所弱化，保障性储蓄动机增强。供需态势的变化，对企业和企业家提出了更高要求，更是要求企业和企业家提升挖掘、引导、创造新需求的能力。

## （二）全球产业链供应链的不稳定性、不确定性增加的挑战

在国际金融危机后，西方国家推出一系列再工业化的举措，但效果并不理想。近年来，借口增强产业链供应链韧性，不少发达国家出台了一系列产业政策。自特朗普发布 13806 行政命令，到 2021 年 2 月拜登发布 14017 行政命令，美国政府实施的一系列有关供应链安全和韧性审查，推进实施所谓的"供应链韧性"战略、所谓的"去风险"战略，其目标在于通过霸凌手段建立起以美国为主导的全球产业链供应链等级体系，遏制中国发展。主要由美国推动的对中国打压的战略成为我国企业最难应对的挑战之一。根据2022 年中国企业家调查数据，在被调查企业中，40% 以上的企业将美国等打压中国企业视为最难应对的挑战，仅次于新冠疫情不确定性影响，20% 以上的企业将全球供应链的不稳定性视为最难应对的挑战。[①] 美国的打压和实施所谓的"去风险"战略使全球产业链供应链的不稳定性、不确定性大幅

---

① 李兰、王锐、彭泗清：《企业家成长 30 年：企业家精神引领企业迈向高质量发展——中国企业家队伍成长与发展》，《管理世界》2023 年第 3 期。

增加，增加了中国企业参与全球产业链供应链的风险，要求企业通过创新统筹好效率和安全问题，增强其产业链供应链韧性。

### （三）新一轮科技革命和产业变革深入发展带来的挑战

新一轮科技革命和产业变革引致技术系统、生产方式和产业组织的深刻变革，为后发国家和企业在生产、产品、功能和新产业等各个维度打开多种"机会窗口"，因而大大提升后发国家和企业跨越式升级全球价值链的可能性。更重要的是，由于重组式创新的涌现，技术融合、产品融合、服务融合和产业融合可能成为价值链升级的最重要形式，基于更加开放的资源合作和技术市场的重组式创新将成为主导的技术创新模式，传统的线性创新结构将被打破，创新速度大幅度加快，主导技术路线的选择更具有不确定性，创新收益回报周期缩短，创新被替代的风险增加，对企业的创新能力提出更高要求，要求企业和企业家更敢于、善于和敏于创新。

### （四）企业和企业家成长驱动力转换面临的挑战

需求不足要求企业和企业家加快提升创新能力，通过创新提升供给质量，挖掘既有需求，通过创新引领和创造需求，通过创新提高劳动生产率，夯实收入增长的基础。同样，产业链供应链不稳定性和不确定性增加以及新技术革命的深入发展都对企业和企业家提出了更高的要求，需要提升企业和企业家能力。

企业家可以分为不同的类型，如生存驱动型、套利驱动型、创新驱动型等，改革开放初期，我国的企业家以生存驱动型、套利驱动型为主。我国经济发展转向高质量发展阶段，要求形成一支以创新驱动型企业家为主体的队伍，各种新的挑战也使这一要求十分迫切，然而我国的企业和企业家离此要求尚有距离。2022年中国企业家调查数据显示，近41%的调查对象认为，企业对创新活动投入的人力、物力和财力一般；近37%的调查对象认为，管理者和员工的不断创新和探索精神一般，对变革和创新提供卓有成效的激励机制一般；近36%的调查对象认为，鼓励员工变革和创新活动的企业文化一般。①

## 三　激发企业和企业家能力素质提升的着力点

### （一）完善国有企业激励约束机制，推动国有企业成为创新驱动发展的先行军

国有企业必须培育核心竞争力。"国有企业要争当创新驱动发展先行军，加大研发投入，整合创新资源，重点突破具有重大支撑和引领作用的关键技术。要完善人才培养、引进、使用体制政策，以更加开放的视野、更有效的激励机制引进和集聚人才，加大对具有较强创新精神和创新能力的企业科技人才队伍激励，用人才和创新支撑国有企业发展。"② 在考核机制设计上，要从企业中长期战略出发，找准关键性指标，突出考核的真正目的，实现对公司战略目标落地的有效牵引，鼓励企业进行长期创新投入，克服短期行为。要加快形成能充分弘扬企业家精神的体制机制、政策环境和作用空间，构建管理层敢为、敢闯、敢干、敢担、敢首创的激励机制、政策和舆论环境，提高"三个区分"的可操作性，建立可操作、可预期、透明的免责机制，充分调动国有企业管理层创新的积极性，激发创新潜能。

### （二）发展壮大民营经济

发展壮大民营经济首先要稳定民营企业家的长期政策预期，使民营企业安心发展、放心发展。其次则需要加力打通政策实施中的"最后一公里"。为了鼓励企业投资、激发民间投资的活力，中共中央、国务院发布了《关于促进民营经济发展壮大的意见》（以下简称《意见》），从持续优化民营

---

① 李兰、王锐、彭泗清：《企业家成长30年：企业家精神引领企业迈向高质量发展——中国企业家队伍成长与发展》，《管理世界》2023年第3期。
② 习近平：《加强产学研深度融合，提升创新体系整体效能》，载习近平《论科技自立自强》，中央文献出版社，2023。

经济发展环境、加大对民营经济政策支持力度、强化民营经济发展法治保障、着力推动民营经济实现高质量发展、促进民营经济健康成长、持续营造关心促进民营经济发展壮大的社会氛围等方面提出了一系列政策举措。为了全面贯彻落实《意见》，建议在工作方法上，做到"一企一策"。不同的民营企业在发展中遇到的问题，既有普遍性的，也有特殊性的，这两类问题往往是相互交织的，解决起来需要具体企业、具体问题具体分析。只有具体问题具体分析，并有针对性地加以解决，相关政策才能最后落地，政策实施上的"最后一公里"的问题才能解决。

### （三）强化企业在产业链创新链融合发展中的主体地位

突出企业的技术创新主体地位，加强企业主导的产研深度融合。习近平总书记指出，"促进科技和经济的结合是改革创新着力点，也是我们与发达国家差距较大的地方。要围绕产业链部署创新链，聚集产业发展需求，集成各类创新资源，着力突破共性关键技术，加快科技成果转化，培育产学研结合、上中下游衔接、大中小企业协同的良好创新格局"[①]。"中小企业联系千家万户，是推动创新、促进就业、改善民生的重要力量"。要"为中小企业发展营造良好环境，加大对中小企业支持力度，坚定企业发展信心，着力在推动企业创新上下功夫，加强产权保护，激发涌现更多专精特新中小企业"。[②] 充分发挥科技型领军企业的作用。"世界科技强国竞争，比拼的是国家战略科技力量。国家实验室、国家科研机构、高水平研究型大学、科技领军企业都是国家战略科技力量的重要组成部分，要自觉履行高水平科技自立自强的使命担当。"[③]"科技型领军企业要发挥市场需求、集成创新、组织平台的优势，打通从科技强到企业强、产业强、经济强的通道。要以企业牵

---

① 习近平：《提高自主创新能力是实施创新驱动发展战略的关键环节》，载习近平《论科技自立自强》，中央文献出版社，2023。
② 引自《习近平致2022年全国专精特新中小企业发展大会的贺信》。
③ 习近平：《加快建设科技强国，实现高水平科技自立自强》，载习近平《论科技自立自强》，中央文献出版社，2023。

头，整合集聚创新资源，形成跨领域、大协作、高强度的创新基地，开展产业共性技术研发、科技成果转化及产业化、科技资源共享服务，推动重点领域项目、基地、人才、资金一体化配置，提升我国产业基础能力和产业链现代化水平。"① 通过场景创新，推动教育—科技—产业加速循环。

## （四）发挥法治稳预期、利长远作用

法治是最大的营商环境。要加强涉企立法、修法、释法，花大力气建设公平、开放、包容的良性法治环境。依法破除各种隐性市场进入壁垒。依法破除企业经营过程中各种隐性歧视。修改完善《公司法》，鼓励公司为高级管理人员、董事投保责任保险，抑制股东权利滥用，为现代企业制度建设提供法律支持。加快《破产法》的修订，把个人破产相关内容纳入《破产法》，解决大量"僵尸企业"退出难问题。完善企业家信用管理制度，加快建立信用修复制度。加大涉企执法力度，严厉打击针对恶意"维权"侵犯民营企业合法权益、扰乱正常市场秩序行为，以及利用虚假、恶意诉讼侵害企业和企业家合法权益的行为。

**参考文献**

习近平：《论科技自立自强》，中央文献出版社，2023。

中央党校采访实录编辑室：《习近平在浙江》（上），中共中央党校出版社，2021。

李兰、王锐、彭泗清：《企业家成长 30 年：企业家精神引领企业迈向高质量发展——中国企业家队伍成长与发展》，《管理世界》2023 年第 3 期。

李兰编著《中国企业家成长 30 年》，清华大学出版社，2023。

---

① 习近平：《加快建设科技强国，实现高水平科技自立自强》，载习近平《论科技自立自强》，中央文献出版社，2023。

# 政 策 篇
## Policy Reports

# B.2
# 产业链链长制政策研究

郭朝先　左立国*

**摘　要：** 产业链链长制是政府顺应产业发展规律的前提下，对区域产业发展和结构调整的精准化引导调控，也是国家强链、补链、稳链切实维护产业链供应链安全稳定的重要抓手。目前，产业链链长制政策已在全国广泛推广。本文在对地方政府和中央企业的产业链链长制政策实践进行梳理的基础上，提出要明晰链长职能定位、推进地方政府与中央企业链长政策耦合、引导各区域错位和协同发展、进一步提升链长制政策质量的对策建议。

**关键词：** 产业链链长制　中央企业　地方政府

党的二十大报告明确指出，要着力提升产业链供应链韧性和安全水平。

---

* 郭朝先，中国社会科学院工业经济研究所研究员、产业组织研究室主任；左立国，浙江财经大学—中国社会科学院大学浙江研究院硕士研究生。

当前逆全球化现象凸显，全球供应链受到巨大冲击，各国产业链竞争日益激烈且出现重构倾向。为维护产业链的安全稳定和提升产业链供应链韧性，推动产业链做大做强，我国以地方政府和中央企业为主体推进产业链链长制，本文对我国产业链链长制政策与实践进行分析。

# 一　产业链链长制政策的实践

## （一）地方政府产业链链长制政策实践

### 1. 各省区市产业链链长制政策

根据 31 个省区市公开信息，目前全国 31 个省区市，除西藏自治区未推行产业链链长制之外，其余 30 个省区市或以全省域推行的方式，或以部分地区试点推进的方式开始了链长制政策的实施，基本实现了全国范围内的覆盖。

### 2. 产业链链长特色实践

当前我国各省区市产业链链长制政策的基础形式大多为行政首长任总链长，分管副行政首长联系具体产业链，以相关省级直属部门为责任单位构建产业链专班，联系专家、行业协会等。在此基础上，各省区市根据当地发展实际配套了一系列的特色政策。

（1）浙江：先行示范，以开发区为基础做强产业链

浙江省作为全国率先推行链长制的省份之一，将产业链政策推行的重点放在了各开发区，以开发区为推进单元，构建了"一个产业链发展规划、一套产业链发展支持政策、一个产业链发展空间平台、一批产业链龙头企业培育、一个产业链共性技术支撑平台、一支产业链专业招商队伍、一名产业链发展指导专员、一个产业链发展分工责任机制、一个产业链年度工作计划"的"九个一"机制，从而实现省域产业链的巩固、增强、创新和提升。

（2）湖北：金融赋能，重点产业链配"金融链长"

针对产业链发展过程中资金短缺的问题，湖北省通过《湖北省重点产

业链金融链长制工作方案》，以产业链所在地人民银行分支机构为牵头部门与重点产业链的融资需求进行高效对接，金融链长与重点产业链链链对接、一链一策，有效满足了重点产业链的金融需求。

（3）山东：有的放矢，明确目标推进产业布局

在推进产业链链长制政策实施的同时，山东配套建立链主企业牵头主导、产业链联盟合作、产学研协同推进、要素保障服务等四大机制，同时精准绘制覆盖产业链上下游关键环节的"一张图谱"，深入梳理相关领航龙头企业及重点配套企业的主要特色和发展优势、当前亟须突破的短板等"N张清单"，明确了产业政策固根基、扬优势、补短板、强弱项的主攻方向。

（4）广东：以点带面，战略产业集群联动推进

广东通过链长进行产业要素资源的统筹配置，充分发挥链主企业的头雁引领作用，整合产业链的上下游资源，将点状的产业发展为联动的链式，最终形成网状的产业集群。链长制的重点工作任务，也主要面向战略性产业集群：协调解决集群重点企业、重点项目和重大平台等困难与问题；加强相关部门和行业机构等在推动战略性产业集群建设方面的协作配合；推动国有企业全面深度参与战略性产业集群建设。

**3. 各省区市产业链链长制政策所涉产业链类型**

从省级层面看，各省区市发布被纳入"链长制"的产业都是相关省区市重点发展的产业。从目前已明确的各省区市省级重点发展的产业链来看，各地区以重点扶持本地区特色性产业和主导性产业为主。如黑龙江省纳入玉米加工产业链，浙江省纳入数字安防产业链，湖南省纳入先进轨道交通产业链等。此外，通过对各省区市链长制政策涉及的产业链汇总分析，智能装备、新材料、汽车、电子信息、生物医药等产业出现频次较高，该类产业不仅是各省区市工业经济的重要支撑，也是我国未来发展的决定性力量。

**（二）中央企业产业链链长制政策实践**

自2021年4月提出"培养国有企业成为现代产业链'链长'"以来，国务院国资委着力推进中央企业现代产业链链长建设工作，深入贯彻落实

习近平总书记"中央企业等国有企业要勇当现代产业链链长"的重要指示，分两批建设了 16 家中央企业产业链链长。根据国务院国资委公布的 2022 年中央企业经济运行情况，16 家链长企业完成强链补链投资近 1 万亿元，在统筹产业链发展、补齐短板弱项、锻造长板优势、强化供需协同、带动上下游绿色低碳转型、打造互利共赢产业生态方面已取得较为明显的成效。[①]

此外，中国兵器装备集团、中国海油、中国机械总院等中央企业也分别提出要高效打造原创技术"策源地"和现代产业链链长，在各自领域聚焦主责主业，从而更好地支撑与服务党和国家的工作大局，为增强我国产业链韧性，提高安全水平、稳定性和竞争力贡献力量。

## 二　对策建议

### （一）厘清政府市场边界，明晰链长链主职能定位

高质量利用"链长+链主"制度来发挥"有为政府+有效市场"的作用，首先要通过制度和规章明确二者的职能与定位，在充分尊重市场规律的基础上发挥链长制的作用，不缺位、不越位、有作为。各地政府应充分利用"链长+链主"制度建设的契机，推进"放管服"纵深推进，发挥市场在资源配置中的决定性作用。强化链长与链主企业、其他企业的沟通和联系，实现链长与链主的有效互动，构建全产业链良好的发展生态。

### （二）发挥综合集成优势，实现央企与地方耦合

在链长制的背景下，中央企业与地方的合作要更加注重和突出围绕产业链进行专业化整合，发挥中央企业既是"链长"也是核心企业的特点。围绕重大产业布局，开展强强合作，进行优势互补，优化资源配置，重点解决

---

① 国务院国资委：《中央企业高质量发展报告（2022）》，http：//www. sasac. gov. cn/n2588020/n2877938/n2879671/n2879673/c26508617/content. html？eqid = a60bedda0003cbb9000000066 45313f4。

产业链韧性和安全水平提升过程中存在的核心问题。推动中央企业与相关企业、中央企业与地方政府形成良好生态，合理规划布局，协调统一推进，充分发挥双方综合集成的优势，高效推进权力分配、任务分解等形成共享收益、有序竞争的合理局面，实现全产业链的有效协同。

### （三）引导区域错位发展，构建跨区域协同互补体系

在央企下场布局、"全国一盘棋"的大背景下，各级政府的链长在推进产业链发展的过程中不能仅关注本区域、本产业链内部的情况，同时要以系统性思维和全局视野为基础，立足当地发展的实际优势和历史基础，结合和服务于国家整体规划，将本区域的产业政策融入更大范围的发展战略之中。强化区域间的产业协作与合作，建立区域间链长交流沟通机制，定期协商，实现不同区域之间同一产业链的互联互通和相关产业链的对接匹配，发挥政策合力，构建有梯度、有纵深的产业集群，为区域深度协同发展打下坚实基础。

### （四）加强组织能力建设，提升链长专业工作效能

持续强化产业链链长制政策的主体责任，遴选专业素质过硬、综合能力突出的人员开展日常工作。针对产业链专业领域建立专家团队，进一步完善面向高校、企业、研究院所的决策咨询机制，集思广益、充分论证，形成详细、科学的链长制工作方案。在产业链内部，要进一步集聚内外资源，综合科学运用规划、财税政策、行政手段等优化产业链要素供给与配套保障，加强链长制工作人员专业知识和系统视野培训，不断夯实产业链供应链韧性和安全的基础。

**参考文献**

中国社会科学院工业经济研究所课题组：《产业链链长的理论内涵及其功能实现》，

《中国工业经济》2022年第7期。

孟祺：《产业政策与产业链现代化——基于"链长制"政策的视角》，《财经科学》2023年第3期。

林淑君、倪红福：《中国式产业链链长制：理论内涵与实践意义》，《云南社会科学》2022年第4期。

张其仔、许明：《实施产业链供应链现代化导向型产业政策的目标指向与重要举措》，《改革》2022年第7期。

# B.3
# 产业链链主政策演进研究

廖健聪 江 鸿*

**摘 要：** 当前从各地产业链"链主"政策实践效果看，各省区市"链主"企业培育步伐加快，优质"链主"企业梯度发展新格局初步形成，"链主"产业生态主导力提升，产业链与供应链掌控力持续强化，"链主"企业研发投入力度不断加大，企业创新意愿和能力逐步提高。但仍需加快完善总体顶层设计，打造具有中国特色的"链长制"政策体系，以新技术引领"链主"发展，促进产业链供应链高质量发展，提高"链主"对外开放水平，促进产业链国际合作，增加产业链安全政策储备，提升产业链整体安全水平。

**关键词：** 链长制 链主 产业政策 产业链

## 一 国内产业链"链主"政策实施现状

### （一）我国产业链"链主"企业发展现状

近年来，国务院各部委、各直属机构按照企业在产业分工中的地位和规模，围绕产业链龙头企业、单项冠军企业和"小巨人"企业三个典型标杆的培育，做了一系列打造"链主"企业的基础性工作。2016年、2018年先

---

\* 廖健聪，中国社会科学院大学商学院博士研究生，主要研究方向为创新管理；江鸿，中国社会科学院工业经济研究所副研究员。

后启动单项冠军和"小巨人"企业评选工作，2019 年开展领航企业培育，到 2021 年，共培育选出 5 批 596 家单项冠军和 2 批 1832 家"小巨人"企业，为后续"链主"企业遴选培育和梯度培养格局形成奠定了必要的基础。

**1. 宏观层面：各省区市"链主"企业培育步伐加快，优质"链主"企业梯度发展新格局初步形成**

据不完全统计，截至 2022 年，全国各地共遴选出 300 余家产业链"链主"企业。从地理位置分布来看，覆盖北京、上海、浙江、广东、山东、湖北、陕西、四川、新疆等省区市，在 2021 年全国 100 强"链主"企业中，北京数量最多，上海和广东并列第二，浙江位列第三，"链主"企业梯度发展新格局已初步形成。从所涉及产业链看，既包含新一代信息技术、高端装备制造、新材料、生物医药等战略性新兴产业，也囊括传统汽车制造和食品加工等行业。例如，2021 年广东全省围绕 20 个战略性产业集群上的若干重点产业链，在每条重点产业链上已遴选培育出一批"链主"企业。浙江省"链主"企业认定数量为 20 家左右，供应链本地化配套比例为 60%左右。

**2. 中观层面："链主"产业生态主导力提升，产业链与供应链掌控力持续强化**

国家"十四五"规划指出，在打造产业链"链主"企业时，各地政府要重视发挥其产业生态主导力。我国高度重视企业产业生态主导力培育，通过强化顶层设计和优化政策扶持，推动产业链"链主"企业加快涌现并不断增强竞争力，"链主"企业运营效率、品牌建设、国际化运营与现代化管理等方面取得了明显成效。在数量和产业竞争力上，2022 年《财富》世界 500 强排行榜显示，我国共有 145 家公司上榜，自 2019 年超越美国后，大公司数量继续位居世界首位，上榜公司整体盈利能力提升，平均利润约为 41 亿美元，较 2019 年上涨约 36%。在领域分布上，世界 500 强企业中中国企业多数分布在能源、商贸、银行、保险、汽车以及房地产等传统行业，与美国互联网、电子信息、金融、医疗等上榜企业所属的高技术行业不尽相同。在人工智能领域，根据全球价值链位置指数和依赖指数测算，全球人工智能软硬件产业创新总体上由美国、中国、日本、欧盟主导，并在 2015 年

后中国实现对日本地位的超越①。2022 年清华大学全球产业研究院数据显示，中国在 158 个产业的 62 个产业里有 97 家全球领军企业，含 19 家产业冠军企业，仅次于美国，中国全球产业综合竞争力稳居世界第二，表明产业链供应链掌控力持续增强。

3. 微观层面："链主"企业研发投入力度不断加大，企业创新意愿和能力逐步提高

以规模以上工业企业 R&D 与全社会 R&D 经费支出占比为例，整体上，2016 年占比最高，为 70.61%。分阶段看，2011 年、2015 年与 2019 年，全社会 R&D 经费支出总额分别为 8687 亿元、14220 亿元和 21737 亿元，规模以上工业企业 R&D 经费支出分别为 5994 亿元、10014 亿元和 13971 亿元。全社会 R&D 经费支出占比分别为 69.00%、70.42% 和 64.27%，总占比保持在 60% 以上。从工业企业开展创新研发活动的积极性与主动性来看，我国拥有 R&D 机构的规模以上工业企业数量从 2011 年的 31320 家增加至 2020 年的 105094 家，增幅高达 235.55%。

（二）地方政府产业链"链主"政策实践

为全面贯彻落实党中央、国务院关于培育优质企业的决策部署，我国地方政府自 2016 年起分别提出加快培育梯次有序和融合发展的产业生态发展新格局、打造数据驱动的柔性制造体系、以"链式服务"疏通供应链"堵点、难点"、紧扣"数字+制造"推动产业链与创新链"双链融合"等提升产业链供应链现代化水平、推动产业高质量发展的重要举措。

北京、上海、广东、浙江、四川、新疆等省区市关于产业链"链主"政策主要以培育梯次有序和融合发展的产业生态发展新格局、提升产业链供应链现代化水平、促进全产业链高质量发展、紧扣"数字+制造"推动产业链与创新链"双链融合"等为目标。下面将以北京、上海、广东和浙

---

① 郭朝先、方澳：《全球人工智能创新链竞争态势与中国对策》，《北京工业大学学报》（社会科学版）2022 年第 4 期。

江为例，围绕地方"链主"政策目标、主要措施和实施效果展开进一步论述。

1. 北京：着力培育生态"链主"企业，构建梯次有序、融合发展的产业生态

北京在政策目标方面，着力培育生态"链主"企业，开展企业"登峰"工程，推动建设以"链主"企业为主导、单项冠军企业跟进、专精特新"小巨人"企业集聚有序融合发展的产业生态环境。北京主要在金融、科文融合、军民融合等新兴产业和四大主导细分产业实施"链长制"。为此，北京在培育"链主"政策措施上：一是引导"链主"企业主动向生态型企业转变，为上下游企业提供项目信息、质量管理、商业信用等多元化服务，形成供应链协同、创新能力共享、产业生态融合发展模式，促进上下游小微企业协调发展，集聚打造产业生态；二是积极吸纳跨产业供应商和新兴技术供应商进入产业链，重塑供应链体系；三是鼓励"链主"企业率先在海外设立研究院和全球创新基金，主导或参与国际标准的制定和修订，瞄准产业链关键环节、核心技术和重大发明，积极实施国内外并购，引领国际创新。从政策实施情况来看，北京目前拥有国家级专精特新"小巨人"企业、制造业单项冠军、智能制造示范项目和系统解决方案供应商数量在全国名列前茅，已培育出福田康明斯"灯塔工厂"、小米"黑光工厂"等行业领军企业。

2. 上海：构建产业链供应链态势精准感知体系，增强"链主"应对全球风险能力

在政策实施目标上，上海旨在提高产业链供应链"精准测链"能力，探索构建钢铁、航空、化工、生物医药等领域的产业链供应链态势精准感知体系，形成"双链"风险自动监测预警机制。同时提高产业链应对突发事件的能力，发挥工业互联网优势，借鉴"众创"模式，打造数据驱动的柔性制造体系，为实施突发事件下的"动态补链"做好准备。为此，上海在打造"链主"政策措施上，一方面鼓励制造业"链主"积极构建和完善企业工业互联网体系，利用人工智能算法对零部件和产品库存数据进行科学研究与判断，实现零部件与人、机、车间控制系统的实时互联，提高生产效

率，预防供应链断裂问题；另一方面还鼓励装备制造"链主"优先使用国产关键材料，打通从研发到应用的循环，增强供应链抵抗全球风险的能力。

3. 广东：以"链式服务"疏通供应链"堵点、难点"，精准服务"链主"企业

在政策目标方面，广东旨在以"链式服务"疏通供应链"堵点、难点"，精准服务"链主"企业，同时涵养产业链群发展生态，突出"链长制"全局性、系统性、协同性。在新一代信息技术、智能制造等主要产业门类的基础上，进一步细化集成电路、5G、智能网联汽车、超高清显示、人工智能等重点产业链。营造世界一流的营商环境，为"链主"以及中小企业提供"链式服务"，促进全产业链协同高质量发展。因此，广东在打造"链主"方面：一是设立"链主"企业专项班，牵头制定重点领域产业标准，在产业链关键环节与中小企业合作开展协同研究。二是与政府共同制订产业链行动计划，参与推动重大规划、政策和项目的协调与实施。三是鼓励"链主"企业主动与中小企业共同打造制造业创新中心，形成风险共担、利益共享的协同创新机制和研究核心关键技术的"合力"，运用创新共同突破"卡脖子"风险，促进产业链与创新链的"双链融合"。四是"链主"企业通过自建、投资、合作等手段，全力构建产业链生态系统，充分吸收当地的材料、设备、备件等资源，努力实现供应链、采购链、生产链的闭环运作，发挥自身的辐射带动作用，推动当地产业链同步升级。当前，广东省内的"链主"企业成为产业创新生态的聚合者，是产业链上的"超级创新节点"。

4. 浙江：着力打造冠军型"链主工厂"，紧扣"数字+制造"推动产业链与创新链"双链融合"

浙江以数字经济、信息产业发展为本，在政策目标上着力建设以视觉智能（数字安防）、智能计算为代表的九大标志性产业链，通过培育冠军"链主工厂"，促进产业链和创新链"双链融合"，实现制造业高质量发展。在打造"链主"的主要措施上，一方面，促进"链主"企业与政府合作，搭建更多共性技术研发平台，提升中小微企业创新能力和专业化水平；另一方面，利用工业互联网实现数据的"链式移动"，即以大数据应用的"产业链主厂"为基准沉淀出一套高效筛选优质供应商的算法模型，打通从原材料

到产品、半成品、生产流程、入库出库、销售和市场流向等全过程数据链条，实现客户需求的高效反馈。截至 2023 年，浙江共有新安化工、中策橡胶、春风动力等 12 家企业进入"链条主厂"培育名单。浙江民营企业发达，具有中小企业数量、产品品种、批次多，批量小的特点，浙江拥有数以万计的零配件企业、300 多家核心供应商、3000 多家经销商，"链主"企业实现高效协同的答案在于——"全球智能指挥控制室"，这也是"未来工厂"的"大脑中枢"。因此，在"全球智能指挥控制室"里，各类订单库存数据均可一目了然。实践表明，"大脑中枢"可快速响应需求，大幅提高产业协同效率。

## 二 优化产业链"链主"政策的建议

### （一）加快完善总体顶层设计，打造具有中国特色的"链长制"政策体系

一是厘清"链主"和"链长"功能定位，充分发挥"链主"主体作用。要尊重经济发展客观规律，清晰划分政府市场边界。在"链长制"实践中，强化产业链"链长"政策服务意识和引导作用，树立"企业主体责任"理念，进一步深化"放管服"改革，积极简政放权，降低市场准入门槛，实现市场充分竞争。尤其是赋予产业链"链主"更多自主权，"链长"不直接干扰和参与微观经济主体生产经营活动，确保充分发挥市场的决定性作用。全面推进权责清单"两单融合"，强化市场监管机制，建立"链长"与"链主"之间的长效协同机制，同时充分发挥社会组织等在构建营造公平营商环境中的积极作用。

二是打破地方行政壁垒，推动产业链整体发展。以"链长"为代表的各级地方政府和央企/国企，应努力推动降低不同区域和行业之间的合作壁垒，包括降低生产主体跨区转移和关键要素流通的制度性障碍等，防止地方保护主义。加强"链主"企业和跨地区行业之间的协作，同时将政策投放

的离散观念转变成长期服务性思维。对于地理相邻的区域，应建立"链长"定期协商机制，确定区域内战略性产业和需要协同的"链主"企业，通过加强交流和沟通，防止招商引资恶性竞争，促进不同区域产业链协同发展。此外，对于跨地区产业链转移的配套产业，各地也应形成有效协同，给予土地、资金、人力及其他生产要素的政策支持。

三是从国家层面出发，统筹构建多层级链长制体系。提升产业链供应链现代化水平，应充分利用"链长制"的政策效应，从国家层面协调资源，在全国范围内建立多层级"链长制"，同时应防止地方发展与国家战略的"囚徒困境"，避免地方产业链与全国产业链、全球产业链重复建设，做到产业链之间的错位发展和优势互补。在国家层面，转变原有产业的块状管理模式，建立运用产业链治理方式的全国产业链"链长"管理机构。在国家战略需求上，应围绕固链、强链、补链，摸清产业链基础和薄弱环节，疏通产业链上下游企业需求堵点。在短期政策上，聚焦协调基础资源，鼓励国家、省、市、县完善"链长制"，筛选具有发展潜力的"链主"企业，通过协同和规模化效应，实现组织重构。在中期政策上，以重点领域发展为主，持续构建不同地区和层级"链长制"的完备政策体系，重点遴选具有区域和国际竞争力的产业链"链主"企业，建立"链主"企业基础保护名录，给予国有资本支持。在长期政策上，牵引各地区"链长制"高质量发展，发挥"链主"企业产业链引领和带动作用，"链长"维护好市场公平和产业边界，避免垄断和盲目建设问题，全国范围内基本形成各具特色、层次分明、有机协调的产业链发展新格局。

## （二）以新技术引领"链主"发展，促进产业链供应链高质量发展

一是强化"链主"产业生态主导力培育，提升产业链创新链融合成效。首先，建立企业评价机制，完备"链主"企业培育数据库。基于区域"链主"企业的生态主导力的构成，按照各发展领域特色科学构建综合评价标准体系，对"链主"企业进行动态分级，形成"链主"企业示范、培育及候选数据库。其次，完善"技术研发—孵化示范—产业转化"的创新链条。

加大政策在人才方面的支持力度，重点关注"链主"企业创新需求，在公共设施、土地、资本等方面开展专项扶持。加强"链主"及中小企业家管理技能培训，深化与一流大学、研发平台等的合作，在提高创新能力、决策管理水平、拓展国际经营视野等方面进行高质量专项培训。此外，加强对各部委工作的组织协调，增强区域产业链部署的科学性和可行性，完善专家组调研、反馈和跟踪机制，致力于形成"链主"企业主导、中小企业积极参与的产业链创新链协同发展新格局。

二是提高新一代技术应用水平，推动产业链供应链数字化、绿色化转型。一方面，以"链长制"为抓手，推进新一代前沿技术研发，解决芯片和原材料领域的关键技术"卡脖子"问题。重点关注产业链中5G、大数据、人工智能、新材料等新技术的整合和迭代升级效应，夯实产业链新型基础设施建设，开展百万级工业第三方应用培育。加快"链长制"从系统性政策向多元化和宽泛性方向转型，促进"链主"及中小企业柔性生产线改造升级，实现供应链和生产线多元化拓展。另一方面，加快推进数字技术与产业链供应链融合发展，组织实施"链主"企业数字化转型行动计划，根据产业链发展特点，重点打造一批数字化转型"链主"领军企业，培育一批综合示范场景广、带动能力强的企业。支持"链主"企业参与工业低碳行动和绿色制造项目的实施，充分发挥其在碳达峰碳中和目标实施中的引领作用，促进产业链供应链高质量发展。

### （三）提高"链主"对外开放水平，促进产业链国际合作

一是立足国内顺畅循环，实现更高水平对外开放。首先，充分发挥我国巨大的内需潜力和超大市场规模优势，有效利用国际国内两类市场资源，发挥具有国际竞争力的本土"链主"企业优势，以点带面，带动区域产业链上下游企业协同发展、参与国际竞争，同时持续优化营商环境，积极招商引资，吸引全球优质生产要素资源，实现产业链固链、补链、强链和延链，最终实现产业链区域互动和国际接轨；其次，重点培育和引进产业链"链主"企业，鼓励其与本土中小企业共同打造高水平产业链发展空间平台和共性技

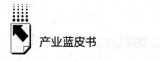

术支撑平台，培养专业的产业链招商队伍和产业技术发展指导专员，借鉴国外先进企业管理经验和发展理念，实现产业链高起点规划和高质量发展，实现更高水平的对外开放。

二是深度参与全球产业化分工，加强产业链国际合作。一方面，在俄乌冲突以及美国试图与我国科学技术领域"脱钩"背景下，应推动"链主"企业加强与欧洲、日本和韩国等发达经济体在高端项目上的合作，以市场换取关键技术和资源，同时重点与东南亚、非洲等产业基础自然资源丰富的国家保持合作，深度参与全球产业分工；另一方面，在后疫情时代，依托RECP、"一带一路"等重要对外合作网络平台，借此由跨境电商领域"链主"企业牵头，搭建和完善产业链原材料运输的陆海空快速通道，建立全球产业链供应链和销售网络，畅通国际国内双循环，加强产业链国际合作，确保产业链供应链稳定。

## （四）增加产业链安全政策储备，提升产业链整体安全水平

一是鼓励国内"链主"企业建立"备份技术"清单，完善外资引进和对外投资安全审查制度。首先，在"链长制"下充分发挥我国制造业优势，推动产业链上下游企业参与解决"卡脖子"技术问题，同时支持"链主"企业牵头建立"备份技术"清单，从国家层面设立"备份技术"创新基金项目，鼓励产业链中小企业共同申报，并且推进"链长"与社会资本合作，共享"备份技术"的后期成果。其次，强化对于引进外资和对外投资安全审查，加快《外商投资法》实施落地。

二是发挥"链主"企业面对行业冲击的引领带动作用，保障产业发展的安全和稳定。当前俄乌冲突背景下，我国应加快对"链主"企业及产业链上下游企业实施固链、强链和保链工程，明确可能受影响的产业范围及名录，充分发挥"链主"企业对重点受困产业的引领带动作用，进一步完善和深入实施"链长制"政策，积极做好应对欧美制裁下美国长臂管辖的政策储备，将可能的风险降到最低。此外，还应提高人民币国际影响力，强化物资战略储备能力，以及重点关注物流、仓储和库存三个领域的降本增效和

智能化转型，提升我国能源、材料在供应链方面的风险防范和抗冲击能力。

三是加强产业链安全信息监测，精准预防产业链发展风险。在"链长制"主导下，打造多层次的产业链"云端"数据库，促进各方信息共享，"链长"依托产业链内"链主"企业构建的上下游企业数智化和风控管理系统，实现对各环节信息的动态监测，以及掌握产业链内资金、技术、人才的需求、供给和匹配情况，提前预判和精准识别产业链可能存在的风险。从长远战略角度看，应从国家、省、市及区县层面利用云计算和大数据分析技术，全面摸清涉及国计民生重点环节的风险点，以此为国家制定"链长制"政策的中长期技术路线图提供科学依据。

## 参考文献

林淑君、倪红福：《中国式产业链链长制：理论内涵与实践意义》，《云南社会科学》2022 年第 4 期。

陈英武、俞晓峰：《产业链"链主"企业生态主导力提升路径研究——以江苏为例》，《经济研究参考》2022 年第 11 期。

陈健、陈志：《如何支持"链主"企业主导全产业链创新？——以美国太空探索技术公司（SpaceX）为例》，《科技中国》2021 年第 8 期。

潘爱玲、王慧、凌润泽：《供应链金融能否促进"链主"企业培育？——基于企业兼并重组的经验证据》，《会计研究》2023 年第 1 期。

# B.4
# 供应链创新与应用试点政策研究

袁惊柱*

**摘　要：**　供应链创新与应用试点政策经过试点到示范的发展，已经在提高产业链供应链韧性和提升产业链供应链效率方面发挥了一定作用，并在供应链创新发展上形成了一些典型经验。但政策实施效果还存在一些问题，基于以上政策实施问题，提出五方面提升政策实施效果的建议。

**关键词：**　供应链　产业链供应链韧性　政策实施效果

## 一　供应链创新与应用试点政策的经典做法与实施效果

供应链创新与应用试点政策是推动供应链向绿色化、数字化等现代化水平不断提升的方向升级的有效工具，研究发现，供应链创新与应用试点政策的实施能够显著提升试点企业的技术创新水平，影响企业技术创新过程中的信号传递机制①。目前，供应链创新与应用试点政策已经形成一些经典做法，在一些方面也产生了积极的政策效果，同时也在重点政策任务方面形成了一些企业支持政策实施的典型案例。

---

\*　袁惊柱，管理学博士，产业经济学博士后，中国社会科学院创新工程青年学者、工业经济研究所副研究员，主要研究方向为能源转型与产业结构调整升级。
①　沈丽琼、黄光于、叶飞：《供应链政策与企业技术创新——来自政府认定供应链创新试点企业的经验证据》，《科技管理研究》2022年第19期。

1. 供应链创新与应用试点政策的经典做法与实施效果分析

从试点企业的评判标准来看，主要是通过企业的整体规模与实力、供应链运营绩效、对上下游合作伙伴的供应链管理绩效，以及在协同化、数字化、智能化、绿色化、融合化方面的作用，来选择供应链创新与应用试点企业，共筛选出 55 个试点城市和 266 家试点企业。而在示范城市与示范企业选择上，则构建了指标评价体系来筛选。在示范城市方面，从供应链发展基础、治理水平、生态水平、数字化水平、绿色化水平、全球化水平、风险防范能力和示范创建工作思路八个方面，构建 35 个二级指标进行评价；在示范企业方面，分工业制造、现代物流、供应链管理服务、批发零售、农业农产品 5 个细分领域，分别构建 33 个、26 个、27 个、25 个、29 个二级指标进行评价。共筛选出两批示范城市和示范企业，分别为 25 个和 200 家。① 在示范城市和示范企业的绩效考核方面，也分别构建了 16 个、17 个二级指标进行评价。

经商务部等部门的筛选整理，已经将第一批供应链创新与应用试点做法在三个创新领域总结形成了 36 个试点主体的 12 条典型经验。其中，在积极探索政府公共服务和治理新模式方面，试点城市形成了 5 条典型经验；在提升供应链管理和协同水平及加强供应链技术和模式创新领域方面，试点企业分别形成了 2 条、5 条典型经验（见表 1）。

2. 供应链创新与应用试点企业绿色供应链创新案例分析②

作为全球最大的光伏组件供应商和领先的太阳能光伏整体解决方案提供商，天合光能股份有限公司（简称"天合光能"）已经在绿色供应链管理方面获得了较好的节能减排成效，已入选国家绿色供应链管理典型案例，主要得益于天合光能绿色供应链采用"绿色供应链管理顶层设计+供应商 CSR 管理和绩效考核+绿色生产和资源可持续利用+数智化发展+技术创新+供应链金融"的创新模式。

---

① 2021 年确定了第一批 10 个全国供应链创新与应用示范城市、94 家示范企业。2022 年确定了供应链创新与应用 15 个示范城市、106 家示范企业。

② 根据天合光能网站资料整理，https://www.trinasolar.com/cn/Trinasolar。

表1　第一批供应链创新与应用试点的典型经验

| 试点主体 | 创新领域 | 典型经验 |
|---|---|---|
| 城市 | 探索政府公共服务和治理新模式 | 完善试点工作推进机制、推动供应链跨区域协同、构建供应链工作新载体、完善供应链公共服务、优化政策支持 |
| 企业 | 提升供应链管理和协同水平 | 建设和完善各类供应链平台、提供供应链一体化和专业化服务 |
| | 加强供应链技术和模式创新 | 推动供应链与现代信息技术深度融合、创新供应链发展新模式、积极布局全球供应链、推动绿色供应链发展、提升供应链金融服务科技水平 |

资料来源：《关于复制推广供应链创新与应用试点第一批典型经验做法的通知》。

　　在绿色供应链管理顶层设计方面，通过设定绿色可持续发展长期目标和明确绿色供应链管理机构来进行绿色供应链管理机制建设。在绿色可持续发展长期目标方面，通过建立环境管理体系和能源管理体系，确保企业在全生命周期各个阶段践行绿色理念。在绿色供应链管理机构方面，明确各部门的生态环境和生物多样性保护、效率提升、污染排放达标及处理、降低对环境影响等职责。

　　在供应商CSR管理和绩效考核方面，注重供应商的可持续发展能力，对供应商实施状态管理考核，并对重点供应商进行CSR调查和考核。天合光能率先发布天合能源物联网"TrinaIoT"品牌，完成Trina Aurora和Trina MOTA两大支柱能源物联网平台开发和应用，不仅实现发、储、配、用、云等能源垂直领域的数字化和智能化，也可为不同领域客户提供能源物联网及工商业物联网解决方案。牵头发起"600W+光伏开放创新生态联盟"，与产业链上下游伙伴一同在开放的210技术平台进行创新，共同促进产业绿色发展。搭建了供应商管理信息系统、绿色物料数据库、产品溯源系统、数字化质量管理系统，低风险供应商达98%，在欧洲第三方独立评估机构EcoVadis的全球性企业社会责任评估中多次荣获金奖。

　　在绿色生产和资源可持续利用方面，采用产品全生命周期内可持续发展生产模式，建立ISO14001环境管理体系和ISO50001能源管理体系，利用技术、设备、监测、回收利用等多种方式保证生产过程中"三废"排放达标，持续推动节能降耗工作，建立和实施内部碳交易制度，致力于实现零碳排放，积极开展废弃光伏组件的回收及循环利用，提高资源利用效率，打造多能互补、智能高效、绿色低碳的现代工厂能源体系。

在生产制造数智化发展方面，天合光能与阿里巴巴的 1688 平台合作，从完善 MRO 采购管理开始，完成对整个公司采购体系的数字化和平台化改革；启动光伏生产大数据项目，与阿里巴巴、西门子、IBM、华为等合作，挖掘光伏生产数据背后的价值；携手聚龄实施 WMS，建立满足多种物流模式的数字化管理平台。经过数字化升级，天合光能取得了以下效果：一是天合光能在供应链各环节核心管理功能与财务信息高度集成，物流、商流、信息流及资金流四流合一，供应链精细化管理，实现供应链整体效率与效益的提升；二是通过对生产过程的智慧化改造，天合光能实现生产数据在线化、高效片占比模型数字化、生产管理透明化、生产预警自动化；三是通过智能制造转型，天合光能提高了仓库管理效率和报表流程信息化率，降低了人力和运输成本等。

在供应链技术创新方面，天合光能注重创新性研发，特别重视推动行业标准的建立以及产品性能和可持续性的相关标准的建立。2011 年以来，天合光能晶硅电池效率及组件功率输出已打破世界纪录 24 次。截至 2022 年 6月 30 日，公司累计申请专利超过 2400 件，其中发明专利占比 50%。在2023 年的光伏产业生态创新大会上，18 家产业链上下游企业签订光伏制造业创新中心合作协议，打破"小而全、大而全"的封闭式自主创新局面，构建长短互补的生态型开放创新模式。

在供应链金融方面，2020 年天合光能与民生银行跨境金融部达成合作，由民生银行提供其打造的"民信易链"供应链金融科技平台，为天合光能产业链上相关企业提供快速、便捷的线上化融资服务。2023 年，全国光伏行业首个供应链金融平台"天合融通"正式上线运行，开创了常州民营企业推动供应链金融发展应用的先河，为促进链属企业创新发展和新能源之都建设提供了有力支持。该平台融合了核心企业、上下游供应链企业、第三方

平台、金融机构等主体，打通了公司内部 ERP 数据系统、OA 审批系统、资金管理系统和银行网银系统间的数据传递。融资服务涉及胶膜、背板、光伏玻璃等十几个行业近 200 家一、二级供应商。

## 二　提升供应链创新与应用试点政策实施效果的政策建议

1. 围绕政策重点任务出台实施指导意见，并加大对地方的绩效考核

在以供应链创新为中心的逻辑框架下，进一步完善供应链创新与应用试点政策体系建设，特别是要围绕政策重点任务细化实施方案，为政策实施落地提供明确路径指导，并加大对地方政策实施绩效的考核力度，促进地方在相关政策制定和实施上积极发挥主观能动性。一是中央层面应该研究出台供应链创新与应用试点政策中重点政策任务的实施指导意见，为地方细化供应链创新政策实施方案提供参考；二是地方应该积极主动与中央层面的供应链创新与应用试点政策对接，结合地方实际出台促进供应链创新的细化实施方案，完善供应链创新发展的制度环境，不断优化促进供应链创新发展的产业生态；三是加大对地方供应链创新政策实施效果的绩效考核力度，特别是要加强对试点城市、企业和示范城市、企业的考核，提高地方实施落实供应链创新与应用试点政策的积极性。

2. 以高质量构建双循环新发展格局为抓手，保障供应链韧性和安全

长期以来，我国产业发展一直采用"大进大出""两头在外"的模式。在贸易保护主义和逆全球化思潮的冲击下，效率优先的全球化产业链价值链分工模式受到巨大挑战[1]，提升供应链韧性和安全水平已经成为供应链创新政策的重点任务之一。因此，必须加强国内产业链供应链的自主可控能力建设，优化国外产业链供应链布局，高质量构建以国内大循环为主体、国内国

---

[1] 李晓华：《新发展格局下提升产业链供应链韧性与安全的难点与着力点》，《新疆师范大学学报》（哲学社会科学版）2023 年第 8 期。

际双循环相互促进的新发展格局。一是要加强国内产业链供应链关键技术的自主创新能力建设，加快在重点领域和关键环节进行技术国产化替代，培育头部企业全产业链集成配套能力，高质量建设以国内需求为主体的内循环供应链系统；二是推进与我国地缘政治关系友好国家的战略合作，并加强在共建"一带一路"国家、金砖合作组织国家的供应链布局；三是优化外资的营商环境，吸引高技术国际大企业参与产业链供应链建设，贯通国内产业链供应链与国际产业链供应链。

3. 建立企业数字化、智能化公共服务平台，并着力提升供应链现代化水平

数字经济与实体经济的融合发展是当前乃至"十五五"时期的重点方向，要着力提升供应链现代化水平，必须首先解决企业数字化、智能化转型发展问题，可以通过建立国家级、区域型的企业数字化、智能化公共服务平台，为企业数字化、智能化转型降低成本提供技术支持。一是充分发挥头部企业、协会、联盟的产业链链主作用，建立产业数字化、智能化服务平台，为供应链上下游企业数字化、智能化转型提供支持；二是在思想上提高企业对供应链创新模式的认识，充分认识到数据要素的价值，使企业有主观意愿去推进数字化、智能化转型；三是引导内部数字化、智能化转型先行的企业拓展供应链管理范围，加强全产业链风险管控能力建设，不断提升供应链现代化水平。

4. 持续加强绿色低碳技术攻坚克难，并推动绿色低碳标准国际化建设

在"双碳"目标融入生态文明制度体系建设的大背景下，经济社会系统的绿色低碳转型是未来长期发展的大趋势，要提升我国产业链供应链韧性和安全水平，必须持续加强产业链供应链关键环节的绿色低碳技术攻坚克难，并推动绿色低碳标准体系国际化建设。一是加快促进我国能源体系的绿色低碳转型，重点支持化石能源清洁高效利用和新能源高质量发展，以新型电力系统建设和完善为重要抓手，推进新型能源体系建设，助力实现碳达峰碳中和；二是根据我国工业化阶段和现实发展需求，遵循产业结构调整升级规律，有序推进"双高"产业转型升级和转移淘汰，以制造业高质量发展推进新型工业化道路探索；三是积极应对国际绿色低碳环境壁垒，以绿色低碳标准体系国际化建设倒逼产业链供应链绿色低碳转型。

**5. 鼓励促进供应链金融加快发展，并重点支持地区产业结构调整升级**

强化金融支持实体经济高质量发展的政策环境，加大对产业结构调整升级、技术研发攻坚、科技成果转化、未来产业布局等重大战略的金融支持，鼓励促进供应链金融加快发展，为产业链上下游企业提供形式多样、灵活匹配的金融服务，从而更好地保障供应链安全。一是促进银行提供更多的重大战略专项贷款服务，延长对制造业改造升级、战略性新兴产业布局等贷款的期限；二是鼓励头部企业发展供应链金融，为供应链上下游企业提供金融服务，联合银行进行汇票灵活结算改革，提升供应链资金的流转效率；三是推动金融市场快速发展，丰富金融供给产品，提高企业全生命周期融资市场化程度，为中小微企业提供更多融资渠道。

**参考文献**

沈丽琼、黄光于、叶飞：《供应链政策与企业技术创新——来自政府认定供应链创新试点企业的经验证据》，《科技管理研究》2022 年第 19 期。

王景敏、崔利刚、许茂增：《链主企业创新能力对供应链效率的影响》，《中国流通经济》2022 年第 8 期。

刘伟华、孙嘉琦、陈之璇、刘馨允：《基于 PSM-DID 模型的政策对试点企业经营绩效的影响评价研究——以"供应链创新与应用试点"政策为例》，《工业技术经济》2022 年第 1 期。

宋华、韩梦玮、胡雪芹：《供应链金融如何促进供应链低碳发展？——基于国网英大的创新实践》，《管理世界》2023 年第 5 期。

周姝丽、袁黎、赖婧等：《南方电网深化现代产业链供应链的改革与创新》，载中国企业改革与发展研究会编《中国企业改革发展优秀成果 2021（第五届）》上卷，中国商务出版社，2021。

李晓华：《新发展格局下提升产业链供应链韧性与安全的难点与着力点》，《新疆师范大学学报》（哲学社会科学版）2023 年第 8 期。

# B.5
# 专精特新企业培育政策研究*

张建英**

**摘　要：** 为了解决产业链关键领域技术"卡脖子"问题，2018年底，工信部等部委和地方政府开始密集出台政策措施培育专精特新中小企业。"十四五"时期是专精特新企业培育的重要时期。本文对专精特新企业培育政策进行了比较分析，建议全面落实梯度培育制度、加大上市培育支持力度、实施奖补资金分批发放制度、做大做强专精特新企业。

**关键词：** 专精特新企业　"小巨人"企业　梯度培育

## 一　专精特新企业培育政策的发展历程

### （一）专精特新的概念内涵

在经济高质量发展进程中，一批有特色的创新型企业逐渐形成，专精特新的内涵也随之变化，并且逐渐明确量化。2011年7月，工业和信息化部、中国社会科学院联合发布的《中国产业发展和产业政策报告（2011）》首次提出推动中小企业"专精特新"化发展，即专业、精细管理、特色、创新。到2013年发布的《工业和信息化部关于促进中小企业"专精特新"发

---

* 本文为湖南省教育厅科学研究优秀青年项目（编号为23B0599）的阶段性成果。
** 张建英，经济学博士，湖南工商大学经济与贸易学院讲师，主要研究方向为数字经济、"专精特新"中小企业创新等。

展的指导意见》，才进一步规范了"专精特新"的内涵，即专业化、精细化、特色化、新颖化。在地方政府培育省（区、市）级专精特新中小企业的过程中，逐渐形成了专精特新"小巨人"企业、省级单项冠军企业等概念。其中，单项冠军强调的是创新维度的竞争力；"小巨人"企业除要符合专、精、特、新四个维度要求外还强调是细分领域的佼佼者。2018年底，国家级专精特新企业培育开始后就量化了专精特新"小巨人"企业、专精特新中小企业的认定标准，进一步明确了"专精特新"的内涵。

### （二）专精特新企业培育政策的发展过程

当前的现代化产业政策正在向"领跑型"转变[1]，而且中小企业的培育政策具有很强的阶段性[2]。从"专精特新"概念的提出、内涵的变化，直到专精特新企业培育政策的实施，一共经历了"十二五"时期以来的3个五年规划发展周期。

1."十二五"期间确立专精特新为中小企业发展方向

"十二五"期间，促进中小企业成长要求加快转变经济发展方式，提高中小企业发展的质量效益。政策强调要坚持把走专精特新之路作为促进中小企业成长的重要途径，努力形成中小企业专精特新竞相发展的新格局。这期间，专精特新企业培育的主导思想是为大型企业和龙头企业培育配套的生产关键零部件、元器件的骨干型中小企业。政策上把专精特新设定为中小企业发展的方向，但没有把专精特新作为十分明确的发展目标[3]。

2."十三五"期间开始培育专精特新企业

"十三五"期间，中小企业发展的主要任务转变成推进创业兴业、提升创新能力、转型升级、拓展内外市场、转变职能等。政策把专精特新发展作

---

① 张其仔、许明：《实施产业链供应链现代化导向型产业政策的目标指向与重要举措》，《改革》2022年第7期。

② 熊勇清、徐文：《新能源汽车产业培育："选择性"抑或"功能性"政策?》，《科研管理》2021年第6期。

③ 《"十二五"中小企业成长规划》。

为推动转型升级、改善供给的关键点，把专精特新发展着力点放在培育一大批专精特新中小企业、打造"单项冠军"上。相关政策提出了专精特新中小企业培育工程和培育一批可持续发展的专精特新中小企业发展目标。这期间提出了专精特新培育工程，逐渐明确了专精特新企业培育的目标是培育一大批主营业务突出、竞争力强的专精特新中小企业，打造一批专注于细分市场、技术或服务出色、市场占有率高的"单项冠军"①。但政策上强调的是，推动中小企业与大企业协同创新，以及鼓励中小企业与大企业、龙头骨干企业建立稳定的合作关系。

3. "十四五"期间加快培育专精特新企业

"十四五"期间，地方政府相关政策提出了一系列培育目标和实施办法②。政策上强调以数字化转型为契机加快培育专精特新"小巨人"企业③，推动制造业单项冠军企业发展，中小企业核心技术攻关成为政策支持的重点。2023年2月，国务院国资委办公厅印发《创建世界一流示范企业和专精特新示范企业名单》，表明中央企业和地方国资委企业也成为培育对象。专精特新企业培育范围进一步扩大，逐渐在全国范围内形成示范效应。

## 二 专精特新企业培育政策的比较分析

当前，培育专精特新企业已成为我国支持中小企业发展的重要政策举措。自专精特新企业培育工程提出以来，国务院、工信部、财政部等密集出台多部政策文件，推动专精特新企业加快发展。在国家政策引导下，地方政府为加快专精特新企业培育提供了政策支持，但各地在政策目标制定、具体措施和实施效果上呈现较大差别。

---

① 《〈促进中小企业发展规划（2016—2020年）〉正式发布 推动创业创新将成为重点工作》，中国政府网，2016年7月6日。

② 《关于印发"十四五"促进中小企业发展规划的通知》，中国政府网，2021年12月11日。

③ 《财政部 工业和信息化部关于开展中小企业数字化转型城市试点工作的通知》。

### （一）政策目标比较

#### 1. 中央政府层面的目标

中央政府培育专精特新企业的目标逐渐明确，由定性目标变成定量目标。"专精特新"一词提出两个月后，《"十二五"中小企业成长规划》就将"专精特新"发展方向作为中小企业转型升级、转变发展方式的重要途径①。"十四五"时期，促进中小企业高质量发展的总目标要求，推动形成100万家创新型中小企业、10万家专精特新中小企业、1万家专精特新"小巨人"企业②。中央财政将累计安排100亿元以上奖补资金，重点支持1000余家专精特新"小巨人"企业高质量发展③。

#### 2. 地方政府层面的目标

为了贯彻落实中央政府关于培育专精特新企业的总目标，各地政府纷纷制定了发展目标。基于地方政府和中小企业主管部门官网相关文件，本文对专精特新企业培育目标进行了检索和整理。结果显示，"十二五"时期，只有少数东部省份对专精特新产品进行了一些评定和培育，比如江苏和安徽。

"十三五"时期，地方政府为中小企业发展设立的目标是在省（区、市）内培育一批专精特新企业。上海、江苏、浙江、福建、山东、广东、海南、湖南、四川、新疆等地在"十三五"规划中提到培育专精特新中小企业的工作目标。总的来看，东部地区政府培育专精特新企业的积极性最高；西部地区次之；中部地区和东北地区积极性相对较低。2017年11月，《中国中小企业专精特新评定标准》发布以及2018年底工信部发布专精特新"小巨人"企业培育工作通知，将专精特新中小企业培育工作推到快速发展的阶段。

"十四五"时期，地方政府分别制定了明确的专精特新企业培育目标。按照目标等级和目标数量，本文将全国分成四个梯队。其中，江苏、浙江、

---

① 《"十二五"中小企业成长规划》。
② 《"十四五"促进中小企业发展规划》。
③ 《关于支持"专精特新"中小企业高质量发展的通知》，中国政府网，2021年1月23日。

山东和广东可归为第一梯队，国家级专精特新企业培育目标超过 1000 家；安徽、河南、湖北、北京、河北、辽宁、上海、四川、重庆、广西、山西、江西、云南、陕西和天津可归为第二梯队，国家级专精特新企业培育目标在 100~1000 家；吉林、海南、新疆、青海和内蒙古可归为第三梯队，国家级专精特新企业培育目标在 100 家以内；湖南、福建、甘肃、宁夏、西藏、贵州和黑龙江可归为第四梯队，没有明确设定国家级专精特新企业培育目标，但是明确了省市级专精特新企业培育目标。

此外，只有江苏、广东、河南、上海、重庆、广西、陕西、天津和内蒙古等按照《优质中小企业梯度培育管理暂行办法》的要求，分梯次分别制定了培育目标，其余省（区、市）还有一定程度的单项目标不明确。从现有的培育目标体系来看，各地省市级专精特新"小巨人"企业培育目标与工信部制定的目标还存在一定的差距，而且也给各地之间的政策对比造成了一定困难。

## （二）政策措施比较

### 1.政策措施的整体情况

为进一步提升中小企业竞争力，推动专精特新中小企业发展进程，各地分别制定了相应政策培育措施，如《支持中小企业高质量发展的若干政策》《提升中小企业竞争力若干措施》《"专精特新"中小企业认定管理办法》等。通过梳理这些政策文件，将主要培育措施归为 9 类，分别是财政支持、资金融通、资源对接、创新创业、质量提升、市场开拓、系统培育、数字驱动和公共服务。除天津、山西、辽宁、江西和西藏没有明确提出质量提升措施，内蒙古、黑龙江和河南没有明确提出市场开拓措施；上海没有明确提出系统培育措施，河南、海南和西藏没有明确提出数字驱动措施外，其他地方政府对专精特新企业的培育措施总体上还比较全面。

### 2.具体措施的比较

在中央政府的积极引导下，地方政府根据本地专精特新发展需要加大了培育力度，在具体政策措施上，地区差别很大。

第一，地方财政对被认定的专精特新企业给予一次性奖励，但各地标准不统一。东部、东北和中部地区是按照专精特新企业的级别给予不同奖励；西部地区分别按照专精特新企业级别、专精特新企业培育梯度两类标准给予不同奖励，还有一部分西部省（区、市）没有公布明确的认定奖励标准。天津、上海、福建、广东、海南、辽宁、吉林、黑龙江、山西、安徽、湖北、湖南、陕西、广西、宁夏、重庆、内蒙古、甘肃等地制定了专精特新企业认定奖励标准，对本省（区、市）内的中小企业激励程度一致。北京、河北、江苏、浙江、山东、江西、河南、四川等地的下级行政单位分别制定了专精特新企业认定奖励标准，这些地区鼓励下级行政单位之间的培育竞争。贵州、云南、青海、新疆、西藏等地没有制定明确的专精特新企业认定奖励标准，省级财政的激励力度有限。从奖励力度来看，代表性城市郑州对专精特新企业培育的财政奖励支持力度最大，南昌对专精特新企业培育的财政奖励支持力度最小，杭州、南京等地通过吸引外地专精特新企业迁入来达到本地专精特新企业培育目标，加大了地区之间专精特新企业培育的竞争程度。

第二，实施税收政策是地方政府激励专精特新企业培育的有力措施，各地税收激励力度不同。大部分地区明确提出了减税降费措施，比如，河北、上海、浙江。北京、福建、重庆等地提出了给予降费激励，但天津、江苏、海南等地的专精特新培育政策中没有明确提出减税降费相关措施。

第三，各地充分利用资金融通措施解决专精特新中小企业融资难的问题，但培育方式有差别。其中，天津、河北、浙江等地分别制定了融资渠道、金融产品创新、融资方式等方面的支持措施。此外，北京、上海、福建等地还对专精特新企业上市挂牌提供培训或政策支持。

第四，各地充分利用协同创新措施解决专精特新中小企业抗风险性小的问题，但培育方式有区别。其中，天津、上海、江苏等地在通过提升创新能力培育专精特新方面没有明确提出科技成果转化或对接措施。天津、山东、湖南等地没有明确提出知识产权保护相关举措。

第五，各地充分利用质量提升措施强化专精特新中小企业业务能力，但侧重点不同。北京、内蒙古等地在通过质量提升培育专精特新企业方面没有明确提出产品质量优化或企业质量效益提升举措。山东、河南等地没有明确提出品牌建立举措或品牌意识；江苏、浙江、河北等地还明确提出了建立产品标准或者标准化的举措。

第六，各地充分利用市场开拓措施提升专精特新中小企业国际合作交流能力，但培育方式有区别。天津、福建、山西等地在专精特新培育措施中没有明确提出开拓国际市场或国内外市场。北京、河北、青海等地没有明确提出通过参加展会开拓市场；但广西、青海、新疆等地提出了政府采购措施；山东、河北、吉林等地还提出了跨境电子商务或电子商务措施。

第七，各地充分利用系统培育措施增加专精特新中小企业人才供给，但地域差别很大。北京、天津、山东等地没有明确提出建立梯度培育体系。山西、西藏等地没有明确提出人才培育措施；但河北、山东、福建等地提出了企业家培育措施。江苏、浙江、山东等东、中部地区强调了人才引进；四川、重庆、陕西等西部地区则强调高层次人才引进。

第八，各地充分利用数字驱动措施指引专精特新中小企业培育方向，但培育方向有区别。河北、贵州、青海等地没有明确提出智能化培育方向；河北、广东、湖北等地没有明确提出网络化培育方向。但北京、河北、山东等地强调了绿色化培育方向，将低碳环保摆在了重要位置。

第九，大部分地区强调提供公共服务，但在组织管理和对外宣传上有差别。比如，江苏、广东、河北等地没有明确提出动态管理机制；北京、天津、福建等地没有明确强调专精特新企业培育的宣传效应。

## （三）政策效果比较

"十四五"时期，在工信部专精特新企业培育政策的积极引导下，各地充分重视专精特新中小企业的培育。前五批国家级专精特新"小巨人"企业数量可观，融资环境有所改善，但地区差异较大。

### 1. 全国专精特新企业培育成效

全国专精特新企业培育数量整体上呈上升趋势，复核通过率大幅提高。

自 2018 年底专精特新企业培育工程启动以来，工信部累计公布了五批国家级专精特新"小巨人"企业。"十四五"期间，中央财政计划累计安排 100 亿元以上奖补资金，引导地方完善扶持政策和公共服务体系。截至 2023 年 8 月，我国已累计培育专精特新"小巨人"企业 1.2 万余家，专精特新中小企业超过 9.8 万家，创新型中小企业达 21.5 万家，优质中小企业梯度培育工作取得积极成效①。第一批和第二批专精特新"小巨人"企业已经达到复核周期，复核通过率分别为 62.5% 和 90.8%，表明我国专精特新企业培育的实际成效有明显提升。

专精特新企业资金融通能力有所提升，但整体实力仍然较弱。从数量上看，专精特新企业上市数量逐渐增多，资金融通措施发挥了一定效果。但专精特新企业上市成功率不足 20%，整体盈利能力和融资能力还不强。从各大板块来看，以中小企业和创新型企业为主的三板市场成为专精特新企业上市的热门板块；而为服务于创新型中小企业专门设立的北京证券交易所热度不高。

**2. 各地专精特新企业培育成效**

从地区层面看，东部、中部、西部地区专精特新企业培育效果明显，但差异较大。东部地区培育数量遥遥领先，前五批平均每省每年认定 823 家；中部地区培育数量次之，前五批平均每省每年认定 456 家；东北和西部地区平均每省每年分别认定 160 家和 126 家。

从省级层面看，东部的广东、江苏、浙江、山东、北京、上海等地占据了专精特新"小巨人"企业认定数量的前六位，中部的湖北、安徽、湖南和西部的四川等地专精特新"小巨人"企业培育数量较多。东部的海南，东北的吉林、黑龙江和西部的广西、云南、贵州、新疆、甘肃、内蒙古、宁夏、青海、西藏等地专精特新"小巨人"企业培育数量较少。从地区生产总值和工业增加值来看，各地专精特新企业第一阶段的培育效果基本符合东部、中部、西部地区经济发展规律，表现出明显的东强西弱特征。

---

① 《我国专精特新"小巨人"企业数量已达 1.2 万家》，央广网，2023 年 7 月 27 日。

## 三　专精特新企业培育的政策优化建议

### （一）全面落实梯度培育制度，稳固专精特新培育基础

为了积极推动专精特新企业发展以及稳固专精特新中小企业培育根基，应加大梯度培育相关制度的实施力度。一方面，在政策目标制定上，各地政府部门要严格按照梯度培育体系来设定明确的专精特新培育目标，尤其是辽宁、湖南、四川等地应进一步明确创新型中小企业和省市级专精特新中小企业培育目标。另一方面，在认定奖励标准制定上，各地政府应增加对基层创新型中小企业的支持和奖励力度。此外，中央政府可以把创新型中小企业培育规模和质量作为考核地方政府政绩的一项重要指标。

### （二）加大上市培育支持力度，缓解资金融通压力

为了进一步扩大资金融通渠道、缓解专精特新企业融资压力，政策上应该加大对企业上市培育的支持力度。一方面，引入社会资本可以有效缓解专精特新企业融资压力。社会资本投入生产运营可以促进经济增长，居民财产性收入增长又可以刺激消费，二者共同作用可以促进国际国内双循环，反过来又进一步增强了资本市场的活力。另一方面，专精特新中小企业挂牌上市更容易形成品牌知名度，能够吸引大量优质资源进入，从而提高企业经营效益和盈利能力，反过来又可以吸引更多社会资本。

### （三）实施奖补资金分批发放制度，提高专精特新持续性

给予专精特新"小巨人"企业一次性奖补资金的财政措施根本达不到持续激励企业专精特新发展的目的。培育前期，各级财政提供了大量奖补资金，短期内培育了一定的专精特新"小巨人"企业。因此，各级财政应制定奖补资金分批发放制度和配套的监督考核机制，提高政府财政资金的使用效率和专精特新企业培育的可持续性。

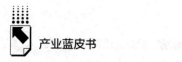

### （四）做大做强专精特新企业，优化区域布局

为了调动全国各地优势资源补短板、填空白，政策上应该鼓励做大东部地区专精特新"小巨人"企业和单项冠军企业，做强西部地区专精特新中小企业和创新型中小企业。中小企业发展离不开供需两端的市场竞争和要素资源的投入，因此对地区经济环境和资源禀赋优势有很强的依赖性。目前，各地的梯度培育体系是相互分离的，没有形成地区间的优势互补效应。政策上强调做大做强专精特新企业，有助于形成全国层面的梯度培育格局。这样，既能缓解区域经济不协调问题，又能带动西部中小企业专精特新发展并且缓解东部地区要素资源竞争激烈程度，提升我国专精特新企业培育整体实力。

# B.6
# 大中小企业融通发展研究

张丰智*

**摘　要：** 我国多个重要文件中提出要大中小企业融通发展，2018 年和
2022 年的两个文件较系统地论述了大中小企业融通发展的政策
体系。经过 5 年（2019~2023 年）发展，大中小企业融通发展
格局已初步形成，产业链韧性大大增强。进一步推动大中小企
业融通发展需在构建产业链实时图谱、以重大项目为抓手、稳
定企业外部环境等方面发力。

**关键词：** 大中小企业融通发展　融通创新　中小企业　产业政策

　　大中小企业融通发展主要是指那些存在供需关系、配套协作的企业，围
绕资本、技术、产品、信息等要素，通过一定的组织关系形成的高效互动、互
通融合的发展状态，具体的融通方式包括技术创新协同、管理创新协同、产业
链发展协同等。大中小企业的融通模式可分为创新链融通、产业链融通、供应
链融通、数据链融通、资金链融通、服务链融通、人才链融通等七个方面①。

　　大中小企业融通发展，广义上，指的是摒弃对企业规模的偏见以及过度
竞争的误区，大企业和中小企业之间通过资源要素、产品服务、技术创新、
战略部署等方面的有效协同，形成大中小企业共生、共荣、共赢的生态；狭
义上，则指的是大企业和中小企业在业务领域的合作，其核心在于平衡大企

---

*　张丰智，山东女子学院工商管理学院讲师，中国社会科学院工业经济研究所博士研究生，
主要研究方向为产业经济。
①　《关于开展"携手行动"促进大中小企业融通创新（2022—2025 年）的通知》。

业和中小企业之间议价能力和竞争地位的差异，形成二者相对平等的合作关系。本质上，大中小企业的融通是大中小企业及科研院所等相关机构之间资源、能力的充分合理配置利用和关系的合理建构，通过这种充分利用实现促进创新进而提升产业链韧性的目的。

从字面含义来看，大中小企业融通发展与大中小企业融通创新不同，但从政策角度和当前现实背景看，大中小企业融通发展与大中小企业融通创新非常类似，大中小企业融通发展的核心是大中小企业融通创新，因此本文不刻意区分融通发展与融通创新政策，而将其视为同一个政策。

2018年11月，工信部、国家发改委、财政部、国务院国资委发布的《促进大中小企业融通发展三年行动计划》是首次发布的大中小企业融通发展（创新）的系统性文件。2022年5月工信部等11部门发布的《关于开展"携手行动"促进大中小企业融通创新（2022—2025年）的通知》是最新的大中小企业融通发展（创新）的系统性文件。2020年的政府工作报告提到大中小企业融通发展，2021年的政府工作报告和"十四五"规划都提到大中小企业融通创新。

大中小企业融通发展与产业集聚、产业集群理论类似，都是产业组织即企业间关系的重构。

# 一　我国大中小企业融通发展的
# 具体政策措施

我国大中小企业融通发展（创新）的专门系统性文件主要有两个，即上文提到的《促进大中小企业融通发展三年行动计划》和《关于开展"携手行动"促进大中小企业融通创新（2022—2025年）的通知》。

《促进大中小企业融通发展三年行动计划》明确了大中小企业融通发展的意义是促进大企业创新转型和中小企业专业化发展，进而实现经济转型和高质量发展；总体要求是构建大企业与中小企业协同创新、共享资源、融合发展的产业生态，到2021年，形成新融通发展格局，即大企业带动中小企业发展，中小企业为大企业注入活力；为了实现总体要求，主要采取如下措施：挖掘和推广融通发展模式（深化基于供应链协同的融通模式、推动基于创新能力共享的融通模式、推广基于数据驱动的融通模式、打造基于产业生态的融通模式），发挥大企业引领支撑作用（推动生产要素共享、促进创新资源开放、提供资金人才支持），提升中小企业专业化能力（培育专精特新"小巨人"企业、实施"互联网+小微企业"计划），建设融通发展平台载体（建设大中小企业融通型特色载体、提升平台融通发展支撑能力），优化融通发展环境（夯实信息网络基础、完善知识产权管理服务体系、深化外部合作）；明确了保障措施，主要包括组织保障、公平市场环境、财政支出、融资支持、宣传推广。

《关于开展"携手行动"促进大中小企业融通创新（2022—2025年）的通知》政策目标是构建企业发展新生态（大中小企业相互依存、相互促进），最终目的是增强产业链供应链韧性和竞争力，提升产业链现代化水平，政策措施是促进大中小企业七链（创新链、产业链、供应链、数据链、资金链、服务链、人才链）的全面融通。

此外，还有很多非专门系统文件提及、涉及大中小企业融通发展（创新），可以总结为三大类：第一类是总体计划性文件；第二类是中小企业促进文件；第三类是创新类政策文件。

此外，《物联网新型基础设施建设三年行动计划（2021—2023年）》《"十四五"大数据产业发展规划》《"十四五"民用爆炸物品行业安全发展规划》等行业性规划中都提到要促进大中小企业融通发展（创新），形成大中小企业融通发展（创新）的格局。

## 二　我国大中小企业融通发展的政策目标和政策落地

### （一）政策目标

从政策目标演变来看，大中小企业融通发展（创新）初期主要是考虑

充分利用大企业的资源，发挥中小企业创新的活力，促进中小企业专精特新发展，后期主要是考虑提升产业链供应链韧性，以应对世界形势变化带来的冲击。初期往往是融通发展，后期往往是融通创新。

### （二）政策措施的落地情况

《促进大中小企业融通发展三年行动计划》提出的可量化目标都已经达成。大中小企业融通发展格局建设初见成效[①]。《关于开展"携手行动"促进大中小企业融通创新（2022—2025年）的通知》明确提出了大中小企业融通发展的最终目的是增强产业链供应链韧性和竞争力，提升产业链现代化水平，都与2018年三年行动计划一脉相承。

#### 1.融通发展典型模式

《促进大中小企业融通发展三年行动计划》指出，要挖掘和推广融通发展模式，用三年时间（2019~2021年），总结推广一批融通发展模式，引领制造业融通发展迈上新台阶。《关于开展"携手行动"促进大中小企业融通创新（2022—2025年）的通知》要求到2025年，引导大企业通过生态构建、基地培育、内部孵化、赋能带动、数据联通等方式打造一批大中小企业融通典型模式。政策出台之后，各地纷纷上报各自的融通发展典型模式，中国信息通信研究院2019~2022年总结了多个融通发展案例集。

供应链协同融通模式是主要的大中小企业融通模式，大中小企业之间的上下游供应链关系往往也是创新链、资金链、数据链存在与融通的基础。供应链协同融通模式的核心是大型龙头企业。龙头企业利用资金、技术、设备、管理、人员、信息等资源优势赋能上下游中小企业，提升中小企业技术、经营、管理、创新能力，整合产业链，通过强链补链来提升大企业自身的竞争力，经济开发区在其中发挥积极推动作用。典型案例是徐州经济技术

---

① 张其仔：《产业链供应链现代化新进展、新挑战、新路径》，《山东大学学报》（哲学社会科学版）2022年第1期。

开发区的工程机械供应链大中小企业融通模式。徐州经济技术开发区主导产业是工程机械，为了发展好工程机械产业链，徐州经济技术开发区联合各大中小企业及科研院所组建了协同创新联合体；徐州重工等大企业牵头制定并推广工程机械领域的技术标准，通过技术标准推广提高全产业链技术水平和融通水平；徐州经济技术开发区还依托大企业推进徐工 Xrea 汉云工业互联网平台搭建重点物流平台、供应链金融平台。通过以上举措打通了采购、物流、生产、营销等环节，提高了供应链响应速度，实现了上下游协同创新进步。此外，徐州经济技术开发区还注重完善产业结构、优化产业布局、引导良性竞争，最终徐州经济技术开发区打造了我国最完整的工程机械产业链，增强了产业链韧性。

创新能力共享模式又称创新耦合融通模式，典型特征是大企业开放自己的创新资源供相关中小企业使用，利用中小企业的创新活力来助力大企业的发展。典型案例是维信诺科技。生产 OLED 屏的维信诺借助三条 AMOLED 屏大规模生产线建成的契机，梳理供应链地图，全力为上游企业开放资源和应用场景，共建创新联合体，解决行业共性难题，通过需求引导和技术共享，帮助上游企业成长。

基于产业生态的融通模式又称生态圈融通模式，与基于产业链的融通模式不同，基于产业链的融通模式基本是纵向整合，而基于产业生态的融通模式基本是横向整合。典型案例是小米科技，小米科技计划发展的智能家居是全生态竞争，因此，小米科技通过投资、平台、技术、管理、供需等方面资源支持、全方位孵化所在产业生态初创企业，累计投资支持超过 500 家企业，提升了产业生态活力和整体竞争力。

资金链融通模式又称融资供给融通模式，该模式重点解决了广大中小企业面临的最大难题——资金难题。以中车集团联合众多企业和银行建立的中企云链为例，中企云链创造了"云信"金融产品，这是一种可拆分、流转、融资的电子付款承诺，类似于成员内部的"承兑汇票"。大企业购买中小企业产品，向中小企业支付"云信"，中小企业可以使用"云信"向自己的供货商支付，由于有真实的供应链背景和大企业信用保证，"云信"可以在成

员内部流通，解决了大企业拖欠中小企业货款、中小企业融资难、供应链融资难等问题，还避免了承兑汇票没有真实交易的风险。

除以上典型模式外，还有平台赋能融通、数据联通融通、内部孵化融通、产业集群融通等模式，都有相应的典型案例。总体而言，我国大中小企业融通发展的各种典型模式都已经具备，将这些模式进行总结、推广，会启发、带动更多的大中小企业融通发展。

2. 中小企业专精特新发展

《促进大中小企业融通发展三年行动计划》提出要培育600家专精特新"小巨人"和一批制造业单项冠军企业。《关于开展"携手行动"促进大中小企业融通创新（2022—2025年）的通知》要求激发涌现一批协同配套能力突出的专精特新中小企业。自2019年6月工信部公布第一批专精特新"小巨人"企业名单开始，截至2023年11月，我国国家级专精特新小巨人企业名单已经公布了五批（根据工信部公示名单或最终名单），第一批248家（2019年）、第二批1744家（2020年）、第三批2930家（2021年）、第四批4357家（2022年）、第五批3671家（2023年），合计1.2万余家①。超额完成该项任务目标。

3. 平台构建

《促进大中小企业融通发展三年行动计划》要支持不少于50个实体园区打造大中小企业融通发展特色载体；围绕要素汇聚、能力开放、模式创新、区域合作等领域培育一批制造业"双创"平台试点示范项目；构建工业互联网网络、平台、安全三大功能体系。这些方面属于投资项目，比较容易完成。截至2021年已经培育支持了200个实体开发区打造大中小企业融通型、专业资本集聚型等创新创业特色载体。

4. 融通发展格局

《促进大中小企业融通发展三年行动计划》目标是，到2021年，形成

---

① 由于工信部有时只发布公示名单，而且第一批和第二批在三年之后复审时有些企业被剔出名单，所以不同来源的当前专精特新"小巨人"企业总数存在少许出入，但1.2万余家是可靠的。

大企业带动中小企业发展、中小企业为大企业注入活力的融通发展新格局。《关于开展"携手行动"促进大中小企业融通创新（2022—2025 年）的通知》要求通过政策引领、机制建设、平台打造，推动形成协同、高效、融合、顺畅的大中小企业融通创新生态，有力支撑产业链供应链补链固链强链。从各类融通案例和主要产业链来看，融通发展格局和融通创新生态初步形成，政策在芯片、大飞机等重点产业链补链固链强链方面产生了很大的效果。

### （三）政策优化建议

我国大中小企业融通发展（创新）的政策以及相关的产业链政策、专精特新企业培育政策已经在典型模式、特色载体、协同创新、信息化、供应链金融等方面有相应的细化政策；并且针对大企业、中小企业、经济开发区、协同平台、互联网平台等各方提出了相应的专门政策；还从人才、资金、考核、宣传、知识产权等方面进行了环境改善。本文认为还可以在以下方面进行政策优化。

#### 1. 绘制国内产业链动态图谱

大中小企业融通发展的目标是增加创新，最终提高产业链韧性，固链补链强链延链，所有这一切都需要摸清国内产业链具体情况，实施动态监控。当前产业链政策如链长制、大中小企业对接、中小企业专精特新发展、解决"卡脖子"技术等都需要对产业链、创新链、技术链、资金链进行摸底。现在各地已经在通过实地调研进行分散化摸底。如果能够将支付结算平台、税务平台、专利平台、水电网应用、工业互联网平台、公安系统等多系统对接，与经济普查相结合，就能够彻底摸清并且绘制出产业链图谱，借助强大的超算能力，模拟推算各种冲击对产业链的影响，然后有针对性地进行大中小企业融通发展，测度融通发展的程度，提升卡位补链的针对性，还能更好地衡量地方政府政策执行效果。

#### 2. 以重大项目为抓手推进大中小企业融通发展

重大工程作为重大共性关键技术突破的重要平台，是大中小企业实现融

通创新的有效载体①，重点项目也具有重大工程类似的效果。重点产业链、重大项目、重大工程具有明确的衡量指标，在任务指标压力下，大中小企业之间更容易通力合作、实现融通。而且这种重大突破方式恰好利用了我国社会主义体制集中力量办大事的优势，因此完全可以以我国需要重点突破的芯片、光刻机、触觉传感器等重大项目为抓手，整合相关资源和产业链大中小企业，推进相关大中小企业融通发展。

3. 塑造稳定、信用良好、适度竞争的企业外部环境

大中小企业之间存在竞争与合作的双重关系，不稳定的外部环境、信用缺失和过度内卷、资本无序竞争都会迫使企业更多地关注短期眼前利益，加剧竞争。环境稳定，企业才会有长远打算，才乐于走专精特新之路；有限正当竞争而不是过度不正当竞争才能给实业留足研发利润，避免产业链和产业生态相关企业内部倾轧；良好的信用体系才能真正最终解决中小企业资金难的问题；高校科研、人才培养体系的改善才能真正为企业提供人才支持。良好的企业外部环境是大中小企业融通发展顺利开展的基础，必须塑造稳定、信用良好、适度竞争的企业外部环境。

**参考文献**

安磊：《新时期大中小企业融通发展的内涵研究、动力分析和实践探索》，《中国科技产业》2020 年第 7 期。

陈劲、阳银娟、刘畅：《融通创新的理论内涵与实践探索》，《创新科技》2020 年第 2 期。

陈劲、阳镇：《融通创新视角下关键核心技术的突破：理论框架与实现路径》，《社会科学》2021 年第 5 期。

刘众：《融通创新中更好发挥政府作用的内在要求探析》，《科技管理研究》2022 年第 4 期。

---

① 赵晶、付珂语、刘玉洁等：《依托重大工程实现大中小企业融通创新的路径及机制——基于螺山长江大跨越特高压工程的案例研究》，《中国人民大学学报》2023 年第 3 期。

石建勋、李海英、刘力臻等：《德日大中小企业融通发展经验》，《中国中小企业》2018 年第 10 期。

熊伟：《各地推进大中小企业融通发展的探索》，《中国中小企业》2018 年第 10 期。

杨玲、田志龙、李连翔等：《促进大中小企业融通创新的政府赋能机制——基于宜昌市依托龙头企业的公共技术服务中心的案例研究》，《中国软科学》2023 年第 4 期。

张其仔、许明：《实施产业链供应链现代化导向型产业政策的目标指向与重要举措》，《改革》2022 年第 7 期。

# B.7
# 产业链创新链人才链深度融合研究

许 明*

**摘　要：** 在全球供应链体系深度调整的背景下，推动产业链创新链人才链三链融合是建立现代化制造业的重要举措。本文围绕产业链创新链人才链的相关政策进行梳理，对促进三链融合的政策作用机理以及效果进行分析。政策效果评估从产业升级效应、创新效率机制以及要素配置效应三方面展开。最后，本文提出促进三链深度融合的政策启示：推动产业链与创新链深度融合、围绕产业链构筑人才链、健全协同配套体系以及优化资源支持政策等。

**关键词：** 产业链　创新链　人才链

## 一　产业链创新链人才链深度融合的相关政策

党的十八大以来，我国大力发展高技术产业、战略性新兴产业，并出台一系列推动产业竞争力提升的相关政策。在前期政策实践下，以新能源汽车、光伏、信息通信、新材料等为代表的新兴产业领域取得了跨越式发展成就。从具体的产业政策属性来看，产业政策可归类为产业链升级类、创新链嵌入类、人才链部署类以及驱动三链融合的政策设计。

　* 许明，经济学博士，中国社会科学院工业经济研究所副研究员、国际产业研究室副主任，主要研究方向为产业链供应链现代化、国际经贸规则等。

## （一）产业链

《中华人民共和国国民经济和社会发展第十四个五年规划和2035年远景目标纲要》（简称"十四五"规划）要求推进产业基础高级化、产业链现代化，加快建立现代化的制造业产业集群。在"十四五"规划指导下，各部门围绕特定支持产业强化产业链、创新链以及人才链进行政策试点以及机制探索。多个相关部门统筹协调，逐步形成符合现代化要求的各类支持政策。

地方政府结合地方产业发展特色相继推出了以产业链现代化为核心的产业政策。譬如，《武汉市促进车规级芯片产业创新发展实施方案（2023—2025年）》，围绕车规级芯片产业链打造研发总部、推动重大研发立项、打造产业聚集区、瞄准技术短板推进创新联合体建设。西藏自治区发布《关于促进西藏自治区光伏产业高质量发展的意见》，进一步提升市场资源配置在光伏产业中的地位，加速资源与产业融合发展。南昌市下发《南昌市"十四五"数字经济发展规划》，加快培育特色化的数字经济产业，推广移动智能终端应用以进一步促进文旅、教育、健康、文娱等优势产业升级。整体上看，各地陆续找准自身定位，围绕现代制造业的主要特征进行提前布局，预期为地方特色产业的发展提供了良好的配套政策。

## （二）创新链

从创新链部署的角度来看，推动科技自立自强、自主创新是现有政策的重要内容之一。第一，政策需要提升产业链上游基础技术层面的创新水平。上游产业基础技术为典型的公共产品，表现出强烈的外部性，其技术进步的溢出效应将辐射下游产业的制造以及终端应用，应作为政策支持的重点对象。第二，政策需要持续完善产业链高质量发展的体制机制。在不同的发展阶段，发展中国家实现以创新为主导的经济增长模式需要摆脱路径依赖，在技术水平较低时通过技术模仿和引进的方式能够在短时间内实现技术的跨越式进步。与前沿技术国家的差距越来越小时，技术引进带来的效益将逐步低于自主创新带来的效益，应及时转变创新发展方式，进入以技术进步为主导的内生增长阶段。

"十四五"时期以来，部署创新链的政策着力点主要聚焦在推动制造业的前沿技术应用、强化新型基础设施建设、打造新型制造业生态等。以智能制造赋能产业链现代化、推动新能源产业升级以及信息技术更新迭代等为抓手，赋能产业链升级，驱动创新链升级，着力破除企业创新"条块化""分散化"等现实难题，实现更高的创新成果转化率以及应用水平。

### （三）人才链

提高工业制造业的人才供给水平，需要从全局视角合理引导人才要素的高效配置。地方大力追求前沿技术项目落地、争抢高层次人才的行为导致诸多二、三线城市出现明显的人才链与产业链脱节现象。在产业升级需求的带动下，技术型人才、高素质人才成为城市稀缺要素。相关政策以高等教育系统改革、优化科技型人才评价体系、健全人才队伍建设体制机制等多个方面为抓手，逐步形成与产业链、创新链相适应的人才队伍建设体系。

整体来看，推动产业链创新链人才链深度融合，需要从更高层次的视角统筹多个层面的政策协同，妥善处理好产业升级、技术创新与人才供给三方面的脱节问题，逐步突破各个链条上关键环节的瓶颈，为形成发展新动能筑牢制度基础。

## 二　产业链创新链人才链深度融合的
## 政策目标与执行效果

地方政府依据区域要素禀赋、经济发展特点灵活制定适宜的产业政策，达到优化产业结构、加强产业协同等政策目的，促进产业链能够与创新链、人才链相匹配，实现产业的升级和转型①。从相关政策的目标制定与执行效果看，可从产业升级、创新效率以及要素配置三个层面进行评估。

---

① 余东华、李云汉：《数字经济时代的产业组织创新——以数字技术驱动的产业链群生态体系为例》，《改革》2021年第7期；史丹：《数字经济条件下产业发展趋势的演变》，《中国工业经济》2022年第11期。

## （一）产业升级

在全球价值链治理重构的背景下，外部经济环境不确定性始终存在，建立具有竞争优势的现代制造业具有现实的急迫性。当前，我国始终以开放合作的原则推动国际合作交流、技术共享、互惠共赢。然而，以芯片产业、航空航天技术、显示技术、机器人技术以及生物医药等行业为代表的中高端产业，面临被欧美发达国家"卡脖子"的风险。在关键环节取得技术突破是摆脱产业发展受制于人的重要应对措施，亦是产业政策需要达成的关键目的。

从政策执行效果上看，旨在提升数量与扩大规模的产业政策和促进产业链创新链人才链深度融合的要求不相适应。在新发展格局下，产业竞争力不仅体现在规模优势上，而且需要有核心技术与人力资本两大要素的支撑。欠发达国家在制定和落实产业政策时，往往旨在引导发挥规模化优势以求产业做大，而对提高国内产业链价值份额缺乏足够关注。从国内产品附加值的视角看，现有的产业政策促使国内产业通过加工贸易等形式嵌入全球供应链体系，按传统贸易方式统计得到的出口规模确实能够快速扩大。然而，扣除国外进口中间品投入的增加值部分后，出口价值增值的空间严重缩水。价值增值空间与产业自主可控、贸易利得以及收入分配直接挂钩，表明我国在全球价值链分工体系中并未占据明显优势。

随着我国从提量向提质的经济发展阶段转型，传统的产业政策制定思路与产业升级的思路存在巨大出入。从产业结构以及劳动生产率的发展趋势来看，我国第二产业份额近年来呈现一定程度下降趋势，这归因于第三产业份额不断提升。从劳动生产率来看，第二产业持续改善，高于第三产业，且劳动生产率差距呈现逐步扩大的趋势。此外，在2020年新冠疫情冲击下，第二产业劳动生产率出现小幅下滑，随后持续提升，表明第二产业表现出较强的韧性。推进第二产业做优做强，应在重点提升生产效率的同时，稳定第二产业增加值在国民经济中的份额，加速制造业与服务业的深度融合，以构筑更加坚实的现代经济发展基础。

## （二）创新效率

推动创新渠道战略是地方政府加快建立现代化经济体系的重要抓手，通过政策指引达到加大研发创新投入、优化科技创新环境、推动政产学研合作的政策目的，促进创新链能够与当地产业发展相适应，提高科技成果转化效率①。技术进步是赋能产业全要素生产率不断提升的根本驱动因素，从相关政策的执行效果来看，由于技术创新本身的风险性与收益不确定性特征，旨在推动创新链升级的政策难以观测到直接的效果，往往通过地区的创新成果数量与质量进行间接评估。

从政策效果的视角看，传统产业政策仍与"围绕产业链部署创新链"的新要求不相匹配。现行的主流产业政策重心在于加快目标产业的赶超式发展和规模迅速扩张，尽管其中也包含一定程度上激励创新获得的措施，但并未关注到产业链上各个环节的协同创新问题。在全球供应链不断深入调整的情况下，产业链中上游环节的基础技术自主性在很大程度上左右下游产业的可控性与竞争力，下游的终端市场需求规模对上游创新的价值评估形成正向反馈机制，并为上游持续深入创新提供充分的应用潜力。

我国产业链与创新链仍存在明显的脱节现象，技术创新并未与产业链紧密衔接，主要体现在当前研发技术路径未真正参与到市场竞争中，技术研发成果存在"空中楼阁"和难落地的问题，产业化应用、终端市场应用的比例相对较低。我国发明专利的申请量与授权量呈现逐步上升趋势。然而，考虑到研发人员的人均发明专利申请量时近年来出现一定的下滑趋势。对此，需要重新审视我国创新效率不足的问题。当前，创新由单个环节的独立自主创新逐步向产业链层面的协同创新、联合创新转型，创新的效率将持续提升。因此，创新的模式应逐步向产业链层面部署创新链转型，建立更加符合现代制造业发展需求的协同创新体系，提升创新活动的组织性与科技转化比率。

---

① 李雪松、龚晓倩：《地区产业链、创新链的协同发展与全要素生产率》，《经济问题探索》2021 年第 11 期。

### （三）要素配置

资本要素，尤其是人力资本是要素配置的核心。第一，围绕产业链部署资金链是驱动要素配置效率提升的重要政策举措。金融资源供给是否充足是决定产业链发展程度的重要现实条件，资金与地方产业需求的错配是资金链相关政策主要解决的问题。地方金融资源在地方城投平台、产能过剩行业与传统产业的过度配置将挤压战略性新兴产业部门获得融资资源的空间。通过相关产业政策引导金融机构将更多优质信贷资源向核心产业汇聚，应持续加大政策支持力度，在"稳增长""调结构"的目标下不断提升地方金融资源的配置效率，将资本逐步从低效生产制造项目向高效研发智造项目集聚。第二，人力资本配置是驱动创新的核心动力。人才引进是各级地方政府的重要目标，各级政府通过制定一系列人才引进、人才培养、优化人才流动等政策措施，促进人才链支撑地方产业发展需要，提高地方产业人力资本配置水平①。相关政策的效果着力点在于推动人才自由流动。根源在于，人才的自由流动关乎要素配置是否有效。由于当前教育资源的不均衡分配问题，各地以人才引进政策为主，而对于人才培养体系的完善有所缺失。

地区人力资本配置水平取决于两个方面，一是人才培养体系的产出绩效。地方教育体系是否能够为当前关键产业发展输送足够的专业性人才是评估人才链政策是否有效的一个重要方面。人才培养与社会需求的错配是人才培养体系的主要短板。人才培养过于追求目标而忽视过程的重要性，追求人才培养数量而忽略了社会潜在需求，培养的人才专业技能与社会实际需求不匹配，造成本地人才供给过剩与依赖外部人才引进并存的局面。二是人才引进的政策效果。地方政府人才竞争出现同质化问题，主要体现在地方人才引进政策举措差异性小，核心在于给予高素质人才更高的薪酬回报，但这与本地经济发展需要和未来产业发展定位的匹配性尚显不足，缺乏差异化、符合地方特色产业发展的特殊人才引进政策。

---

① 姜兴、张贵：《京津冀人才链与产业链耦合发展研究》，《河北学刊》2022 年第 2 期。

总之,推动区域市场要素自由流动、优化地区要素配置是实现产业链创新链人才链深度融合的重要政策路径。为助力提升产业竞争力,各地政府亟须坚持人才培育和高素质人才引进相结合,引导金融资源在产业间合理分配,提前布局具有发展潜力的未来产业。

# 三 进一步推动产业链创新链人才链
## 深度融合的政策建议

党的二十大以来,建立统筹韧性、安全与发展的现代制造业集群是加快构建新发展格局的重要举措。加快产业链创新链人才链深度融合是一个复杂的系统工程,需要正确评估地区经济的现状、禀赋与发展潜力,改革传统的产业政策支持思路,因地制宜地出台一系列相互补充、相辅相成的产业政策。各地应充分依托我国工业体系齐全的重要优势,探索建立符合区域经济协同发展的产业链"链长制"。应以前沿科学技术自立自强为目标,以服务国家重大战略需求为导向,集中力量打造具有国际竞争力的先进制造业产业集群。对此,本文提出以下政策建议。

## (一)推动产业链与创新链深度融合,加快产业高级化进程

推动产业链与创新链深度融合的实质是要围绕产业链部署创新链,围绕创新链布局产业链。将创新链与数字化进程有机结合,提高创新链的嵌入水平、覆盖广度与穿透深度。应积极以数字化技术赋能产业创新,围绕产业链上布置响应速度更快、溢出效应更强的创新研发活动,布局创新链,紧密连接产业链上下游,形成韧性更强的国内供应链格局。强化创新链的重点是推动产业升级由投资拉动向创新驱动转型,关键点是使国内产业链的创新活动更高质量地参与到全球价值链治理体系中,实现我国制造业在创新链与产业链两个层面的双螺旋融合发展。具体来看,应重点围绕信息技术、航空航天、生物医药、人工智能等战略性新兴产业优化创新链,依托中国超大规模市场优势和工业生产全门类优势,强化与东盟、日

韩的区域经贸合作与产业协作，推动中国在全球价值链治理中的重要性不断提升。

### （二）围绕产业链构筑人才链，提高人力资本配置效率

围绕产业链建设配套的专业型人才培养体系，以人才要素来应对全球经济的不确定性及其对中国经济的风险挑战。人才要素是部署创新链的基础条件，应将人才链的部署与创新链的布局相结合，形成人才链与产业链、创新链的三重协同体系。应着力破除人才配置不均衡问题，推动完善人才引进政策，以激励创新为核心推动薪酬回报与奖励机制改革，推动"一事一议"在高水平人才引进与培育过程中的作用。在培育人才过程中，需要建立起相匹配的考核与评价体系。应以多维绩效考核为导向，兼顾不同创新行为的成果产出周期与具体形式，从而建立有效的成果评价和激励机制，激励人才自主形成创新合作队伍，以高度组织化、明确目标为导向持续产出高质量的成果。充分发挥团队交叉融合的优势，更好更快地响应市场需求波动，强化新兴技术研究，运用政产学研体系迅速打通人才团队的流动壁垒，加强综合研究和协同攻关，促进不同产业与学科间的融合发展。

### （三）健全协同配套体系，突破互融互通的机制壁垒

不同政策在执行层面往往存在矛盾冲突，导致政策组合落实效果难以达到预期。应着力打通各类制度性壁垒，建立高效协同的配套政策体系。新发展格局，对构建产业链创新链人才链深度融合的产业政策有着更为严格与特殊的要求，政策重心从以"跟跑"为主向"并跑""领跑"迈进，从以效率为主向兼顾韧性、安全与发展转型。为提升国内产业在供应链与价值链现代化中的关键位置，应增强三链协同政策的指引作用、三链效率政策的导向作用和三链安全政策的保障作用，发挥好高端化、智能化和绿色化驱动制造业转型的加速效应，发挥好统筹制度型开放、供应链现代化三链协同治理体系的协同效应。

## （四）优化资源支持政策，加速要素市场的自由流动

聚焦我国战略性新兴产业的"卡脖子"短板，有选择性、战略性地优化资源支持政策，在关键技术环节上试点认定具有战略性新兴产业属性的产业链，鼓励和支持地方政府以及商业银行探索相应的供应链金融产品创新，保障制造业企业在各自领域深耕细作，通过制度化、成体系的政策组合加快技术突破进程。同时，深化财政税制改革，改善政府间关系，推动资本、劳动、人才资源的自由流动，通过市场化的资源配置，以人才链支撑产业链各环节的协同创新。在核心的基础技术研发、战略性产品设计制造等方面充分发挥国有企业的产业链"链长"作用。整合中小企业原始创新和支柱企业科技转化的互补优势，引导国有企业与专精特新企业形成协同创新的有机体，不断提升我国产业集群的国际竞争力。最后，应逐步建立起科技成果转化的相关统计体系，基于大数据与数字平台技术构建科技成果转化数据监测系统，进一步提高相关创新成果的产出效率，为制定更加精准的产业政策提供参考。

**参考文献**

范子英、朱星姝：《提升产业链供应链现代化水平的财税改革思路》，《税务研究》2022年第1期。

张其仔、许明：《实施产业链供应链现代化导向型产业政策的目标指向与重要举措》，《改革》2022年第7期。

# B.8
# 产业链生态体系培育研究

单衍菲*

**摘　要：** 培育产业链生态体系是数字经济时代产业高质量发展的重要路径。本文通过梳理产业链生态体系提出的背景、意义、内涵及构成要素，提出了培育产业链生态体系的"1+2+3+4"关键路径。并在此基础上总结了中央、地方、行业层面产业链生态体系培育的进展，最后提出进一步培育产业链生态体系的政策建议。

**关键词：** 产业链　产业生态　产业协同

## 引　言

### （一）产业链生态体系的内涵

产业链生态体系是指以产业链为根本，由政策、市场、企业、科研组织、国际合作等各类要素联动所形成的生态系统，对提升产业自主发展能力、挖掘产业价值和提升国际竞争力有着重要作用。如图1所示，产业链生态体系是具有动态性的多元组织，是在各个环节中利用资源、信息、资金等要素的流通，形成的相对稳定、具有协同作用的生态系统。

---

\* 单衍菲，国务院发展研究中心企业研究所助理研究员，中国社会科学院工业经济研究所经济学博士在读，主要研究方向为产业经济。

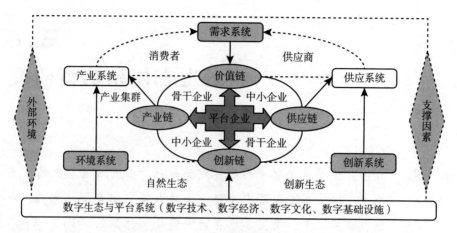

**图1 产业链生态体系示意**

资料来源：余东华、李云汉《数字经济时代的产业组织创新——以数字技术驱动的产业链群生态体系为例》，《改革》2021年第7期。

具体可以从以下几个方面理解。

一是产业链全面覆盖。产业链生态体系涵盖了一个完整的产业链，从原材料的供应到最终产品的销售。它将不同环节的企业和组织连接起来，形成一个相互依存、相互作用、相互支持的整体。

二是产业链相互依赖。产业链生态体系中的各个环节相互依赖、相互影响。一个环节的运行状态会直接或间接地影响其他环节的运行。例如，原材料供应的不稳定会影响到生产制造环节的正常运行。

三是要素的自由流动。在产业链生态体系中，各种要素（如人力资源、技术、资金、信息等）以不同的方式在各个环节之间流动和相互作用。这种要素的流动作用在很大程度上促进了产业链的协同发展和优化。

四是环境保护与可持续性。产业链生态体系强调环境保护和可持续发展。它鼓励环保技术的应用，推动循环经济模式的发展，减少资源消耗和环境污染，实现经济效益和生态效益双重目标。

五是创新和协同创造。产业链生态体系鼓励创新和协同创造，通过不同环节不同主体间的合作交流，促进技术创新、产品创新和商业模式创新。这有助于提高整个产业链的竞争力和降低成本。

### （二）产业链生态体系构成要素

**1. 微观层面**

从微观视角看，根据波特五力模型理论，产业链生态体系的构成要素总体上可以分成各类型企业、消费者、供应商、替代品的生产厂商等，其中企业依据规模不同又分为骨干企业、中小企业。这些要素构成了产业链生态最底层基础的要素，共同构成了互为依存的产业链生态体系。

**2. 中观层面**

从中观视角看，产业链生态体系的构成要素可以分为纵向上的链式组织和横向上的群落组织。链式组织主要是纵向上下游产业链、供应链、创新链、价值链、人才链、资金链、政策链等生产活动要素链条，而群落组织主要是指横向的产业集群，企业与其他企业、政府部门、研发机构等之间构成的网络式的链条，进而促进知识、信息和技术扩散。例如，广为推崇的"产学研用一体化"模式。

**3. 宏观层面**

从宏观视角看，产业链生态体系的构成要素指的是外部环境，包括营商环境、制度体系、社会文化氛围、土地、资金、劳动力等宏观因素。从产业组织理论的视角看，产业链生态体系强调的是企业主体间形成的上下游协作配套和投入产出关系。另外，从生态视角看，产业链生态的宏观构成要素还包括绿色生态和数字生态。

# 一　培育产业链生态体系的关键路径

培育产业链生态体系需要产业链龙头骨干企业发挥引领作用，发挥前向带动、后向带动作用引领上下游中小企业开放共享创新、市场、人才资源，在技术、生产、标准等方面加强合作。具体来说，培育产业链生态体系路径可概括为"1+2+3+4"，即"一大目标+两大基础+三大模式+四大举措"。

### （一）"一大目标"

形成产业链上下游龙头骨干企业、配套中小企业、政府部门、科研机构、第三方中介平台等协同联动、竞合共生的生态发展格局。

### （二）"两大基础"

**1. 物理空间上形成"链主"企业和大量关键配套企业的集聚，是发挥影响力的基础**

物理空间上的集聚是完善产业链共生发展生态的重要载体。依托特色产业基地和高新园区，打造一批先进制造业集群，吸引产业链上下游各环节集聚，有效缩短供应链距离，产业链各环节之间衔接也将更加紧凑，进而提高产业的本土依赖性，培育良好的生态黏性。

**2. 组织形式上发挥"链主"企业强大的引领能力和对产业链的整合能力**

发挥龙头企业整合优势，集中发展产业链核心环节。鼓励优质企业攻克核心技术，向世界一流企业迈进。推动产业链"链主"企业联合政府机构、高等院校、科研机构、重点企业、金融机构等发起成立产业联盟，在技术研发、生产制造、示范应用、市场开拓等方面开展合作，带动上下游中小企业发展。

### （三）"三大模式"

**1. 地方政府主导模式**

由地方政府作为主体建设产业链生态体系，是一定区域内行业唯一的产业链，内部组织包括新筹建的国资控股企业等，主要为全省重点行业企业服务，因其行业影响力较强且拥有丰富的场景生态，但由于是地方政府组织的，其资金以财政经费为主，导致该模式较难组织，而且行业企业参与程度不一，市场化较低。

**2. 链主企业主导模式**

由链主企业作为主体建设产业链生态体系，内部组织包括链主企业下属企业等，主要服务于链主企业上下游，形成数据协同开放、创新能力共享、供应链协同和产业生态融通发展等模式，凝聚形成产业链生态体系。链主企业主导模式的资金主要由企业自筹，较容易组织，场景生态丰富，上下游企业参与度高，行业影响力较强，市场化程度较高。

### 3. 产业园区主导模式

由产业园区运营单位作为主体建设产业链生态体系，主要为园区内企业服务，产业链的资金为运营单位自筹，且园区管理会要求共享关键数据。产业园区的长远发展应该以主导产业为主线，成为区域转型、辐射带动、协调发展的增长极，所以存在跨行业的可能，组织程度中等，行业影响力处于平均水平，市场化水平也较平均。

## （四）"四大举措"

### 1. 机制创新

促进政产学研用一体化，健全协同机制创新。以组织固链为根本，落地改革措施，挖掘产业链生态创新发展潜能。通过统筹链主企业、上下游企业、政府部门、高校、科研机构、金融机构、行业协会等组织之间的密切联动，形成网络式组织合作框架，增加各个主体之间的协同性。

### 2. 要素集聚

从纵向一体化来看，将从效率优先模式转向兼顾效率与安全的平衡，未来将更加看重本土化布局进而缩短供应链距离。从横向一体化来看，区域化集聚将成为完善产业链生态发展的重要措施。依托特色产业基地和高新园区，吸引产业链各环节集聚，进而形成良好的生态化黏性。

### 3. 平台搭建

数据平台、供应链平台、信息平台、咨询服务是产业链的多层级沟通平台。利用数据可以进行客户需求升级，创建客户的新需求产品，并进行数字化研发以及产业链协同研发，实现智能生产、精准营销。运用信息平台、咨询服务的数据更好地对行业、产业链的发展进行分析，构建全方位的产业链生态体系。

**4. 数智赋能**

抓牢数字化转型契机，依托数据流动打通价值链各个环节的数据壁垒，从而打造数字化产业链生态体系。在此基础上通过数据增值向产业链上游研发设计环节和下游销售服务环节延伸，通过数据的数字化转型密切连接产业链各主体之间交易联动，构建数字化智能化的产业链生态。

# 二 产业链生态体系培育进展

## （一）中央层面

2022年10月，工业和信息化部启动首批产业链供应链生态体系建设试点工作，正式开展产业链供应链生态体系建设试点工作。"正式确定杭州、武汉、成都、宁德、南通、潍坊、合肥、株洲、广州、深圳、包头、齐齐哈尔等12个城市首批开展产业链供应链生态体系建设试点"。选定以上12个试点城市的主要原因：一是其产业发展基础较好，二是集群化特征明显，即集聚"链主"企业和上下游关键配套企业，具有较强的区域带动能力和行业影响力。

开展产业链供应链生态体系建设试点是提升产业链供应链创新能力、增强稳定性和竞争力的重要举措。区域试点工作的背后逻辑是"遴选试点—加强指导—资源倾斜—滚动评估—持续优化—推广应用"的工作推进模式，通过推动试点城市区域产业链供应链生态体系迭代升级，形成协同联动、竞合共生的生态发展模式，从而在全国范围内树立一批可复制、可推广的发展标杆，推广典型案例和成功经验，为制造业高质量发展开拓新局面。

## （二）地方层面——以杭州、武汉、成都为例

### 1. 杭州市

①在产业链整合发展方面，杭州积极推动各个产业环节之间的协同发展和整合。通过鼓励支持企业间的合作联盟，促进上下游企业之间的资源共享和互利共赢。例如，在电子信息产业领域，杭州建立了一批集成电路设计、

制造、封装测试等环节的产业集群，从而提升了整个电子信息产业链的协同效应。

②在创新驱动和科技支撑方面，杭州鼓励创新和科技进步，为产业链的发展提供支撑。杭州设立了杭州未来科技城和西湖大学等多个创新创业载体，吸引带动了大批高科技企业和优秀人才集聚。杭州还积极推动数字经济的发展，加强人工智能、大数据、云计算等前沿技术在产业链中的应用。

③在建设开放平台和交流合作机制方面，杭州致力于打造开放型产业链生态体系，积极搭建平台和机制，促进多方交流合作。例如，杭州举办了多个产业链对接会、经贸洽谈会等活动，为企业提供合作对接和资源对接的机会。同时，杭州还鼓励企业参与国际合作，开展国际产业链合作项目。

④在优化政策环境和服务保障方面，杭州积极优化政策环境，出台了一系列支持和促进产业链发展的政策措施。同时，杭州还加强企业服务保障，提供各类服务和支持，包括融资支持、人才培养、市场拓展等方面，为产业链上下游各企业提供良好的发展环境。

2. 武汉市

①在重点培育优势产业链方面，武汉重点培育了汽车制造、电子信息、生物医药等一批优势产业链。通过加大投资和政策支持，鼓励企业在产业链的不同环节进行技术创新和协同发展。例如，武汉在汽车制造领域形成了以整车制造、零部件供应和智能网联为核心的完整产业链。

②在建设创新平台和载体方面，武汉积极为产业链的发展提供支撑。例如，武汉东湖高新区和光谷科技城成为创新型企业和科技创新项目的集聚地。同时，武汉还设立了一些创新创业孵化基地和科技园区，为创新型企业提供场地、资金和服务等支持。

③在深化产学研合作方面，武汉市积极鼓励企业、高校和科研机构，通过合作研发、技术转让和人才培养等方式，促进科技成果的转化及应用。

④在加强国际交流与合作方面，武汉积极吸引外资和引进国际先进技术与管理经验。通过组织产业链对接会、经贸洽谈会等活动，促进国内外企业在武汉进行合作和投资。

### 3.成都市

2023年2月，成都市人民政府出台《关于聚焦产业建圈强链支持实体经济高质量发展的十条政策措施》，文件提出十大方面重点内容。

①在产业链布局优化方面，成都通过产业链布局优化，构建了一部分有竞争力和特色的产业集群。例如，在电子信息领域，成都高新区聚集了众多知名企业和研发机构，形成了完整的电子信息产业链。在新能源汽车领域，成都吸引了一些新能源汽车制造企业，并与电池、充电设施等配套企业形成了合作关系。

②在创新创业支持方面，成都建设创新创业服务平台，提供资金和技术等要素支持。例如，成都天府国家自主创新示范区为企业提供了创新基金、科研项目支持等，鼓励企业在产业链上进行技术创新和产品升级。

③在人才引进和培养方面，成都通过引进高层次人才和培养本地专业人才，提高人才支撑能力。成都高新区和天府新区设立了人才引进计划，吸引了一批优秀人才加入产业链相关企业和研发机构，推动了产业链的发展。

④在政策支持和激励措施方面，成都市政府出台了一系列支持和激励政策，鼓励企业在产业链上投资和创新。例如，成都设立了产业发展基金提供融资支持，并且给予符合条件的企业税收减免和其他优惠政策。

⑤在产业链协同发展方面，成都积极通过政府引导和组织协调，加强上下游企业之间的协同发展。例如，成都建立了产业链共享平台，鼓励企业实施联合开发、资源共享和技术交流。

### （三）产业层面——以芯片为例

产业链生态体系的构建对于提高产业竞争力具有重大意义。首先，产业链生态体系是提升产业自主发展能力的基础保障。当前我国在一些关键产业链环节上存在短板，导致在部分环节面临断链风险。只有完善的生态体系才能带来具有韧性的产业链结构和稳固的国际合作模式，推动构建起自主发展道路。其次，产业链生态体系是深度挖掘产业价值的必要条件。当前，信息技术正在快速渗透各类传统行业，通过升级软硬件能力、优化资源配置等方式带动传统产业的数字化转型。这些融合应用的落地，需要的不只是单点信息技术应用或是实施某个项目，而是在传统产业的行业链条、技术体系等诸多环节注入信息技术，深度打通数据链条，建立各类行业主体和行业环节间的联动模式，这样才能构建起行之有效的变革体系。最后，产业生态体系是提升国际竞争力的必然要求。在全球层面，当前我国企业面临巨大的国际市场竞争压力，增长空间受到限制。面对新的国际环境，企业单打独斗的传统方式已不能进一步推动产业升级进步，必须从政策制度、行业协同、国际合作等多方面构建起体系化发展的模式。

芯片产业是我国信息产业支柱之一，是构建强大产业生态的代表行业之一。要实现产业技术突围，中国亟须以系统思维培育产业生态，以产业链生态联动创新为抓手，建立产业技术赶超的长效驱动机制，促进芯片产业高质量发展。以下几方面举措体现了培育产业链生态体系的关键环节路径。

1. 强化补链思维，聚焦产业链短板，架构生态培育

借助共建"一带一路"等国家机遇，积极与国外厂商进行对接，在短板领域加强自主创新能力，换道超车，夺得先机。例如，建立上海临港新区东方芯港，旨在培育创新生态、加快推动核心技术突破及源头创新，目前已经初步形成了集成电路全产业链生态体系。

2. 依托龙头企业，带动产业群集聚，形成整体协同发展态势

目前，我国集成电路产业已形成长三角、环渤海、泛珠三角及中西部4个各具特色的产业集聚区。这些产业集聚区在空间上形成相邻的上下游产业链，有利于更好地发挥集聚效应，促进企业之间的互动合作和成果转换。例如，东方芯港集聚了上海新昇、东方积塔等一批行业龙头企业，带动吸引上下游企业入驻，集聚优势明显。

3. 加大科研投入，创新人才培养和引进机制，强化产学研用互动模式

加强专业化人才培养和供给，强化校企合作定向输送，与科研院所以及龙头企业建立联合培养计划，积极引导人才进入半导体行业；同时，广泛吸纳全球顶尖人才，利用好全球科研资源。在产学研用互动方面，需要进一步完善产学研用融合发展机制，加强技术转移。

**4. 基于产业需求，搭建专业化平台，提升专业配套服务能力**

好的公共创新平台必须紧紧围绕芯片设计企业在产品开发过程中的新技术、新需求，提高资源整合能力，为客户搭建"一站式的全产业链服务"。支持园区建设公共服务平台和技术交流平台，专门面向中小微集成电路设计企业提供全链条支持服务，助力企业降低研发成本、降低创业门槛和风险。平台也可以通过设立引导基金、产业基金等，引导"双创"潮流，助推新产业发展。

# 三　政策建议

## （一）系统谋划、统筹推进

产业链生态体系培育的研究实践尚处于发展初期，有效的实践路径也正在积极探索，但协同化数字化生态化的方向需要长期坚持，加快制定产业链高效协同的发展规划及配套政策具有重要意义。一是加强现有科技攻关专项的统筹协调，以科技攻关专项为牵引加快产业链补短板，构建上下游协同创新和应用"一条龙"机制；二是以打造世界一流产业集群为目标，培育壮大产业链生态，坚持落实窗口指导，重点支持具备一定基础和条件的地区建设具有国际竞争力的新型产业集群；三是引导地方政府将资源和财力向产业链创新和上游配套环节集中，实现补链强链，引导各级产业发展基金和社会资本跟进，着重培育综合性龙头企业。

## （二）谋划场景、共筑生态

从行业视角出发，挖掘创新协同生态场景。聚焦同一场景，依托人工智能大模型等新一代信息技术手段整合外部数据资源，进而构建行业数据挖掘与开发应用协同发展的良性生态。聚焦行业内参与主体共同需求痛点，探索产业链生态赋能机制。鼓励链主企业集成优质资源，辐射带动产业链中小微企业发展。同时广泛营造同行业协同氛围、深化生态构建影响。依托行业协会等组织产业链生态体系培育品牌宣传活动，定期展示产业链生态体系的构建成效，持续提升社会影响力。

### （三）链主带动、有序共享

有针对性地提高链主企业参与度和积极性，增强链主企业在建设产业链生态体系过程中的获得感。推动同行业链主企业加强合作，共同支持行业生态圈建设。处理好企业与政府协同关系，在明确行业生态标准架构的基础上，鼓励链主企业先行谋划建设企业生态，逐步接入行业生态，最终形成产业链生态体系。同时加快明确产业链生态体系的数据边界与标准架构。引导和支持企业建立健全数据脱敏规范体系，从而使各链主企业保障差异化竞争优势。积极鼓励企业建立健全敏感数据清单、敏感数据的规范操作标准、数据脱敏的监督机制等。

### 参考文献

中国社会科学院工业经济研究所课题组：《提升产业链供应链现代化水平路径研究》，《中国工业经济》2021 年第 2 期。

张其仔：《产业链供应链现代化新进展、新挑战、新路径》，《山东大学学报》（哲学社会科学版）2022 年第 1 期。

石菲：《新常态下的产业链协同创新》，《中国信息化》2022 年第 6 期。

王伟、孙炳能、刘博等：《基于异地工厂互联的产业链网络化协同》，《机械设计与研究》2021 年第 3 期。

任保平、张陈璇：《数字产业链助推中国产业链现代化的效应、机制与路径》，《财经科学》2023 年第 2 期。

尹瑞泽：《数字化转型理念下企业产业链现代化水平提升策略》，《投资与创业》2023 年第 4 期。

尹本臻、王宇峰、杨玉玲：《基于产业链生态的产业大脑模式研究》，《信息化建设》2022 年第 10 期。

占晶晶、崔岩：《数字技术重塑全球产业链群生态体系的创新路径》，《经济体制改革》2022 年第 1 期。

易宇、周观平：《全球产业链重构背景下中国制造业竞争优势分析》，《宏观经济研究》2021年第6期。

余东华、李云汉：《数字经济时代的产业组织创新——以数字技术驱动的产业链群生态体系为例》，《改革》2021年第7期。

韩炜、邓渝：《商业生态系统研究述评与展望》，《南开管理评论》2020年第3期。

顾润德、李春发、孙雷霆等：《全产业链模式下制造业产业生态链构建机制研究——基于扎根理论的多案例探索》，《科技进步与对策》2023年第7期。

陈英武、俞晓峰：《产业链"链主"企业生态主导力提升路径研究——以江苏为例》，《经济研究参考》2022年第11期。

盛朝迅：《产业生态主导企业培育的国际经验与中国路径》，《改革》2022年第10期。

刘建丽：《芯片设计产业高质量发展：产业生态培育视角》，《企业经济》2023年第2期。

程俊杰、刘建丽：《集成电路产业链的现代化：基于协同视角的分析》，《经济研究参考》2023年第3期。

Clarysse B., Wright M., Bruneel J., et al., "Creating Value in Ecosystems: Crossing the Chasm Between Knowledge and Business Ecosystems," *Research Policy*, 2014, 43 (7): 936-961.

Hannah D. P., Eisenhardt K. M., "How Firms Navigate Cooperation and Competition in Nascent Ecosystems," *Strategic Management Journal*, 2018, 39 (12): 3163-3192.

# 产业链供应链治理体系研究

胡文龙[*]

**摘　要：** 产业链供应链治理体系，是以产业企业链式联系现代化为目标的一套基础性、综合性治理体系，涵盖基础制度、治理机构、治理机制、治理对象等诸多要素。其核心任务和主要内容是建立完善的基础制度与体制机制，营造产业链供应链健康可持续的发展环境，重点建设信用体系、监管服务体系、标准体系和行业组织体系等四个方面内容。通过梳理国家与地方层面产业链供应链相关政策文件发现：加强产业链供应链治理，首要原因是应对产业链供应链外部风险冲击；产业链供应链治理模式，以消除产业企业链式联系障碍为主；完善产业链供应链治理体系，关键是提升产业链供应链自主可控能力；构建产业链供应链治理体系，突破行政区域制约障碍成为最大亮点。当前优化产业链供应链治理体系应逐步消除地区分割、缩小制度鸿沟、构建全国统一大市场，营造公平稳定可预期的产业发展法治环境，以促进共性技术与关键核心技术联合创新为治理目标，产业链供应链治理应充分发挥政府"有形之手"作用。

**关键词：** 产业链供应链　治理体系　产业韧性　产业链安全

构建完善的产业链供应链治理体系，是产业链供应链健康发展与安全保障的制度基础和法治前提，是建设现代经济体系、构建新发展格局的必然要

---

[*] 胡文龙，中国社会科学院工业经济研究所副研究员、会计与财务研究室副主任，主要研究方向为产业竞争力、产业财务分析等。

求和重要保障。提升产业链供应链现代化水平，离不开产业链供应链的有效治理。目前理论界、实业界并未给出产业链供应链治理体系清晰的概念界定和明确的内涵外延。通常而言，产业链指的是产业内或产业间的链式联系，供应链指的是企业内或企业间的链式联系；由于现代占主导地位的经济业态与组织形式呈现普遍的集团化与融合化趋势，产业链与供应链虽相互独立，但又相互联系且彼此依存，产业链供应链逐渐呈现较为明显的集群化与融合化发展趋势，两者的差异和区别逐渐淡化，从而导致产业链供应链成为产业企业链式联系的通用提法。在此背景下，产业链供应链治理体系，就是以产业企业链式联系为治理对象，以产业链供应链现代化（产业企业链式联系现代化）为目标的一套基础性、综合性治理体系。加强产业链供应链治理体系建设，就是要在复杂的国际国内局势中，积极应对不稳定、不确定、复杂严峻的内外部环境，增强国家对产业链供应链的控制力，提升产业链供应链效率效益，促进产业链供应链发展创新，保障产业链供应链安全稳定。

## 一　产业链供应链治理体系相关政策梳理

### （一）产业链供应链治理体系国家政策梳理

党的十八大以来，以习近平同志为核心的党中央高度重视我国产业链供应链健康发展，多次提出要推进产业链供应链创新，防范化解产业链供应链重大风险，保障产业链供应链韧性和安全。本文以"产业链"、"供应链"或"产业链供应链"为文件题目搜索关键词，在"国务院政策文件库"中搜索，对国家层面的相关政策文件进行了梳理，目前共发现国务院及相关部门颁布实施的相关政策文件14件。关于"供应链"，国内发文时间最早的是2017年国务院办公厅发布的《关于积极推进供应链创新与应用的指导意见》。这是国务院历史上首次就供应链创新发展专门出台规范性指导文件，对我国供应链发展具有里程碑式的重要意义。关于"产业链"，2020年3月以来，工信部、银保监会、国资委、商务部等出台了诸多"加强产业链协同复工复产"的政策措施。通过对国家层面产业链供应链相关政策梳理，产业链供应链治理具有以下几个显著特点。

加强产业链供应链治理，首要原因是应对产业链供应链外部风险冲击。通过"国务院政策文件库"中与"产业链供应链"相关的政策文件可以看出，2020 年以来国务院及其组成部门出台的众多加强产业链协同促进复工复产的政策措施，主要是为积极应对新冠疫情防控要求带来的企业停工停产、供应链中断、资金链断裂等问题而出台的。涉及农业产业链、流通产业链、油气产业链等政策的出台，通常与上述产业链在基础设施建设、标准体系建设、产销供求平衡、国际价格波动等方面的系统性缺陷或不足有关。综合来看，亟须完善产业链供应链治理体系的产业和企业领域，其暴露出来的问题通常难以由产业和企业自身予以解决，必须由政府或行业组织等机构或组织进行外部治理。即加强产业链供应链治理的根本原因，是产业链供应链正常联系被阻断破坏，且无法通过产业和企业自身主动性、能动性予以修复。

产业链供应链治理的常见模式，是以消除产业企业链式联系的障碍为主的。比如，加强产业链供应链信用体系、监管服务体系、标准体系和行业组织体系建设，主要是解决产业链供应链自身面临的系统性问题。对油气产业链、光伏产业链、锂电池产业链进行积极政策支持，主要是应对国际市场大幅波动、美国脱钩断链政策、美西方尖端技术与行业"卡脖子"等外部系统风险与冲击等难题。

建设产业链供应链治理体系，关键是提升产业链供应链自主可控能力。产业链供应链治理的关键核心，是促进各项要素资源的优化配置、信息的整合共享、区域的协同联动。根据已经出台的产业链供应链相关政策发现，仅少数产业链供应链亟须外部治理，且主要集中在产业细分程度较深、产品技术与工艺复杂程度较高、分工合作链条较长、关键技术与核心工艺易受制约的领域，如农业产业、流通产业、油气产业等领域。很多实现充分市场竞争的产业链供应链，依靠产业和企业自身的主动性和能动性，就能够实现产业和企业间的链式分工与合作。因此，加强产业链供应链治理，就要促进产业

链供应链协同化、标准化、数字化、绿色化、全球化发展，巩固提升我国全球产业链供应链重要核心地位，着力构建产供销有机衔接和内外贸有效贯通的现代产业链供应链体系。

### （二）产业链供应链治理体系地方政策梳理

除产业链供应链国家政策之外，一些省区市也出台了产业链供应链相关政策措施。综合来看，省区市层面的产业链供应链政策，更接近于传统产业政策、区域（产业园区）政策、创新政策等的融合升级版。省区市加强产业链供应链治理体系建设，其实质是新时期升级版的产业促进政策。截至2022年10月，已有24个省区市专门出台实施了产业链供应链相关政策，并创新地性提出了链长制和链主制等产业链供应链治理模式。本文收集整理了广东、上海和浙江等先进地区的产业链供应链相关政策，发现其具有以下几个重要特征。

完善产业链供应链治理体系，核心仍然是防范产业链供应链风险。比如，《浙江省实施制造业产业基础再造和产业链提升工程行动方案（2020—2025年）》提出，补短板与锻长板相结合，形成以化解断链断供风险为核心，聚焦十大标志性产业链，基本形成风险可控、处置有效的产业链安全保障能力，集产业链协同创新、全球精准合作、关键核心技术攻关等于一体的风险处置体系，建立及时响应、多级联动的常态化风险处置闭环工作机制。2023年5月，《上海市推动制造业高质量发展三年行动计划（2023—2025年）》提出"一链一策"抓好强链补链固链，打造10条在细分领域具有主导力的标志性产业链，形成10条具有代表性的绿色供应链。2023年6月，中共广东省委、广东省人民政府《关于高质量建设制造强省的意见》提出，实施"一链一策"精准补链强链，开展"百链韧性提升"专项行动，充分发挥产业链供应链"链长+链主"协同作用，提升企业自主知识产权和产业替代接续能力，防范产业链供应链系统风险。

完善产业链供应链治理体系，关键是提升产业链供应链自主可控能力。比如，《浙江省实施制造业产业基础再造和产业链提升工程行动方案（2020—

2025 年）》针对数字安防、集成电路、网络通信、智能计算等十大标志性产业链领域，提出了建链、补链、护链、畅链、强链等工作方法与主要途径；要求到 2025 年，基本形成国际先进、安全可控的产业基础和产业链体系。《上海市推动制造业高质量发展三年行动计划（2023—2025 年）》明确提出：到 2025 年，上海市自主创新策源地建设水平显著提升，一批关键核心领域攻关实现重大突破，重点制造业企业研发投入强度达 2.5%以上；领先卓越的制造企业群体持续发展壮大，基本形成以专精特新企业、科技型企业、领航企业为重点的梯队成长体系，企业发展活力和竞争力整体提升。2023 年 6 月，《中共广东省委广东省人民政府关于高质量建设制造强省的意见》提出，确保制造业重点产业链自主可控和安全可靠，突破重点产业链的一批关键核心技术、前沿技术和颠覆性技术，提升自主知识产权和替代接续能力，加快实现由制造大省向制造强省跨越。

构建产业链供应链治理体系，突破行政区域障碍制约成为最大亮点。事实上，除国际贸易摩擦带来的脱钩断链风险之外，各行政区域之间由于发展阶段、制度差异等因素，也常常增加产业企业链式联系的制度成本，严重时也会带来产业链供应链融合风险。比如，《长三角产业链补链固链强链行动2022 年工作要点》《2022 年长三角地区主要领导座谈会重点推进事项》《长三角制造业协同发展规划》等提出，围绕长三角建设现代化产业体系，提升产业链水平，深化完善产业链供应链跨区域协调机制，协同持续提升产业链供应链稳定性和竞争力，迭代升级"产业一链通"等重大应用，持续推进示范区及国际开放枢纽建设，持续协同推动长三角地区先进制造业集群培育和建设。

## 二　完善产业链供应链治理体系的政策建议

### （一）逐步消除地区分割，弥合制度鸿沟，构建全国统一大市场

产业链供应链由具有充分自主性和能动性的市场主体构成，产业企业链

式联系有其自身韧性。应以构建全国统一大市场为契机，及时清理废除含有区域分割、市场保护、限定/指定交易等妨碍国内统一市场以及公平市场竞争的地方政策，持续破除（省市县）区域市场准入壁垒，降低（省市县）区域市场准入门槛，保证产业企业享受平等待遇。聚焦国家战略目标，加强顶层设计，破除交通、能源、水利、物流、市政、教育、生态环保、社会民生等重点领域市场投资"隐形障碍"，在法律没有明确禁止的领域最大限度地向所有资本开放，以产业技术图谱为蓝本，畅通全国产业链融合发展，鼓励各产业链供应链依托自身资源禀赋，引导各（省市县）区域产业错位发展，规避各（省市县）区域产业链供应链"小而全"自我循环，促进跨（省市县）区域产业链供应链项目的协调合作，共享各地产业链供应链溢出要素资源，在全国统一大市场建设背景下，加强各地产业链的协作和融通发展。

### （二）营造公平稳定可预期的产业发展法治环境

加快服务型政府建设，持续深化政府"放管服"改革。全面落实公平竞争政策制度，强化竞争政策基础性地位。持续高标准推进国内统一市场体系建设，完善市场准入、产权保护、公平竞争等制度体系。维护公平竞争市场秩序，落实公平竞争审查制度，坚持对各类所有制企业平等对待、一视同仁，要避免厚此薄彼，确保不同所有制的市场经营主体在准入许可、经营运营、标准制定、要素获取、优惠政策等方面享受平等待遇，对所有市场主体实行公开公平的制度监管与政策保护，从而激发不同市场主体活力和创造力，降低全社会制度交易成本，打造市场化、法治化、国际化的营商环境。持续深化"数字政府"建设，依托数字政府提供的大平台、大数据、大服务优势，对标国际营商环境评价体系，优化政府公共产品服务线上线下高效融合，加快构建全时在线、渠道多元的一体化政务服务体系，大力推广水、电、气、网等市政公用服务的信息共享和联合办理，推动项目立项、用地审批、环评能评、市政公共服务等全流程便利化，加速证照环节"一次不用跑"项目落地。统筹推进"证照分离"改革和"一照通行"试点，强化制造业涉企行政许可改革和精准服务。充分发挥各级各类政企沟通平台作用，宣贯产业政策，跟踪研判产业趋势动态、反映企业诉求。构建新型亲清政商关系，营造市场主体宽松便捷的准入环境，为符合条件的工业企业开展投资并购、资产重组、重大项目等开辟绿色通道，促进政企良性互动，为制造业高质量发展营造良好的制度环境。

### （三）以促进共性技术与关键核心技术联合创新为治理目标

产业链供应链治理目标应聚焦国家战略，以促进产业共性技术与关键核心技术联合创新为治理体系的关键目标。统筹好政府与市场的关系，突出链主主导地位，明确链长协助职能。一是突出链主企业主导和带头地位，发挥链主企业需求凝练、创新孵化和生态构建等方面的引领作用，加强原创性产业关键核心技术攻关和重大科技创新平台建设；牵头组建体系化、任务型创新联合体，通过整合产业链优势研发力量"集中创新"，同时带领产业链各主要企业"分散创新"，实现上下齐心、步伐一致的产业联合创新；牵头申请国家重点实验室，实施国家科技重大专项和国家重点研发计划等，加强任务导向的基础研究和应用基础研究，持续改善关键核心技术攻关的组织基础和能力基础，形成全产业链集群化、集约化发展，推动创新链向前端移动。二是明确链长职责，使之发挥宏观调控职能、整合产业链创新资源作用，打通产业链融通创新、人才引进、资金保障等堵点，做到"到位而不越位"。链长链主基于国家战略需求组织梳理"卡脖子"技术和"撒手锏"技术清单，不断完善优化"以链主为主导、链长为协助、市场为导向"的产业链创新体系。

### （四）产业链供应链治理应充分发挥政府"有形之手"作用

近年来，产业链建设在全国各地兴起，以产业链思维抓产业、抓项目、抓招商，在大力推进产业链建设的背后，如果战略定位、空间布局、发展方向等不够精准合理，很容易陷入发展误区。一要明确产业链发展主攻方向，形成集群发展和规模效应。各级政府应围绕地区资源禀赋、区位比较优势、市场需求条件、科技创新人才、交通物流运输等实际情况，因地制宜选准有基础、有条件、有前景、有竞争力的产业，集中力量进行培育，把品牌打响、把规模做大，实现特色成支柱、支柱成主导。二要完善产业链供应链基础设施建设，内外兼顾建好产业链。产业链建设不仅是本地之间的互联互链，更是跨地区、跨区域之间的协同合作。对内，建议按照"缺什么招什么、什么弱补什么"的原则，着力延长"短链"、连通"断链"、增粗"细链"、变强"弱链"，加快构建企业集聚、产业集群、创新集成的产业体系。对外，可以遵循"发挥优势、突出特色、宁缺毋滥、镶嵌分布、错位发展"的基本原则，在全力拓展巩固本地优势产业的同时，针对外地产业链缺失环节去布局，避免出现邻近地区产业同质化和重复布局现象。三要推动传统产业优化升级，培育发展新兴产业，重塑优化产业链供应链。持续加大对传统产业的改造提升力度，围绕企业技术改造、产品结构调整和产业数字化、网络化、智能化，拉长产业链、补强创新链、提升价值链。创新引领、畅通循环，继续实施"产业基础再造工程"，加快实施"产业基础高级化工程"，推动产业基础不断迈向高级化，助力我国迈入世界制造产业链供应链中高端。推动产业基础发展生态更加完善，为制造业高质量发展、建设制造强国奠定坚实的产业链供应链基础。

## 参考文献

詹金良：《增强产业链供应链的稳定性和竞争力》，《中国发展观察》2023 年第 5 期。

张其仔：《产业链供应链现代化新进展、新挑战、新路径》，《山东大学学报》（哲学社会科学版）2022 年第 1 期。

石建勋、卢丹宁：《着力提升产业链供应链韧性和安全水平研究》，《财经问题研究》2023 年第 9 期。

张其仔、许明：《实施产业链供应链现代化导向型产业政策的目标指向与重要举措》，《改革》2022 年第 7 期。

王静：《我国制造业全球供应链重构和数字化转型的路径研究》，《中国软科学》

2022 年第 4 期。

　　金瑞庭、张一婷：《推动全球经济治理体系改革的基本思路和战略举措》，《宏观经济研究》2022 年第 4 期。

　　李雯轩、李文军：《新发展格局背景下保障我国产业链供应链安全的政策建议》，《价格理论与实践》2022 年第 2 期。

# B.10
# 供应链金融政策创新与效果研究

王秀丽[*]

**摘　要：** 供应链金融既是供应链的主要组成部分，也是供应链稳链固链补链延链的主要抓手。2017 年以来，中央政府从信息共享、标准化建设、监管制度调整以及突出问题治理等方面推出相关供应链金融政策；地方政府积极跟进，出台多项针对本地的供应链金融政策。在政策的作用下，供应链金融制度不断完善，金融基础设施更加完备，供应链金融平台繁荣发展，供应链金融业务持续优化。为进一步促进供应链金融发展，本文在分析供应链金融政策内容评估政策目标与效果的基础上，提出以下建议：多途径完善供应链金融评估体系；持续推进供应链金融体系建设；差异化评估地方政府政策绩效。

**关键词：** 供应链金融　信用基础　风险控制

## 一　供应链金融相关政策

　　自 2014 年以来，供应链金融在区块链、物联网等新一代信息技术的推动下进入新阶段。宋华、陈思洁[①]从供应链金融的结构、要素和流程等方面

---

* 王秀丽，经济学博士，中国社会科学院工业经济研究所助理研究员，主要研究方向为工业运行、货币政策、金融政策与产业政策等。
① 宋华、陈思洁：《供应链金融的演进与互联网供应链金融：一个理论框架》，《中国人民大学学报》2016 年第 5 期。

给出了供应链金融新阶段的主要特征：网络结构的平台化、高度关联化，管理流程高度复杂又互动化，核心要素从物向生态圈交易沉淀的大数据转变。新阶段下供应链金融风险陆续暴露和发展困境逐渐明晰，供应链金融进一步发展亟须政策支持，在此背景下，2017 年，《关于积极推进供应链创新与应用的指导意见》将供应链金融作为六大主要任务之一，中国人民银行、银保监会等部委相继推出细化措施推动供应链金融发展，地方政府加快政策落实。

## （一）中央部委出台的供应链金融政策

中央政府以及相关部委的供应链金融政策可以概括为四个方面：信息公共共享、标准化建设、监管制度调整以及突出问题治理等。

### 1. 推动信息公开共享，强化企业信息披露制度

供应链金融的发展依赖于供应链信用基础的拓展与供应链风险的降低。信息公开共享有助于信用基础的拓展和风险的暴露，从而有利于扩大供应链金融规模，同时降低风险，推动供应链金融的发展。"主体信用"和"物的信用"在供应链 2.0 中发挥着主体作用；在新一代信息技术的推动下，"数据信用"成为供应链金融的重要信用来源，微众银行、网商银行等头部互联网银行所提供的供应链数据贷产品，比如，供货贷、订货贷、采购贷、中标贷等，具有不用开户、不用面签、线上进件、线上秒审秒批秒放等特征，征信基础是"数据信用"+"主体信用"[1]。未来"数据信用"将在供应链金融融资信用中发挥越来越重要的增信功效，最终将和"主体信用""物的信用"一样成为主要的融资授信基础，支撑供应链金融发展。

新一代信息技术在促成一个个供应链平台和供应链金融平台产生并发挥效力的同时也产生了"信息孤岛"问题。这导致货物在不同平台重复抵押，仓单、订单等重复质押现象层出不穷。

针对这一问题，政策着力于以下方面：①完善全国和地方信息共享平

---

[1] 征信条件中的一条要求是与核心企业合作或者交易持续一定的时间，可参见网上公开资料。

台，比如推动动产和权利担保统一登记公示系统建设等；②利用国家企业信息平台准确、及时公布票据逾期、债务违约等重大风险披露制度；③促进公共信息的共享，比如推动工商、税收、法院、海关等信息与金融企业共享，方便金融机构验证企业的数据真实性；④推动金融机构、核心企业、政府部门、第三方专业机构等各方加强信息共享。

2. 推动应收账款标准化建设，提升供应链金融资产可交易化

中国制造业供应链网络复杂多样，供应商、集成商、销售商以及第三方物流、科技服务商等之间形成了大量的赊销关系，一方面形成了应收账款类动产权益，另一方面企业经营过程中缺乏流动性而制约生产能力的扩张。比如销售商囤货卖货回款周期长从而要求供应商先供货，供应商需要必要的资金生产产品，产生融资需求。现实中已经存在很多应收账款类供应链金融产品，应收账款可以通过转让、质押、保理、让与担保以及资产证券化获取融资支持，但规模和范围较小，因为应收账款类债权会占用以银行为代表的流动性提供方的资金，影响流动性提供方服务供应链企业的能力和范围。

针对这一状况，政府推动应收账款标准化建设，从而使应收账款在更大规模的市场上流通从而方便流动性提供方能及时转让应收账款，释放流动性压力。除此之外，政府在应收账款标准化的基础上加强供应链金融市场互联互通：①促进更多金融机构加入核心企业建立的供应链金融平台；②鼓励地方供应链金融平台与全国性应收账款融资服务平台对接。

3. 调整与完善监管制度，防范供应链金融风险

供应链金融进入全新阶段，风险点以及风险点的暴露方式也呈现新特点，监管体系需要根据供应链金融的发展状况以及风险点暴露的不同进行调整。与传统信贷不同，供应链金融信贷产品依赖于供应链整体的信用和供应链核心企业的主体信用，因此，金融机构审查重点应该偏向于加强核心企业的主体信用以及贸易的真实性和担保资产的安全性。

针对核心企业的政策要点如下。一是强化信息披露制度，①要求在债券发行和票据发行、国家企业信用信息公示系统的年度报告中披露票据逾期和

债券违约信息；②限制逾期尚未支付中小微企业款项核心企业的债券融资。二是推动核心企业应收账款类票据确权，核心企业不确权，票据就很难发行和流通，中小企业就难获得融资增信。

针对金融机构的政策要点如下。①鼓励探索线上"三查"；②建立主体信用、物的信用和数据信用一体化信息系统和风控系统；③综合贷款、债券、应付账款等债务风险，建立风险识别和风险防控体系；④穿透资产证券化底层资产进行风险识别；⑤严格落实金融机构准入、产品准入等行业规则措施。

4. 突出问题治理，优化供应链治理环境

首先是，核心企业确权不及时不主动问题。供应链金融正从依赖固定资产抵押或第三方担保向依赖动产抵质押拓展，其中动产包括有形资产和无形权益资产，而无形权益中包含仓单、订单和应收账款。其中的应收账款类质押融资业务发展潜力巨大，①当前火爆的多级流转电子债权凭证（俗称"信单链"）背后的资产就是应收账款；②长期占供应链金融业务主要部分的保理业务背后的支撑资产是应收账款；③近年来，国家主推的供应链票据业务背后的资产也是应收账款，当前应收账款类业务向可拆分、可流转的方向发展，将在风险识别、风险定价和风险分散中发挥主要作用，引领着供应链金融的发展。

供应链中的中小微企业以应收账款类为担保向金融机构贷款时需要核心企业对发行的票据予以确权，确保在规定时间内以票定的面额回购票据。不确权票据缺乏担保效力，因此无法获得融资支持，也无法在票据市场流转交易。应收账款确权主体不积极、金融机构对接确权平台不及时而延长票据确权周期，从而影响应收账款周转效率。

对此，政府应做到以下几点：①鼓励核心企业通过应收账款融资服务平台确权，②积极探索债贷联动支撑核心企业提高融资能力和流动性管理水平；③推动金融机构积极与应收账款融资服务平台对接，减少确权时间。

（二）地方政府和行业组织出台的供应链金融政策

《中国人民银行 工业和信息化部 司法部 商务部 国资委 市场监管总

局 银保监会 外汇局 关于规范发展供应链金融 支持供应链稳定循环和优化升级的意见 》（银发〔2020〕226 号）出台前，已经有部分省级甚至市级政府出台了促进供应链金融的专项政策，2019 年 1 月，深圳市就出台了《关于促进深圳市供应链金融发展的意见》。同年，浙江省、上海市也分别出台了关于促进供应链金融发展的省级政策；珠三角地区的市级单位在早期供应链金融政策探索方面也做出了积极努力，广州市甚至珠海横琴区均出台了供应链金融政策。

银发〔2020〕226 号文出台后，激活了各地出台供应链金融专项政策的热情，山东、甘肃、北京、湖南、广西、江西、四川等纷纷出台供应链金融发展政策，其中山东 2021 年出台两项省级供应链金融政策，从发展和规划两方面促进供应链金融发展，以改善供应链金融生态环境。厦门市、广州市则出台了市级供应链金融专项政策。

除了专项政策外，以山东为代表的省级政府出台"十四五"金融发展规划时，特别指出供应链金融政策。总体来看，地方根据本地区供应链和金融现状，以加强供应链金融平台或金融服务中心等基础建设为抓手，以接入全国性金融基础设施为途径，促进供应链金融体系的建设和完善，以促进供应链金融发展。

总体来看，政策主要从以下方面着力：①完善基本制度；②公共数据开放平台建设；③相关标准制定建设；④围绕产业集群的产业互联网平台；⑤龙头企业配合敦促；⑥金融监管仓等设施建设；⑦中小企业精准施策平台建设；⑧监管平台建设；⑨金融资产交易所建设等。

## 二 供应链金融政策的目标与效果评估

供应链金融政策有提高供应链产业链运行效率、支持供应链产业链稳定升级、支撑产业链市场竞争能力和延伸拓展能力与塑造大中小微企业共生共赢产业生态的发展目标和发展方向。本文从供应链金融业务规模的变动和供应链金融体系建设与完善两个维度来评估政策效果。

### （一）供应链金融业务规模不断扩大、结构持续优化

**1. 供应链金融业务规模有扩大趋势**

供应链金融业务参与主体多、业务庞杂，缺乏官方统计数据，因此无法从总体规模的演变看政策的规模效应。本文用票据融资①规模变动大概判断供应链金融政策的影响。上海票据交易所数据显示：2022 年，商业汇票承兑发生额 27.4 万亿元，贴现发生额 19.5 万亿元。截至 2022 年末，商业汇票承兑余额 19.1 万亿元，同比增长 15.2%；贴现余额 13.0 万亿元，同比增长 29.1%。2022 年，签发票据的中小微企业 21.3 万家，占全部签发票据企业的 94.5%；中小微企业签发票据发生额 17.8 万亿元，占全部签发票据发生额的 64.9%。贴现的中小微企业 32.7 万家，占全部贴现企业的 97.1%；贴现发生额 14.2 万亿元，占全部贴现发生额的 72.9%。

自 2018 年以来，中国票据融资一直处在增长区间，但增速波动较大，增速则随着经济规模的波动出现异动，但是从票据融资规模占企事业单位贷款总规模比重来看，票据融资规模呈现稳定上涨态势（见图 1），侧面证明政府稳链固链政策以及供应链金融政策发挥了效力。

**2. 供应链金融业务结构优化**

将供应链金融的业务按照产品或服务的流程可以划分为订单前业务、订单中业务和订单后业务。产品组织模式由"生产出来卖出去"的模式向"拿到订单组织生产交付产品"模式转变，生产组织定制化发展导致的一个结果是订单企业的自身财力成为企业拓展业务的瓶颈，供应链金融开发的订货贷业务能有效弥补企业拓展业务带来的资金缺口，提高企业供应韧性。中国人民大学中国供应链战略管理中心调研结果显示：73%的被调研企业看好订货贷和供货贷的发展前景。

---

① 票据业务包括供应链票据业务和非供应链票据业务，目前统计上没有区分二者的差别，只能仿照相关报告用总体指标指代供应链票据，借此窥探发展趋势。

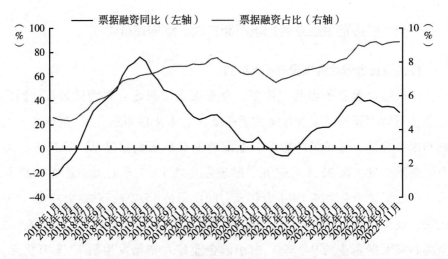

**图1　2018~2022年票据融资增长和份额变动趋势**

资料来源：根据中国人民银行数据整理所得。


## （二）供应链金融体系建设和完善

### 1. 底层制度相继推出，改善供应链金融制度环境

市场所需的法律、标准和规则制度不断完善。①法律的完善。2021年生效的《中华人民共和国民法典》第二篇物权中继承了《中华人民共和国物权法》动产和权利担保的效力，界定了动产的范围和抵押担保物的范围，圈定了动产和权利。②金融监管仓标准和运行规范越来越完善。2019年以来，国家标准委员会、中国仓储与配送协会、中国银行业协会、中国互联网金融协会以及中国中小企业协会等相关组织协作，推出了一系列金融监管仓技术标准、运营和监管标准，有力支撑供应链金融业务的发展。③相继推出交易所接入规则、交易规范和信息披露调整等标准与规则，规范票据交易市场。

### 2. 交易所加速建设，强化供应链金融平台支撑

票据的发行与交易关系着应收账款类产品的融资规模和融资效率，票据的流动性好、变现快，供应链企业融资可得性越高，融资需求就越能得到满

足。2016 年中国已经建立起全国性的票据交易市场，弥补了缺乏全国性票据交易市场的遗憾，形成了全国性票据交易市场、核心企业票据交易市场和区域票据交易市场错位发展、柜台票据交易市场等多层次交易市场并存的票据市场格局。但是核心企业建立的以信单链为代表的类票据发行和交易市场发展迅速，中国人民大学中国供应链战略管理中心调查数据显示，2022 年调研的某家头部核心企业供应链金融平台新单业务量增加 3000 多亿元，信单链的市场接受度可见一斑。在供应链金融促进政策的推动下，供应链票据平台（2020 年）、新一代票据业务平台（2022 年）相继上线，新一代平台补齐了票据发行、票据交易和票据贴现等功能，形成了票据全生命周期的业务链，从而为建立功能全面服务于全国票据发行与交易的统一的平台提供了支撑。

**3. 信息公开共享体系逐步完善，夯实供应链金融信用基础**

强化统一登记公示，增强动产抵质押信息透明性。2020 年 12 月，国务院发布《关于实施动产和权利担保统一登记的决定》，明确 2021 年 1 月 1 日起，在全国范围内实施动产和权利担保统一登记；配套《中华人民共和国民法典》强化了登记的重要性，提出未办理抵押登记、所有权保留登记、融资租赁登记的动产担保物权无追及效力；应收账款从现有拓展至将有。动产融资统一登记系统有助于降低货物、应收账款等票据重复抵押质押风险，扩大供应链企业的可担保资产范围，缓解中小企业融资难、融资贵难题，为供应链有序、健康发展奠定基础。

# 三　进一步推动供应链金融规范发展的政策建议

## （一）多途径完善供应链金融信用评估体系

与发达国家的供应链金融相比，中国供应链金融业务以有担保、有抵押业务为主，供应链金融信用贷占比小，过度依赖风险控制体系。究其原因，一方面是中国信息化程度高，降低了风险控制体系的成本，从而保证担保物

实时监测成为现实；另一方面则源于中国信用体系不健全，制约供应链金融无抵押、无担保的信用类业务的发展。因此，除在风险控制体系建设一端发力外，需要通过发展供应链金融保险业务、完善供应链金融票据市场、拓展供应链资金来源市场等三个方面，分散风险、定价风险、验证风险等途径完善供应链金融信用评估体系。

1. 发展供应链金融保险业务，分散风险

发挥保险体系的作用，分散供应链金融信贷市场风险。当前，中国供应链金融融资业务主要集中在信贷市场，这意味着供应链金融的风险也集中在以银行为代表的信贷机构中。风险的集中将会限制信贷市场业务发展，服务范围难以扩大，难以覆盖经营规模小、被赊销的广大中小企业的融资需求。利用保险市场的风险分散功能，有利于疏解供应链金融市场的风险，促进以银行为代表的信贷机构拓展供应链金融业务，疏解更多中小企业融资难、融资贵困境。

2. 完善供应链金融票据市场，定价风险

利用市场的风险发现功能，为风险定价。发达的票据市场，能及时发现风险从而通过流动性高低，自动提高或降低利率，从而实现定价风险的功能。但是中国金融市场化程度低，信用评估体系不完善导致票据发行过度依赖于资产支持证券。以美国票据市场为例，由于金融市场化程度高，发展出三类支持票据市场发展的主体：一是信用评级机构，信用等级高的企业可以发行无担保、无抵押商业票据；二是对于那些信用等级低的企业又可以通过SPV 系统发行信用支持票据；三是资产支持票据，同中国票据一样，这类票据业务规模最大。中国缺乏信用支持证券和无担保、无抵押商业票据占比较小，背后是金融市场化程度较低。

3. 拓展供应链资金来源市场，验证风险

除了信贷市场和票据市场外，允许已经获得债券市场和股票市场发行资格的大企业，发行专项债券。经过多年的建设，中国直接融资市场的基础制度如注册制度、信息披露制度等基础制度已经逐步完善，未来需要培育发展国际性评级机构、SPV 风险分散机构等多渠道验证风险的市场机构，丰富供应链金融市场的参与者群体，拓展供应链金融企业的资金渠道和范围。

## （二）持续化推进供应链金融体系建设

在核心企业建立的供应链金融平台推动下，直接融资业务蓬勃发展起来，一方面丰富了供应链金融业务；另一方面促进了应收账款类票据（或债券）业务的交易。交易市场的活跃能更有效地匹配资金需求者和资金供给者，从而提高融资效率。但是这类业务由于封闭在单一供金平台中，限定了融资者和投资者的数量与规模，一方面未完全释放融资效率改善的潜力，另一方面加剧了区域和行业不平衡。随着新一代票据系统的上线，全国性的票据市场将在全国统一大市场的范围内撮合应收账款类投融资者，货币市场配置效率将会得到大幅提升。这将考验当前制度、平台的有效性和承载力以及应对供应链金融风险的能力和水平，因此需要加快市场建设，提升供应链企业融资效率，完善市场监管制度，防范化解供应链金融风险。

## （三）差异化评估地方政府政策绩效

理论上，供应链金融可以在大宗商品、机械、航空、纺织、电子等各个产业的设计、研发、采购、制造、物流、售后和回收等各个环节实现，但实践中由于很多领域、很多环节受限于信息化、线上化、智能化水平，推进供应链金融的成本远高于维持现状的成本，因此，供应链金融的推进节奏和速度应符合本领域本区域的工业化水平。供应链金融需要首先在信息化水平和智能化水平较高的企业和产业领域应用。供应链金融政策的推进也应该运用先行先试的工作经验，把控节奏，切勿操之过急。地方政府落实政策的绩效考核也应该考虑到当地的工业化发展阶段，针对东部沿海城市产业信息化和智能化水平高、落实政策较快，中西部部分地区产业的信息化和智能化水平低、政策落地难等现状，因地制宜，科学制定地方落实政策的考核机制。

## 参考文献

闫俊宏、许祥秦：《基于供应链金融的中小企业融资模式分析》，《上海金融》2007年第 2 期。

胡跃飞、黄少卿：《供应链金融：背景、创新与概念界定》，《金融研究》2009 年第 8 期。

宋华、卢强：《基于虚拟产业集群的供应链金融模式创新：创捷公司案例分析》，《中国工业经济》2017 年第 5 期。

陈祥锋：《供应链金融现代化建设的内涵及实施路径》，《社会科学辑刊》2023 年第 3 期。

中国人民大学中国供应链战略管理中心、万联网：《中国供应链金融生态调研报告（2023）》，2023。

李瑞红：《国际票据市场发展经验及对我国的启示》，《中国信用卡》2011 年第 9 期。

李瑞红：《国际票据市场发展趋势》，《金融博览》2011 年第 4 期。

宋华、韩思齐、刘文诣：《数字技术如何构建供应链金融网络信任关系？》，《管理世界》2022 年第 3 期。

# B.11
# 绿色供应链建设研究

刘志雄　林登辉　谢建邦\*

**摘　要：** 随着全球对环境问题的关注日益加剧，绿色供应链建设已成为可持续发展的关键方面。本文深入探讨了中国的绿色供应链政策，追溯了其演变、特点。对中国绿色供应链的未来建设提出了建议，倡导平衡发展，推动绿色消费，通过协同生产增强供应链韧性和竞争力，整合创新数字技术，提高效率和可持续性。这种全面的方法不仅旨在提升中国在全球经济格局中的地位，而且为可持续发展的目标作出重大贡献。

**关键词：** 供应链　绿色供应链　绿色转型

## 一　中国绿色供应链政策梳理

在全球化的背景下，我国正处于从"世界工厂"向"智能制造大国"转型的关键时期。在这一转型过程中，我国政府所进行的绿色供应链建设不仅是环保的需求，更是经济结构调整和产业升级的关键驱动力。从 2016 年至 2023 年，绿色供应链政策呈现从"引导"到"规范"，再到"战略"的演进轨迹。初期的绿色供应链政策主要聚焦于技术创新和资源配置优化，强调生产端的绿色转型。随后，各项政策开始更加全面，不仅强调制造端的绿色转型，还涉及供应链的创新、管理和稳定，将更多的焦点放在价值链的高

---

\* 刘志雄，中国政法大学商学院，教授，博士生导师；林登辉，中国政法大学商学院博士研究生；谢建邦，中国政法大学商学院博士研究生。

端，这是对我国经济发展模式的深度调整。

我国的绿色供应链政策一直在持续"进化"，2016~2023年的演进过程可分为三个关键阶段：引导阶段（2016~2017年）、规范阶段（2018~2020年）和战略阶段（2021~2023年）。

**1. 引导阶段：制定绿色制造和供应链管理的框架（2016~2017年）**

2016年，工业和信息化部发布《绿色制造工程实施指南（2016—2020年）》，强调绿色技术创新、资源优化利用及加强绿色供应链管理。这标志着政府对绿色制造的重视。2017年，多部门联合发布《绿色制造—制造企业绿色供应链管理导则》，要求企业实现产品生命周期全过程的绿色管理。同年，国务院办公厅发布《关于积极推进供应链创新与应用的指导意见》，明确提出要加快供应链的创新与应用，推进供给侧结构性改革，这进一步强调了供应链在整个生产和经济活动中的重要性，同时也认识到供应链创新和应用是推动经济结构调整、提高经济效益的关键。这两年，我国绿色供应链政策逐渐从构想走向实践，政府已经明确了绿色制造和绿色供应链管理的重要性，并为此制定了一系列相关政策。这标志着政府开始从单一的经济增长转向可持续发展，从而确保我国制造业在未来全球化的背景下具有更强的竞争力和更好的环境表现①。

**2. 规范阶段：完善供应链体系与创新驱动（2018~2020年）**

2018年，《关于开展供应链创新与应用试点的通知》定位了产业供应链体系的改进方向，旨在满足消费升级和激发实体经济，重视绿色、智能产品需求的增长，强调环境保护与资源使用效率。到2020年，《关于复制推广供应链创新与应用试点第一批典型经验做法的通知》强调了在全球化和数字化背景下供应链创新的重要性，鼓励企业利用物联网、大数据等新技术进行创新。《关于进一步做好供应链创新与应用试点工作的通知》凸

① Agyemang M., Zhu Q. H., Adzanyo M., et al., " Evaluating Barriers to Green Supply Chain Redesign and Implementation of Related Practices in the West Africa Cashew Industry," *Resources, Conservation and Recycling*, 2018（136）：209-222；陶锋、王欣然、徐扬等：《数字化转型、产业链供应链韧性与企业生产率》，《中国工业经济》2023年第5期。

显了供应链创新与应用试点工作在稳定全球供应链和助力脱贫攻坚中的重要性。最后，《关于公布第一批全国供应链创新与应用示范城市和示范企业名单的通知》进一步推动了供应链创新，强调增强供应链的弹性和修复能力①。

3. 战略阶段：绿色制造到智能供应（2021~2023年）

从 2021 年起，我国政府加强了对绿色制造和供应链改革的关注。政策文件揭示了以下三个主要特点：全面性、协同性和革新性。首先，在全面性方面。政府文件如《关于加快培育发展制造业优质企业的指导意见》和《质量强国建设纲要》凸显了对绿色供应链的全链条重视，这覆盖了从原材料、设计、生产到废弃物管理的所有阶段。为确保整个流程的绿色与可持续性，提出了统一的绿色标准、认证和标识，旨在加强企业的绿色竞争力。其次，在协同性方面。文件如《关于加强产融合作推动工业绿色发展的指导意见》强调了绿色制造服务体系的整体协同。政府旨在不仅优化生产环节，而且强调全供应链的协同合作，通过培育绿色制造服务供应商，为企业提供从工厂改进到绿色设计和制造的整合方案。最后，在革新性方面。从《扩大内需战略规划纲要（2022—2035 年）》可见政府对供应链革新的强调，这涉及供应链的管理方式、技术应用和多样性。转型方向为柔性、智能化和细致，依赖技术和数据，促进政府、研究机构及企业的合作，推进新技术应用，并推动国内贸易大循环与城市间产业协同发展②。

## 二　政策驱动供应链绿色转型的过程与机理

我国围绕环境保护、创新激励和产业发展等方面不断完善对供应链的政策供给，快速形成了绿色供应链从无到有、连点成线、聚线成面且不断成熟

---

① 刘海建、胡化广、张树山等：《供应链数字化的绿色创新效应》，《财经研究》2023 年第 3 期。
② 范剑勇、刘念、刘莹莹：《地理距离、投入产出关系与产业集聚》，《经济研究》2021 年第 10 期。

的绿色供应链生态。总体来看，我国绿色供应链发展历经"生产经营可视化和强化末端治理"、"绿色协同创新"以及"供应链生态协同"三个阶段（见图1）。

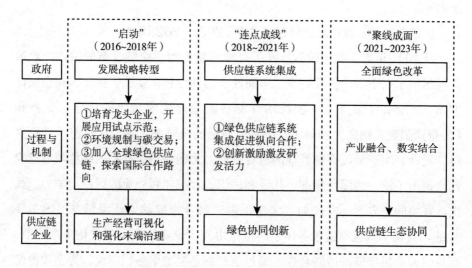

**图1 政策驱动绿色供应链过程与机制**

资料来源：作者根据相关资料整理。

## （一）启动：从无到有打造绿色供应链

### 1. 发展战略转型，引导企业转型和供应链建设

培育绿色供应链链长企业，开展应用试点示范。党的十八大以来，我国经济发展进入新常态。培育供应链龙头企业，充分发挥其绿色转型经验对供应链上下游企业的示范效应和溢出效应，是我国推进高质量发展战略的重要着力点。

环境规制与碳市场。2015年5月，中共中央、国务院提出要加快推进生态文明建设。围绕绿色发展、循环发展和低碳发展等一系列政策的出台，提高了生产企业降低污染成本和减排意识。首先，碳排放权交易市场是我国利用市场机制控制和减少温室气体排放、落实"双碳"目标的核心政策工具。我国于 2011 年在北京、天津、上海、重庆、湖北、广东、深圳等地启动了碳排放权交易的试点工作，并于 2021 年 7 月 16 日正式上线全国碳排放权交易市场，一方面，通过将生产外部性成本内部化为企业成本的方式，倒逼企业绿色转型升级，降低污染成本对利润的挤出。另一方面，通过市场激励的手段鼓励企业优先选择低碳产品和绿色供应商，自发形成供应链的绿色化，自主构建绿色供应链。其次，环境监测是捕捉"碳足迹"、提高碳排放权交易市场有效性、环境治理实施依据的关键。2014 年，由公众环境研究中心（IPE）、自然资源保护协会（NRDC）等开发运行的"蔚蓝地图"和 CITI 指数正式上线，使公众可实时获取全国环境质量、重点污染实时排放信息和供应链环境管理表现等信息。这些信息的公开，为生态环境多方共治提供了有效的途径，同时也加大传统企业的转型压力，促进绿色供应链的形成。

积极加入全球绿色供应链，探索国际合作路向。气候变化、环境污染是需要全球共同面对的问题。从全球化的视角来看，国际分工往往使供应链各环节分散于多个国家。因此，产业优化、供应链绿色转型升级涉及多国合作。从"碳足迹"的视角来看，碳足迹包括从产品制造中的原材料使用到产成品处理全过程的碳排放量，任何企业或国家的单独行动都难以取得理想效果。因此，要在全球范围内建立绿色供应链，联合多国共同实施和推进绿色发展战略。2014 年，第二十二次亚太经合组织领导人非正式会议发表《北京纲领》，"同意建立亚太经合组织绿色供应链合作网络"，"批准在中国天津建立首个亚太经合组织绿色供应链合作网络示范中心"，为亚太地区绿色供应链的发展奠定了协作基础。2017 年，环保部、外交部、国家发展改革委、商务部联合发布了《关于推进绿色"一带一路"建设的指导意见》。随后，生态环境部中国-东盟环境保护合作中心联合相关机构发起"一带一路"绿色供应链合作平台，极大推进共建"一带一路"国家和地区的协同与合作。

2. 战略重塑生产经营可视化和末端治理效能

随着我国持续深化绿色发展战略并陆续出台相关政策，引导、督促供应

链企业围绕绿色制造、清洁生产进行自我变革，供应链发展进入"可视化和末端治理"的绿色转型早期阶段。尽管政策引导和市场需求为供应链的绿色转型提供了动力，但技术瓶颈、资金限制和市场风险等问题仍然存在，中小企业相对缺少转型的动力。因此，绿色转型的早期阶段呈现局部性、分散性、风险性等特征。

在该阶段，中、大型供应链企业和高能耗企业把握数字经济发展红利，将数字化工具嵌入生产经营过程，实现生产经营流程的可视化，为准确衡量能源消耗、碳排放量等绿色指标和识别绿色转型难点、堵点提供了基本的数字化条件。此外，部分企业投入大量新能源运输工具和清洁生产设备，进一步强化生产性污染的末端治理效能。

## （二）连点成线：强化供应链上下游企业协同合作

构建绿色制造体系的重要因素在于绿色供应链中上游和下游企业之间的协同与合作，这涉及应对企业绿色设计方面欠缺、工艺流程绿色化程度不够高以及上下游合作的深度与广度不足等挑战。财政部、工信部联合开展绿色制造系统集成工作，支持组成"企业—科研机构"和"企业—供应商—物流商—销售商—终端用户"联合体，构建绿色供应链系统，实现资源共建共享，提高供应链整体的协同合作水平和创新能力，供应链发展进入"绿色协同创新"阶段。

### 1.绿色供应链系统集成促进企业纵向合作

自 2016 年起，为贯彻落实《工业绿色发展规划（2016—2020 年）》、《绿色制造工程实施指南（2016—2020 年）》和《工业和信息化部办公厅关于开展绿色制造体系建设的通知》，各地在汽车、航空航天、电子电器等领域开展绿色供应链应用试点和绿色供应链示范工作，初步形成了以主要产业或产品的生产经营为核心的协同合作模式。2018 年 10 月，中国绿色供应链联盟正式成立，加深了相关企业、高校、科研院所、金融机构、行业协会等单位的协同合作，使绿色供应链中的协同合作更具多元化特征和专业化特色。

### 2. 创新激励激发研发设计活力

随着国务院印发《关于积极推进供应链创新与应用的指导意见》，以及商务部、工信部、生态环境部等八部门联合印发《关于开展供应链创新与应用试点的通知》，各地政府启动供应链创新和应用试点工作。供应链企业被鼓励从产品设计的最初阶段就考虑环保要素，包括选用可再生或低环境影响的原材料，设计易于回收和再利用的产品，以及采用节能和减排的生产工艺，从源头上减少生产对环境的负面影响。在该阶段，首先，政府提供了一系列的财政和税收政策，鼓励企业投资绿色技术和产品设计。这包括为购买环保设备和技术的企业提供税收减免，以及为开展绿色研发活动的企业提供财政补贴。其次，政府也推动了相关的教育和培训项目，提高企业对于绿色设计和创新的认识能力。就结果来看，绿色专利申请、授权和引用数量持续上升，再生资源产业规模和效益不断提升，供应链绿色转型取得进展。

### （三）聚线成面：构筑绿色供应链生态

绿色供应链生态是由一系列经济主体构成的集合，这些主体围绕供应链运作，并为供应链企业提供各类服务，包括但不限于供应链管理服务、金融服务、物流服务以及信息技术服务。在绿色供应链生态圈中，各经济主体不仅相互协作以促进供应链的高效运作，同时也致力于实现环境可持续性的目标。商务部、工信部、生态环境部等8部门共同制定了《全国供应链创新与应用示范创建工作规范》，提出要围绕金融服务、技术服务和供应链管理服务等，"健全重点产业供应链生态"，"不断优化供应链生态体系"。绿色供应链发展由此进入"供应链生态协同"阶段。

### 1. 产业融合：生产性服务业促进绿色供应链全过程闭环

生产性服务业是依托实体经济存在，能够提高生产效率的服务业。供应链的绿色转型，需要专业化、高端化的生产性服务业作为支撑。2022年10月，工信部正式确定杭州、武汉、成都等12个城市首批开展产业链供应链生态体系建设试点，拟通过产业集聚、平台搭建和政策支持，加快形成由龙头企业、配套企业、高等院校、科研院所、第三方平台、金融机构等组成的

供应链生态圈。专业化服务和精细化分工，不仅能够大幅提升绿色供应链的经济绩效，同时有助于提高环境绩效。

2.数实结合：数字平台塑造信息交互共享新模式

数字赋能高质量发展正当时，数字化转型、数字平台参与是推动供应链绿色转型的重要手段。2022 年，工信部、国家发改委、生态环境部联合印发了《工业领域碳达峰实施方案》，提出在汽车、机械、电子、船舶、轨道交通、航空航天等行业打造数字化协同的绿色供应链。2023 年 6 月，财政部、工信部《关于开展中小企业数字化转型城市试点工作的通知》提出要支持中小企业与链主企业、龙头企业合作，借助其平台和数据资源，实现全面协同，促进数字化转型。同年 8 月，国家发展改革委等 10 部门制定了《绿色低碳先进技术示范工程实施方案》，提出在工业降碳领域开展数字化绿色化协同降碳、"工业互联网+绿色低碳"示范工作，加快形成供应链数字化与绿色化耦合协同的发展格局。信息交互对于供应链节点企业而言至关重要，供需信息、库存信息等是企业控制风险的关键依据。对于绿色供应链节点的企业而言，数字化提升了"碳足迹"的可追溯性和可获得性，降低下游企业因环境规制而产生的法律风险，从而有助于平台型供应链的形成①。

## 三 推动中国绿色供应链建设的政策建议

### （一）绿色消费：需求升级引领的绿色革新

首先，有效利用绿色财税制度，弥补绿色产品相对于传统产品可能存在的竞争劣势，降低绿色产品的市场进入门槛，以扩大全社会的绿色消费占比。其次，从基础教育和宣传等方面入手，培养社会各界对绿色消费的共

---

① 陈晓东、刘洋、周柯：《数字经济提升我国产业链韧性的路径研究》，《经济体制改革》2022 年第 1 期；裴军、周娅、彭张林等：《高端装备智能制造创新运作：从平台型企业到平台型供应链》，《管理世界》2023 年第 1 期。

识，提高人们对环保和可持续性的认识，培养社会各群体采用更绿色的消费习惯。最后，加强对绿色采购各环节的监督，健全绿色产品标准体系等，巩固绿色消费模式。通过提高消费者对绿色产品的接受度，确保绿色供应链的可持续发展。

### （二）协同生产："链长制"促进提升绿色供应链韧性与竞争力

围绕"链长"引导、"链主"引领的供应链管理模式，充分发挥政府的系统谋划能力和协调联动力，鼓励产业融合、数实结合等提升绿色供应链韧性与竞争力。在产业融合方面，"链长"围绕战略性新兴产业、地方特色产业，因地制宜培育专精特新企业和供应链管理服务、供应链金融、物流以及信息技术服务等生产性服务企业，完善绿色供应链生态。通过更加专业化、精细化的市场分工和更有针对性、完备性的政策支持，推进绿色供应链固链、补链、强链、塑链过程。在数实结合方面，首先，鼓励"链主"企业协同数字平台企业搭建关键共性技术平台、数字化商品市场和要素市场，提高绿色供应链企业间的信息流动性和数据互操作性，推动上下游企业间的信息共享、价值共创、优势互补与协同发展。其次，培育新型实体企业。鼓励数字技术服务型企业、金融机构、"链主"企业与中小企业开展战略合作，降低中小企业的转型门槛，缓解绿色化、数字化转型产生的"高短期成本"与代理人追求的"高短期利润"之间的矛盾。

### （三）技术革新：点燃绿色供应链的发展之火

绿色低碳技术是绿色供应链发展的核心驱动力。首先，通过资源整合，完善绿色低碳科技战略框架，为低可行性、不易操作等供应链绿色转型瓶颈提供解决方案。其次，完善绿色技术投融资体系。针对原创性、领先型和颠覆性技术突破，设置专门的激励机制，引导创新主体补充和强化关键领域技术。最后，完善科研成果转换机制。优化针对基础研究和绿色应用技术的"产学研"交流机制，鼓励跨学科、跨学界合作，为技术创新和应用提供更坚实的基础。

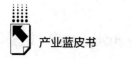

### （四）国际协作：塑造我国绿色供应链的全球影响力

全球化背景下的绿色供应链已发展为多国参与的复杂系统，愈加强调多国协同共治的重要性。在该背景下，绿色供应链的国际实践需要更全面地考虑国家之间在经济社会发展进程和地域文化上的差异。对于已经拥有完善绿色供应链实践体系的发达国家，应该尊重、重视其文化和绿色规则，适当借鉴其成功经验。对于环保体系尚未完善的发展中国家，我国可与其共享绿色转型经验，协助其建立可持续的绿色供应链体系。积极推进"一带一路"绿色供应链合作平台、亚太经合组织绿色供应链合作网络建设，充分发挥与伙伴国的互补优势，共同应对全球挑战，实现可持续发展目标。

# B.12
# 产业链供应链转移与布局研究

苗雨菲　郭朝先*

**摘　要:**　合理有序转移布局产业链供应链,是促进区域协调发展的重要举措,也是增强产业链韧性与竞争力的有效途径。近年来,我国各部门高度重视产业转移工作,促进产业链供应链在各地区间有序转移。在国内,典型产业纺织服装和消费电子向中部和西部转移趋势较为明显;国际上,在地缘政治压力、贸易壁垒与欧美"再工业化"的背景下,我国部分产业链环节向东南亚、南亚、拉美等地区转移。当前,产业链转移相关政策实施成效凸显:国内产业链供应链转移更为有序,形成一批支撑带动能力强的产业集群;利用外资结构不断优化,高技术产业引资占比有所提升;与共建"一带一路"国家投资合作进一步深化,产业转移合作更加畅通。最后,本文提出相关对策建议,以期提升我国产业转移的自主可控能力,优化生产力空间布局。

**关键词:**　产业链供应链　产业转移　产业技术

## 一　产业链供应链转移与布局政策梳理

产业链供应链的转移与布局政策是从国家层面对产业转移工作进行的顶层设计与统筹指导,是优化区域产业链布局、促进产业有序转移的重要举

---

* 苗雨菲,中国社会科学院大学应用经济学院博士研究生;郭朝先,中国社会科学院工业经济研究所研究员,产业组织研究室主任。

措。近年来，我国各部门高度重视产业链供应链转移与布局工作，陆续出台相关政策措施。早在 2010 年，国务院发布《关于中西部地区承接产业转移的指导意见》，提出要依托中西部地区资源优势，积极承接产业转移；2018 年，为推进产业有序转移，在分析各区域优势与现有产业条件的基础上，工业和信息化部制定《产业发展与转移指导目录（2018 年本）》，对不同地区产业重点发展与转移方向作出明确细致指导；进入新发展阶段后，我国经济发展的内外部环境发生了深刻复杂的变化，2021 年 12 月，《关于促进制造业有序转移的指导意见》明确提出推动制造业有序转移，维护产业链供应链稳定完整，有助于进一步优化产业发展格局。

目前，关于产业链供应链国际转移与布局的政策较少，现有政策文件多集中于如何鼓励、利用外商投资方面。2008 年国际金融危机后，美国就在积极推动"再工业化"战略，通过系列政策和措施将制造业发展重新转回本土，力争在关键产业链上寻求与中国脱钩，巩固美国在全球产业布局中的霸权地位。在此背景下，《"十四五"利用外资发展规划》和《鼓励外商投资产业目录（2022 年版）》出台，扩大了鼓励外商投资范围，强调更加有效吸引和利用外资，为新时期利用外资工作提供了指引，对应对国际产业转移具有重要意义。

## 二 产业链供应链转移与布局现状

产业转移的方向是影响产业链与供应链布局的关键。当前我国的产业链转移可从国内与国际两方面分析。在国内，典型产业如纺织服装和消费电子向中部和西部转移趋势较为明显；国际上，地缘政治压力、贸易壁垒与"制造业回流"政策实施，使我国部分产业链环节向东南亚、南亚、拉美等地区转移。

### （一）国内产业链供应链转移与布局

产业链供应链的转移和布局与地方区位优势、工业基础、配套能力等高度相关。按照国家统计局的划分，我国整体可划分为东部、中部、西部及东北地区四部分①，不同地区产业链供应链的转移呈现不同趋势与特征。

东部地区具备强大的研发创新能力与较高的人力资本水平，占据产业链供应链核心环节，优势集中在新一代信息技术、电子通信、半导体等产业，互联网服务、金融服务、文娱消费产业发达，形成京津冀、长三角、珠三角几大城市群。东部地区在产业升级的过程中，不断吸引产业链高端环节在区域聚集，将部分产业向中西部地区转移。在地区内部，大城市毗邻区地价相对较低，配套设施完善，有利于实现知识与人才的流通共享，成为重要的产业转移承接地，产业链上下游的分工合作进一步增强。

中部地区工业发展基础雄厚，是承接东部地区产业转移的"领头雁"。河南凭借地理区位优势成为航空物流运输和铁路中转的首选地；湖北、湖南具有雄厚的制造业发展基础，集聚了许多装备制造、汽车制造产业；安徽邻近上海、江苏等广阔市场，智能家电领域产业链发展良好，承接了部分江浙沪地区的产业转移。总体来看，中部地区钢铁、煤炭、化工、建材等传统资源密集型行业占比整体下降，在装备制造、汽车及零部件生产、电子器件生产等产业领域比重上升，产业转型成效显著。

西部地区具有独特的资源优势，在航空航天、核能源、化工产品、新材料等产业领域具备发展前景。如陕西航空航天、半导体产业、金属和非金属产业迅速集聚；成渝城市群大力发展电子信息产业，重庆成为全球最大的笔记本电脑制造基地；云贵地区地势多山，是我国重要的农业、能源等原材料聚集地，不断加快中药、白酒等特色资源产业布局；山西、内蒙古和新疆等能源大省依靠自身煤炭、油气资源优势，聚集钢铁、建材、化工相关产业，伴随我国化解过剩产能与"双碳"目标提出，资源大省传统产业转型压力

---

① 东部10省（市）包括北京、天津、河北、上海、江苏、浙江、福建、山东、广东和海南；中部6省包括山西、安徽、江西、河南、湖北和湖南；西部12省（区、市）包括内蒙古、广西、重庆、四川、贵州、云南、西藏、陕西、甘肃、青海、宁夏和新疆；东北3省包括辽宁、吉林和黑龙江。

加大，向减量增效与清洁绿色方向转型。

东北地区在我国重工业发展历程中发挥着举足轻重的作用，在发展过程中面临增速趋缓、产业结构转型困难等问题。近年来，东北地区加快承接医药产业转移，随着产业集群的建设，聚集了一系列生物医药及高端医疗器械制造领域产业集群，如沈阳生物医药和健康医疗产业集群、本溪制药创新型产业集群、哈尔滨生物医药产业集群等，生物医药产业的发展将成为拉动东北地区经济增长和结构转型的新引擎。

为定量测算产业转移相对规模，Zhao 和 Yin[①] 提出以某地区一行业的产值占全国份额的变化衡量产业转移程度的方法。孙晓华等[②]在此基础上进行优化，先计算不同地区某种产业产值（用工人数）占全国该产业总产值（用工人数）的比重，再除以地区经济总量占全国经济总量的比重以消除地区经济增长的影响，得到产业相对规模。报告期与基期产业相对规模之差即为产业转移规模。公式表示如下：

$$IS_{ci,t} = \frac{q_{ci,t}}{\sum_{c=1}^{n} q_{ci,t}} / \frac{\sum_{i=1}^{m} q_{ci,t}}{\sum_{i=1}^{m} \sum_{c=1}^{n} q_{ci,t}} - \frac{q_{ci,t_0}}{\sum_{c=1}^{n} q_{ci,t_0}} / \frac{\sum_{i=1}^{m} q_{ci,t_0}}{\sum_{i=1}^{m} \sum_{c=1}^{n} q_{ci,t_0}}$$

其中，$IS_{ci,t}$ 为产业转移指数，$t_0$ 和 $t$ 分别代表基期和报告期，$q$ 代表产值，$c$ 为省份，$i$ 为行业。如果 $IS_{ci,t} > 0$，表明 $c$ 省份 $i$ 产业的规模相对于初期增加，存在产业转入，反之则说明产业发生转出；$IS_{ci,t}$ 的绝对值越大，表明转移规模越大。

聚焦纺织服装与消费电子产业，采用上述方法并基于《中国工业统计年鉴》及国家统计局数据对 2011~2021 年不同地区纺织服装与消费电子行业产业转移的相对规模情况进行计算，结果如表1、表2所示。

---

① Zhao X., Yin H., "Industrial Relocation and Energy Consumption: Evidence from China," *Energy Policy*, 2011, 39 (5): 2944-2956.

② 孙晓华、郭旭、王昀：《产业转移、要素集聚与地区经济发展》，《管理世界》2018年第5期。

表 1　2011~2021 年各地区纺织服装行业产业转移相对规模系数

| 地区 | 纺织业 | | 纺织服装、服饰业 | |
|---|---|---|---|---|
| | 产值 | 用工人数 | 产值 | 用工人数 |
| 东部地区 | -0.06 | -0.05 | -0.06 | -0.14 |
| 中部地区 | 0.24 | 0.07 | 0.34 | 0.26 |
| 西部地区 | -0.02 | 0.05 | 0.02 | 0.11 |
| 东北地区 | -0.13 | -0.09 | -0.40 | 0.14 |

资料来源：《中国工业统计年鉴》。

表 2　2011~2021 年各地区消费电子行业产业转移相对规模系数

| 地区 | 手机产量 | 计算机、通信和其他电子设备制造业 | |
|---|---|---|---|
| | | 产值 | 用工人数 |
| 东部地区 | -0.68 | -0.32 | -0.23 |
| 中部地区 | 0.83 | 0.51 | 0.38 |
| 西部地区 | 0.91 | 0.35 | 0.33 |
| 东北地区 | -0.06 | -0.09 | -0.01 |

资料来源：国家统计局和《中国工业统计年鉴》。

计算结果显示，纺织服装和消费电子行业产业转移具有以下特征。

（1）纺织服装行业产业主要向中部地区转移

纺织服装行业产业主要呈现由东部地区向中部地区转移的趋势。2011~
2021 年，东部地区纺织业和纺织服装、服饰业从产值和用工人数两方面计
算的产业转移相对规模系数均为负值；中部地区纺织业转入相对规模系数为
0.24 和 0.07，纺织服装、服饰业的转入相对规模系数达到 0.34 和 0.26。河
南、江西、湖南、四川等中西部省份是纺织服装产业转入大省，显示出不错
的产业增长势能。西部地区承接纺织服装产业转入相对规模较小。从学理角
度分析，纺织服装产品具有体积大、运输不便等特征，纺织服装业的布局不
仅要考虑地方劳动力资源水平，也要接近消费市场。西部地区地处偏远，市
场容量较小，远距离运输产品压力更大，不具备承接纺织服装业转移的绝对
优势。因此，中部地区显示出对纺织服装产业转移更大的吸引力。

（2）消费电子行业产业主要向中部、西部地区转移

消费电子行业产业呈现由东部向中西部地区转移的趋势。从手机产量来看，东部地区产业转移相对规模系数为-0.68，从计算机、通信和其他电子设备制造业的产值及用工人数情况来看，东部地区产业转移相对规模系数为-0.32和-0.23。中部地区和西部地区承接消费电子产业转移效果明显，无论从手机产量还是计算机、通信和其他电子设备制造业的产值及用工人数来看，都存在明显转入。

近年来，以四川、重庆、安徽、湖北等为代表的中西部地区电子信息产业异军突起。四川已形成电子信息先进制造、软件、数字新媒体等产业集群；重庆市以电脑生产带动电子信息产业发展，已成为全球重要的笔记本电脑制造基地和手机制造基地，目前成渝电子信息产业规模已突破2万亿元，约占全国的14%①，成渝电子信息产业集群也被列入工信部先进制造业集群；安徽合肥、湖北武汉等中部省份加大资源配套力度，吸引新型电子元器件、集成电路、智能家居等电子信息高端产业落地，产业优势不断提升。

（3）东北地区承接产业转移效果甚微

东北地区承接产业转移发展缓慢，转出产业数量日渐增多。从纺织服装和消费电子行业的产业转移相对规模系数来看，东北地区基本呈负值，虽然转出规模不大，但表明东北地区产业发展增速缓慢。我国出台相关政策文件，积极推进东北地区承接产业转移，但效果并不显著。2022年，东北地区生产总值57946亿元，占全国比重为4.8%，增速为1.3%②。对比全国经济平均增速，东北地区增速低于平均水平，且占全国经济总量的比重不断下降。人才流失、老龄化与产业结构转型受阻等问题仍严重制约其发展进程。

（二）国际产业链供应链转移与布局

中国向国外产业链供应链转移与布局受到多方因素的影响，各国不断寻

---

① 成都市发展和改革委员会：《成渝电子信息产业规模超两万亿元》，http：//cddrc. chengdu. gov. cn/cdfgw/fzggdt/2023-08/17/content_ 40aaf286bd6c434ea06e4b9c47dc5002. shtml。

② 国家统计局：《中华人民共和国2022年国民经济和社会发展统计公报》，2023年2月28日。

求多元化布局产业链供应链，欧美国家更是采取加征关税、引导产业回流、限制资本流动等手段强行"去中国化"，我国产业链外迁趋势明显。

1. 地缘政治冲突加剧，产业链加速向东南亚国家转移

近年来，伴随俄乌冲突爆发与大国博弈加剧，地缘政治冲突愈演愈烈。越南是产业链转移的主要目的地之一。越南与中美双方均保持着总体友好的外交关系，既是"一带一路"倡议的重要节点国家，也是美国实施"印太战略"的辅助性支点，中国将部分产业链向越南转移，能够有效避免直接出口美国的高关税，同时享受到更低的要素成本、优惠的外资政策。据国家统计局数据，2015年以后，中国服装产量呈不断下降趋势，仅2021年出现小幅回升。OECD数据显示，2020年，越南纺织、服装相关产品产值达到715亿美元，较2010年增长两倍以上，增速远高于中国及欧美等国家[1]。2022年，越南手机及零件、电脑电子产品、机械设备、纺织服装和鞋类出口额均超过100亿美元，合计占越南出口总额的50%以上[2]，印有"Made in Vietnam"标识的产品已经越来越多地流向全球市场。

在向东南亚地区的产业转移过程中，通常只是产业链内某单一环节或工序转移到其他目的地，而中间品投入上仍具有中国黏性。大多数国家承接产业生产所需的原材料、零部件仍依赖我国，需从我国大量进口中间品经过再加工最终出口到消费市场，承接产业主要集中在附加值较低的加工组装环节。从具体数据来看，在2010年、2015年、2020年三年中，东南亚各国自中国进口的中间品份额呈显著上升趋势，且占各国进口中间品总额的比重普遍较高，出口中的中国份额也较高，如越南和缅甸在2020年分别有高达31.23%和29.39%的中间品进口来自中国，向中国出口占其出口总额的比重也高达24.66%和26.16%。在中美贸易摩擦和新冠疫情的影响下，产业链供应链的转移趋势没有改变，国内越来越多的终端生产环节正向东南亚地区转移，东南亚已成为我国产业链转移和参与下游跨国生产布局的重要组成部分。

---

① OECD数据库，https://stats.oecd.org/。

② 越南工商部，https://zh.vietnamplus.vn/。

**2. 市场壁垒高筑，电子设备制造产业链向印度转移**

随着我国智能手机市场逐渐饱和，智能手机消费增速减缓，手机设备制造商正在寻求向外布局其生产基地，以通过产业链转移拓宽新的消费市场。根据国家统计局数据，2022 年中国移动通信手机产量为 15.6 亿台，较 2017 年 18.9 亿台的高点不断回落，表明我国手机产业规模降低，存在向外转移的情况。印度消费市场巨大，对我国智能手机产业链转移具有强大吸引力。印度政府从 2014 年以来，先后提出了"印度制造"政策、"印度制造 1.0"计划、"印度制造 2.0"计划和"自给印度"倡议，推动本国制造业快速发展。在此背景下，印度以提升进口关税为手段，实施"有条件的市场开放"，迫使意愿以印度为出口市场的国家将上游产业链转移至印度，从而实现相关产品的国产化。

为降低关税壁垒，我国小米、OPPO、vivo 等主要手机公司逐步向印度转移。据 Canalys 数据，2022 年小米、OPPO、vivo 三大中国手机厂商在印度出货量约占全球总出货量的 1/5，居世界第二位。苹果、三星等手机供应商也加快在印度生产布局，之前印度只能生产苹果公司 iPhoneSE、iPhone6S 等老旧机型，但从 2020 年起，iPhone11 到 iPhone14 的部分产能转移到印度，缩短了印度生产新款 iPhone 的滞后时间，充分反映出手机制造产业链向印度转移的趋势。Counterpoint Research 数据显示，2014～2022 年印度制造的手机产量累计突破 20 亿台，年复合增长率达到 23%[1]，几乎全部实现本国自给的同时，也对他国出口形成替代。2021 年，全球手机产量中，中国占比为 67%，印度、越南分列第二、三位，占比达到 16% 和 10%[2]，印度成为全球第二大手机生产国。

**3. 欧美实施"再工业化"战略，推动本国制造业回流**

当前，世界正经历百年未有之大变局，大国博弈加剧，发达国家和跨国公司积极推动全球产业链供应链布局重构。在地缘政治紧张叠加疫情的冲击

---

① 芯智讯：《印度制造的手机累计产量已突破 20 亿部，自给率已超过 98%》，2023 年 8 月 15 日。
② Counterpoint：《2021 年全球手机产量中国占 67%，印度、越南分列二三位》，2022 年 9 月 15 日。

下，全球产业链供应链面临"断链"风险，动摇了单纯从成本角度考虑全球产业分工布局的根基，各国开始从安全平稳角度重新审视其供应链，加速了全球产业链供应链区域化、多元化、近岸化的进程。

欧美等发达国家围绕促进制造业回归本土与实现在第三方国家生产两个方向重构产业链。受疫情影响，美国已开始着手将部分关键医药、基础制造业的产业链回迁。然而，受限于高劳动力成本等比较劣势，制造业大量回流本土绝非易事，回流政策效果并不显著，寻求在第三方国家生产则是更普遍的模式。美国政府2020年提出"重返美洲"倡议，实施"近岸外包"，将部分制造业转向墨西哥和其他拉美国家；欧洲部分产业向匈牙利、捷克转移；韩国、日本将东南亚和印度作为制造业再投资地。

外商直接投资也是参与国际产业链转移的重要方式。根据国家统计局数据，不同国家（地区）对中国直接投资额年均增速差异明显。亚洲是对我国直接投资的主要来源地，2021年亚洲对我国外商直接投资流量达1536.45亿美元，同比增长23.88%，在深化经贸合作上具有强劲动能和巨大潜力。以美国为首的发达国家近年来对中国直接投资规模呈现波动趋势，如美国2019~2021年年均对华投资降低4.16%，德国、法国、荷兰、韩国等发达国家对华直接投资增速下降明显。

## 三 优化产业链供应链转移与布局的建议

### （一）充分发挥地区优势，有序推进国内产业梯度转移

一是要把握不同地区优势与发展条件，在明确国家区域战略部署的前提下，差异化推进产业转移，促进地区特色化发展。二是优化营商环境，促进各类所有制企业依法平等使用生产要素、公平参与市场竞争，更大力度实施减税降费，加大财政转移支付力度。三是以节点城市为枢纽建设完善基础设施互联互通网络，引导投资投向交通、机场、物流中转基地建设等领域，提高通达度流畅性，未来尤其要加强新型基础设施建设，及时响应和匹配不同

场景需求，进一步打破信息孤岛，降低企业成本。四是促进全产业链引进培育，推动先进制造业集群、创新型产业集群建设，加强上下游产业衔接，保障产业链供应链稳定畅通。五是加强中西部地区人才成长激励，改善制造业工作环境，吸引企业留住人才。

### （二）提升我国产业链供应链转移的自主可控性

面对美、欧、日等国家和地区技术封锁、产业链脱钩和供应链阻断，我国要做好长期博弈的准备，加快打造自主、安全、稳定的产业链，提升产业链转移布局的自主可控性。要掌握自身在国际产业转移过程中的主动权，减少"被动转移"，大力推动芯片、关键材料等核心技术自主创新，减少对国外依赖，形成不可替代的产业链体系。对于涉及关键环节或核心零部件的产业应加大"保链"力度，引导其留在国内；对于产业链薄弱环节，要大力开展核心技术攻关，解决一批"卡脖子"难题，补齐关键环节"短板"；在锻造"长板"方面，要实施好产业基础再造工程，筑牢基础零部件、基础工艺、基础材料等产业基础。中国产业链外迁不可避免，但供应链可控是应对中国产业链外迁的重要策略。只有保持在关键环节上的控制力，在面对产业链外迁时才具备有竞争力与韧性的供应链体系。

### （三）持续优化营商环境，提升对高端要素的吸引力和集聚力

首先，要完善健全市场规则和法律法规，营造公平、规范、透明的营商环境，通过放宽新领域市场准入、减税降费、给予项目规划用地、强化金融支持、促进投资便利化等政策措施持续优化营商环境，降低各种隐性和显性成本，吸引、留住优质外资，提高承接产业转移的质量，从高质量外商投资获得技术溢出效应，帮助国内产业实现结构升级。其次，硬件互联互通是吸引外商直接投资的重要前提，要建立完整高端的科技体系，推进数字化新型基础设施建设，加强与国际产业标准、规则对接。此外，随着全球产业知识密集度上升和自动化技术的普及，产业链完整程度成为产业链转移的重要考量，我国要增强自身供应链能力，打造过硬的产品质量

和劳动力素质，夯实完整的工业体系和产品网络，形成难以替代的新型比较优势。

### （四）坚持高水平对外开放，以产业转移促进优势互补

在国际产业链重构的新形势下，更要积极融入全球市场，坚持高水平对外开放，把握优势互补、共同发展的新契机。要落实《鼓励外商投资产业目录》，推动自贸区、经济技术开发区、跨境经济合作区等对外开放平台高质量发展，积极承接外资转移。深化与共建"一带一路"国家在5G、互联网、电子商务等数字经济领域的合作，促进新型基础设施互联互通，创造经济发展新空间。关注和发掘产业链向东南亚转移过程中的机会，通过FDI、贸易、移民、业务出海、海外创业等多个维度，积极参与到东南亚经济增长的过程中，推动优势互补。在与发达国家合作过程中，聚焦一流人才、一流大学和研究机构等领域，将中国中高端的生产线和装备与发达国家的先进技术和核心装备结合，开拓合作共赢新局面。

**参考文献**

孙晓华、郭旭、王昀：《产业转移、要素集聚与地区经济发展》，《管理世界》2018年第 5 期。

唐宜红、张鹏杨：《提升对外迁产业供应链的可控力——中国制造业产业链外迁问题研究》，《开放导报》2022 年第 4 期。

Zhao X., Yin H., "Industrial Relocation and Energy Consumption：Evidence from China," *Energy Policy*, 2011, 39（5）：2944-2956.

FDI Markets, The fDi Report 2023. May 16, 2023. https：//www.fdiinsights.com/fdi/report2023.

# 产 业 链 篇
Industry Chain Reports

# B.13
# 粮食产业链供应链韧性
# 与安全水平研究

伍业君[*]

**摘　要：** 我国以稻谷、小麦、玉米、大豆为主粮，本文分析了中国粮食产业
链供应链韧性与安全水平。从出口看，美国四大主粮均有显著优势，
中国四大主粮未见优势。从进口看，中国是世界上主要的粮食进口
国、最大的大豆进口国。从国内生产看，中国稻谷基本能自给自足，
玉米、小麦能实现紧供需平衡，大豆严重供给不足。中国在全球粮
食产业链的参与度高，但附加值低，因而处于产业链中低端。从粮
食产业链供应链韧性和安全水平看，中国四大主粮的风险主要集中
于大豆，大豆外部依存度过高，且进口来源国集中风险，抵抗能力
弱，恢复能力较弱，中国对大豆产业链供应链控制力弱，根本原因
在于育种效率不高、创新能力弱。针对中国粮食产业链供应链存在
的问题，本文提出了进一步提升韧性和安全水平的建议。

---

\* 伍业君，经济学博士，铁道党校副教授，主要研究方向为产业经济与公共政策。

**关键词：** 粮食　产业链韧性　创新能力

# 一　全球及中国粮食生产及供需格局分析

本部分主要以全球农业发达国家中以粮食为主要农产品的国家作为研究对象，同时，选取部分发展中大国，如印度等，比较分析全球主粮生产情况及供需格局。

## （一）全球主粮生产及供需格局分析

### 1. 四大主粮国际市场供给格局分析

出口量能在一定程度上反映一个国家的生产状况。通常，一个国家的产品满足国内需求后有盈余才往国外出口。一方面，出口反映一国某产品的生产能力较强；另一方面，出口量大说明一个国家出口产品的竞争力较强，只有这样才能在国际市场上与他国产品竞争，并占据一定份额。这里以一国出口某种主粮数量占世界该种粮食总出口量的比重，即出口份额①为指标进行分析。

从四大主粮的出口种类看，除美国出口四种主粮均优势明显外，其他发达国家均只在部分主粮上存在优势。澳大利亚、法国、德国、加拿大、美国的农业排名世界前十位。作为农业强国，各国优势各异。澳大利亚优势主要在小麦，出口份额多数年份超过 10%，其他三种主粮均有少量出口，但出口份额不高，均不到 0.1%（除稻谷极少数年份外）。澳大利亚出口结构和数量均较稳定，主要表现为，出口结构上优势产品始终为小麦；出口数量上，各产品的出口占世界的份额 20 年来在小幅波动中基本保持稳定。法国在小麦出口上优势明显，其次是玉米。从变化趋势上看，法国的出口结构虽

---

①　这里的种类仅指稻谷、玉米、小麦、大豆四类本身，不包括以其为原料进行加工的产业链上直接相关产品。出口量使用出口数量，即不含价格因素的重量（吨）衡量。

未发生明显变动，但优势产业出口数量下降，存在优势下降的趋势。德国的出口结构也相对稳定，出口数量略有下降。德国主要出口小麦，出口份额波动中略有下降，出口数量下降明显的是玉米，下降45.851%。加拿大出口呈现优势产业优势变弱、出口结构总体优化的趋势。加拿大优势产业为小麦，2001~2021年，出口虽一直维持在10%以上，但出口份额出现一定程度下降。从2001年的15.528%下降至2021年的10.874%，降幅29.972%。从出口结构看，除优势产业小麦以外，玉米和大豆出口份额呈明显上升态势，尤其是大豆，从2001年的1.041%上升至2021年的2.794%，上升幅度达168.684%，有望成为加拿大第二优势主粮。玉米则从2001年的0.178%上升至2021年的0.861%。美国是唯一四大主粮均优势明显的国家，但呈现出口结构稳定、出口数量下降的趋势。从结构上看，美国四种主粮出口份额均超过10%，2021年，出口份额超过30%的仍有三种，玉米、稻谷和大豆分别达35.722%、50.530%和32.907%。出口份额最低的小麦也达到12.120%。从数量上看，美国各种主粮的出口份额都呈下降态势。

从发展中国家看，巴西、阿根廷粮食产业竞争优势强。巴西主粮中，玉米、稻谷、大豆在国际上均很有竞争优势，其中，大豆优势尤其明显，出口占到世界出口总额一半以上。四种主粮的出口份额总体上均呈增长态势。巴西粮食产业呈现出口结构优化和数量稳增的特征。从出口结构上看，2001年，巴西的绝对优势粮食产业是大豆，其次是玉米。2001年，巴西大豆出口占到世界大豆总出口的1/4以上，为27.520%。玉米出口占世界玉米出口的比重也超过5%，达到6.716%。从2011年开始，在大豆和玉米优势产业基础上，稻谷成为巴西第三大出口主粮，出口份额近十年也稳定在5%以上，2021年达到7.871%。小麦虽然出口份额未显出绝对优势，但数量上也呈现增长态势。从数量上看，巴西四种主粮的出口份额都有增加。阿根廷也稳定出口玉米、大豆和小麦三种主粮，但从出口数量上看，除玉米出口份额较稳定增长外，其他三种主粮出口量均有下降。俄罗斯主要出口小麦，且增长态势良好，从2001年的不到1.5%上升至2021年的13.812%。印度和乌克兰主粮出口结构优化、数量稳定增长。从出口结构看，虽然印度出口中仍

116

只有两种主粮占优势，但稻谷出口在 2021 年出现剧增，从 2001 年的 2.900%上升至 23.167%，占到世界稻谷出口总量近 1/4，优势凸显。从数量上看，印度稻谷、玉米、小麦和大豆出口均有增加，其中稻谷出口最多、增长最快。大豆增速虽慢，但也呈现稳定增长趋势。从出口结构看，乌克兰 2001 年主要出口小麦，但之后玉米反超小麦出口份额，成为出口主粮之一。从出口数量上看，乌克兰这两种主粮出口份额均稳定上升。玉米从 2001 年的不到 0.5%上升至 2021 年的 12.515%；小麦则从 2001 年的 2.508%上升至 2021 年的 9.789%。中国，作为发展中人口大国，主粮出口上未见明显优势。中国 2001 年时玉米出口份额超过 5%，2006 年降至 5%以下，之后四大主粮均少有出口，占比不到 1%。

综上分析，国际市场上主粮出口呈现如下特征。从国别上看，美国是四种主粮均竞争优势明显的唯一国家，大量出口稻谷、玉米、大豆和小麦，其中稻谷优势尤其明显，出口份额超过 50%，玉米和大豆出口份额也均在 30%以上。出口三种主粮的国家是巴西和阿根廷，巴西主要出口玉米、稻谷、大豆，以大豆为主要优势产品，大豆出口份额达一半以上；阿根廷主要出口玉米、大豆和小麦，以玉米为主要优势产品，出口份额约 1/5。加拿大、法国和乌克兰出口两种主粮，加拿大主要出口小麦、大豆；法国和乌克兰主要出口小麦、玉米。澳大利亚和德国以出口小麦为主。印度主要出口稻谷和小麦，出口结构变动较大，数量波幅也较大。中国主粮出口在国际上未见优势，四种主粮出口份额均很低。

2. 四大主粮国际市场上需求格局分析

从进口看，中国是世界上最大的粮食进口国，中国主要从国际市场上进口玉米、大豆和小麦。其中，大豆进口份额最高，而且呈增长态势，大豆进口从 2001 年的 28.625%上升至 2021 年的 60.678%，增幅接近 120%。尤其是 2011 年之后，中国大豆的进口份额持续保持在 60%以上，是世界大豆的主要进口国。中国玉米进口份额也呈增长态势，从 2001 年的 6.487%增长到 2021 年的 16.409%，增加了近 10 个百分点，增长幅度达 150%以上。小麦进口也呈增长态势，2016 年以后增长幅度很快。2011 年之前，小麦进口份

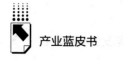

额保持在2%以下的水平，但之后十年增幅较大，2021年，小麦进口份额超过5%，达到5.466%。墨西哥也是世界上主粮进口份额较高的国家，四种主粮都有进口，进口稻谷的份额最高，但进口数量呈下降态势。进口稻谷的份额从2001年的35.875%降到2021年的23.318%，进口玉米的份额较高，在四种主粮中排第二位，且进口数量总体呈增长态势，从2001年的7.532%增长到2021年的8.728%。进口大豆和小麦份额低，而且份额总体呈下降态势。日本也是世界上的农业进口大国，从主粮上看，日本主要进口玉米、大豆和小麦。日本进口玉米的份额最高，但进口数量呈现急剧下降趋势。从2001年的19.790%下降到2021年的7.646%。大豆和小麦虽历年来保持进口，但进口份额均逐渐降低。印度尼西亚进口小麦和大豆，但进口份额不高，仅小麦进口份额近年来超过5%。大豆的进口份额较稳定，基本维持在1.5%～2%。

总体来看，中国、墨西哥和日本是世界上主粮的主要进口国，但只有墨西哥是四种主粮均需进口的国家，其他国家均只进口部分种类的主粮。中国是世界上最大的大豆进口国。墨西哥是世界上主要的稻谷进口国。

### （二）中国粮食生产及供需格局分析

从中国粮食生产的情况看，四种主粮除大豆外，其余三种主粮的产量从2001年到2021年均保持增长态势。具体看，玉米产量从2001年的11425.613万吨增加到2021年的27298.079万吨，增长了1.389倍。尽管如此，玉米产量的增加并不能满足日益增长的对玉米的需求。从中国玉米的进出口看，2016年之前，中国玉米进口占产量的比重是逐年下降的，但是2021年数据显示，进口占产量的份额显著增加，由2016年的2.806%增加至2021年的11.981%。从出口占产量的比重看，出口份额也相应持续降低，从2001年的5.269%下降到2021年的0.002%。稻谷的产量也呈增加态势，同时，从2011年到2021年十年间，稻谷的产量稳定有增，在持续稳定增加的产量支撑下，中国稻谷的进口份额并不高，从进出口占产量的份额看，中国的稻谷能自给自足。大豆产量在四种主粮中最低，产量从未超过2000万吨。然后，随着经济的发展和人民群众对蛋白质消费需求的增加，大豆消费需求急剧增加，国内生产完全不能满足需求，因此，进口份额也急剧增加。2001 年，国内大豆能满足国内接近一半的需求，但 2021 年，国内产量严重不能满足需求，进口量达到国内大豆产量的 6 倍有余。中国小麦产量也有增加，但 2016~2021 年增幅较小，导致小麦略显供不应求，2021 年进口比重占到生产量的 8.023%，较 2001 年进口比重显著增加。

总体来看，中国是粮食净进口国，主粮出口极少。大豆供给严重不足，大量依靠进口；其次是玉米和小麦，2021 年进口占产量份额约为 10%。稻谷基本能自给自足。

## （三）中国在全球粮食产业链供应链格局中位势分析

进出口产品中中间产品的投入份额越高，意味着产业链价值链的融入程度越高。[①] 这里使用总进口中的中间投入份额、总出口中的中间产品份额、出口产品中国内增加值份额、出口产品中外国增加值份额 4 个指标分析中国在全球粮食价值链中的位置[②]。总进口中的中间投入份额衡量了中国进口产品中中间投入所占份额，中国这一比例高于世界平均水平，意味着中国进口产品附加值较高。值得一提的是，中国这一指标总体呈下降趋势，可能意味着中国自身产品供给质量提升，进而替代了部分高附加值的进口粮食。截至2021 年，中国总进口中的中间投入份额为 27.5%，低于亚洲平均水平（31.2%），略高于世界平均水平（26.2%）。总出口中的中间产品份额，中国这一指标呈现稳定上升态势，表明中国融入价值链的程度在不断提高，从2001 年的 8.2%上升到 2021 年的 13.9%，但该指标仍明显低于美国和世界平均水平，更是远低于亚洲平均水平。中国出口产品中国内增加值份额略有增加，但增加幅度缓慢，中国该指标持续保持在美国的一半左右，略低于亚洲平均水平，与世界平均水平相比差距较大。中国出口产品中外国增加值份

---

① https://iap.unido.org/data/global-value-chains? p=CHN&s=USA&i=15.

② 由于缺乏细分具体粮食种类产业链价值链数据，这里以粮食产业价值链数据作为参考。

额在 2001~2011 年增加，从 7.9% 增加到 11.3%，但之后有所下降，2018 年该指标为 10.3%。中国该指标与美国相比略低，但远低于亚洲和世界平均水平，约为世界平均水平的一半左右。

从价值链数据看，中国粮食产业融入产业链程度较深，但价值创造能力有待提升。主要表现为，总进口中的中间投入份额最高，即产业链融入程度深。出口产品中外国增加值份额与美国接近，但出口产品中国内增加值份额较低，仅为美国的一半，而且低于亚洲平均水平，说明价值链上价值创造能力仍待提升。总体来看，中国粮食产业位于产业链的中低端水平。

## 二 中国粮食产业链供应链韧性和安全总体评估

自产业链供应链韧性和安全成为国际关注的热点问题以来，这方面的研究大量涌现①，现有关于产业链供应链韧性和安全的评估也存在多种方法。本文主要从抵抗能力、恢复能力、控制能力、创新能力等方面评估中国粮食产业链供应链安全。

### （一）中国粮食产业链供应链抵抗能力

抵抗能力在这里主要指如果面临某种情形或者某种粮食的进口中断冲击，中国粮食供给是否能满足国内需求。从世界主粮的进出口状况和中国的粮食产量情况看，在不考虑中国粮食储存量的情况下，稻谷也基本能保持国内供需平衡。

玉米和小麦虽有进口，但进口占世界份额及国内产量的比重均在可控范围内，风险隐患较低，抵抗能力较强。中国玉米进口虽然在 2021 年达到世界进口总额的 16.409%，但这可能与国内玉米 2010 年价格低有关，较低收

---

① 张其仔、许明：《中国参与全球价值链与创新链、产业链的协同升级》，《改革》2020 年第 6 期；王大庆、张宝生等：《关于北大荒集团推动粮食产业链、供应链、创新链、价值链 "四链融合"的研究》，《农场经济管理》2022 年第 2 期；张其仔：《产业链供应链现代化新进展、新挑战、新路径》，《山东大学学报》（哲学社会科学版）2022 年第 1 期。

购价导致播种面积减少。2021 年玉米产量仅略高于 2016 年水平，增长幅度和态势显然弱于 2001~2016 年的水平。但从 2001~2016 年的进口份额可以做出判断，中国玉米进口份额维持在 5% 左右，这是一个相对较低的水平。另外，从国内生产和进口份额看，进口占国内产量份额 2021 年为 11.981%，总体看，玉米进口比重在安全可控范围内。从出口来源国看，以玉米为主要出口粮食的国家相对较多，美国虽然为世界上玉米出口份额最高的国家，但其出口份额在逐步下降。除美国之外，巴西、乌克兰、阿根廷、法国等国家都有玉米出口。因此，中国玉米进口对某个国家的依赖程度并不高。小麦进口份额 2021 年也有一定提升，但是总量占比不大，比例为 5.466%，小麦进口占到国内产量的 8.023%，比例低于玉米。从出口来源国看，小麦的供给国多且分散，面临的供给方断供威胁相对也很低。因此，从中国国内产量、进口比重看，进口份额不高；从进口目的看，进口主要用于品种余缺调剂①，并非用于口粮等刚需；从进口来源看，玉米和小麦的出口国较多，综合判断，中国玉米和小麦的供应链风险可控。

中国大豆供给严重不足，存在一定的外部依存度过高和进口来源国集中风险，抵抗能力弱。从外部依赖度看，中国大豆进口份额一直在四大主粮中最高，而且在世界主要粮食进口国中份额也最高。2021 年高达 60.678%。这意味中国进口了世界大豆出口总额的一半以上，进口总量很高。从国内供给层面看，中国大豆进口占国内产量的比重维持增长态势，2021 年中国大豆进口数量为国内大豆产量的 6 倍有余，国内供给严重不足。从需求层面看，随着消费升级及国内人口数量的变化，国民对粮食的需求会发生结构性变化，对其他三类主粮的消费需求量会稳中趋降，而对大豆等高蛋白食物的消费需求会上升。这会进一步加剧供需矛盾。从世界大豆出口情况数据看，大豆主要出口国是巴西、美国、阿根廷，阿根廷虽有出口，但其大豆出口份额近年来降幅较大，这导致大豆出口国主要仅有美国和巴西两个国家。这加

---

① 中共国家粮食和物资储备局党组：《积极应对疫情影响　扛稳国家粮食安全重任》，《求是》2020 年第 12 期。

剧了中国面临的大豆断供风险。

总体来看，中国四大主粮中，稻谷基本能实现自给自足，产业链供应链风险抵抗力强；玉米和小麦安全可控，抵抗力较强；但大豆产业链供应链断链风险大，而且几乎没有抗压能力。

### （二）中国粮食产业链供应链恢复能力

恢复能力主要指遇到供应链冲击后恢复常态所表现出来的能力。这里主要从供需、库存、流通、应急四个方面进行评估。

从供需看，对中国这样的人口大国而言，粮食安全关键在生产。近年来，中国农业发展总体面向好，农业基础设施等各方面投入增加，助力粮食综合生产能力不断增强，稻谷、小麦、玉米基本自给；稻谷、小麦、玉米、大豆口粮安全的目标能得到保障，总体供需平衡矛盾不大，但饲用大豆的供给能力严重不足，基本依靠进口。

从库存看，中国粮食仓储基础设施规模和功能均有提升，仓储能力显著增强，在世界上处于总体较为先进的水平。中国粮食库存消费比远高于联合国粮农组织提出的安全警戒线水平，稻谷、小麦均能满足 1 年以上消费需求。中央储备、地方性储备和政策性库存保持合理安全稳定水平。中央储备规模稳定；地方性储备实现"产区保持 3 个月、销区保持 6 个月、产销平衡区保持 4 个半月"；稻谷、小麦和玉米政策性库存数量较为可观，可以应对暂时性供应链风险。

从流通看，随着中国流通业和农业的发展，以"粮头食尾"和"农头工尾"为抓手，中国正在积极构建"产购储加销"的现代化粮食产业体系，四大主粮年加工能力有显著提升，全国粮食商流、物流主体达到 500 多家，建成大批综合性粮食物流园区，搭建了国家粮食交易平台，粮食期货交易品种覆盖四大主粮品种，粮食流通效率不断提高。在供给充足的前提下，国内粮食流通不存在严重制约。

从应急看，随着处理公共突发事件的经验积累，中国已经建立起符合国情的软硬件粮食应急保障制度体系。软件制度保障层面，建立了粮食安全省长负责制、中央储备粮管理和中央事权粮食政策执行情况考核制度。硬件基础设施层面，建立了包括国家级粮食市场信息直报点、地方粮食市场信息监测点、粮食应急加工企业、粮食应急供应网点、应急配送中心、应急储运企业等，覆盖监测、应急加工、储运等全链条的完备基础设施体系。

综合以上方面，稻谷、玉米和小麦三种主粮应对供应链冲击的恢复能力较强。大豆主要受国内生产端制约，面临供给端断供压力较大，恢复能力较弱。

## （三）中国粮食产业链供应链控制能力

控制能力指的是对产业链供应链的风险和价值的把控能力。从供应链上的风险看，中国粮食供应链风险主要集中在进口份额高的大豆上。目前，世界大豆价格是供需、国家间经济金融发展水平和大型跨国粮商等共同作用的结果。全球最大的大豆买家中国和全球最大的卖家巴西都没有定价权，而美国，作为第二大大豆生产和出口国，坐拥全球最发达的金融系统，拥有全球四大粮商中的三家，为操纵全球大豆价格，收割全球财富[1]，可以控制期货甚至现货供给，影响供应链安全，中国对此几乎毫无控制能力。

从中国粮食产业链上价值创造的控制能力看，中国粮食进口中中间投入份额虽然呈下降态势，但是无论与美国比较，还是与亚洲或者世界平均水平比较，中国进口中间投入份额占比均很高。这说明，进入中国的中间产品多（参与中间环节多），或者中间品的价值高，这侧面反映了中国进口的是附加值高的中间品。中国粮食产业出口产品中外国增加值份额并不高，该指标反映出国外中间品进入中国后进行再加工的比例也较低。以上这些指标说明，中国粮食产业链价值链的附加值并不高，也就是对产业链上价值的控制能力并不强。总体看，除大豆外，其他三种主粮价值链控制能力较强。

综上，中国四大主粮中，稻谷、玉米和小麦产业链供应链的控制能力较强，瓶颈主要体现在大豆进口上，对大豆产业链供应链控制能力弱。

---

[1] 参考 http://chinawto.mofcom.gov.cn/article/ap/p/202208/20220803340035.shtml 和 Murphy and Burch et al.（2012）Cereal Secrets-The World's Largest Grain Trades and Global，Oxfam Research Reports。

### （四）中国粮食产业链供应链创新能力

中国进入高质量发展阶段，高质量发展是以创新为第一驱动力的发展，要建设社会主义现代化强国，不能没有现代化农业，因此，创新能力是高质量发展的驱动力和体现，增强创新能力是农业强国建设的必由之路。

种子是农业之"芯片"，这里主要从种业看粮食产业创新能力。从四大主粮种业的发展看，中国稻谷有独特技术优势，水稻、小麦等大宗作物，100%为我国自主选育品种。外资通过合资方式首先进入玉米种子市场，但市场份额并不高①。最令人担忧的依旧是大豆种业的发展。近年来，在国家高度重视下，随着现代种业工程实施，生物育种能力获得极大提升，种子企业竞争力显著提升，并逐步成为育种创新的主体，有效克服农业科研院所不具备开发资质和能力的制约，极大地提升了种业产业化发展能力。然而，与国际先进水平相比，还存在较大差距。尤其是大豆，在分子标记辅助选择、转基因、基因编辑、全基因组选择、智能设计育种等现代先进育种技术方面，原始创新能力明显不足，育种效率和精准度不高②。跨国种子企业培育出转基因大豆品种已经进入第三代，至少集合了2~3个目标基因，而我国目前基本上培育的是单个基因的转基因大豆③。

因此，中国粮食产业创新能力虽有提升，但和发达国家相比，基因组学等现代育种技术等方面原始创新能力仍有很大差距。

## 三 提高中国粮食产业链供应链韧性和安全的政策举措

综上，我国粮食安全形势总体稳定，但仍需聚焦大豆产业仍处于弱势地

---

① 余莹：《跨国公司控制粮食产业链战略对我国的影响及对策》，《甘肃社会科学》2014年第6期。

② http://www.zzj.moa.gov.cn/mhsh/202105/t20210513_6367666.htm.

③ 韩天富、周新安、关荣霞、孙石、田世燕、王曙明、杨中路：《大豆种业的昨天、今天和明天》，《中国畜牧业》2021年第12期。

位这一主要矛盾，针对主粮供需存在的结构性问题，积极做好各方面应对挑战和冲击的战略储备。

## （一）加强粮食产储运销能力建设，提升抗压恢复能力

提升农业可持续发展能力，保主粮供应安全稳定。粮食安全，基础在生产，根本在耕地，命脉在水利。对于抵抗能力较强的三大主粮，首先，抓好高标准农田建设，提高灌溉用水效率，宣传贯彻落实土地休耕轮作制度，提升土壤质量、活力和环境保护水平①，保障三大主粮持续稳定供应。其次，针对流通过程中的低效率和浪费②现象，精准实施基础设施补短板工程，建设高质量从田间收获、仓储、中转、加工、配送到应急全链条高质量粮食物流体系，提高粮食流通效率。最后，针对消费环节的浪费，加大《中华人民共和国反食品浪费法》宣贯力度，促进节约资源理念入脑入心。

对抵抗力较弱的大豆，在主要依赖进口的态势暂时不可逆转的背景下，一方面，促进大豆期货市场国际化、规范化发展，提升中国在大豆国际市场上的定价能力和风险防范能力。另一方面，积极探索进口来源，分散进口来源国集中风险。借助"一带一路"倡议，在共建"一带一路"国家合作投资农业项目，拓展开发进口来源。如中国与坦桑尼亚签署向中国出口大豆的协议，该协议涉及在坦桑尼亚西南部城市姆贝亚建设大型农场，专门用于大豆和玉米生产。从长远看，做好大豆种子研发工作，提升大豆产量和出油率；针对不同地理环境研发对应的高产大豆品种，提高大豆播种意愿和产量。

## （二）健全粮食市场监管体系，强化产业链供应链控制能力

从四大主粮看，除大豆外，其他三大主粮产业链供应链绝大部分在国

---

① Cui, K., S. P. Shoemaker, "A Look at Food Security in China," *NPJ Science of Food*, 2018, 2 (1): 4-4.

② 据国家粮食和物资储备局数据，中国在粮食生产、加工和运输等环节每年损失量高达700亿斤以上。

内，控制力较强，对这三大类主粮，着力做好延链、强链工作，提升产业链附加值率。对缺乏控制能力的大豆而言，一方面，贯彻落实《中华人民共和国种子法》，把种业安全摆在国家安全的战略高度，保障种源自主可控。另一方面，加强外资准入、并购监管，建立负面清单制度，适度有序推进转基因放开。跨国种业已经进入"常规育种＋生物技术＋信息化"的育种 4.0 时代，但中国尚处于以杂交选育为主的 2.0 时代①，育种效率差距需要时间来赶超和跨越。这个过程需要政府之手，加强准入监管，在事关主粮种业安全领域把控好开放的节奏和尺度，为中国种业"破难题、补短板、控风险"争取一定时间和空间。

### （三）深化种业研发体制机制改革，提升创新能力和创新转化率

粮食安全，出路在科技。粮食产量受到种子、化肥、种植技术等多方因素影响，其中良种对粮食增产的贡献度超过 45%，② 从这一指标看，中国和发达国家还有很大差距。提升种业创新能力，第一，要重视研发投入。国际种业巨头研发投入比我国全部种企研发投入总和还要高 2 倍以上。③ 以中国种业龙头企业隆平高科为例，2021 年上半年，研发费用占总营收比重约 7%，达到 0.76 亿元。但同期，世界排名靠前的种业跨国公司科迪华，研发费用占总营收比重为 8%，高达 5.74 亿美元（合人民币 37.31 亿元）。④ 第二，打通院企人才流动壁垒，完善院校企深度合作机制，助推中国种业"育繁推一体化"发展。中国有数目众多的农业专业院校和科研院所，一方面，这些机构有专业科研人才、先进的育种技术和理论，研发能力强，但不具备开发资质和能力，另一方面，科研院所的事业单位性质，阻碍了人才的自由流动；同时，中国种子企业具备产业化推广资质，但研发能力相对院所较弱，各企业能力参差不齐，还存在"招不到人"等现象。因此，建立院

---

① https：//www. gov. cn/xinwen/2021－10/25/content_ 5644697. htm.

② https：//www. gov. cn/xinwen/2021－10/25/content_ 5644697. htm.

③ https：//www. gov. cn/xinwen/2021－10/25/content_ 5644697. htm.

④ https：//www. qianzhan. com/analyst/detail/220/220329－bad267a9. html.

所校企人才自由流动、深度合作的体制机制，实现资源优势互补、相互促进的"育繁推一体化"机制，促进创新能力提升和创新成果产业化。

### （四）加快培养"一懂三爱"的技能人才，保障粮食产业人力资源供给

国家之间的竞争，最终是人才的竞争。粮食产业链供应链安全，最终依靠人来实现。从中国式现代化进程看，随着城镇化发展，中国农村大量中青年劳动力外出务工，老人和儿童留守农村，随之而来的问题是，谁来生产粮食？尽管中国人口增长趋于平稳，人口不断老龄化，但仍需要一支受过教育的劳动力队伍，致力于农业产业的发展。因此，第一，加大对农业教育的支持力度，免收农业专业高等院校学费，大量培养"懂"农业的专业人才。第二，在乡村精神文明建设、传统文化传播方面，注重对农耕文化的梳理，在全面提升全民素质的同时，提高全民对农业的认同感。第三，全面推进乡村振兴战略，抓好美丽乡村建设，用宜居宜业的美好环境吸引一批乡贤和爱农业、有乡愁的人才回农村，助力农业发展。

# B.14
# 化石能源产业链供应链韧性
# 与安全水平研究*

赵　烁**

**摘　要：** 本文从抵抗能力、恢复能力、控制能力和创新能力4个方面分析了我国化石能源产业链供应链的韧性。综合来看，我国石油和天然气的产业链供应链抵抗能力相对薄弱；三大化石能源的恢复能力也存在隐患；控制能力逐步增强，但较高的对外依存度依然制约着产业链供应链的稳定发展；相比以上三点，我国化石能源产业链供应链的创新能力进步较大，但关键技术"卡脖子"现象依然存在。在此基础上，本文提出了进一步拓宽化石能源进口渠道、建立现代数智能源物流体系、提高能源的勘探开发力度以及高效利用能力、坚持自主能源技术的研发的建议。

**关键词：** 化石能源　产业供应链　韧性

---

\* 基金项目：国家社会科学基金一般项目"新型能源体系建设中的煤炭战略功能定位与测算"（编号为23BGL014）；中国社会科学院国家高端智库课题"产业链供应链韧性和安全水平评价体系构建和应用研究"（编号为［2023］CASS-36）；中国社会科学院工业经济研究所创新工程项目（研究类）"'十五五'国家能源发展战略研究"（编号为2023GJS01）。

\*\* 赵烁，中国社会科学院工业经济研究所助理研究员，清华大学应用经济学博士，主要研究方向为能源供应链、能源金融。

# 一 我国能源产业链供应链现状及关键环节分析①

## （一）石油产业链供应链

我国石油产业链供应链的上游原油生产主要集中在新疆、山西、四川、天津、黑龙江、广东、山东等省区市。近几年，围绕"老油田硬稳产、新油田快突破、海域快上产"的战略，我国大力提升了石油的勘探开发力度，原油生产也呈现持续增长态势。根据国家统计局统计，2022 年，中国原油产量 20400 万吨，同比增长 2.9%，自 2016 年以来首次回升至 20000 万吨以上。我国石油产业链供应链的上游原油进口主要来自沙特阿拉伯、俄罗斯、伊拉克、阿联酋、科威特等国家，其中我国自中东国家的原油进口占比达到总原油进口量的 50%，自沙特阿拉伯进口占比更是达到最高的 17.7%；2022 年，我国原油进口数量为 50828 万吨，同比下降 0.9%，但对外依存度依然达到 71.2%，加强石油国际合作依然是我国保障石油产业链供应链上游供应安全的重要途径。

我国石油产业链供应链的中游环节主要为石油的运输和储存加工。我国的海外进口石油主要通过中哈原油管道、中俄油气管道、中缅油气管道以及包括中东航线、非洲航线和南美航线三条主干航线在内的海上进口通道，进入国内后，会分别并入我国的西北地区原油管道、东北地区原油管道、华北和中部地区原油管道等管网系统，从而通过航运和陆运输送到全国各地。在石油的中游加工环节，目前我国已经建成唐山曹妃甸、大连长兴岛、江苏连云港、上海漕泾、浙江宁波、福建古雷以及广东惠州七大千万吨级以上的石油炼化基地。但受新冠疫情影响和石油产品出口配额减少等因素的影响，2022 年，我国原油加工量同比下降了 3.4%，自 2000 年以来首次出现下滑；主营综合炼油利润仅为 527.27 元/吨，同比下跌了 15%。

---

① 除做特殊说明外，该节相关数据均来自国家统计局官网 http：//www.stats.gov.cn/；海关总署官网 http：//www.customs.gov.cn/，及《中国能源统计年鉴》。

石油产业链条的下游环节主要是在电力系统、汽车制造业、服装等日常用品的利用。根据《中国能源大数据报告》，2022年，石油在我国能源消费结构中占比达到了17.9%；石油消费量约为71900万吨，石油炼化后的产品70%左右被用于交通运输业，约15%被用于工业原料生产。

## （二）天然气产业链供应链

我国天然气产业链供应链的上游生产主要集中在四川、新疆、陕西、内蒙古等地，其中以四川产量最高，其2022年产量占全国天然气总产量的25.62%，其次为新疆，占18.50%。2022年，我国天然气总产量达2201.1亿立方米，同比增长6.0%，连续6年增量超100亿立方米。而随着我国国内产供储销体系建设的逐步完善、勘探开发力度的不断提升，未来我国天然气产量依然会不断攀升。2022年，天然气进口量达1532亿立方米，同比下降8.8%，我国天然气的主要进口来源国为澳大利亚、卡塔尔、俄罗斯、土库曼斯坦和马来西亚5个国家，自这5个国家的天然气进口超过我国总天然气进口量的69%。2022年，我国共进口管道天然气584亿立方米，较2021年下降1.18%；但受中俄伙伴关系优势倾斜的影响，2022年我国自俄罗斯进口管道天然气的数量同比增长了49.04%；共进口液化天然气（LNG）948亿立方米，相比2021年下降了21.71%。2022年，天然气对外依存度为41.66%，较2021年降低3.34个百分点。

在中游运输环节，2022年我国长输天然气管道总里程达11.8万千米，新建长输管道里程3000千米以上。我国对外建有中俄油气管道线、中缅油气管道线以及连接东南亚地区的海上天然气管道运输线，对内建有西气东输一/二/三线路、陕京线、川气东送线、蒙西管道、神安线、天津LNG管道以及唐山LNG管道等主干线路，基本在全国范围内构建了完整的天然气运输网络。此外，我国目前已经建成盐城"绿能港"、吐哈油田温吉桑储气库群等大规模天然气储存基地，2022年已建成24座LNG接收站，新增储气能力约50亿立方米。

在下游消费环节，我国天然气消费量相对较为平稳。2022年，我国天然气消费总量 3663 亿立方米，同比下降 1.2%，在全国能源消费总量中占比约为 9.4%。从消费结构看，2022 年，城市燃气消费占比增至 33%；工业燃料、天然气发电、化工行业用气规模下降，占比分别为 42%、17% 和 8%。

## （三）煤炭产业链供应链

2022 年，我国原煤产量 45.6 亿吨，较上年增加 3.2 亿吨。各省区域生产量依次为山西（13.07 亿吨）、内蒙古（11.74 亿吨）、陕西（7.46 亿吨）和新疆（4.12 亿吨），亿吨级产煤省份达到 6 个。2022 年，我国进口煤炭 2.93 亿吨，同比下降 9.2%，自 2016 年以来首次出现同比下滑；但受国际形势影响，我国煤炭进口单价涨幅较大，从而使 2022 年煤炭进口总金额同比增长了 22.2%。从来源国看，2022 年，煤炭进口来源国主要为印度尼西亚、俄罗斯、蒙古国、加拿大和美国等国家，前五大来源国的进口集中度达到 92%，其中从印度尼西亚进口煤炭 16848 万吨，占进口总量的 57.50%；从俄罗斯进口煤炭 6806 万吨，占进口总量的 23.23%。从煤炭进口类型看，2022 年，我国进口动力煤数量 2.2 亿吨，占总进口量的 75.08%；进口炼焦煤 6383.84 万吨，占总进口量的 21.79%，两者总计占比达 96% 以上。

在中游运输环节，我国煤炭运输通道主要分为铁路、水路和公路，其中以铁路为主、水路为辅，公路作为省内运输主要通道，起到补充作用。国内目前已经形成了以铁路运输为主的西煤东运和以水运为主的北煤南运的格局，这其中以晋陕蒙煤炭外运铁路干线为铁路运输的主力军。2022 年，国内新增一条运输量过亿吨的能源运输铁路干线瓦日铁路正式投运，煤炭运输能力进一步得到提高。2022 年，我国煤炭总运输量达到 47.86 亿吨，其中铁路累计发运煤炭 27.90 亿吨，同比增长 8.1%，占总煤炭运输量的 58.30%。在铁路发运煤量中，我国电煤的发运总量达 21.8 亿吨，比上年增长 8.7%；主要港口内贸煤发运量约 7.3 亿吨，同比下降 1.8%。目前我国已经建成鄂尔多斯、榆林、宁东和准东四大煤炭化工基地，并有 14 个亿吨级以上的大型煤炭储存基地和 9 个超过千万千瓦级的煤电基地，形成了相对较为完备的煤炭供应体系。

在下游消费环节，2022 年，我国煤炭消费量为 42.8 万吨，占能源消费

总量的 56.2%，占比较 2021 年增长了约 3 个百分点。从下游需求来看，《中国能源统计年鉴》数据显示，火力发电在煤炭能源需求中仍然占据主导地位，其近 5 年的煤炭消费占比均为 50% 左右，其次为钢铁、供热、建材和化工行业，此五大行业的煤炭消费超过我国煤炭总消费量的 90%。

## 二　我国能源产业链供应链的韧性评估分析①

### （一）抵抗能力

2018～2022 年，我国石油、天然气和煤炭的自产规模始终呈现增加的态势。2022 年，石油、天然气和煤炭自产量分别突破 20000 万吨、2100 亿立方米和 450000 万吨。煤炭自产量占总消费量的比重基本维持在 95% 以上，基本可以实现自给自足；天然气自产量占总消费量的比重始终维持在 55% 以上，在 2022 年逼近 60%；相比之下，我国石油自产量占总消费量的比重在近几年呈现一个相对下滑的态势。与能源自产量相比，受新冠疫情的影响，我国三种主要化石能源的进口量在 2021 年或 2021 年后均出现小规模下滑，其中较为明显的是石油进口量在 2021 年同比下滑了 16.28%，天然气进口量在 2022 年同比下滑了 8.81%。2018～2022 年，我国三种化石能源的进口来源国数量始终处于一个较为稳定的状态，石油和煤炭进口来源国始终保持在 45 个左右，天然气进口来源国保持在 25 个左右；三种化石能源的前五大来源国进口集中度在近 5 年也出现了下滑的趋势。综合以上数据，从产业链供应链的抵抗能力来看，我国能源体系的进口多元化在逐步提高；但除煤炭外，我国石油和天然气的自产量与消费量仍有着较大的缺口，同时进口规模在近几年上升较为迟缓，这对我国能源产业链供应链的韧性仍是一个极大的挑战。

---

① 除做特殊说明外，该节相关数据均来自国家统计局官网 http://www.stats.gov.cn/，海关总署官网 http://www.customs.gov.cn/，及《中国能源统计年鉴》。

## （二）恢复能力

我国在能源领域有着较为稳定的运输渠道。借助于"一带一路"政策的实施，我国目前已经建成并投运了中哈原油管道、东西双线的中俄油气管道、中缅油气管道以及包括中东航线、非洲航线和南美航线在内的传统海上油气通道。其中，中哈原油管道和西线的中俄油气管道分别进入我国境内的新疆北部后直接与国内的西气东输工程相连，东线的中俄油气管道直接从黑龙江大庆市的林源末站并入大庆的油气运输系统，传统的海上油气通道则从中国南海并入国内的油气运输系统，中缅油气管道在帮助我国摆脱对马六甲海峡的依赖后直接与中国云南地区的油气系统相连。截至 2022 年，我国境内的石油管道总里程达到 6.1 万千米，天然气管道总里程达到 11.8 万千米。四大油气进口通道结合国内的油气运输网络从西北、东北、西南及海上四个方位保障了我国的油气安全。我国在煤炭领域基本可以实现自给自足，国内也已经建立起了四通八达的铁路——水路煤炭省间运输网络以及以公路为主的省内运输网络，主要包括"大秦线路""神朔黄线""侯月线""蒙华铁路"等重要运输线，以及秦皇岛港、黄骅港、曹妃甸港、京唐港、天津港、青岛港等重要枢纽站。"合纵连横"的煤炭运输网络成为我国能源安全的重要保障。2020 年后，受新冠疫情以及国际局势的影响，我国的能源进口规模出现了些许下降，同时我国的石油缺口在近几年始终保持在 5 亿吨以上，天然气缺口始终保持在 1200 亿立方米以上，煤炭缺口始终保持在 2 亿吨以上，这也就意味着我国能源产业链供应链的恢复能力仍然存在一定的隐患。

## （三）控制能力

我国在近几年无论与共建"一带一路"能源富产地还是与非"一带一路"能源富产地均建立了稳定的能源进口长效机制，如"中国-欧盟能源合作机制""中国-中亚能源合作机制""中国-中东欧能源合作机制""中国-非洲能源合作机制"等，目前已经与世界 90 多个国家和地区、30 多个能源

国际组织建立了双边和多变的合作协议，范围涵盖了中东、中亚、东欧、拉美、非洲、东南亚、俄罗斯、澳大利亚以及美国等全球主要能源富产地，合作机制也均为长效协议，如我国与中亚和俄罗斯的油气合作协议、与印度尼西亚的LNG（液化天然气）合作协议以及在2023年与美国新签署的LNG合作协议均达到了10年上，部分协议更是达到了20年以上，这些均保障了我国能源产业链供应链的控制能力。但在广泛建立合作关系的同时，我国除煤炭外的其他化石能源产业链供应链也保持了非常高的对外依存度。2022年，我国石油的对外依存度为71.2%，过去5年基本维持在70%左右；2022年我国天然气的对外依存度为过去5年的最低值，但依然达到了41.66%，较高的对外需求说明我国能源市场依然存在较大的缺口，不利于能源产业链供应链的稳定发展。

## （四）创新能力

我国自改革开放以来，始终坚持能源技术"从引技引智到自主创新"的发展路线，目前我国在常规及非常规油气勘探开发技术、能源运输和储存技术、煤炭清洁利用技术等领域均实现了重大工程项目的自主开发能力，如我国发展的高含水精细水驱、二类聚驱和三元复合驱提高采收率技术有效地帮助了大庆、胜利等老油田提高了采收率；创新低渗透、中深层稠油及海相碳酸盐岩油藏高效开发技术帮助长庆油田实现了低渗油气田的规模效应开发；目前我国的多口油气超深井超过8500米，少数已经达到10000米以上；我国页岩气技术的突破在建成鄂尔多斯庆城、新疆吉木萨尔、涪陵、长宁—威远一系列页岩气开发区后，已经帮助我国成为北美之外首个实现页岩气规模化商业开发的国家；此外，我国油气长输管线技术领域的突破帮助电驱压缩机组、燃驱压缩机组、大型球阀和高等级管线钢等核心装备和材料实现了自主化生产，从而有力地保障了西气东输以及千万吨级炼油工程的实施；我国所开发的地下储气库强化库（群）集约化建设新模式成功完成了国内首个复杂连通老腔改建盐穴储气库工程建设；我国系统攻关的大采高综放开采技术已经实现了年产1000万吨以上的特厚煤层综采与综采放顶煤开采装备的规模化应用；2020 年，我国正式运行了具有完全自主知识产权的 5 万千瓦燃气轮机，化石能源相关技术的攻克表明我国化石能源产业链供应链的创新能力在稳步提升。

## 三 提升我国能源产业链供应链韧性的建议

### （一）进一步拓宽化石能源进口渠道，建立能源风险预警体系

提高我国能源产业链供应链的抵抗能力和稳定性的一个必需措施就是保障我国的能源进口渠道。我国应该通过外交和投资等多种途径保障好现有能源进口渠道的稳定输入。同时，应在"一带一路"的带动下，积极开辟更多的能源进口途径，与周边国家一起全面布局能源基础设施建设，积极参与全球能源治理，努力通过双边、多边协议的国际合作方式来打造包括能源开发、输送、加工和交易在内的全产业链供应链，从而最大限度地保障我国能源安全。

此外，能源产业链供应链的风险管理是保障我国能源安全的重要基石[1]。结合新冠疫情和国际地缘政治给我国能源安全所带来的威胁，我国应从石油、天然气和煤炭的全产业链条进行综合考虑建立能源风险预警机制[2]。这需要我国政策制定部门不应只考虑到某一区域或某一能源行业的内部风险，还应综合国际环境中能源产业链供应链的上、中、下游可能存在的风险，结合大数据等新兴技术建立起化石能源风险预警机制和能源应急保障措施。

### （二）结合新型基础设施建设和数字化转型的浪潮，建立现代数智能源物流体系

根据相关研究，以煤炭企业为例，我国煤炭的运输成本约占煤炭总成本

---

① 谭忠富、刘平阔：《中国煤电能源供应链风险关系及风险评价测度研究》，《工业技术经济》2015 年第 1 期。
② 刘雯赫：《新冠肺炎疫情对全球能源产业链影响的"四阶段"模型分析及应对》，《工业技术经济》2021 年第 1 期。

的 40%，是国外运输成本的 10 倍，降低煤炭运输成本、优化大宗商品供应物流链成为能源发展的重要抓手。我国需要响应新型基础设施建设和数字化转型的趋势，以提升数字化管理能力为切入点①，结合区块链、大数据、人工智能等新兴技术，加快建设智慧化石能源物流体系②。首先，要深化应用区块链等数字孪生技术，实时更新化石能源仓储数据，推进仓储管理可视化、数字化和智能化，有效解决传统能源仓储谷峰时期爆仓问题，结合能源物资集约化管理优势，实时监控能源存储和运输状态，提高能源仓储安全性。其次，大数据、云计算、区块链等相关技术还可以帮助石油、天然气和煤炭上、中、下游各个节点的参与者实时进行信息共享③，推动能源信息和数据的云共享④，提高上、中、下游产业链的协同与联通效率，因此其可以结合供应者和需求者的运输需求，综合考量化石能源运输方式，自动规划能源运输路线和物流方案，提高运输效率，实现低碳发展。最后，人工智能等相关技术的发展可以帮助化石能源产业链供应链建立起完备的物联网体系，从而对运输线路、运输设备、能源状态进行实时监测，打通各行业、各环节、各阶段的主体信息壁垒，充分发挥出要素潜能，以此通过能源智慧运维系统建设来保障能源安全⑤。

## （三）提高能源的勘探开发力度以及高效利用能力

要想降低我国能源产业的对外依存度、增强我国对于本国能源安全的控制能力，就必须继续在国内能源增产方面做出努力。这就需要我国首先增强

---

① 张恒硕、李绍萍：《数字基础设施与能源产业高级化：效应与机制》，《产业经济研究》2022 年第 5 期。

② 郭伟东、许玉斌、周勇等：《基于绿色现代数智供应链的智慧低碳服务大厅应用研究》，《供应链管理》2023 年第 8 期。

③ 贾县民、屈亚美：《基于区块链技术的农村物流共同配送模式构建及评价研究》，《供应链管理》2023 年第 8 期。

④ 李博、林森、单术婷：《供应链云服务的信息基础设施》，《供应链管理》2022 年第 9 期。

⑤ Fan L., Zhang Y., Jin M., et al., "Does new Digital Infrastructure Promote the Transformation of the Energy Structure? The Perspective of China's Energy Industry Chain Energies," *Energy*, 2022, 15 (23): 8784-8784.

能源勘探开发的能力，找到更充足的能源供应基地，同时还应通过推动先进技术和设备来提高能源的利用效率、保障能源的高效产出。目前，我国在化石能源的分解利用以及循环利用等领域仍然落后于国际先进水平，未来我国应继续通过国际合作和自主创新的方式实现化石能源"多层分解—分解使用—循环利用"的产业链条，让化石能源在电力、供暖、化工、日用等多个领域都可以发挥积极作用。

### （四）持续保持能源技术的引入，坚持自主能源技术的研发

《"十四五"能源领域科技创新规划》提出，加快推进能源科技创新，有力支撑引领能源产业高质量发展。近年来，各国主力推动能源科技创新促进能源领域新一轮转型升级。作为世界最大的能源生产国、能源消费国和碳排放国，我国部分关键能源核心材料和零部件仍依赖国外，因此，无论是从实现"碳达峰碳中和"目标和"六稳六保"要求入手[1]，还是从能源高质量发展的角度保障我国能源安全为出发点，坚定不移地提升我国能源产业科技创新水平和自主研发能力都是一项必要举措。首先，我国应从能源勘探开发技术入手，加强深海领域非常规勘探技术的突破创新。其次，应努力突破化石能源储存领域的共性关键技术，瞄准原创性、颠覆性创新技术的发展，提高我国对能源产业链的控制能力。最后，我国应紧跟国际趋势，加快推动能源领域数字化和智能化技术与传统化石能源技术的匹配和结合[2]，努力推动新兴信息技术成为能源技术发展的"催化剂"。

---

[1] 杨晶：《实现碳达峰碳中和亟待重塑能源产业链供应链》，《中国能源》2021年第9期。

[2] Fu S., Liu J., Peng J., et al., "Impact of Digital Economy on Energy Supply Chain Efficiency: Evidence from Chinese Energy Enterprises," *Energy*, 2023, 16（1）: 568-568.

# B.15
# 矿产资源产业链供应链韧性
# 与安全水平研究

王 磊*

**摘 要：** 矿产资源是生存之基、生产之要，是经济社会发展的物质基础，具有稀缺性、耗竭性、不可替代性、基础性等特征。近年来，世界百年大变局加速演进，我国作为全球矿产资源消费大国和进口大国，矿产资源产业链供应链韧性和安全风险持续显现。当前，全球矿产资源产业链供应链深度调整，我国正处于加快建设社会主义现代化强国的关键时期，应坚持系统观念，统筹发展和安全，统筹国内国际两个市场、两种资源，树立底线思维和极限思维，多措并举，着力构建更加完备、更具韧性、更加安全的矿产资源产业链供应链。

**关键词：** 矿产资源 产业链供应链 韧性

## 一 全球矿产资源供需格局
## 及产业链供应链构成特征

地理环境演变、地缘政治格局、全球产业分工、气候环境变化、科学技术变革等因素，不仅深刻影响全球矿产资源尤其是战略性关键矿产资源及其生产和消费的时空分布特征，还影响全球矿产资源产业链供应链演进特征及

---

* 王磊，中国宏观经济研究院研究员，主要研究方向为产业经济和数字经济。

发展方向。2022 年，俄乌冲突、气候变化、数字革命、逆全球化、民族主义和保护主义思潮崛起等因素驱动，全球矿产资源争夺和竞争更趋激烈化，各国都希望降低战略性关键矿产资源对外依存度，积极采取政治、经济、军事、运输通道、国际规则、股权投资、媒体等多种手段增强全球战略性关键矿产资源控制力和影响力。这推动全球矿产资源供需格局及产业链供应链加快重塑，呈现新的发展趋势。

## （一）全球矿产资源储量分布极不均衡

矿产资源多为不可再生资源，其种类及储量高度依赖地球演化过程的各项地质条件。受地球运动和地质作用影响，全球矿产资源分布相对不均衡，部分战略性关键矿产资源分布主要集中在少数国家和地区。

### 1. 能源矿产

全球 80 多个国家拥有煤炭资源，但储量分布极不均衡。截至 2020 年底，全球已探明的煤炭储量为 1.07 万亿吨，美国、俄罗斯、澳大利亚、中国、印度等 5 国储量之和约占全球总储量的 76%。全球石油储量主要分布在中东、美国、拉美地区，天然气储量仍主要集中在中东、俄罗斯、挪威等地区。截至 2022 年，全球石油和天然气储量分别为 2406.9 亿吨和 211 万亿立方米，其中，欧佩克是全球最大的石油和天然气储备组织，其石油储量为 1701.1 亿吨，占全球储量的比例为 70.7%；天然气储量为 74.2 万亿立方米，在全球天然气储量的占比为 35.2%。

### 2. 金属矿产

自然资源部中国地质调查局发布的《全球矿产资源储量评估报告 2023》数据显示，2022 年，全球铁矿石储量 1643 亿吨，澳大利亚、巴西、俄罗斯 3 国储量约占全球储量的 64%；全球锰矿储量 20.34 亿吨，主要分布于南非、乌克兰、巴西、澳大利亚、加蓬、加纳、中国和印度，8 国储量合计占全球储量的 98.80%；全球铬铁矿储量 20.42 亿吨，哈萨克斯坦、南非两国储量之和约占全球储量的 95%；全球铜矿储量 82163 万吨，智利是全球最大的铜矿资源国，约占全球储量的 1/4，澳大利亚、秘鲁、俄罗斯和墨西哥等

国紧随其后，5 国储量合计占全球储量的 55%；全球铝土矿储量 153 亿吨，几内亚、越南、澳大利亚、巴西、牙买加 5 国储量占比达到 73%；全球铅矿储量 7547 万吨，资源量 27466 万吨；全球锌矿储量 22567 万吨，资源量 63578 万吨；全球镍矿储量 9414 万吨，印度尼西亚位居全球首位，澳大利亚、俄罗斯等国紧随其后；全球锡矿储量 327 万吨，中国、俄罗斯、东南亚等是全球锡矿储量大国或地区；全球钴矿储量 668 万吨，刚果（金）、印度尼西亚、澳大利亚等国最为富集；全球锂矿（碳酸锂当量）储量 13488 万吨，主要分布在智利、澳大利亚、阿根廷、玻利维亚等国；全球钾盐（氯化钾当量）储量 149 亿吨，俄罗斯、加拿大、白俄罗斯、土库曼斯坦 4 国储量占全球储量的 80%。全球稀土资源总储量约为 1.3 亿吨，中国、越南、巴西和俄罗斯四国储量合计超过全球储量的 83%。

**3. 非金属矿**

根据美国地质调查局数据，2022 年，全球磷矿储量 340 亿吨，摩洛哥是世界上磷矿石资源最丰富的国家，储备了世界上 70% 的磷矿石资源。全球石墨储量 3.3 亿吨左右，土耳其、巴西和中国的天然石墨储量较为丰富，合计约 2.16 亿吨，占全球储量的 65.45%。全球可加工成 3N 级及以上高纯石英矿产资源储量约 7000 万吨，巴西、美国、加拿大 3 国储量合计为 5000 万吨，约占全球储量的 71%；可加工 4N5 级及以上质量的高端高纯石英资源量约 2000 万吨，90% 集中在美国。全球萤石矿储量约 3.2 亿吨，墨西哥、中国、南非和蒙古国萤石储量位列世界前四，约占全球储量的 54%。全球硼矿资源分布不均匀，高度集中，主要分布在土耳其、俄罗斯、美国、智利和中国，储量分别为 12 亿吨、4000 万吨、4000 万吨、3500 万吨和 2400 万吨。

## （二）全球能源资源产业链供应链格局深刻调整

受地缘政治冲突、能源消费国同生产国对市场话语权争夺激烈等因素影响，全球能源生产和贸易流向发生剧烈变化，全球能源产业链供应链格局正在深刻调整。

### 1. 煤炭

国际能源署（IEA）《煤炭市场报告》（Coal Market Update July 2023）显示，2022 年，全球煤炭产量继续保持 2021 年以来的持续增长态势，产量大幅增长 8%，达到创纪录的 86.34 亿吨。与此同时，全球煤炭出口贸易量达到 13.51 亿吨，比上年的 13.33 亿吨增长 1.4%。其中，动力煤出口贸易 10.45 亿吨，同比增长 1.9%；冶金煤贸易 3.07 亿吨，同比下降 0.4%。国际能源署数据显示，中国、印度是全球最大的煤炭消费国，同样还是最大的煤炭生产国，此外，还是最大的煤炭进口国。

### 2. 石油

美国《油气杂志》《全球油气储量报告》数据显示，全球石油产量约 46.18 亿吨，同比增长 3.7%。欧佩克贡献了增量的 50% 以上，沙特阿拉伯、伊拉克、阿联酋、安哥拉产量增长均超 5%；非欧佩克国家增产 160 万桶/日，其中 77% 来自美国，加拿大、巴西、中国和圭亚那等国均实现稳定增产。受俄乌冲突影响，全球石油贸易格局发生重大变化，从原油流向来看，俄罗斯原油大规模向亚洲转移，流向欧洲的显著减少。美国和非洲出口至欧洲的原油量大增，中东原油亚洲市场的份额有所下降，被俄罗斯原油挤占。

### 3. 天然气

全球天然气产量 4.25 万亿立方米，产量增速略有放缓降至 0.4%，呈"美升俄降"的态势[①]。从主要天然气生产国或地区来看，受高油气价格刺激，美国加大天然气开采力度，产量达到历史最高水平，为 1.1 万亿立方米，增速 4.3%；俄罗斯对欧管道气出口受阻被迫减产，产量 6720 亿立方米，降幅 12.7%[②]。受中国"增储上产"带动，亚太天然气产量增至 6839 亿立方米，增速 2.4%。美国成为全球第一大 LNG 生产国，液化产能达到 9042 万吨/年。同时，全球天然气贸易格局发生历史性变化。2022 年，全球

---

[①] 《2023，大变局下的国内外天然气市场》，《石油商报》2023 年 3 月 29 日，http://center. cnpc. com. cn/sysb/system/2023/03/29/030097195. shtml。

[②] 《2023，大变局下的国内外天然气市场》，《石油商报》2023 年 3 月 29 日，http://center. cnpc. com. cn/sysb/system/2023/03/29/030097195. shtml。

天然气贸易量为 1.2 万亿立方米，同比下降 1%。其中，管道气贸易量 6492亿立方米，同比下降 7.8%；LNG 贸易量 4.03 亿吨，同比增长 5.1%。俄罗斯管道气逐步退出欧洲市场，美国加大对欧洲 LNG 供应。2022 年，俄罗斯出口欧洲管道气下降 50% 至 830 亿立方米。美国和卡塔尔对欧洲 LNG 出口增速分别为 142%、22.6%，对亚洲出口增速分别为 -45.6%、3.5%。

### （三）全球关键金属矿产资源供需呈现分化态势

多年来，全球重要战略性关键金属矿产资源产业链供应链方面，欧盟、中国、日本、韩国和美国等作为重要资源消费国（地区）与俄罗斯、非洲和拉丁美洲等主要供应地区，形成了相对较为稳定的供需关系①。然而，疫情反复冲击叠加国际竞争加剧，全球经济复苏缓慢，全球战略性关键金属矿产资源产业链供应链贸易秩序稳定仍面临较严峻挑战。不过，在数字化转型和绿色低碳转型两大革命性动力驱动下，全球金属矿产资源市场仍较为活跃。特别是，作为数字经济、电动汽车、绿色能源、新材料等战略性新兴产业发展关键原材料的金属矿产资源生产和需求实现逆势增长。国际能源署数据显示，2017~2022 年，锂总体需求增长 3 倍，钴需求增长 70%，镍需求增长 40%。2022 年，能源转型矿产市场规模达到 3200 亿美元，并将继续快速增长，使其日益成为全球采矿业的中心舞台。美国地质调查局（USGS）发布的 35 种战略性关键金属矿产资源开采冶炼的数据也显示，1922~2022 年，全球战略性关键金属矿产资源年开采冶炼总产量由 0.73 亿吨增加到 14.78亿吨，增幅约 20 倍。

与此同时，受大国竞争、俄乌冲突以及欧洲能源危机等多重因素叠加影响，传统大宗金属矿产资源市场冷热不均。黑色金属方面，世界钢铁协会（World Steel Association）数据显示，2022 年前 11 个月世界粗钢产量为16.91 亿吨，同比下降 3.7%；美国、欧盟和日本等经济体降幅分别为

---

① 张生辉、王振涛、李永胜等：《中国关键矿产清单、应用与全球格局》，《矿产保护与利用》2022 年第 5 期。

18.9%、17.0%和16.8%；中国前11个月粗钢产量为9.35亿吨，下降1.4%，连续第二年下降①。我的钢铁网数据（Mysteel）显示，2022年，主要铁矿石出口国巴西的出口量为3.46亿吨，同比下降3.1%；出口额约290亿美元，同比下降35.1%。全球金属锰产量约为2000万吨，同比减少10万吨，小幅下降0.5%；锰业市场供需和贸易格局趋于平稳。有色金属方面，全球铜市场基本面总体良好，全球铜的生产、消费以及贸易均保持稳定增长态势，我国成为全球铜工业保持增长的"稳定器"。全球铜矿产量（金属量）为2192.2万吨，同比增长3.0%；精铜产量为2564.1万吨，同比增长2.8%。中国是全球最大的铜原料进口国和最大精铜消费国。中国进口铜矿实物量达到2531.8万吨，同比增长8.1%，在全球进口量中占比达到61.1%，精铜进口量达388.5万吨，占全球进口量的40.8%。

## （四）全球矿产资源产业链供应链趋于集团化联盟化

面对全球数字经济和绿色转型发展战略需要，全球矿产资源需求预期继续扩张，由此对关键矿产供应保障形成的压力与日俱增。国际能源署《关键矿物市场回顾》指出，到2030年，要满足全球战略性关键矿产庞大的需求，全球锂、钴、镍等战略性关键矿产供应链都要大规模扩张方可应对。因此，为确保战略性关键矿产资源产业链供应链安全，主要经济体纷纷制定关键矿产资源清单，在加强矿产资源勘查开发的同时，强化与资源国和伙伴国战略合作，建立产业链联盟，推动全球矿产资源产业链供应链呈现集团化联盟化发展态势。例如，美国出台《通胀削减法案》，补贴支持电动汽车、关键矿产以及发电设施的生产，并与加拿大、澳大利亚、英国、法国、德国等主要发达经济体成立国际伙伴联盟——"矿产安全伙伴关系"（MSP）②，构建和保障对于清洁能源技术和全球清洁能源转型至关重要的关键矿产供应

① 贾林海：《屈秀丽：识变、应变 钢铁产业链携手共促发展》，《中国冶金报》2023年1月11日。
② 李建武、马哲、李鹏远：《美欧关键矿产战略及其对我国的启示》，《中国科学院院刊》2022年第11期。

链。具体到锂、钴、镍、稀土等战略性关键矿产资源，其产业链供应链都向集团化联盟化发展。例如，全球钴资源产业链供应链形成了欧—美贸易圈和中国—刚果（金）贸易圈，以及南非、刚果（布）、莫桑比克—东南亚其他国家形成了一个较小的贸易圈。

## 二 我国关键矿产资源产业链供应链及其韧性和安全水平评估

### （一）我国矿产资源产业链供应链基本情况

近年来，随着经济社会高质量发展对矿产资源需求持续扩张和地质找矿工作不断突破，我国成为全球矿产资源大国，成为世界最大矿产资源生产国、消费国和贸易国，但人均占有资源量低于世界平均水平。

从矿产资源储量看，《中国自然资源统计公报2022》显示，截至2021年底，我国已发现173种矿产，其中，能源矿产13种，金属矿产59种，非金属矿产95种，水气矿产6种，矿产资源储量处于全球前列。我国稀土、锑矿、钒矿、钼矿等十几类矿产资源储量均引领全球，铅锌、石墨、萤石、锂等十几种矿产储量处于全球前列，是名副其实的矿产资源储量大国。

从矿产资源生产看，我国是世界最大的矿产资源生产国。《中国自然资源统计公报2022》显示，2022年，我国矿产资源生产规模继续在全球占据重要地位。其中，煤炭、钒、铅等36种矿产生产规模继续处于全球首位，除黄金、硼之外，30余种矿产产量的全球份额为20%，镓、镁、汞等9种矿产产量的全球份额超过70%，硅、锗等12种矿产产量全球份额超过50%①。煤炭产量攀升至45.0亿吨，创近年来历史新高。原油产量继续保持4年来的增长趋势，达到2.05亿吨；天然气产量超过2178亿立方米，连续

---

① 干勇、彭苏萍等：《我国关键矿产及其材料产业供应链高质量发展战略研究》，《中国工程科学》2022年第3期。

6 年增产超 100 亿立方米。铁矿石产量 9.7 亿吨；粗钢产量 10.1 亿吨。10 种有色金属产量 6744.3 万吨。磷矿石（折含 $P_2O_5$ 30%）产量 1.0 亿吨。

从矿产资源消费看，我国是世界最大的战略性矿产资源消费国和进口国。2022 年，全国能源消费总量 54.1 亿吨标准煤，占全球能源总消费量的 50% 以上。其中，全国煤炭消费量为 30.4 亿吨标准煤，占能源消费总量的 56.2%，占全球总消费量的 54.8%；全国天然气消费量 3646 亿立方米，占能源消费总量的 18%，占全球天然气总消费量的 9.3%。全国石油消费量 6.59 亿吨，占能源消费总量的 8.4%，占全球石油总消费量的 15%。我国金属矿产消费量占全球金属矿产资源消费总量 40% 以上的份额，其中，铁矿石消费量占全球铁矿石消费总量的 62%。一些战略性关键矿产资源消费，如钨、锑、稀土等的消费量均位居全球前列，部分矿产年消费量超过世界总消费量的 50%。矿产资源进口方面，2022 年，我国原煤、天然气、石油、铁矿石、铜精矿进口量分别为 2.9 亿吨、10925 万吨、50828 万吨、11.1 亿吨和 2527 万吨，五类矿产资源进口额合计为 4.5 万亿元，同比增长 16.0%，约占全部货物进口额的 24.9%。有色金属进出口贸易总额 3273 亿美元，铜、黄金是拉动有色金属进口贸易额增长的主力军，对有色金属进口贸易额增长的贡献率高达 86.8%。铜精矿、铝土矿进口量创历史新高，分别达到 2527 万吨和 12547 万吨。稀土、镍钴锂等金属矿产资源进口继续保持较高水平。

## （二）我国关键矿产资源产业链供应链韧性和安全水平评估

尽管我国已探明的矿产资源种类比较齐全，资源总量相对较大，但是，我国正处于向社会主义现代化强国迈进的关键发展阶段，经济社会发展对矿产资源，尤其是战略性关键矿产资源的潜在需求依然旺盛。预计到 2035 年，作为全球最大的矿产资源消费国和进口贸易国的地位将依旧维持，矿产资源供不应求的态势在短期内很难改变。这使我国战略性关键矿产资源供应保障面临挑战。

### 1. 战略性关键矿产资源国内供应能力相对较低，对外依存始终处于较高水平

中国地质科学院全球矿产资源战略研究中心预测指出，2021~2035 年，

预计我国累计需求石油 110 亿吨、粗钢 121 亿吨、铜 2 亿吨、原铝 6.4 亿吨、钴 248 万吨、镍 2685 万吨，都远超当前我国储量水平。[①] 整体来看，我国矿产资源供应保障形势较为严峻。与庞大的矿产资源需求规模相比，我国国内资源供应能力持续下降，国内资源供应屡次触及安全红线。2022 年，我国是全球铁矿石、稀土、萤石、菱镁矿、石墨、铟、镓等众多矿产头号消费国，许多消耗量超过全球市场供应总量的一半。我国战略性矿产目录中一半以上矿产对外依存度在 70% 以上，其中铬、锰、钴、镍、铁矿石的对外依存度甚至在 80% 以上[②]，尤其还需要警惕的是，我国许多战略性矿产资源对外依赖程度都呈进一步上升态势。

**2. 战略性关键矿产资源进口渠道相对单一**

近年来，全球资源输出国民族主义、贸易保护主义思潮泛起，纷纷加强本国重要矿产资源出口控制，加强与欧美主要经济体合作，推动全球矿产资源产业链供应链呈现集团化联盟化特点，压窄我国境外获取战略性关键矿产资源的渠道，试图对我国矿产资源领域实施"卡脖子"战略。例如，2019 年，美国与加拿大、刚果（金）、阿根廷等全球 10 个重要矿产资源供应国签署了《能源资源治理倡议》。此外，赞比亚、印度尼西亚、刚果（金）等资源国在全球新一轮资源博弈中，采取提高矿产特许权使用费率和税率、停止或重新谈判现有采矿合同、国有化、禁止出口等重商主义政策，这些都可能加大我国境外资源供应保障风险。从我国战略性关键矿产资源海外进口地理分布来看，这 10 个国家是中国矿产资源进口主要来源地，也是中国主要的海外矿业投资地。如果这些供应国或地区发生生产停滞、政治局势动荡或运输通道阻塞等危机，就会威胁我国矿产资源产业链供应链安全。

**3. 战略性矿产资源来源集中度高，存在较大的海外运输通道安全瓶颈**

中华人民共和国海关总署统计数据显示，我国战略性矿产目录里 1/3 以

① 中国地质科学院全球矿产资源战略研究中心：《2035 年中国 35 种矿产资源需求预测报告》，2021。

② 程少逸、高正波、曹建：《我国战略性矿产资源供应安全的挑战与应对》，《矿冶》2022 年第 1 期。

上的矿产资源具有超过 80% 的来源集中度，其中铝和镍的来源集中度高达 95%，铁高达 90%，钾盐高达 85%，主要集中在周边国家和少数几个资源富集型国家①。上述国家普遍位于战略要塞和敏感地区，高度依赖海外霍尔木兹海峡、马六甲海峡和中国南海等海上战略通道。这些地区容易受到全球政治经济秩序变动以及各国国内政治经济局势变化的冲击，从而加大了我国战略性关键矿产资源产业链供应链安全风险。

# 三　政策建议

习近平总书记指出，战略性关键矿产关乎新兴产业的发展，是资源安全保障的重中之重。端稳能源资源安全"饭碗"，我们要进一步强化忧患意识，树牢极限思维，以战略思维谋全局，以战略定力迎挑战，推动构建全球新的矿产资源治理格局，以资源安全保障支撑中国经济大船行稳致远。当前，全球矿产资源产业链供应链深度调整，我国正处于加快建设社会主义现代化强国的关键时期，应坚持系统观念，统筹发展和安全，统筹国内国际两个市场、两种资源，坚持底线思维和极限思维，多措并举，着力构建更加完备、更具韧性、更加安全的矿产资源产业链供应链。

## （一）健全矿产资源供应保障体系

一是坚持以我为主，优化相关政策，简化审批程序，加大国内紧缺矿产勘查力度，实施新一轮找矿突破战略行动，拓展地质勘探调查工作的广度与深度，不断探寻矿产资源储备地。二是强化科技支撑，加大矿产资源科学和关键矿产采选冶技术攻关力度，加快突破矿产资源勘探开发利用关键技术难题，全面提高矿产资源行业科技应用水平，提升资源综合利用率。三是强化矿产资源储备能力建设，构建涵盖全链条储备体系。以矿产资源储量新分类标准

---

① 程少逸、高正波、曹建：《我国战略性矿产资源供应安全的挑战与应对》，《矿冶》2022 年第 1 期。

为指导，围绕国家紧缺战略性矿产，加快摸清战略性矿产资源底数，运用大数据技术，建立战略性矿产资源储备、供给及需求数据库，健全完善矿产资源储量动态更新机制，推进战略性矿产资源治理的智慧化。四是全面实施资源节约战略，合理控制矿产资源消费总量和强度，提升矿产资源集约节约利用水平。

### （二）完善矿产资源管理体制机制

一是进一步制定并逐步完善矿产资源管理的法律、法规。适时修订完善矿产资源法等相关法律法规，完善矿产资源管理政策法规，强化矿产资源治理法治基础。二是持续深化矿产资源管理体制改革。矿产资源产业链供应链安全是国家安全的重要组成部分，要站在国家战略高度加强统筹，优化调整国内资源勘查、采选、冶炼、加工等产业链的各个环节以及海外矿产资源投资、进出口等多个方面管理治理，保障国家战略性关键矿产资源安全战略的统一、协调和高效实施。三是营造有利于矿产资源产业链供应链发展的政策环境。加大政策要素保障力度，全面梳理矿权配置、流转、价格评估、收益分配等相关政策，消除矿产资源产业发展的政策堵点，促进战略性矿产资源治理体系和治理能力现代化。

### （三）强化矿产资源国际经贸合作

一是制定矿产资源国际合作战略，坚定不移地开展国际矿产资源经贸合作，提升矿产资源全球配置能力。尊重全球资源分布不均衡的客观规律和现实，在矿产资源领域贯彻构建人类命运共同体理念，持续扩大海外投资，提高海外投资效率，稳步增强我国对全球矿产资源产业链供应链控制力和影响力，有效降低对外依存度。二是全面融入全球战略性关键矿产资源国际合作新格局，加快构建开放合作、互利双赢的国际矿产资源"朋友圈"。纵深推进"一带一路"矿业合作，以中亚、东南亚、非洲、南美等共建国家为重点，稳步扩大矿业领域经贸合作规模和深度，持续增强全球资源治理话语权和掌控力，拒绝"脱钩"，避免"脱钩"，紧密"挂钩"，努力打造以我为主的国际矿产资源"朋友圈"，稳定战略性关键矿产资源供应。

# 医药产业链供应链韧性与安全水平研究

邓 洲 李童*

**摘 要：** 本文从抵抗能力、恢复能力、控制能力和持续能力四个维度，初步构建了由9个一级指标23个二级指标构成的医药产业链供应链韧性评价体系。综合来看，我国医药产业抵抗能力稳中有升，恢复能力总体提升，控制能力显著提升，持续能力不断增强。近年来，我国医药产业链供应链韧性有较大程度提高，虽然存在短板，但发展势头良好，总体较为稳健。我国医药产业需要继续大力推进医药产业创新，加强医药产业创新资源供给，优化医药产业市场结构，积极利用国际资源，以进一步提高产业链供应链韧性，实现医药产业链供应链安全。

**关键词：** 医药产业 产业链供应链韧性 评价体系

## 一 全球医药产业的产业链供应链发展情况分析

从产业链上、下游关系的角度划分，医药行业的上游包括药物研发和基础化工材料、动植物材料、药用辅料等原料的制备；中游为医药生产制造；下游为药品销售终端，主要包括公立医院、零售药店和公立基层医疗终端等；还涉及上、中、下游所需要的医药生产设备的研发和制造。而医药产业供应链主要包括供应和销售两大环节。考虑到医药产业是知识密集型产业，

---

\* 邓洲，中国社会科学院工业经济研究所副研究员；李童，中国社会科学院大学应用经济学院博士研究生。

本节不对供应链作过多分析，而重点介绍医药产业的产业链分布格局与影响因素。

1. 全球医药产业的产业链分布格局

目前，全球医药产业区域集聚特征非常明显，医药企业向研发工作条件较好和靠近医药产品市场的地区集中，如美国、西欧、中国、日本、新加坡、印度等，总体上呈现北美、西欧、亚洲三极格局。美国在全球市场占据优势地位，拥有全球最大的药物市场、全球最大规模的科研人才队伍、全球最大的资本市场、最严格的药品监管体系，拥有世界领先的五大生物技术产业区，即波士顿、旧金山、圣地亚哥、华盛顿和北卡罗来纳三角研究园，其活动覆盖从新药研发到药物销售的全产业链环节。美国在生物药产品中占据主导地位，其产品占据全球市场的70%以上，在肿瘤药、免疫药、心血管药、抗感染药物、疫苗、神经系统药物等细分药品领域具有优势产品。美国不仅拥有全球最全面的医药产业链，同时也是该行业发展环境最好的国家之一。欧洲医药产业集群集聚了大型制药企业和中小规模的高成长企业，同样几乎覆盖了从新药研发到临床应用的全产业链环节。欧洲医药市场和产业增长稳定，生物创新药在全球居领先地位，在单克隆抗体药物、疫苗、血液制品、重组蛋白药物、基因治疗等药物的研发和制造上具有优势。

日本基本建立了完整的医药产业链。由于历史原因和发展模式的影响，日本医药产业的研发能力较强，专精企业数量众多，优势领域包括再生医疗研究，高血压、糖尿病等"老年病"和肿瘤防治药物等；而仿制药产业规模较小。日本医药市场规模虽大，但近年来受到政策影响和仿制药对专利药的冲击而增长缓慢，甚至出现了缩小趋势。日本的生物医药产业主要集聚在北海道、东京、大阪、神户等地区，位于大阪附近的彩都生命科学产业园区重点聚焦生物技术、新药研发、医疗器械、再生医疗等领域；神户医药产业园重点聚焦医疗机器开发、药品临床研究和再生医疗的临床应用等领域。新加坡自2000年前后就开始布局医药产业，先后建立大士生物医药园作为生物医药生产基地和启奥生命科学园作为孵化基地和研发基地，主要覆盖研发和制造两大环节。葛兰素史克、辉瑞、诺华等医药巨头均在新加坡设立了区域总部或制造中心。印度医药产业以仿制药研发和制造为主，仿制药的研发实力较强，但专利药研发能力较弱，生物医药技术发展程度有限。由于本土市场较小且与欧美语言相通，印度在 2000 年后将欧美仿制药业务作为核心方向，并发挥成本优势，依靠低价占领市场，已成为全球最大的仿制药供应国。近年来，中国医药产业快速崛起，国内龙头企业依靠过去一段时间的发展积累，已经具有了相当程度的研发能力和"走出去"的能力，成为全球医药产业链不可忽视的一部分。

2. 影响当前全球产业链分布格局的因素

（1）产业集聚格局

产业集聚能够产生明显的规模经济性，集群内企业能够提高分工合作效率和研发效率，有助于产业发展的要素汇聚、提升产业内中小企业存活率，十分符合医药产业发展的特点。在集聚区内，医药产业的龙头企业往往发挥整体带动作用，而创新型中小企业则专注于自身领域，发挥推动前沿边界作用。既成的医药产业集聚区往往能为医药企业提供研发创新、合作交流或产品销售途径等覆盖产业链各个环节的机遇以及科研支持、融资支持等多种服务，既有的医药产业集聚区对产业链的分布有重大影响。全美 70% 以上的生物医药公司驻扎在美国九大生物医药产业集群中。

（2）创新研发资源

医药研发与制造是医药产业链最核心的环节，这些环节获得发展和突破依赖于大量智力投入，研发资源的分布在很大程度上决定了医药产业链上游环节的分布。投入研发资源有两条具体路径。一条是大型药企与科研院所、大学实验室以及各种研究型医院进行合作，组成战略研发联盟。高校和研究所拥有前沿技术和科研人员，偏重于对疾病机理的基础研究，专注于产业价值链中的药物研发环节。这些科研机构往往受到政府资助，从而在一定程度上减轻企业的研发投入负担。美国最大的生物制药集群位于波士顿及其西北方向的剑桥市，集聚了 2000 家以上的来自全球生命科学领域的科研机构和企业，并有全美最大面积的实验室，促进企业研发。另一条是通过政府顶层设计，支持企业发展。新加坡政府于 2000 年提出为期 15 年的生物医学科学

计划，并于当年6月成立研究创新与企业委员会，下设生命科学执行委员会，在国家战略层面支持生物医药产业发展；新加坡政府注重公共技术平台基础设施建设，以政府产业基金引导投资，主导产业孵化进程，不断加大政府对研发资金和税收的支持力度，大力培养人才、进行人才引进，建设科研机构，支持建立产学研转化体系，为企业研发提供适宜的政策环境和制度条件。

（3）融资便利度

由于医药产业具有高投入、高风险、长周期的特点，新药研发过程中需要风险投资的介入，以弥补企业和科研机构的资金缺口。目前，全球小微生物医药企业的主流模式是由科研机构与风险投资公司共同创办，科研机构负责提供智力支持，风险投资公司弥补资金不足，研发成果往往连带企业一同出售给医药巨头企业。融资便利度对医药产业产业链的研发和制造环节都具有吸引作用。美国旧金山大湾区的医药产业在政府资助方面排名全美第四，但专利数量排名全美前列，除依托斯坦福大学及加州大学伯克利分校等学术中心外，一个重要原因是汇聚了一批风险投资公司，如位于硅谷的红点风险投资（Redpoint Ventures）、红杉资本（Sequoia Capital）等。这些风险投资公司支撑创新能力强的中小型生物医药企业进行药物创新和成果转化。

（4）市场规模

医药产业集聚和市场规模扩大都是当地经济发展的某种结果。市场规模主要影响医药产业下游销售环节，靠近市场的企业在应对市场所在国的药物监管体系上更有优势，同时有助于更好地把握当地市场特征。目前，美国、西欧、中国、日本、印度等医药产业发展较好的国家和地区都具有庞大的市场规模。但是，医药行业受市场规模的影响程度不如其他行业，主要原因是一般的医药产品研发周期长，对区域市场短期内的需求变动不敏感。

3. 全球医药产业发展模式分析

全球医药产业垂直一体化特色明显，企业布局向"微笑曲线"两端延伸。对知识密集型产业来说，垂直一体化能够丰富技术创新所需的知识储备库，享受知识协同效应带给企业创新的好处。① 医药产业以研发和制造为核心，具有规模经济性的特点，不断推动企业进行垂直一体化。在创新研发端，受到专利保护制度的激励和来自愈加激烈的市场竞争的压力，医药巨头普遍加大对创新的投资。在销售端，医药企业愈加重视与客户建立长久稳定的关系。英国葛兰素史克在进入中国市场后推出了一系列新的经营策略，主要包括加大在中国的投资、推出适合中国市场的产品以及积极与用户建立合作关系。

在大型药企垂直一体化程度提高的同时，大型药企也在有选择性地出售制药工厂，从而剥离"微笑曲线"中段利润率较低的生产环节，并将生产活动外包给专门的生产企业，即 CDMO（Contract Development and Manufacturing Organization）企业。医药行业的外包业务因而迎来新一轮浪潮。医药产业链分工深化促成了一批在药物筛选研发、临床试验、原料药及制剂委托生产加工、销售等方面具有专业优势的外包服务公司，统称为 CXO（Contract X Organization）。一些专业外包企业不断增强自身实力，转型成为 CDMO，主要为药企生产临床前和临床试验研究用药以及上市药物，并提供相关服务。2016 年之后，辉瑞、诺华、罗氏、百时美施贵宝、阿斯利康、葛兰素史克等大型跨国药企均有出售制药工厂的资产变动记录，而将生产制造工序外包给专门企业进行。但是，药企巨头仍然保留或新建一部分工厂，用于生产利润最高的产品。同时，药企巨头的外包也不限于生产环节。

在垂直一体化发展的同时，药企巨头积极采取并购手段扩大自身规模。通过兼并其他企业，医药巨头可以丰富产品种类，并用资金优势克服自身研发创新效率和灵活性不及中小企业的问题，保持营收能力和长久的市场地位。2000 年，辉瑞斥资 900 亿美元并购华纳兰伯特，取得了降脂药立普妥的全部权益。之后，辉瑞不断进行大规模并购，2003 年以 600 亿美元收购法玛西亚，2015 年以 170 亿美元收购赫升瑞，等等。2009 年，罗氏制药以 468 亿美元收购基因泰克最后 44% 的股份。2020 年，阿斯利康以 390 亿美元

---

① 郭佼佼、陈实、荣昭：《垂直一体化对企业创新的非线性影响》，《科研管理》2020 年第 5 期。

收购 Alexion 制药，从而获得补体技术研发平台和罕见病的研发能力，进一步丰富和完善了阿斯利康的产品管线。

# 二　我国医药产业的产业链供应链
# 发展情况分析

我国的医药产业有狭义和广义的区别。广义的医药产业是一切与药品有关的经济活动，狭义的医药产业即医药制造业。根据国家统计局分类标准，医药制造业包括 8 个细分行业，即化学药品原料药制造、化学药品制剂制造、中药饮片加工、中成药生产、兽用药品制造、生物药品制品制造、卫生材料及医药用品制造、药用辅料及包装材料。在本节中，如无特殊说明，医药产业指代的是医药制造业。

1. 我国医药产业的整体发展情况

我国医药产业的发展可以大致分为三个时期。第一阶段是 2000 年前，我国医药产业几乎没有发展，或无序发展。第二阶段是 2000～2015 年，我国医药产业进入快速发展阶段，2011～2015 年主营业务收入年均增速为17.8%。部分公司开始向创新药发展，制药企业与科研院所的合作开始逐渐紧密。第三阶段是 2015 年至今，我国医药产业进入转型发展阶段，国家监管政策趋严。这些政策主要包括：2015 年 8 月，国务院出台《关于改革药品医疗器械审评审批制度的意见》，全面开启仿制药一致性评价工作；2016年底开始推广"两票制"，药品流通过程中只能在生产企业到流通企业、流通企业到医疗机构这两个环节开具两次发票，目的是保证医疗流通领域价格的透明；2019 年 3 月，开启"4+7"药品带量采购试点，使药企让利群众。在上述政策及其他因素的影响下，我国医药产业发展增速放缓，行业营业收入剧烈波动，仿制药生产企业受影响最大。2015～2022 年，我国医药制造业企业主营业务收入波动幅度较大，年均增长率仅 3.3%。仅从 2022 年来看，据国家统计局数据，全国规模以上医药制造业企业营业收入约 29111 亿元，同比增长约-1.6%；累计利润总额 4288.7 亿元，同比增长约-31.9%，仍然处于医药产业整体调整的阵痛期。从需求侧来看，随着我国人口老龄化趋势加剧，以及相关医疗卫生支出的持续增加，在长期内，我国医药市场规模将会持续增长。

从产业结构来看，据《中国工业统计年鉴》数据，2021 年，我国规模以上医药制造业企业有 8629 家，总营收约 29583 亿元。其中，企业平均营业收入前三的行业为化学药品制剂制造（约 70795.25 万元）、生物药品制品制造（约 59751.29 万元）及中成药生产（约 31815.22 万元），企业平均营业利润率排名前三的行业是生物药品制品制造（51.54%）、中成药生产（16.46%）和化学药品制剂制造（15.43%），企业平均吸纳就业人数前三的行业为化学药品制剂制造（约 447.2 人）、中成药生产（约 302.5 人）及生物药品制品制造（约 252.5 人）。

从市场产品来看，按照《药品注册管理办法》，我国药品注册按照中药、化学药和生物制品等进行分类注册管理。2016~2020 年，我国化学药和中药占比逐年下降，但在我国医药市场中依然具有优势，2020 年市场份额分别为 48.9% 和 27.2%。生物药占比一直保持稳定上升的状态，2020 年生物药市场份额增长至 23.4%。我国企业早期以生产仿制药产品为主，因国内仿制药的研发费用仅为 1000 万~2000 万元，远低于原研药的研发成本，能够实现快速盈利。另一个原因是当时我国不具有自主研发创新药的成体系条件。在我国已批准上市的化学药中，绝大多数为仿制药，涵盖心脑血管系统、呼吸系统、抗肿瘤、抗感染等近 30 个治疗领域。近年来，我国创新药得到快速发展。据 IQVIA 数据，2017~2022 年，我国企业创新药的年复合增长率高达 10.1%，高于企业营收的平均增长速度，成为推动药物市场增长的主要驱动因素。2022 年，我国创新药销售份额为 28%，2017 年这一数字为 22%，预计未来五年创新药的年复合增长率将超过 5%，而其他类型药品的年复合增长率则不超过 4%，原研药的市占率将进一步扩大。

从区域分布来看，我国生物医药产业园主要分布在环渤海、长三角、大湾区、成渝都市圈等四大区域，代表性企业主要分布在浙江、广东、江苏、北京、山东、上海等地区。

**2. 我国医药产业链供应链重点环节基本情况**

从各环节在医药产业中所处的地位划分，核心层为药品生产；支撑层是为药品原材料提供、药品流通、制药器械制造及上下游辅助行业；关联层包括与药品使用相关的医疗服务机构、药品监督管理机构及医药人才的培养和教育组织。[①] 基于以上背景，结合医药产业链的结构，本节选取药品研发、原料药提供、药物生产制造等重点环节进行分析。

（1）药品研发环节

我国药品研发行业起步较晚，但是近年来增长较快，药品上市申报数量增多，越来越多的医药企业也在创新前沿取得成果。在医药行业市场竞争加剧的背景下，创新成为医药行业的发展主旋律，医药企业特别是创新型企业高度重视研发。在"十三五"期间，创新创业型企业明显增多，我国医药产业整体研发能力快速提升，大量传统制药企业加快创新转型，进入临床阶段的新药数量和研发投入大幅增长。据《中国科技统计年鉴》数据，2016年，我国医药制造业 R&D 经费内部支出 488.5 亿元，2021 年达到 942.4 亿元，是 2016 年的 1.93 倍。江苏恒瑞、中国生物制药等龙头企业研发费用年增长率超过 20%。从药品研发阶段来看，临床阶段研发是药品研发最大的支出环节，其次是临床前阶段环节，药品发现阶段的研发支出占比最低。从药品研发的种类来看，化学药的研发经费支出占到约一半，生物药研发经费支出快速增长，中药研发经费支出则处于较低水平。

（2）原料药提供环节

我国在维生素、抗生素等大宗原料药产品上处于全球领先地位，培南、普利、沙坦等一些特色原料药品种广泛供应全球市场。但是，当前我国原料药行业发展存在诸多问题，产品同质化严重，产业集中度较低，大部分产品附加值较低；同时绿色生产水平不高。

（3）化学制药环节

我国化学药生产环节基本保持稳定，2022 年，抗感染类药物产量比上

---

① 曾铮：《中国医药产业发展概况及其趋势研究》，《经济研究参考》2014 年第 32 期。

年增长 3%，解热镇痛药物产量增长 16.1%，维生素类产量增长 10.6%，葡萄糖（口服+注射）产量与上年基本持平。从产品种类来看，我国仍然以化学仿制药产品为主，占化学药市场的 83.6%，但所占市场份额开始下降，而化学创新药的市场份额有所提升。目前，我国化学药生产环节面临的问题主要有：前沿领域原始创新能力不足，"产学研医"协同创新体制机制仍需完善；大中小企业协同发展的产业生态尚未形成，产业集中度不高；质量控制水平、绿色生产能力有待提高。[①]

（4）生物制药环节

我国生物制药行业已经度过初期萌芽阶段，进入快速发展期，产品已覆盖疫苗、诊断试剂、血液制品、单克隆抗体等大类，而在所有生物药产品类别和全部疾病领域均有研发活动。我国生物制药行业快速发展得益于充足的资金、人才储备以及 CDMO 规模的迅速扩大。在生物制药领域，市值较高的企业有药明康德、恒瑞医药、智飞生物、百济神州、万泰生物等；规模较大的 CDMO 企业有药明生物、凯莱英、博腾制药等。虽然发展趋势向好，但到目前为止，受制于上游研发进度，我国生物制药环节还没有出现具有国际竞争力的产品。

3. 我国医药产业链供应链在全球的地位

过去，大部分国内药企的业务重心在本土市场，产品重点在仿制药。部分领先企业经过 10 余年的积累，已经具备了较好的研发能力，国内仿制药企业的研发能力已能够达到欧美的质量标准。目前，我国药企国际化进程不断加快。

（1）技术研发

我国整体处于世界第二梯队，与美国等国家存在一定差距。据 IQVIA 数据，2021 年，我国企业研发支出占全球药物市场研发支出的份额约为 12%，远高于五年前的约 4%；生物药研发所占份额约为 20%，高于五年前的 9%。随着我国研发强度不断提高，研发经验和人才不断积累，我国医药研发的创新力正在不断增强。

---

① 中国化学制药工业协会：《2022 年中国化学制药行业经济运行报告》，2023。

（2）原料供应

我国生产了全球约 40% 的原料药，大宗原料药是我国的传统优势领域。2022 年，我国化学原料药出口金额 518 亿美元，出口量达 1194 万吨，出口均价同比增长 18.37%，主要出口市场是印度和美国。原料药是我国医药产业参与国际竞争的优势长板。①

（3）仿制药生产

我国是仿制药大国，发展仿制药是我国医药产业整体发展水平较低时的理性选择。但是，我国仿制药发展模式粗放，产业集中度不高，利润水平与国际平均水平存在差距，呈现"大而不强"的特征。国产仿制药主要供应国内市场，出口量占总产量的比例低于 10%。与国际仿制药巨头，如以色列的梯瓦（Teva）、美国的迈蓝（Mylan）、德国的山德士（Sandoz）、印度的太阳药业（SunPharma）相比，我国仿制药企业在全球化研发、生产和销售环节均存在短板，跨国并购策略相对保守，在与国际仿制药巨头的竞争中不占优势，国内短期内难以出现仿制药行业的领军企业。

（4）创新药生产

我国创新药产业近年来发展加速，2021 年是创新药发展成果爆发的一年，据《2021 年度药品审评报告》，全年审评通过 47 种创新药，其中 45 种由国内企业持有，较上年有很大幅度的增长；但这一数字在 2022 年有所减少。整体而言，我国创新药处于发展前期，整体处于模仿创新阶段，与国际先进水平有较大差距；药企科研水平参差不齐，创新资源有限，产品出现同质化趋势，创新药生产仍需经过一段时期的积淀。2021 年，我国创新药的销售额仅占全球市场的 3%，而当年美国创新药的市场份额为 53%；我国创新药销售额占全部药物市场的约 18%，而美国的这一数字约为 80%。这说明我国创新药发展任重道远。

---

① 《〈关于推动原料药产业高质量发展实施方案的通知〉解读之一：顺应时代发展需要　着力打造高端化、绿色化原料药产业》，https：//www.ndrc.gov.cn/xxgk/jd/jd/202111/t20211111_1303758.html。

# 三  我国医药产业链供应链韧性研判

产业链供应链韧性主要有 4 个评价维度，即抵抗能力、恢复能力、控制能力和持续能力。本部分从国家层面出发，对我国医药产业链供应链韧性进行研判。第一部分结合医药产业链供应链的实际情况，建立了一个产业链供应链的指标体系。第二部分对产业链供应链的韧性进行分析。

## 1. 医药产业链供应链韧性指标体系

基于一般的产业链供应链韧性评价指标，并结合对医药产业链供应链关键环节的分析，本文初步设 9 个一级指标，在一级指标下还设有二级指标。

第一个维度是抵抗能力。抵抗能力是衡量产业链遭受外部冲击时保持自身运行状态和功能的能力。抵抗能力下设对外依存度、企业规模两个一级指标。在对外依存度下，设有对外技术依存度、医药产品进口额、医药产品进口国家集中度、医药产品出口国家集中度 4 个二级指标。在经济全球化逐渐深化的背景下，医药产业链供应链受到来自国外冲击的可能性日渐增大，对外依存度较高的产业抵抗能力较差。在企业规模下，设以资产总额计企业平均规模 1 个二级指标。企业平均规模更高的行业抵抗能力更强，大型企业比中小型企业经营稳定，融资渠道和营销渠道更加多样，有相对充足的资源应对外部冲击和降低负面影响。这种现象的表现之一是，在经济下行周期中，大型企业利润受到的冲击也较小。因此，企业平均规模越大的产业，抵抗能力越强。

第二个维度是恢复能力。恢复能力是衡量产业链遭受外部冲击后恢复到未受冲击时运行状态和功能的能力。恢复能力和抵抗能力在对象上都衡量产业链与外部冲击的关系。恢复能力下设产业区域集中度和外部支持能力两个一级指标。产业区域集中度下设有 1 个二级指标，即以省为单位划分的区域集中度，用以销售额计的赫芬达尔-赫希曼指数表示。在遭受外部冲击后，产业越集中，运输与通信成本和政策差异等不利因素影响就越小，资源要素流动和产业链整体运作越有效率，从而更快恢复。外部支持能力下设 6 个二

级指标，分别为：铁路密集度；公路密集度；数字化水平，以工业和信息化部公布的"中国数字经济发展指数"衡量；金融业发展水平，以金融业增加值为指标；当年省级以上单位出台医药产业相关政策数量；本土市场绝对规模。其中，铁路密集度和公路密集度衡量物流配套能力，完善的物流配套能力是企业遭受冲击后快速恢复运行的重要保障。数字经济的发展创造了数据要素，加速平台化运营模式的发展，催生新产业、新业态，数字化水平提高对提升产业链供应链韧性具有重要作用。金融业发展水平衡量以金融业为代表的生产性服务业对产业链供应链的支持作用，较高的金融业发展水平有助于支持产业链快速恢复。政策出台数量衡量政府对产业链的重视程度，同时也是对产业链的支持力度。本土市场规模衡量市场对产业链供应链的响应程度，大市场容量使医药产业能够形成内部循环，同时使医药产业受到外部冲击后有更大的回旋余地和生存空间。本土市场规模越大，对产业恢复的支持作用越强。

第三个维度是控制能力。控制能力是衡量我国医药产业对产业链供应链上各环节、各主体、各要素的控制力和影响力。衡量医药产业的产业链控制能力比较困难，原因是药物种类多，不同种类药物之间存在较大差别。对生物药来说，控制力主要体现在研发能力上。对当前的化学药产业来说，原料药供应也是产业链供应链控制能力的重要方面。理想情况是能够获得每种药物大类的创新进展和专利使用情况，但这难度很大。综合考虑后，本文使用中国企业在国际上的相对排名和产业链各环节的中国企业市场占有率作为衡量控制能力的指标。具体来说，控制能力下设 2 个一级指标，分别为产业链整体控制能力和产业链各环节控制能力。产业链整体控制能力下设 2 个二级指标，分别为美国制药经理人杂志（PharmExec）定期公布的全球制药企业 TOP50 榜单中中国企业数量的百分比，和国内医药市场销售额占全球市场的份额。产业链各环节控制能力下设 3 个二级指标，分别为国内原料药出口额、成品药市场规模、医疗器械市场规模占全球市场的份额，涵盖医药产业的三条主要产业链。原料药选择出口额而不选择市场规模的原因是，作为药物产业链的上游生产环节，对原料药产业的控制能力往往来自生产方，原料药断供将造成下游产品生产全部中断。而对成品药和医疗器械产业来说，除少数在技术上具有垄断性的产品外，大多数产品具有一定的同质化特征，买方具有一定的市场势力和对产业链的控制能力。

第四个维度是持续能力。持续能力是衡量产业保持当前发展势头或产业取得更快发展的能力。持续能力下设 3 个一级指标，分别是要素投入、创新能力和绿色发展水平。产业发展需要持续投入土地、劳动力、资本、技术、数据等要素，其中土地要素投入数量相对固定，技术、数据要素在其他维度已有指标涉及。此处，从资本、劳动力两个角度，在要素投入下设医药制造业固定资产投资增长率和医药学科研究生毕业人数 2 个二级指标。使用医药学科研究生毕业人数而不直接使用从业人员数的原因是，医药产业的研发活动和生产的成果愈加取决于员工从事复杂高级劳动的能力，而非从事简单劳动活动的人数。实际上，我国医药产业从业人员数正在减少，而产出则正在提升。创新能力已经被公认为是衡量包括医药行业在内的多个行业持续发展能力的重要指标，此处选规模以上医药制造业企业 R&D 人员全时当量，规模以上医药制造业企业 R&D 经费内部支出，中国主体申请的国内医药相关发明专利授权量作为创新产出，共 3 个二级指标。最后，持续能力还包括医药产业的绿色发展水平，下设 1 个二级指标，即单位产品综合能耗。

综上所述，本文从 4 个维度，初步构建了由 9 个一级指标 23 个二级指标构成的医药产业链供应链韧性评价体系，如表 1 所示。

表 1    医药产业链供应链韧性评价指标体系

| 维度 | 一级指标 | 二级指标 | 影响方向 |
| --- | --- | --- | --- |
| 抵抗能力 | 对外依存度 | 对外技术依存度 | — |
| | | 医药产品进口额 | — |
| | | 医药产品进口国家集中度 | — |
| | | 医药产品出口国家集中度 | — |
| | 企业规模 | 以资产总额计企业平均规模 | + |

续表

| 维度 | 一级指标 | 二级指标 | 影响方向 |
|---|---|---|---|
| 恢复能力 | 产业区域集中度 | 国内产业集中度(以省为规模单位) | + |
| | 外部支持能力 | 数字化水平 | + |
| | | 金融业增加值 | + |
| | | (省级以上单位)出台医药产业相关政策数量 | + |
| | | 铁路密集度 | + |
| | | 公路密集度 | + |
| | | 本土市场绝对规模 | + |
| 控制能力 | 产业链整体控制能力 | 全球制药企业 TOP50 榜单中中国企业数量的百分比 | + |
| | | 国内医药市场销售额占全球市场的份额 | + |
| | 产业链各环节控制能力 | 国内原料药出口额占全球市场的份额 | + |
| | | 国内成品药市场规模占全球市场的份额 | + |
| | | 国内医疗器械市场规模占全球市场的份额 | + |
| 持续能力 | 要素投入 | 医药制造业固定资产投资增长率 | + |
| | | 医药学科研究生毕业人数 | + |
| | 创新能力 | 规模以上医药制造业企业 R&D 人员全时当量 | + |
| | | 规模以上医药制造业企业 R&D 经费内部支出 | + |
| | | 国内医药相关发明专利授权量 | + |
| | 绿色发展水平 | 单位产品综合能耗 | + |

**2. 我国医药产业链供应链韧性情况**

虽然我国医药产业链供应链在从研发到生产的各个环节都与国际水平存在一定差距,但我国产业链供应链韧性总体稳健。

我国医药产业抵抗能力总体稳中有升。据有关学者测算与估计,我国医药产业对外依存度逐年下降。[1] 我国医药产品出口集中度有所下降,西欧、日本等发达国家和地区的出口额整体稳定,而出口东盟国家、印度、南美国家的份额上升,出口目的地出现多元化发展趋势。同时,以资产总额计企业平均规模从 2015 年的 3.39 亿元上升到 2021 年的 5.11 亿元,企业抵抗能力

----

[1] 预测结果参见张凌怡、陈玉文《三种测算方法下对外技术依存度的比较研究——以中国医药制造业为例》,《科技管理研究》2016 年第 18 期。

有所增强。但是，我国医药进口额自 2015 年以来快速增长，2022 年已达 169.8 亿美元，对我国医药产业的抵抗能力有不利影响。

我国医药产业恢复能力总体有所提升。首先，"十三五"以来，我国医药产业集中度不断提升，医药企业主要分布在环渤海、长三角、大湾区、成渝都市圈等四大区域，代表性企业集中于浙江、广东、江苏、北京、山东、上海等省市。其次，我国医药产业外部支持能力不断增强。我国数字化取得长足发展，新基础设施建设不断推进，金融业连续快速增长，医药产业发展规划与支持政策密集出台，物流配套能力不断提升。最后，我国内需潜力巨大，社会老龄化加剧，人均收入和财政卫生支出不断提高，使国内医药市场稳步增长，对产业链有正向保持作用，有利于产业链供应链遭受冲击后恢复。

随着我国医药产业逐渐成熟和发展壮大，我国医药产业链供应链控制能力显著提升。世界 TOP50 制药企业榜单中，2015 年，尚无我国企业；2022 年则有 4 家。我国医药市场销售额约占全球销售总额的 20%，成品药和医疗器械均已成为世界第二大单一市场。随着我国市场容量提升，中国市场在全球医药领域的地位也逐年提升，并吸引国外医药企业来华设厂，在买方一侧形成对产业链供应链的控制能力。我国是全球主要的原料药生产国与出口国之一，原料药出口规模所占世界份额约为 20%，少数原料药成分仅由我国生产，我国对原料药产业链供应链有一定的控制能力。实际上，我国精细化工产业基础较好，经过多年发展，基本形成了完整的医药制造产业链，形成了一定的产业规模和产业分工体系，国产医药产品基本能够满足全国基础用药需求，在中低端成品药和医疗器械的供给一侧也具有较强的控制能力。

我国医药产业持续能力不断增强。从要素投入看，我国医药产业的投资存在一定波动，但在国家政策的鼓励下，政府加快投资引导基金建设，对医药产业资本的形成有一定推动作用。从人力资本方面看，我国医药产业研究生毕业人数从 2015 年的 62602 人上升到 2022 年的 89257 人，人才储备更加丰富。资本和高质量劳动力供给稳定提升，不断为医药产业持续发展注入动力。从创新能力来看，我国已经有一定研发基础，研发投入快速增加，研发

能力快速提升。2021 年，我国医药制造业 R&D 人员折合全时当量达到154596 人年，约为 2015 年的 1.2 倍；R&D 经费内部支出达到 942.4 亿元，约为 2015 年的 2.1 倍，2022 年研发经费支出进一步提升到 1026 亿元。2015 年后，我国药品获批上市周期大大缩短，进一步支持医药产业创新产出。

综合以上指标，近年来，我国医药产业链供应链韧性有较大程度提高，虽然在前沿药物和尖端设备等领域仍然存在短板，但在大多数医药产品种类上具有较大的产业规模和较完善的产业链，外部支持条件较好，产业链供应链总体上较为稳健。在新冠疫情期间，我国医药产业在疫情得到控制后迅速复工复产，医药产业主要指标能够保持增长，说明我国医药产业链供应链已具有一定的韧性。

### 3. 提高我国医药产业链供应链韧性的对策建议

虽然我国医药产业发展已经取得了长足进展，但还存在以下短板。

一是创新能力有待加强。我国医药产业创新投入逐年增加，但仍处于创新的早期阶段，原始创新能力不强，目前以仿制创新为主，医药产业的科研服务业发展进程与医药产业产品研发进程不完全匹配。同时，部分新药研发依赖国外科研条件，在新冠疫情期间国内外人员往来受阻的条件下，研发进度出现滞后，体现出国内医药产业研发能力与世界一流水平还存在差距。

二是市场结构有待优化。无论是仿制药行业还是创新药行业，我国医药行业的产业集中度不高，缺少行业内的龙头企业，也缺少在产业链中主导生产的核心企业。在产业链中难以发挥龙头企业的带动作用，进而导致市场制度配置资源的效率较低，产业链应对冲击的自我恢复能力不强，对外部支持和引导的依赖性大。一旦受到较大冲击，需要政府及时干预止损。

三是医用研发和生产设备存在短板。当前，国内企业生物药研发和生产所使用的高端仪器设备大部分依赖进口；国产高端制药设备不成熟，不能完全满足国内质量标准要求。同时，国内企业生产工艺与国外先进水平存在差距，高端药用辅料和包装材料与国外存在质量差等。

针对上述问题，本文提出以下关于提升医药产业链供应链韧性的建议。

第一，继续大力推进医药产业创新。创新能力是保障医药产业持续发展和不断提升产业链供应链韧性的核心能力，要坚持不懈地推动医药产业创新能力提升。核心技术、核心产品不再受制于人，是提升医药产业链供应链韧性的根本手段。在医药产业内部，建立、完善现代医药产业创新生态体系，大力推动创新产品研发，强化关键核心技术攻关，提高产业化技术水平，补齐产业链短板。开展重点产品和工艺"一条龙"应用示范，形成良好的创新成果交流氛围。在医药产业的发展环境上，健全医药创新支撑体系，加强"产学研医"协同，提高专业化的研发服务能力，完善政府审批、采购政策，营造激励创新的良好环境。

第二，加强医药产业创新资源供给。创新驱动本质上是人才驱动，要面向产业创新发展需求，优化人才服务保障，完善人才培养体系。大力培养本领域基础研究、产业技术等核心技术人才，精准实施各类人才计划，大力吸引和集聚世界范围内生物医药领域高端人才，重视培养本产业的行业投资、市场营销、园区运营等从事服务性和辅助性工作的人才，同时为产业人才创新创业创造适宜的条件和良好的外部环境。医药产业研发周期长、风险高，对资金需求大，应当构建多渠道融资方式，充分发挥政策引导作用，鼓励、引导民间资本尤其是风险资本积极参与融资活动，创新政府、金融机构、企业融资合作与风险分担模式。

第三，优化医药产业市场结构。目前，我国已基本形成环渤海、长三角、珠三角、成渝都市圈四大医药产业集群和若干发展中心。但是，我国医药产业市场集中度偏低，缺少在整个行业内有带动能力的龙头企业，既不利于发挥医药行业的规模经济性，也不利于医药产业发挥集群优势。需要优化产业市场结构，打造一批有带动能力、协调能力的龙头企业，主要通过支持企业做大做强实现，而非简单并购扩容。在支持形成龙头企业的同时也要支持专精特新"小巨人"企业发展。专精特新企业专业性强、创新动力足、机动灵活，在医药产业集群中起"破局"作用，在行业内与大型药企形成互补。

第四，积极利用国际资源。国外医药产业发展相对成熟，进行国际合作与交流有助于我国医药产业快速"追赶"，并加快"并跑"和"领跑"的进度，从而提升产业链供应链韧性。一是吸引全球医药创新要素向国内集

聚，吸引全球医药创新成果率先在我国注册和应用，提升临床研究国际合作水平。二是推动国内医药企业积极进入国际市场，对企业开展国际活动提供政策与服务支持。三是进一步加强与国外药品监管部门的沟通协调，促进国内外药政法规的接轨，争取药品互认，并建立监管一体化协调机制，降低企业出海难度。

## 参考文献

曾铮：《中国医药产业发展概况及其趋势研究》，《经济研究参考》2014 年第 32 期。

陈晓东、刘洋、周柯：《数字经济提升我国产业链韧性的路径研究》，《经济体制改革》2022 年第 1 期。

郭朝先、石博涵：《中国医药产业国际竞争力评估与"十四五"时期高质量发展对策》，《北京工业大学学报》（社会科学版）2021 年第 3 期。

郭佼佼、陈实、荣昭：《垂直一体化对企业创新的非线性影响》，《科研管理》2020 年第 5 期。

李伟、贺俊：《基于能力视角的产业链安全内涵、关键维度和治理战略》，《云南社会科学》2022 年第 4 期。

石璋铭、徐道宣：《集聚促进战略性新兴产业创新生态系统发展的实证分析》，《科技进步与对策》2018 年第 23 期。

杨丹辉：《全球产业链重构的趋势与关键影响因素》，《人民论坛·学术前沿》2022 年第 7 期。

杨庆、刘玲玲、周斌：《我国仿制药一致性评价沿革及评价方法分析》，《中国医药工业杂志》2019 年第 3 期。

朱艳梅、席晓宇、褚淑贞：《我国生物医药产业集群的影响因素分析》，《中国新药杂志》2013 年第 8 期。

中国化学制药工业协会：《2022 年中国化学制药行业经济运行报告》，2023。

IQVIA, Global Trends in R&D: Overview Through 2021, Feb 2022.

IQVIA, The Global Use of Medicines 2022: Outlook to 2026, Dec 2021.

IQVIA, The Global Use of Medicines 2023: Outlook to 2027, Feb 2023.

# B.17
# 新能源产业链供应链韧性
# 与安全水平研究

白　玫[*]

**摘　要：** 新能源产业链供应链的韧性与安全成为一个不可忽视的议题。本文在对全球新能源产业链供应链关键环节和链主分析的基础上，通过抵抗能力、恢复能力、控制能力和创新能力四个维度分析框架，对中国新能源产业链供应链的韧性和安全水平进行评估。研究发现：中国新能源产业链供应链韧性主要表现为较好的抗风险能力、较强的产业链供应链控制能力、较快的产业恢复能力和领先的创新能力，但也存在一些技术和产业短板亟须突破。为此，一要加强风险监测和信息共享，提高新能源产业链供应链透明度；二要加大技术研发投入，强链补链，加快技术突破和关键材料替代；三要增加关键零部件和材料的储备，加大材料的回收利用；四要加强国际新能源产业合作，加强沟通，化解矛盾和风险，实现新能源产业链供应链的安全与稳定发展。

**关键词：** 新能源　产业链供应链韧性　抗风险能力　产业链控制能力　关键材料

---

[*] 白玫，中国社会科学院工业经济研究所研究员，主要研究方向为国家能源安全、新能源产业政策、产业链供应链韧性和产业国际转移等。

# 一　新能源产业链供应链关键环节与链主分析

新能源产业链供应链是指涉及新能源领域的各个环节和参与者之间的供应和价值传递体系，涵盖了新能源技术研发、新能源设备制造与销售、新能源电站安装和运营维护。本文主要分析风电产业和光伏产业。

## （一）风电产业链供应链关键环节与链主分析

### 1. 全球风电产业发展现状

（1）全球风电发展受阻

2022年，风电新增装机容量92.8GW，同比下降11.5%；新增并网风电77.6GW，累积风电装机容量906GW（见图1）。影响全球风电新增装机同比下降的主要因素有供应链中断、地缘政治紧张、通货膨胀压力、项目执行延迟和光伏低成本的挤出效应。

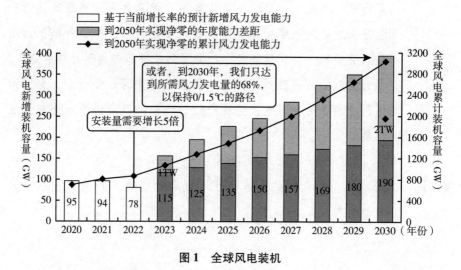

**图1　全球风电装机**

资料来源：GWEC，Global Wind Report 2023，https://gwec.net/globalwindreport 2023/。

全球疫情导致的生产和运输中断影响了原材料的供应，交通和物流受到国际边境关闭和交通限制的影响，导致风电设备和零部件的运输延迟。地缘政治紧张和贸易摩擦影响了跨国风电设备和零部件的贸易，造成供应链延迟。同时，光伏产业的快速发展和成本下降可能吸引了众多投资，对风电产业的供应链造成了一定程度挤出效应。

（2）主要市场

2022 年，中国、美国、巴西、德国和瑞典是 5 个最大的风电市场，这 5 个市场占全球新增风电装机的 71%。中国和美国是世界上最大的陆上风电安装国家，两国共占陆上风电新增加量的 60% 以上。欧洲和其他一些亚洲国家也在积极发展风能产业。

中国风电产业继续引领全球风电产业。2022 年，中国新增风电装机量为 49.8GW，其中陆上风电新增装机容量为 44.7GW，海上风电新增装机容量为 5.2GW。到 2022 年底，中国累计风电装机容量达到 390.5GW，其中，陆上风电装机容量 360GW，海上风电装机容量 30.5GW。

（3）未来趋势

风电技术的进步和成本降低，以及政府对可再生能源的支持，推动了全球风电市场的发展。据 GWEC 估计，未来五年北美将新增陆上风电装机容量 60GW，其中 92% 的风电装机将建在美国；非洲/中东将新增 17GW，其中，5.3GW 将来自南非、3.6GW 来自埃及、2.4GW 来自沙特阿拉伯、2.2GW 来自摩洛哥；拉美陆上风电将新增 26.5GW，其中巴西、智利和哥伦比亚贡献了新增的 78%。

2. 全球风机生产制造

（1）全球风机生产制造基地集中在少数国家

全球风电设备生产集中在少数国家，主要靠近市场和政策支持的地区。中国、欧洲和美国是风机制造的中心，丹麦和德国在风力涡轮机制造领域占据重要地位。

欧洲在风机生产制造方面具有竞争优势。丹麦是风能技术的先驱国家之一，在风机研发和制造方面具有丰富的经验，风机制造企业 Vestas Wind

Systems A/S 总部位于丹麦。西班牙的 Siemens Gamesa Renewable Energy、德国的 Enercon、Nordex Group 是全球风机制造领域的主要参与者。

中国是全球最大的风力涡轮机制造国之一，拥有众多风机制造公司和工厂。一些知名的中国风机制造企业包括金风科技、远景能源、明阳智能等。中国在风机制造领域具有重要地位，并向全球市场出口风力涡轮机设备。

印度在风机制造方面也有发展，Suzlon Energy 是印度的一家风机制造企业，该国逐渐成为亚洲地区的风能市场。巴西在南美洲地区拥有一些风机制造企业，为拉丁美洲的风能项目提供支持。

（2）全球风机生产制造由大公司主导

全球风机生产制造较为集中，由几家大型的风机制造商主导，例如，Vestas、Siemens Gamesa 可再生能源、GE 可再生能源、金风科技和远景能源等。2022 年，金风科技和远景能源在全球市场表现优秀。据伍德麦肯兹统计，金风科技 2022 年新增装机容量为 12.5GW，位居全球第一，远景能源新增装机容量 8.8GW，排名全球第五。排名前五的风电整机企业占全球近60%的市场份额。

3. 风电产业链供应链特点

风电产业链供应链具有复杂和多层次的特征，涵盖了从原材料获取到风电设备的制造、安装、运维和废旧设备的回收处理。其主要特点表现为以下几个方面。

（1）多层次的产业链结构

风电产业链供应链包括风机原材料（环氧树脂、增强纤维、巴沙木）供应、风机及其零部件制造（大功率轴承、叶片）、风电系统建设运营。各环节之间密切关联、相互依赖，形成了一个多层次、多方参与的产业结构。

（2）供应链全球化和协调

第一，风电产业全球化供应链体现在原材料的全球采购、产品的国际销售和跨国公司的全球运营等方面。全球化供应链使风电产业能够更好地利用全球资源、市场和技术。风电产业链的全球化特征对于推动行业的技术创新、降低成本、实现规模经济有着重要意义，但也增加风电产业的复杂性和不确定性。第二，供应链协调，风电项目通常涉及多个供应商和合作伙伴，需要精细的供应链协调和管理，以确保所有零部件按时、按质、按量交付，并满足项目的要求。

（3）复杂的物流与运输

风电设备的大小和重量使物流和运输变得非常复杂。第一，风电设备的零部件（如叶片、塔筒和机舱）通常体积庞大、重量重，需要特殊的运输工具和途径。第二，由于风电设备零部件的尺寸和重量，运输路线需要仔细规划，以避免道路、桥梁和隧道的限制。第三，风电设备零部件的装卸和储存也需要特殊的设备和技术，以保证零部件的安全和完整。这增加了物流和运输的复杂性和成本。第四，风电设备零部件的运输通常需要通过多种运输模式完成，包括公路、铁路和海运。每种运输模式都有其自身的要求和限制，需要仔细协调和规划。第五，对于海上风电项目，运输的复杂性更为明显。除了需要将零部件运输到海边，还需要使用专门的船舶将其运输到海上的安装位置，并在海上完成安装。可见，风电产业需要发展专业的物流和运输解决方案，以确保设备的安全、准时和低成本的运输。

（4）资本密集型产业

风电产业是资本密集型产业，它具有高初始投资成本、高研发投入、高维护成本、回收期长的特点。第一，风电项目的建设需要大量的初始资金投入，包括风力涡轮机、塔架、基础设施、电力输送和配电系统等的购置和安装成本。第二，为了提高风电系统的效率和可靠性，需要对风机设计、轴承、材料科学、风力场设计和运营优化等领域的研发投入。第三，风电场维护成本较高，特别是对于海上风电项目，其维护需要专业人员、专业设备和专业技术。第四，由于初始投资较大和电力市场的价格波动，风电项目的投资回收期可能较长。

4.风电产业链供应链关键环节和链主

风电产业链是指涵盖风能转化为电能的整个过程中所涉及的所有环节和相关行业。风电产业链供应链关键环节主要包括关键原材料生产供

应、风机零部件生产供应、风机制造和风电系统建设运营。风电产业中的链主指的是在风电产业链中占据主导或核心位置的企业或组织，它可以是多个。

（1）风机原材料生产供应

风机（风力涡轮机）原材料供应是风电产业链中非常重要的一环，涉及为风力涡轮机制造提供必需的基础物料，如钢铁、复合材料、稀土永磁材料等。在风机原材料供应链中，链主的角色通常由那些在特定原材料领域具有显著市场影响力和技术领先地位的企业担任。

根据原材料种类，链主可以分为以下几类。第一，钢材供应链主。钢材是风机制造中使用最广泛的材料之一。全球主要的钢铁生产商，如宝钢集团（中国）、ArcelorMittal（卢森堡/全球）、新日铁住金（日本）等，因其大规模生产能力和广泛的产品范围，在供应链中占据重要地位。第二，复合材料供应链主。环氧树脂、玻璃纤维和碳纤维是风叶制造中不可或缺的材料[①]。欧文斯科宁（美国）、圣戈班（法国）等在玻璃纤维市场具有显著的影响力，东丽（日本）、帝人（日本）等是碳纤维领域的全球领导者，Olin Corporation（美国）、Hexion（美国）等则是环氧树脂市场的链主。第三，电子和电气组件供应链主。风机的控制系统和电气部件需要精密的电子组件。西门子（德国）、ABB（瑞士）、施耐德电气（法国）等跨国企业在这一领域具有强大的技术实力和较高的市场占有率。第四，稀土材料供应链主。中国作为全球最大的稀土生产国，对风电行业中使用的稀土永磁材料供应具有决定性的影响。中国的稀土企业在这一供应链中扮演着关键角色。

（2）风机零部件制造

风机零部件制造是一个包含多个环节和专业领域的复杂产业链。风机零部件制造包括涡轮机各个部件的制造，如叶片、塔筒、发电机、齿轮箱等，

---

① 在风力涡轮机叶片的制造中，环氧树脂是一种关键材料，主要用于复合材料的基质。环氧树脂与玻璃纤维或碳纤维等增强材料结合，形成复合材料，这种复合材料具有优异的强度、刚度和耐腐蚀性，非常适合用于制造风力涡轮机的叶片。

不同的零部件需要不同的制造技术和专业知识。每个环节的链主都在其专业领域内具有显著的市场地位和技术专长。

根据不同种类的零部件，链主可以分为以下几类。第一，叶片制造。叶片制造是风电产业链中的重要环节，是捕获风能并将其转化为机械能的关键部分。它们的设计、材料和制造工艺直接影响风机的效率和性能。链主企业主要有 LM Wind Power（丹麦）、TPI Composites（美国）[1]、Vestas（丹麦）和中国连云港中福联众复合材料集团有限公司[2]。

第二，齿轮箱制造。齿轮箱在风力涡轮机中用于将低速旋转的动力从叶片轴提升到足以驱动发电机的高速。它是风机的重要动力传输组件。链主为 Winergy（德国）、ZF Friedrichshafen（德国）。

第三，发电机制造。发电机负责将机械能转化为电能。它的设计和效率决定了风机的发电性能。链主为 GE Renewable Energy（美国）、Siemens Gamesa（西班牙/德国）、ABB（瑞士）。

第四，控制系统和电子组件。主要用于监控和管理风力涡轮机的运行，确保风机安全、高效地运行。链主为 Schneider Electric（法国）、Siemens（德国）、Rockwell Automation（美国）。

第五，塔筒和结构部件。塔筒为风力涡轮机提供支撑，确保其在各种环境条件下的稳定性和耐用性。链主为 Enercon（德国）、Broadwind Energy（美国）。

第六，轴承和液压系统。轴承用于确保涡轮机转动部分的平滑运转，而液压系统则用于控制叶片的角度和其他机械运动。链主为 SKF（瑞典）、Schaeffler Group（德国）。

（3）风机整机制造

风机整机制造是指将风力涡轮机的所有关键部件和系统组装成完整设备的

---

[1] TPI Composites 是美国最大的独立复合风叶制造商，为全球风力涡轮机制造商提供支持，显示了其在快速增长的风能市场中的领导地位。2022 年，该公司停止在中国市场运营。

[2] 中国连云港中福联众复合材料集团有限公司是中国领先的风电叶片制造之一。

过程。这一过程包括设计、生产、组装和测试风力涡轮机的所有步骤，以确保其能够有效、安全地运行。全球风机整机制造领域链主为 Vestas Wind Systems A/S（丹麦）、Siemens Gamesa Renewable Energy（西班牙/德国）、GE Renewable Energy（美国）、金风科技（中国）、Enercon（德国）、Nordex Group（德国），这些公司在技术、生产规模和全球市场份额方面占据领先地位。

### （二）光伏产业链供应链关键环节与链主分析

**1. 全球光伏产业发展现状**

（1）全球光伏产业呈现快速发展态势

根据中国光伏行业协会的数据，2022年全球新增光伏装机总量达到230GW，平均复合增长率达到20.27%。其中，中国贡献45%，欧洲贡献17%。光伏装机快速增长，一方面反映了全球对可再生能源需求的持续增加，另一方面表明光伏发电技术是最具成本优势的新能源技术之一。

（2）主要市场

中国、美国、日本、欧洲和印度等地区成为光伏发电的主要市场。根据国际能源署（IEA）的最新统计数据，2022年，中国、欧盟和美国分别以106GW、38.6GW和18.6GW的新增装机规模位列全球前三；截至2022年底，全球累计光伏装机为1185GW，其中有16个国家在2022年新增装机容量超过10GW。随着光伏发电成本的快速下降，许多新兴市场如南亚、东南亚、澳大利亚、拉美和中东等国家和地区都在积极规划GW级的光伏发电项目建设，显示出巨大的发展潜力。

特别是中国，随着光伏发电大基地建设和分布式光伏应用的稳步提升，中国新增光伏装机容量不断创新高。中国光伏行业协会数据表明，2022年中国新增光伏并网装机容量87.41GW，累计光伏并网装机容量392.6GW，均居世界第一。

（3）未来发展预期

据IEA预测，2030年全球光伏新增装机容量将达到650GW，展现了光伏产业未来的发展潜力。在中国，随着"双碳"行动方案的持续推

进，预计 2023~2030 年，中国每年的光伏新增装机量规模将达到 95~
140GW。

**2. 全球光伏组件生产制造**

在光伏电池组件制造方面，中国仍主导市场，但全球开始趋向于多样化
的分布格局，泰国、越南等亚太新兴市场和印度、美国开始发力。

（1）中国在全球光伏产业链供应链中居主导地位

中国在光伏产业链的各个环节，从多晶硅、硅锭、硅片生产，到电池片
和电池组合生产制造与光伏发电市场等，都拥有极高的市场份额。

中国拥有完整的光伏产业链，覆盖了从上游的原材料冶炼加工到下游的
电池组件制造等各个环节。专业公司提供从拉锭机到金刚石线锯，从太阳能
光伏玻璃到铝框架的各种产品，形成了一个完整的供应链和产业链，使中国
成为全球太阳能光伏产业的中心。这种完整的产业链结构为中国的光伏产业
提供了强大的竞争优势。

规模优势。2022 年，全球太阳能光伏生产能力增长 70% 以上，达到近
4.5 万千瓦，中国占整个供应链新增设施的 95% 以上。

原材料冶炼加工的竞争力。中国在多晶硅和硅片产能方面的绝对领先地
位为下游的光伏产品制造提供了稳定的原材料供应，确保了整个产业链的稳
定运作。根据中国光伏行业协会的数据，2022 年，多晶硅产能占据全球
85% 以上；中国硅片总产能 664GW，占全球总量的 97.9%。

（2）全球光伏电池组件生产制造

在全球光伏电池组件生产能力分布方面，中国、越南和印度成为主要的
太阳能光伏组件制造国，其中中国占比最大，达到了 80%，越南和印度分
别占有 5% 和 3% 的产能。

美国光伏电池国内供应链有限。美国多晶硅生产非常有限，大部分用于
电子产品而非太阳能应用。美国缺乏硅锭、硅片或太阳能电池的生产。美国
要想实现光伏的国内供应，需提高整个产业链供应链的产能。

欧盟积极增强光伏制造能力。欧洲正在采取措施以增加其光伏组件生产
制造能力，减少对中国光伏产业链供应链的依赖。目前欧洲有 6~8GW 电池

组件、约1GW电池片和2GW硅片产能，并计划到2025年实现30GW电池组件的生产能力①。很多欧洲公司已经开始布局光伏产能和光伏技术。实现欧盟光伏产业自主化面临许多挑战，包括技术创新、资金投入、国际竞争和供应链的建设等。

### 3. 光伏产业链供应链关键环节及链主

光伏产业链包括原材料供应（硅料和其他辅助材料）、硅片制造（切片）、电池片制造等关键环节（见表1），这些关键环节和链主企业对光伏产业链供应链的韧性与安全具有显著影响。光伏产业链供应链关键环节链主企业多为中国企业，其中隆基绿能是光伏硅片、电池片、组件全球一体化链主企业，是光伏单晶硅的全球最大生产制造商。

**表1 光伏产业链供应链关键环节及链主企业**

| 关键环节 | 链主 | 关键环节描述 |
| --- | --- | --- |
| 原材料供应 | 硅料:通威股份、协鑫、特变电工、大全、德国瓦克化学公司<br>银浆:德国赫拉伊斯、日本京瓷、美国Ferro、英国的Johnson Matthey和韩国三星SDI | 提供硅料、银浆等核心原材料,保证产业链的稳定运作 |
| 硅片制造 | 隆基绿能、TCL中环、晶澳科技、晶科能源和天合光能 | 生产高质量硅片,是制造高效电池的基础 |
| 电池片制造 | 隆基绿能、天合光能、晶科能源 | 通过高效的电池片制造工艺,提高电池的性能,降低成本 |
| 电池组件制造 | 隆基绿能、天合光能、晶科能源、阿特斯阳光电力、东方日升 | 产生高效和可靠的电池组件,为光伏系统提供核心组件 |
| 系统集成和应用 | 国家电投、中国电建、阳光新能源 | 提供光伏系统的设计、安装和运维服务,保证光伏系统的稳定运行和高效发电 |

资料来源:作者根据PVBL，InfoLink等报告整理。

---

① Building a competitive solar-PV supply chain in Europe，https://www.mckinsey.com/industries/electric-power-and-natural-gas/our-insights/building-a-competitive-solar-pv-supply-chain-in-europe.

（1）光伏原材料及链主

光伏原材料主要包括硅料（以多晶硅和单晶硅为主）、银浆、EVA 胶膜、背板、玻璃等。硅料质量和供应稳定性直接影响到后续的生产效率和产品质量，影响着整个光伏产业链供应链韧性和安全。例如，硅料的价格波动可能会影响硅片、电池和模组的成本和价格。

在原材料供应环节，全球最大的多晶硅生产商之一是中国的通威股份，它在全球硅料市场具有较强的影响力。

（2）硅片制造及链主

硅片制造是光伏产业链中的关键环节，其质量和效率直接影响到光伏电池和组件的性能，下游光伏产业的发展直接影响到硅片新增市场需求。

影响硅片制造的关键是技术创新和产能规模。影响硅片制造竞争力的因素主要包括如下几个。第一，技术创新。硅片制造环节的技术创新，如单晶硅片、大尺寸硅片、硅片薄片化、N 型硅片的技术进步，可以提高硅片的质量、降低生产成本。第二，规模。硅片制造的产能规模会影响其成本结构和市场供应，大规模的生产可以降低单位成本，提高市场竞争力。

在硅片制造环节，链主是隆基绿能（Longi Green Energy）和 TCL 中环（TCL Zhonghuan），它们的产能合计占全球硅片产量的近 50%，在硅片产能和技术水平方面占据领先地位。接下来的三家企业是晶澳科技、晶科能源和天合光能，全球光伏硅片市场的 CR5 由 2021 年的 84% 下降到 2022 年的66%，显示了市场竞争的加剧。

（3）电池片制造及链主

电池片的转换效率是衡量其性能的重要指标。通过技术创新和优化生产工艺，可以提高电池片的转换效率、降低生产成本。另外，新技术的应用，如 PERC、TOPCon 和 HJT 等，可以进一步提高电池片的性能、降低成本。

（4）电池组件制造及链主

电池组件的效率和质量是影响光伏系统性能的关键因素。模组效率的提高可以提高光伏系统的发电效率、降低系统成本。同时，电池组件的标准化可以降低生产和安装成本、提高市场接受度和竞争力。

在电池组件制造环节，链主有隆基绿能和通威股份等，它们在全球光伏市场具有较强的竞争力和影响力。

（5）系统集成和应用及链主

系统集成和应用环节包括光伏发电系统的设计、安装和运行维护等，其技术水平和服务质量直接影响到光伏发电的效果和投资回报。

在系统集成和应用环节，链主企业包括中电建、国电投等，它们在国内外的光伏发电项目中具有丰富的经验和强大的执行能力。

## 二　中国新能源产业链供应链韧性和安全水平评估

### （一）抵抗能力较强，应对外部风险具备一定的稳定性和灵活性

中国新能源产业链供应链展现出较强的抵抗能力，以应对各种外部风险，并保持一定的稳定性和灵活性。

第一，中国新能源产业拥有较为完整的产业链，从原材料供应到生产制造，再到后期的市场销售，形成了较为完善的产业链体系。大量新能源企业形成了良好的竞争环境和市场生态，各生产企业之间有着良好的协作关系，形成了高效低成本的配套供应体系，确保了产业链的顺畅运作。这种完整性和产业生态为产业链的稳定运作提供了坚实的基础。

第二，中国新能源产业具备显著的规模经济优势。大规模生产降低了单位成本、提高了市场竞争力，为抵抗竞争对手的进入提供了屏障，从而增强了供应链的稳定性和抵抗能力。

第三，出口市场的多样化也为中国新能源产业提供了额外的抵抗外部风险的缓冲，减轻了单一市场波动可能带来的负面影响，从而增强了供应链的稳定性。

第四，国外对中国新能源产业的高度依赖，强化了其抵抗能力。由于中国是全球重要的新能源设备供应国，国外的高度依赖为中国新能源产业链的稳定运作和发展提供了一定程度的保障。这些因素综合，使中国新能源产业

链在面对外部风险时，具备了较强的稳定性和抵抗力，有助于保障产业链的安全和稳定发展。

影响中国新能源产业抵抗能力的因素主要来自以下几个方面。第一，关键原材料和零部件过度依赖欧美市场增加了对外部冲击的脆弱性，一旦出现贸易摩擦或其他全球性事件，可能导致供应链中断。第二，贸易制裁与非贸易壁垒。如欧美对中国光伏产品的反倾销和反补贴调查，对光伏产业的公平竞争造成了负面影响。第三，环境手段。例如，多晶硅生产大多依赖能源密集型工艺，特别是在煤炭资源丰富的地区，此种生产方式可能导致严重的碳排放和其他环境问题。国际上的环境及社会责任标准和认证的压力可能影响中国新能源产业的国际市场准入和竞争力。第四，其他国家的政策变动，如美国"脱钩断链"和欧盟"去风险"，可能会对中国光伏产业链供应链韧性和安全造成负面影响，对中国新能源产业的抵抗力构成了考验。

## （二）中国新能源产业链恢复能力显著

中国新能源产业链供应链的恢复能力较强，主要得益于完善的政策体系、企业的盈利能力与资源调配能力，以及显著的成本优势。这些因素共同保障了中国新能源产业链在面临外部扰动时，能够较快地调整和恢复，继续保持稳定的发展态势。

### 1. 政策支持

中国的新能源产业政策涵盖范围广泛，包括宏观层面的顶层设计以及针对行业科技创新、电力市场建设和新能源基础设施建设的规划和指导。这种多层次、全方位的政策支持为产业链的恢复提供了坚实的政策保障。

地方层面的新能源产业发展规划和财政补贴也为新能源产业的恢复和发展提供了实质性的支持。

中国新能源产业政策逐渐注重全产业链供应链视角，如《关于促进光伏产业链供应链协同发展的通知》《关于促进光伏产业链健康发展有关事项》等专项政策文件，以及《氢能产业标准体系建设指南（2023 版）》等规划，为产业链各环节的协同发展和标准化建设提供了指导。

**2. 企业盈利能力与内部资源调配能力**

中国新能源产业链总体盈利能力强劲，特别是头部企业的营收能力较强，上下游一体化程度高，能有效调配企业内部资源，从而在面临断链风险时能够尽快适应并恢复。以光伏产业链为例，尽管2022年硅料供给收紧导致价格上涨，但硅料及下游硅片生产销售受益，使隆基绿能、TCL中环等主要企业的盈利能力得到提升。这反映出产业链中的企业能够通过内部资源的调配和市场的快速适应来应对和恢复外部扰动。

**3. 成本竞争力**

中国新能源产品成本竞争力增强。以光伏组件为例，中国生产制造的成本比印度低10%，比美国低20%，比欧洲低35%。这种显著的成本优势为中国新能源产业链供应链的恢复提供了有利条件，也增强了其在全球市场的竞争力和抵御外部风险的能力。但是，也要注意到，欧美通过差别化关税政策，削弱了中国新能源产业的成本竞争优势。

### （三）控制能力显著，部分细分领域待提升

中国新能源产业链的控制能力主要体现在光伏和风电产业的关键环节，尤其是通过头部企业的规模优势和对关键技术的掌控，中国在全球新能源产业中占据了重要的地位。然而，还需在某些高附加值细分市场提高控制能力和竞争力。

行业集中度是控制能力的重要指标，中国新能源产业链供应链的大部分环节的市场占有率保持在高位，表明中国头部企业对该领域的主导和控制力。2022年全球光伏组件的出货量中，中国企业占据了显著的份额，前10家企业中有7家是中国企业，前4家企业的单家出货量都超过40GW，占全球总份额的60%~65%。在风电产业链供应链方面，国内以及全球市场集中度很高，前5家风电企业能够掌控至少60%的市场。根据彭博新能源财经的数据，2022年按装机容量排名的前10家风机整机制造商中有6家企业均是中国企业，金风科技与远景能源约占据41%的市场份额。

关键技术掌控。中国在新能源产业的技术和工艺控制能力方面具有一定

的优势。特别是在光伏电池效率、硅料冶炼加工技术、硅片切割技术、大规模风电机组技术等方面具有显著优势。

然而，某些细分领域由国外公司控制，如风电轴承、银浆，国内企业的竞争力相对较弱，主要由外国企业如 Schaeffler 等控制，显示出中国在某些细分领域的控制能力还有待提升。

### （四）创新能力有待提升

中国新能源产业的创新能力主要体现在专利数量领先、创新人才队伍不断壮大。过去 10 年，中国在光伏和风电产业链上的专利数量位居全球第一，显示了在这两个领域的技术创新能力。过去 10 年，风电行业，中国以23737 件专利申请量位居第一。光伏产业，晶科能源、爱旭股份等龙头企业跻身太阳能电池领域专利累计数量的前列。

中国新能源产业创新人才队伍呈现不断壮大的趋势。领英《2023 全球新能源行业人才趋势洞察》报告显示，近一年来，中国不断吸纳海内外人才。

## 三 提升中国新能源产业链供应链韧性和安全水平的政策建议

### （一）中国新能源产业链供应链面临的风险

政策变动、供应链中断、技术创新压力、质量控制失效、市场竞争激烈、国际贸易风险及环境法规合规性是中国新能源产业链供应链面临的主要风险和挑战。这些风险交织，使新能源产业链供应链的韧性和安全水平面临严峻挑战，需多方合作和综合应对，以促进产业的健康、稳定和可持续发展。

### （二）政策建议

新能源产业不仅是中国现代化产业体系的重要支柱，也是保障国家能源

安全和实现碳中和目标的重要手段。提升中国新能源产业链供应链的韧性与安全水平，以应对多方面的风险和挑战，建议如下。

**1. 加强风险监测、风险应对和信息共享，提高新能源产业链供应链透明度**

（1）建立完善的风险监测机制

建立新能源产业链供应链风险评估和预警机制，及时发现和应对新能源产业链供应链中的风险。设立专门的新能源产业风险监测机构，定期发布风险评估报告，覆盖政治、经济、技术和环境等多方面风险。采用大数据分析和人工智能技术，实时监测新能源产业链供应链动态，及时发现潜在风险。

（2）建立风险应对机制

建立紧急响应机制，确保在面临突发事件时，能够快速调配资源，保障供应链的稳定运作。根据风险监测结果，制定相应的风险应对策略和预案，确保在面临风险时能够及时有效地应对。

（3）推动信息共享，提高透明度

建立新能源产业链供应链信息共享平台，实现产业链各参与方的信息共享，提高供应链透明度。强化法律法规，保护企业和个人信息安全，鼓励企业之间建立信任，共享有价值的市场和技术信息。

**2. 加强技术研发投入，强链补链，加快技术突破和关键材料替代**

（1）增加技术研发投入

政府和企业应增加对新能源技术研发的投入，促进新技术、新材料、新设备的研发和应用。设立新能源技术研发基金，支持企业和科研机构的创新研发活动，加速技术成果的商业化进程。

（2）强链补链，确保供应链完整

针对新能源产业链的薄弱环节和短板，有针对性地提供政策和资金支持，强化产业链的完整性和稳定性。加强对中小企业的支持，促进产业链各环节的协同发展，提高整个产业链的竞争力和抵御风险的能力。

（3）加快关键材料替代技术研发

鼓励企业和科研机构开展关键材料替代技术研发，降低对稀缺和高价材料的依赖，提高产业链的自主可控性。通过国际合作，引进先进技术和材料，加快国内关键材料替代技术的研发和应用。

**3. 建立关键零部件关键材料储备体系，加大材料回收利用**

（1）建立并完善战略储备机制

设立国家级和地方级的新能源产业关键零部件和关键材料储备中心，以保证在供应链中断时能快速响应。制订详细的储备计划，包括储备种类、数量、储备地点和储备周期等，确保储备的科学性和实时性。鼓励企业建立新能源材料和零部件的储备库，通过财政补贴、税收减免等政策，支持企业扩大储备规模。

（2）加大材料回收利用

加大对新能源材料回收技术的研发投入，提高回收效率。建立完善的新能源材料回收网络和体系，推广循环经济理念，鼓励企业参与新能源材料的回收利用。

**4. 加强国际合作与沟通**

加强国际新能源产业合作，加强沟通，化解矛盾和风险，实现新能源产业链供应链的安全与稳定发展。

（1）建立多边合作机制

通过国际组织和平台，如国际可再生能源署（IRENA）和国际能源机构，建立与其他国家和地区的新能源产业合作机制，共同推进新能源技术的研发和推广。促进国家间的政策对话和信息交流，消除误解，减少误判。

（2）优化国际供应链管理

通过加强国际合作，优化新能源产业链的全球布局，降低供应链风险，确保供应链的安全和稳定。通过国际合作项目和技术交流，提高国内企业在国际供应链中的地位和影响力。

（3）提高应对国际风险的能力

加强对国际市场、政策和技术发展趋势的研究，及时识别和应对国际风险，减轻其对国内新能源产业链的影响。为企业提供国际风险应对的培训和指导，提高企业的国际竞争力和风险管理能力。

（4）推动国际规则和标准的制定

积极参与国际新能源产业相关的规则和标准的制定，推动制定提升我国新能源产业链韧性和安全水平的国际规则和标准。积极参与国际标准化组织在新能源领域的标准制定工作，提交标准提案，为国际标准的制定提供中国的技术和经验。组织国际标准研讨会和技术交流会议，邀请国内外的专家、学者和企业代表共同讨论新能源产业的技术标准和规则。

通过国际合作，推动全球新能源产业的健康和可持续发展，为我国新能源产业的长远发展创造有利的国际环境。

## 参考文献

吕越、邓利静：《着力提升产业链供应链韧性与安全水平——以中国汽车产业链为例的测度及分析》，《国际贸易问题》2023 年第 2 期。

Frédéric Simon, EU Commission Launches Industry Alliance for 'Made in Europe' Solar PV, https：//www. euractiv. com/section/energy/news/eu－commission－launches－industry－alliance－for－made－in－europe－solar－pv/.

GWEC, Global Wind Report 2023, https：//gwec. net/wp－content/uploads/2023/04/GWEC-2023_ interactive. pdf.

GWEC, Pressures to Reduce Costs are Transforming the Global Wind Blade Supply Chain, https：//gwec. net/pressures－to－reduce－costs－are－transforming－the－global－wind－blade－supply－chain/.

IEA, Renewable Energy Market Update, https：//iea. blob. core. windows. net/assets/63c14514－6833－4cd8－ac53－f9918c2e4cd9/RenewableEnergyMarketUpdate_ June2023. pdf.

IEA, The State of Clean Technology Manufacturing, https：//iea. blob. core. windows. net/assets/0a421001－6157－436d－893c－c37eeab54967/TheStateofCleanTechnologyManufacturing. pdf.

Prachi Patel, The Inflation Reduction Act vs. China's PV Dominance, Engineering News, https：//engineeringrecruiting. org/blog/engineering/the－inflation－reduction－act－vs－chinas－pv－dominance/.

WindEurope, The State of the European Wind Energy Supply Chain, https：//www. review － energy. com/fileuploads/user/20230413% 20Rystad% 20Energy% 20 -% 20Wind% 20Supply%20Chain%20Report-PRINT. pdf.

# B.18
# 新能源汽车产业链供应链韧性与安全水平研究

白玫 徐哲*

**摘　要：** 本文首先对新能源汽车产业链供应链关键环节的全球分布格局进行分析，在此基础上构建了一个涵盖抵抗能力、恢复能力、控制能力以及创新能力四个维度指标的产业链供应链韧性与安全水平评估框架。研究发现：我国新能源汽车产业链供应链四个维度能力整体呈现良好水平，具体表现为出口多样化程度高、政策扶持力度大、规模优势强劲、人才吸纳能力强；但关键技术与核心零部件仍然是未来的突破重点，我国新能源汽车产业链供应链在关键技术研发上仍然受制于人、在核心零部件上仍然依赖进口、在相关研发制造人才方面存在供需缺口。为此，一是要坚持进口多元化导向，拓展进口来源；二是要构建全产业链供应链视角政策扶持体系；三是要加大技术研发力度，坚持自主创新；四是要加强关键环节科技人才队伍建设。

**关键词：** 新能源汽车　产业链供应链　韧性评估　产业安全

## 一　新能源汽车产业链供应链关键环节与链主分析

在上游关键环节动力电池生产领域，锂电池及其矿物材料产业链供应链

---

\* 白玫，中国社会科学院工业经济研究所研究员，主要研究方向为国家能源安全、新能源产业政策、产业链供应链韧性和产业国际转移等；徐哲，中国社会科学院大学研究生，主要研究方向为能源经济与能源政策。

围绕中国展开。根据彭博新能源财经的数据，2022 年，中国拥有全球 77%的锂电池制造能力，波兰、美国各控制 6%的锂电池生产，剩余 11%的产能由其他国家瓜分。从企业份额来看，中国企业在全球范围同样具有超强的竞争力，根据 SNE Research 的数据，2022 年，全球市场份额最大的前 10 位企业中就有 6 家是中国企业，其中宁德时代以 37%的市场份额高居榜首，比亚迪则与韩国的 LG Energy Solution 争夺第二名。

1. 新能源汽车整车制造环节由中国主导

同锂电池生产供应围绕中国展开一样，电动汽车的制造销售也由中国主导。绝大多数电动汽车销量主要集中在中国、欧洲和美国三个市场，根据IEA，2022 年，中国拥有近 60%的全球电动汽车市场，紧接着是欧洲和美国，分别占据约 26%、9%的份额。中国、美国、欧洲（特别是德国、法国）企业占据链上主导地位，比亚迪高居电动汽车交付量榜首，2022 年实现约 186 万辆电动汽车生产，按照这一轨迹，该公司很可能成为全球第一家单年生产超过 200 万辆电动汽车的制造商。特斯拉等新能源汽车厂商以及大众、通用等老牌汽车制造商也引领着整车制造领域的发展，海外车企在前10 位中占据 8 位，但比亚迪与吉利两个中国车企增势迅猛，实现了自 2021年起 211%、251%的惊人增长。

2. 氢燃料电池汽车市场主要在韩国和中国

根据 SNE Research 的数据，韩国是氢燃料电池汽车最大的市场，2022年，其市场份额达到 50%，保持全球第一，也是唯一销量超过 10000 辆的国家。中国居第二，其占 26.3%的全球市场份额。中国市场处于快速增长的过程中，较 2021 年增长 205.6，这主要来自中国政府的氢能汽车开发和分销政策导致的氢能商用车的扩张。其他市场主要由美国、日本以及欧洲分割，市场占有率分别达到 13.1%、4.1%、6.2%。雄踞氢燃料电池汽车产业链供应链的企业主要是亚太地区企业，尤以韩国、日本为先，韩国现代与日本丰田共同占据了 71.8%的市场，我国上汽 MAXUS 在全球份额仅为 1%，但竞争力强劲，较 2021 年增长达到 2166.7%。

3. 在充换电服务环节，充电桩建设运营集中在中国

2022 年，全球共拥有 270 万个公共充电站点，超过 60% 的充电基础设施建设在中国，其中，中国拥有超过一半的慢充份额以及超过 70% 的快充份额。韩国以 39 万个公共充电站点的保有量位居世界第二，美国、荷兰、法国等国家次之，保有量分别为 12.8 万、12.43 万、8.37 万个，与韩国也存在不小的差距。

表1　新能源汽车产业链供应链关键环节链主

| 序号 | 锂电池 | 电动汽车 | 充电桩 | 氢燃料电池 | 氢燃料汽车 |
|---|---|---|---|---|---|
| 1 | 宁德时代 | 比亚迪 | Tesla(美国) | AFC(英国) | 现代(韩国) |
| 2 | LG Energy Solution (韩国) | Tesla(美国) | ChargePoint(美国) | Ballard(加拿大) | 丰田(日本) |
| 3 | 比亚迪 | VW Group(德国) | Evgo(美国) | BE(美国) | 本田(日本) |
| 4 | 松下(日本) | GM(美国) | 能链智电 | 斗山集团(日本) | 上汽 MAXUS |
| 5 | SK On(韩国) | Stellantis (美-意-法) | Wallbox(西班牙) | FCEL(美国) | |
| 6 | Samsung SDI(韩国) | 现代(韩国) | Allego(荷兰) | IE(英国) | |
| 7 | 中创新航 | BMW(德国) | Blink Charging (美国) | 松下(日本) | |
| 8 | 国轩高科 | 吉利 | ADS-TEC Energy (德国) | Plug Power(美国) | |
| 9 | 欣旺达 | Mercedes-Benz (德国) | BP Pulse(英国) | PCELL(瑞典) | |
| 10 | 孚能科技 | R-N-M Alliance (法国、日本) | Compleo(德国) | 东芝(日本) | |

注：电动汽车制造企业按照 2022 年纯电动汽车与插电式混合动力汽车合计交付量排名。
资料来源：彭博新能源财经，Blackridge Research，EV Volumes，SNE Research，Energydigital。

## 二　新能源汽车产业链供应链韧性与安全水平评估

### （一）抵抗能力

所谓抵抗能力，是指新能源汽车产业链供应链在面临冲击时，抵御断链风险的能力。产业链完备程度、进出口的多元化程度、关键原材料的储备水平、供应链的透明度是评估抵抗能力的主要指标。

**1. 中国新能源汽车产业链供应链的完备程度较高**

中国拥有强大的新能源汽车零部件和整车生产制造能力,包括电池、电机、电控系统等关键零部件。2022年,中国生产了全球近60%的新能源汽车,包括纯电动汽车和插电式混合动力汽车;生产了全球约70%的动力电池。

中国在一些关键原材料的供应方面具有显著优势,特别是在锂电池材料(如锂、钴、镍)的采矿和冶炼加工方面;中国是全球最大的稀土元素生产国,这些元素对于制造电动汽车的电机至关重要。

**2. 出口市场多元化**

中国新能源汽车出口市场多元化是指中国制造的新能源汽车在全球不同地区和市场的分布和影响力。随着中国新能源汽车技术的成熟和全球市场对环保、低排放交通工具的需求增加,中国在全球新能源汽车出口方面取得了显著的进展。

中国向全球128个国家和地区出口了纯电动乘用车,主要的出口目的地包括德国、比利时、孟加拉国、英国、印度、泰国、德国、斯洛文尼亚、法国、澳大利亚和菲律宾;向58个国家和地区出口了电动商用汽车,主要出口目的地包括欧盟、卡塔尔、韩国、荷兰、美国和英国。欧洲已成为中国电动汽车重要的出口市场,2023年1~7月,对欧盟出口同比增长了112%,与2021年相比增长了361%[①]。

**3. 市场参与的多样化**

中国拥有数量庞大的电动汽车生产制造企业,不仅有传统汽车制造商,还有众多新兴的新能源汽车初创公司,以及互联网科技公司和其他制造业企业。这些不同背景的参与者为市场带来了更多元的产品和服务。

**4. 动力电池关键原材料、新能源汽车芯片等进口来源单一**

生产锂电池的原材料对外依存度较高,特别是钴资源和镍资源。中国钴、镍资源几乎依赖进口,进口来源较为单一。刚果(金)是我国钴的主

---

① Gary Clyde Hufbauer, China's electric vehicle surge will shock global markets, 21 November 2023, https://www.eastasiaforum.org/2023/11/21/chinas-electric-vehicle-surge-will-shock-global-markets/.

要进口源，2022 年全年我国进口钴金属超过 11.3 万吨；镍资源主要来自印度尼西亚与菲律宾，对外依存度高达 95%，极高的对外依存度以及单一的进口来源是中国新能源汽车产业链供应链的风险点。

电机主控芯长期以来由得州仪器、意法半导体、英飞凌、赛普拉斯等国际大厂主导，国内企业在电机主控芯片方面起步较晚，目前仅有峰岹科技等公司实现了技术攻关。

### （二）恢复能力

新能源汽车产业链供应链的恢复能力指的是在面对各种外部冲击和挑战时，如原材料短缺、市场需求波动、政策变化等，产业链供应链能够多快、多有效地恢复到正常运作状态的能力。有效的恢复能力不仅能保证在面临挑战时的业务连续性，还能提高整个产业的竞争力和可持续性。

中国新能源汽车产业链供应链的恢复能力主要表现为以下几个方面。

#### 1. 冗余能力

冗余能力指的是在供应链的关键环节设置额外资源和能力以应对可能的中断，包括额外的库存、备用生产能力或替代物流途径。在关键零部件和电池材料方面，中国已开始建立更多的备用资源，以减少对单一来源的依赖。动力电池产能增长较快，制造能力冗余较多。

#### 2. 适应能力

中国新能源汽车产业链在多元化供应和生产调整方面表现出一定的适应力和弹性。面对市场和外部环境变化，如原材料价格波动或政策调整，中国新能源汽车产业链供应链通常能够相对快速地做出调整。

#### 3. 协调和沟通能力

在恢复过程中，有效地协调和沟通对于迅速解决问题至关重要。协调和沟通能力包括与供应商、制造商和分销商之间的协调以及内部沟通。目前，在供应链管理方面，大型企业和领先的新能源汽车制造商通常具有较好的内部协调和沟通机制。但这种协调在整个行业层面可能不够完善。

## （三）控制能力

新能源汽车产业链供应链的控制能力，是对新能源汽车制造过程中所有环节的有效管理和控制，从原材料采购、零部件生产、汽车组装和市场分销等关键环节的掌控能力。

### 1. 中国电池产业全球市场占有率较高

中国动力锂电池生产能力占全球电池产量的 65% 和阴极产量的 80%。另据 SNE Research 数据，2022 年全球动力电池装机量市场占有率显示了中国企业的强势地位。全球 CR5 为 77.76%，CR10 为 91.97%。市场占有率排名前 10 的企业中，有 6 家是中国的，其市场占有率合计达到 60.4%。锂电池产业链上的正极材料、电解液也有同样的集中特点。

### 2. 宁德时代和比亚迪在全球锂电行业中拥有显著的控制力

宁德时代，是全球最大的锂离子电池制造商之一，专注于电动汽车和储能系统的电池生产，其生产基地布局在中国、欧洲和美国。比亚迪是全球重要的电池生产商，其在刀片电池技术方面有所突破，这种电池以其安全性、能量密度和成本效率而受到市场的欢迎。两家公司在全球锂电池市场中的强势地位不仅体现在市场份额上，还体现在技术创新、供应链管理和全球市场扩张等方面。通过不断地技术研发和市场扩展，宁德时代和比亚迪已成为推动全球电动汽车行业和锂电池技术发展的重要力量。

### 3. 原材料和零部件采购

中国新能源汽车产业在原材料和零部件采购方面表现出色，特别是在电池材料和关键电子元件的采购上有显著优势。在关键资源开发和采购方面，通过国内资源和海外采购来确保稳定的电池原材料供应。积极开展研究，探索新型电池技术和原材料的替代方案。国内供应商的强大生产能力和成本效益优势为整个行业提供了坚实的支撑。

## （四）创新能力

新能源汽车产业链供应链的创新能力指的是在从原材料提炼、零部件制造、整车组装到销售和服务等全产业链中，各环节能够持续进行技术革新、管理优化、流程改进以及商业模式创新的能力。中国新能源汽车产业链供应链的创新能力在全球范围内是领先的，可以从技术创新能力、新产品开发能力、技术专利三个方面窥见一斑。

1. 技术创新能力

中国在新能源汽车领域制定了"三横三纵"的技术研发体系，涵盖动力电池、电机系统及电子控制系统等关键技术，其创新能力体现在全产业链的各个方面。

第一，电池技术创新方面，在电池能量密度、寿命以及成本效率方面进行了大量的研发，推出了刀片电池、固态电池等新技术，大大提高了电池的能量密度和安全性。例如，宁德时代发展了凝聚态电池产品，努力突破能量密度的极限（500Wh/kg），同时具备高安全性、轻量化、高能量密度以及长循环寿命等特点。使用缩合电解质构建自适应网络结构，有助于提高电池的动态性能和锂离子的传输效率。

第二，驱动系统创新方面，中国在驱动电机技术上不断取得突破，对"大三电"（驱动电机、电机控制器和减速器）和"小三电"（车载充电机、DC-DC转换器和高压配电单元）持续进行技术升级和迭代。这些技术改进对提升电动汽车的爬坡能力、加速能力、最高车速、能效等关键性能指标起到了重要作用。中国掌握了高功率密度、高效率的永磁同步驱动电机和高可靠性的大功率变频驱动电机等关键技术。

第三，充换电技术方面，创新充电设施和技术，如快速充电技术，它是新能源汽车行业的另一个创新领域。中国制造商致力于开发能够在短时间内为电池充电的技术，减少用户的等待时间，提升用户体验。

第四，智能网联技术方面，整合先进的信息通信技术，推进汽车智能化和自动驾驶技术的发展。中国智能网联技术处于与5G技术融合时期，在RFID/传感器、定位芯片、终端设备制造技术和车载软件等方面进行了技术研发。智能电动汽车车载软件方面，从底层基础到应用落地，涵盖了操作系统、虚拟机、中间件、功能软件和应用软件等方面，具有显著的竞争优势。

**2. 新产品开发能力**

新产品开发能力是指具有根据市场需求快速调整产品的能力。可以生产纯电动汽车、插电式混合动力汽车、燃料电池汽车等多种车型，还涵盖了从小型城市用车到豪华车型、从商用车到乘用车以及专用车的广泛范围。

**3. 技术专利**

中国是全球新能源汽车专利布局数量最多的国家，是全球新能源汽车的中心。在新能源汽车有效专利排名前20的专利申请人/专利权人中，70%为中国企业。中国是动力电池最大的技术来源国，全球约74%的专利申请来源于中国；中国也在氢燃料电池技术专利申请量方面位居全球第一，申请专利总量为22858件，以31.35%的占比领先全球。

中国在新能源汽车技术专利方面的能力持续增长。根据中国汽车技术研究中心发布的数据，2022年，新能源汽车专利公开量同比增长13.32%，而智能网联汽车专利公开量同比增长19.77%，显示出这些领域的快速发展和技术创新。

比亚迪、华为、东风汽车等在新能源汽车有效专利权人排名中占据重要位置，这反映出中国企业在新能源汽车技术领域的强劲创新能力和市场领导地位。

# 三 提高新能源汽车产业链供应链韧性和安全水平的政策建议

**1. 强化应急管理和风险评估**

建立健全新能源汽车产业链供应链信息共享机制。创建一个统一的信息共享平台，让所有产业链参与者，包括原材料供应商、制造商、物流公司、经销商等，能够实时共享和访问关键信息。提高供应链的透明度，包括原材料来源、生产进度、库存水平、物流状态等，有助于各方更有效地规划和协调。在信息共享的过程中，确保数据安全和隐私保护是至关重要的。需要制定严格的安全协议和隐私保护措施。建立激励机制，鼓励各方参与信息共享，如通过优化供应链运作提高效率、降低成本等。

建立完善的风险评估、预警和应急管理机制。为应对原材料供应中断和市场波动，需建立完善的风险评估和应急管理机制。通过定期评估包括原材料价格波动、供应中断、政策变化在内的潜在风险，更加有效地识别和预防风险。建立预警系统，对市场趋势和供应链变化进行实时监控，定期进行风险管理和应急响应的培训，都是提升组织应对风险能力的重要措施。制定应对突发事件的详细应急计划，加强与供应商的沟通与合作，维持适当的关键原材料库存，以及利用金融工具和保险机制来管理价格波动和供应风险，均是降低风险的有效策略。

### 2. 集各方力量，共同攻克"卡脖子"难题

鼓励企业进行技术创新和自主研发，提高在关键技术上的自给自足能力。

加大技术研发。政府制定税收优惠、财政激励政策，增加对新能源汽车关键技术、核心零部件的研发资金投入，创建国家级、省部级等各级新能源汽车产业链供应链强链补链研究院、重点实验室等研究机构，批准一批重点科研项目；也要明确企业在新能源汽车产业链供应链上的创新主体地位，企业内部资金向研发端汇集。

加强关键环节科技人才队伍建设。加强产学研合作，联合培养和引进与新能源汽车产业相关的技术人才与管理人才，引导技术、人才等创新要素向企业集聚，完善人才政策，向有技术、有策略的创新人才给予真金白银的支持，将核心技术、卓越管理模式留在本土。

### 3. 积极推动国际合作

减少对单一国家或地区的依赖。减少对特定国家和地区的依赖，是增强供应链灵活性和韧性的关键策略。通过国际合作，拓展中国电动汽车及零部件出口市场，减少对单一市场的依赖。深化国际合作，依托"一带一路"、RCEP 协定等一系列区域合作平台，与多国建立稳固的经济伙伴关系，共同维护新能源汽车产业链供应链安全与稳定。加强与资源国的沟通和合作，分

散进口风险。政府通过提供政策指导、财政激励和信息支持等手段来鼓励支持企业实现供应链的多元化。

积极参与国际标准制定，提升中国品牌的全球影响力。基于中国电动汽车行业的技术优势，提出国际标准提案，参与标准的制定过程，推动中国技术和标准在国际上的认可和应用。积极参与国际标准组织，如国际电工委员会（IEC）和国际标准化组织（ISO），建立与其他国家企业和研究机构的合作，共同推动电动汽车相关国际标准的制定和修订。与国际同行建立技术联盟，共享技术信息，共同推动技术进步和标准制定，提高中国在国际标准制定中的影响力。加强对从事标准化工作的专业人才的培养，提高参与国际标准制定的专业能力和谈判水平。结合国际标准的参与和实施，制定有效的国际品牌推广战略，提升中国品牌在全球市场的知名度和影响力。

### 4. 优化产业政策

优化电动汽车产业的政策，逐步从数量扩张转向质量提升和技术进步，避免产能过剩和无序竞争。逐渐减少对电动汽车销量的直接补贴，转而支持技术创新、研发投入和生产效率的提升。着重奖励那些在电池性能、能效、安全性和环保方面取得突破的企业。通过政策引导，促使企业从单纯追求规模扩张转向追求产品质量和技术创新。支持企业提升核心竞争力，如电池技术、电机效率和智能化水平。

加强对电动汽车市场的监管，避免低端产能过剩和市场无序竞争。设置严格的市场准入标准，提升整体行业水平。鼓励行业内企业之间的合作与重组，通过资源整合，优化产业布局，防止重复建设和无效竞争。

支持本地供应链的发展。政府通过财政拨款以及技术援助，积极引导和扶持本国内矿产资源丰富地区的合理开发，积极投资于当地基础设施建设，降低开采成本，提高效益；创建国内短缺关键矿产原材料的战略储备，以确保在供应链中断或价格波动时有足够的原材料供应；同时也要注重矿产资源的回收再利用，提高资源回收率，减少资源浪费和依赖新开采的矿产。

## 参考文献

吕越、邓利静：《着力提升产业链供应链韧性与安全水平——以中国汽车产业链为例的测度及分析》，《国际贸易问题》2023 年第 2 期。

王勇、徐婉、赵秋运、刘长征：《中国新能源汽车何以实现换道超车——基于新结构经济学的分析》，《经济理论与经济管理》2023 年第 9 期。

IEA, Global EV Outlook 2023, https：//iea. blob. core. windows. net/assets/dacf14d2 - eabc-498a-8263-9f97fd5dc327/GEVO2023. pdf.

IEA, Global Supply Chains of EV Batteries, https：//iea. blob. core. windows. net/assets/4eb8c252-76b1-4710-8f5e-867e751c8dda/GlobalSupplyChainsofEVBatteries. pdf.

Wood, Supply Chains to Support a Hydrogen Economy, https：//assets. publishing. service. gov. uk/government/uploads/system/uploads/attachment_ data/file/1092371/supply - chains - to - support-uk-hydrogen-economy-wood-template. pdf.

IEA, Global Hydrogen Review 2023, https：//iea. blob. core. windows. net/assets/8d434960-a85c-4c02-ad96-77794aaa175d/GlobalHydrogenReview2023. pdf.

IEA, Hydrogen Patents for a Clean Energy Future, https：//iea. blob. core. windows. net/assets/1b7ab289-ecbc-4ec2-a238-f7d4f022d60f/Hydrogenpatentsforacleanenergyfuture. pdf.

# B.19
# 人工智能产业链供应链韧性
# 与安全水平研究

惠 炜*

**摘　要：** 作为新一轮科技革命和产业变革的重要驱动力，实现人工智能技术自主可控，是我国发展数字经济的关键，是提升我国数字经济国际竞争力的必由之路，更是保障我国人工智能产业链供应链韧性与安全的核心。本文通过构建人工智能产业链供应链韧性与安全指数，研究发现，我国人工智能产业链供应链韧性指数总体呈现逐步增强的态势，整体处于中上游，应优先提高创新能力，从而带动恢复能力、控制能力与抵抗能力的提升。因此，为了提升人工智能产业链供应链韧性与安全，应增强对人工智能技术创新的政策支持，加强对人工智能技术创新投融资的政策倾斜，完善对人工智能相关人才的培养模式。

**关键词：** 人工智能　产业链　供应链　韧性　安全

## 一　全球人工智能产业链供应链韧性与安全态势

### （一）全球人工智能高速发展

近年来，人工智能在全球范围内迎来新一轮的快速发展，根据斯坦福大

---

\* 惠炜，经济学博士，中国社会科学院工业经济研究所助理研究员，主要研究方向为产业经济。

学发布的《人工智能指数报告（2023）》，人工智能出版物从 2010 年的 20 万余部已经增加了 1 倍多，于 2021 年达到 49.6 万部，其中，模式识别相关约 5.94 万部，机器学习约 4.26 万部，计算机视觉约 3 万部，算法约 2.15 万部，数据挖掘约 1.92 万部，自然语言处理约 1.5 万部，控制理论约 1.16 万部，人机交互约 1.04 万部，语言学约 0.67 万部。全球各领域人工智能出版物数量排名前 10 的机构中，我国国内科研院所与高校包揽前 9 位，包括中国科学院、清华大学、中国科学院大学、上海交通大学、浙江大学、哈尔滨工业大学、北京航空航天大学、电子科技大学、北京大学。2010～2021 年，美国和中国在人工智能出版物方面的跨国合作数量最多，增加了近 4 倍，是中英合作出版的 2.5 倍。2021 年人工智能专利申请数量是 2015 年的 30 余倍，增长率达到 76.9%。

人工智能投资、战略部署日益被重视。根据《人工智能指数报告（2022）》，从 2020 年到 2021 年，人工智能公司的私人投资总额翻了一番，达到 935 亿美元。根据 Tortoise 发布的 The Global AI Index，相较于 2021 年，2022 年世界各国的人工智能创新制度指数均有所提升，美国、英国、澳大利亚、新加坡与中国的人工智能政策规划指数提升较高；英国、法国、澳大利亚、新加坡与日本的人工智能治理指数提升较高。

## （二）西方主要国家垄断产业链上游

人工智能发展依赖于上游芯片市场的发展，海外芯片龙头企业占垄断地位。依据人工智能技术架构，可将芯片分为 CPU、GPU、ASIC。在 CPU 市场上，AMD 上升势头迅猛，英特尔市场占有率有所下降，但仍有较大的优势。在 GPU 市场上，国外企业仍占垄断地位，尤其是应用在人工智能场景的服务器 GPU 市场中，英伟达与 AMD 在软件和硬件上占据绝对领先地位。根据 Liftr Insights 的统计数据，2022 年，英伟达的市场份额达到 82%，2023 年第一季度，英伟达的显卡市场占比上升到 84%，AMD 和英特尔分别为 12% 和 4%。我国人工智能芯片市场的需求持续扩大，国内芯片市场布局集中在 ASIC 芯片，受限于国内企业起步较晚、规模较小、技术能力

较弱，尚未形成芯片—平台—应用的场景，目前仍与国外龙头企业存在差距，不具备与海外芯片巨头竞争的实力，高端芯片主要依赖海外进口，但已经涌现出如寒武纪、四维图新、北京君正、芯原股份等上市公司，随着"卡脖子"对国内芯片进口的限制，人工智能芯片的国产化、量化生产有望进一步加快。

### （三）紧抓人工智能发展机遇，加大人工智能研发力度

人工智能技术在 2022 年取得突破性进展。OpenAI 发布聊天机器人程序 ChatGPT（Chat Generative Pre-trained Transformer），迅速风靡全球，发布仅仅 5 天，注册用户超过 100 万；发布不到 3 个月，注册用户就超过 1 亿户，是史上用户数量增长最快的消费者应用软件。ChatGPT 作为一种由人工智能技术驱动的自然语言处理工具，通过理解和学习人类语言进行对话，除了能像人类一样根据对话的上下文进行交流，还可以撰写电子邮件、代码和论文等。2023 年 2 月，微软宣布推出由 ChatGPT 支持的最新版本人工智能搜索引擎 Bing 和 Edge 浏览器。2023 年 3 月，OpenAI 正式推出支持图像和文本输入输出的多模态大模型 GPT-4。GPT-4 拥有更为强大的识图能力，文字输入的上限甚至提升到 2.5 万字。世界排名靠前的人工智能研发公司基本都位于美国，包括拥有智能语音助手 Alexa、自动驾驶技术、人工智能平台 AWS 的亚马逊，拥有 AlphaGo 人工智能围棋程序、谷歌翻译、Google Cloud 的谷歌，拥有人工智能聊天机器人、人工智能平台 Azure 的微软，拥有 Watson 人工智能问答系统、云计算平台的 IBM 公司，拥有人工智能助手 M、人脸识别系统技术的 Facebook，拥有自然语言处理、计算机视觉技术的苹果公司，专注于 GPU 研发、Jetson 计算平台的英伟达公司。根据《2022 全球人工智能创新指数报告》，美国人工智能创新指数已经连续 4 年位居全球首位，中国连续 3 年位居世界第二，从 2020 年到 2022 年，人工智能相关论文数量不断增长，尤其是涉及环境、地理、材料等基础学科的人工智能相关论文比重从 5% 上升到 10%。2023 年 5 月，美国发布《国家人工智能研发战略计划》（The National Artificial Intelligence Research and Development Strategic

Plan），强调优先投资下一代人工智能技术，推动科学发展与创新，明确长期投资基础和负责任的人工智能研究。

## 二　人工智能产业链供应链韧性与安全分析

党的二十大报告指出，我国产业链供应链安全可靠有很多重大问题需要解决。为了提升产业链供应链韧性和安全水平，2023 年 7 月，中共中央政治局召开会议分析研究当前经济形势和经济工作时指出，要加快培育壮大战略性新兴产业、打造更多支柱产业。要推动数字经济与先进制造业、现代服务业深度融合，促进人工智能安全发展。作为与发达国家发展差距较大的产业之一，同时作为"卡脖子"的关键核心技术，我国人工智能产业不仅要不断增强其产业链供应链韧性，还要将人工智能产业安全水平摆到更加突出的位置。

### （一）人工智能产业链供应链韧性与安全指标体系

任意一个产业链供应链都具有网络化、复杂性、动态化、多样化的特征，产业链上任一个节点受到冲击都会波及其他节点，从而对整个产业链供应链造成风险，为抑制这种风险，亟须提升产业链供应链韧性。因此，产业链供应链韧性被定义为在产业链供应链运行过程中尽可能保持产业链供应链完整性的能力，具有韧性的产业链供应链体系能够抵御冲击对产业链供应链带来的负面影响。基于此，人工智能产业链供应链韧性应包括 4 个方面的内容：①抵抗能力；②恢复能力；③控制能力；④创新能力。为遵循选取全面、逻辑清晰、数据可得、度量可行等原则，本文构建的指标体系尽可能从官方统计年鉴数据库中搜集、获取数据，从而在不改变原始数据经济含义的基础上客观反映人工智能产业链供应链韧性情况。

基于此，本文构建包含抵抗能力、恢复能力、控制能力与创新能力在内的 4 个维度的人工智能产业链供应链韧性与安全指标体系（见表 1）。

表1 人工智能产业链供应链韧性与安全指数指标体系

| 一级(维度)指标 | 二级指标 | 三级指标 | 指标类型 |
|---|---|---|---|
| 抵抗能力 | 对外依存度 | 计算机、通信和其他服务进口占进口总额比重 | 负向(-) |
| | 人工智能竞争力 | 工业机器人密度 | 正向(+) |
| 恢复能力 | 政府支持 | 政府教育支出总额占GDP比重 | 正向(+) |
| | 资产配置 | 非金融资产净投资占GDP比重 | 正向(+) |
| | 新型基础设施建设 | 每百万人中安全网络服务器数量 | 正向(+) |
| 控制能力 | 关键技术受控制程度 | 芯片进口占进口总额的比重 | 负向(-) |
| | | 高科技出口占制成品出口的比重 | 正向(+) |
| | 产业链安全 | 知识产权费用收取与支出比重 | 正向(+) |
| 创新能力 | 创新投入 | 每百万人中R&D人员数 | 正向(+) |
| | | R&D支出占GDP比重 | 正向(+) |
| | 创新产出 | 人工智能论文数量 | 正向(+) |
| | 创新质量 | 人工智能发明专利占比 | 正向(+) |

基于表1人工智能产业链供应链韧性指标体系,本文利用交叉熵无偏赋权法对2012~2021年中国省级人工智能产业链供应链韧性进行测算。本文人工智能论文数量来自Web of Science核心合集,基于人工智能关键词检索的人工智能专利数量来自智慧芽专利数据库。其余数据来自国家统计局网站与世界银行数据库。

（二）人工智能产业链供应链韧性国际比较

根据人工智能产业链供应链韧性指标体系,本文利用交叉熵无偏赋权法对中国与美国、日本、韩国、德国的人工智能产业链供应链韧性进行测算,结果如表2所示。总体来看,2011~2021年,除了日本以外,各个国家的人工智能产业链供应链韧性总体上都在逐步增强,但差距在逐渐扩大。具体来看,美国凭借其在第三次科技革命中的发展成就,在过去的10年中,人工智能产业链供应链韧性与安全指数一直在5个国家中位列首位,从76.48提升至134.67。中国人工智能产业链供应链韧性在2011年位列5个国家的末位，进入新发展阶段以来，人工智能产业链供应链韧性与安全指数明显上升，至 2021 年，中国人工智能产业链供应链韧性与安全指数排名已经升至第 2。德国 2011 年人工智能产业链供应链韧性与安全指数为 68.23，至 2021 年缓慢提升到 77.71，但由于其他国家的人工智能产业链供应链韧性与安全指数增速快于德国，致使其排名从第 3 下降至第 4。日本人工智能产业链供应链韧性与安全指数从 2011 年的 67.46 下降至 56.51，排名从第 4 下降至第 5。韩国人工智能产业链供应链韧性与安全指数在 2011 年仅有 58.84，位列第 4，于 2021 年提升到 99.98，但由于增幅小于中国，排名仅提升 1 位至第 3 位。

2011~2021 年，国际人工智能产业链供应链韧性与安全水平出现明显分化。2011 年，中国、美国、德国、日本与韩国的人工智能产业链供应链韧性与安全指数平均水平为 63.66，最大值与最小值之间的差距仅 29.17。至 2021 年，5 个国家的人工智能产业链供应链韧性与安全指数平均值为 95.79，得分最高的美国与得分最低的日本之间的差距拉大到 78.16。

表 2  2011~2021 年人工智能产业链供应链韧性与安全指数

| 国家 | 2011 年 | 2012 年 | 2013 年 | 2014 年 | 2015 年 | 2016 年 | 2017 年 | 2018 年 | 2019 年 | 2020 年 | 2021 年 |
|---|---|---|---|---|---|---|---|---|---|---|---|
| 中国 | 47.31 | 46.75 | 42.92 | 48.35 | 52.20 | 60.33 | 67.55 | 77.59 | 87.43 | 94.26 | 110.10 |
| 美国 | 76.48 | 71.50 | 72.88 | 77.99 | 82.26 | 80.53 | 84.26 | 98.99 | 117.70 | 127.17 | 134.67 |
| 德国 | 68.23 | 70.38 | 71.33 | 72.02 | 72.71 | 73.08 | 71.00 | 73.91 | 76.93 | 71.77 | 77.71 |
| 日本 | 67.46 | 68.42 | 66.76 | 61.95 | 59.28 | 56.21 | 57.48 | 59.66 | 58.86 | 56.24 | 56.51 |
| 韩国 | 58.84 | 66.20 | 67.04 | 75.32 | 75.03 | 78.63 | 82.29 | 83.54 | 84.73 | 87.32 | 99.98 |

5 国人工智能产业链供应链韧性与安全指数按维度指标得分与排名情况如表 3 所示。2021 年，美国人工智能产业链供应链韧性与安全指数达到 134.67，处于第一梯队，中国与韩国分别为 110.10 和 99.98，高于 5 国平均值，处于第二梯队，德国与日本分别为 77.71 与 56.51，处于第三梯队。分维度来看，美国在创新能力位列第 1，抵抗能力位列第 4；德国在恢复能力与控制能力位列第 1，创新能力位列第 5；日本在控制能力位列第 2，其余

排名均靠后；韩国在抵抗能力位列第 1，恢复能力与控制能力相对较弱；中国在抵抗能力与创新能力位列第 2，抵抗能力与排名第 1 的韩国差距较小，创新能力与排名第 1 的美国存在一定的差距，但控制能力处于第三梯队，得分较低。我国人工智能产业链供应链韧性与安全水平整体呈现显著的提升趋势，创新能力远远领先于德国、日本，但仍有提升空间，同时创新能力的提升也能作用于抵抗能力、恢复能力与控制能力，因此，为了增强人工智能产业链供应链韧性与安全水平，我国首先应着力提高创新能力，继而推动恢复能力、控制能力与抵抗能力提升。

表3 2021 年按维度人工智能产业链供应链韧性与安全指数

| 国家 | 类别 | 总指标 | 抵抗能力 | 恢复能力 | 控制能力 | 创新能力 |
|---|---|---|---|---|---|---|
| 中国 | 得分 | 110.10 | 26.88 | 14.99 | 6.91 | 61.31 |
| | 排名 | 2 | 2 | 3 | 5 | 2 |
| 美国 | 得分 | 134.67 | 17.99 | 15.59 | 14.15 | 86.93 |
| | 排名 | 1 | 4 | 2 | 3 | 1 |
| 德国 | 得分 | 77.71 | 21.26 | 20.13 | 21.72 | 14.60 |
| | 排名 | 4 | 3 | 1 | 1 | 5 |
| 日本 | 得分 | 56.51 | 10.39 | 12.08 | 16.39 | 17.56 |
| | 排名 | 5 | 5 | 5 | 2 | 4 |
| 韩国 | 得分 | 99.98 | 35.22 | 12.67 | 7.87 | 44.22 |
| | 排名 | 3 | 1 | 4 | 4 | 3 |

## 三 我国人工智能产业链供应链发展面临的问题

通过对比我国与世界领先国家的人工智能产业链供应链韧性与安全指数发现，我国人工智能产业链供应链韧性与安全水平整体处于中上游，2011 年至今呈现显著的提升趋势，创新能力远远领先于德国、日本，但对产业链供应链的控制程度相对较弱，产业链供应链自主可控有待进一步实现。

## （一）缺乏原创性突破性创新

人工智能是新一轮科技革命和产业变革的重要驱动力量，包括机器人、语言识别、图像识别、自然语言处理等交叉学科。世界人工智能专利申请多来自中国、美国、韩国、日本与德国，2021 年，这五国的人工智能专利申请量占全球总申请量的 92.6%，其中，中国与美国的人工智能专利授权量占全球人工智能专利授权量的 86.7%。中国人工智能发展起步较晚，但是专利申请量居于 5 个国家的首位。从所申请专利的技术主题来看，数据挖掘、实时计算、计算机视觉等领域成为各国人工智能发展的重点领域，美国几乎在各个技术主题均处于世界领先地位，中国在语音识别、数据挖掘、实时计算、计算机视觉等技术主题具有较为显著的优势。尽管目前我国已经基本形成人工智能完整产业链，但我国的人工智能专利多集中于产业链中下游的应用层，关于产业链基础层与技术层的相关专利较少，尤其是芯片、核心电器元器件、算法等关键技术主题、核心技术主题仍与国际领先水平存在差距。尽管华为麒麟 9000S 芯片在技术上实现突破，但我国距离芯片的自主制造、突破技术封锁、破解"卡脖子"困境尚需时日。从申请专利权人分布来看，美国人工智能专利权人 95.7%集中在企业，包括 IBM、英特尔、微软、谷歌等企业，而我国高校与研究所是人工智能专利申请的主要机构，这就造成我国人工智能理论发展、技术进步与产业发展的分割局面。

## （二）产业链供应链控制能力较弱

我国人工智能发展迅猛，但是产业链供应链的控制能力较弱。根据本文所构建的人工智能产业链供应链韧性与安全指标，主要利用关键技术受控制程度与产业链安全两个方面对人工智能产业链供应链的控制能力进行衡量，其中，关键技术受控制程度用芯片进口占进口总额的比重、高科技出口占制成品出口的比重进行衡量；产业链安全利用知识产权费用收取与

支出比重进行衡量，如果知识产权费用收取费用高于支出费用，则认为本国的相关技术发展更为成熟，对国外技术的依赖程度较低，产业链安全更易被保障；反之，则认为本国对国外技术的依赖程度高，产业链安全存在隐患。指标计算发现，造成我国控制能力较弱的主要原因在于知识产权费用收取与支出比重较低。在我国各项政策的强势引导下，依托互联网的普及应用、海量的数据量以及丰富的人工智能技术应用场景，人工智能实现持续高速发展，正逐渐从追逐者向引领者转变。然而，与优先发展人工智能、处于人工智能发展领先地位的国家相比，我国人工智能发展主要集中在产业链中下游的应用场景，原创技术与基础理论发展迟缓等问题凸显，同时长期以来的芯片依赖进口导致产业链安全存在隐患，这就导致我国人工智能产业链供应链控制能力较弱。

## （三）产业链恢复能力有待提升

长期以来，我国依赖进口国外先进、关键核心技术与设备，然而随着国际环境发生改变，关键核心技术的管制导致半导体企业被限制向中国交付半导体制造相关设备，我国人工智能产业链供应链的"卡脖子"问题显著。本文利用政府支持情况、资产配置情况与新型基础设施建设情况衡量人工智能产业链供应链的恢复能力，其中，用政府教育支出占 GDP 比重衡量政府支持，用非金融资产净投资额占 GDP 比重衡量资产配置，用每百万人中安全网络服务器数量衡量新型基础设施建设情况。指标计算发现，我国在资产配置方面相对较弱。人工智能的发展离不开资本市场的投入，高昂的研发投入是推动技术创新的关键因素。尽管 2021 年我国人工智能投融资数额相较于 2011 年已经呈现显著增长的态势，但是与其他国家相比，我国资本市场对技术创新的支持力度有限，部分处于初创阶段，具有创新活力的企业面临融资渠道少、融资能力弱等问题，将严重阻碍人工智能企业的发展。

# 四 影响我国人工智能产业链供应链韧性与安全的主要因素

## （一）研发人工智能的人才因素

人工智能研发人才的长期、稳定、高质量供给是发展人工智能的必要条件。根据 Tortoise 发布的 The Global AI Index 所测算的世界主要国家人工智能能力排名与得分（见表4），美国除了运行环境与政府战略、密度以外，总体排名与其余分项排名均为第1；中国总体排名第2，但在人工智能人才与人工智能密度两项指标上均排名20位左右。我国人工智能高质量研发人才力量薄弱制约了我国人工智能产业的发展，造成我国人工智能产业链集中于中下游，缺乏基础层与技术层原创性、突破性创新，产业国际竞争力较弱的局面，导致关键核心技术被"卡脖子"风险。

表4 世界主要国家人工智能能力排名与得分

| 国家 | 类别 | 总体排名 | 人才 | 基础设施 | 运行环境 | 研究 | 发展 | 政府战略 | 商业投资 | 规模 | 密度 |
|---|---|---|---|---|---|---|---|---|---|---|---|
| 美国 | 排名 | 1 | 1 | 1 | 28 | 1 | 1 | 8 | 1 | 1 | 5 |
| | 得分 | 100 | 100 | 100 | 82.8 | 100 | 100 | 90.3 | 100 | 100 | 60.5 |
| 中国 | 排名 | 2 | 20 | 2 | 3 | 2 | 2 | 3 | 2 | 2 | 21 |
| | 得分 | 61.5 | 30 | 92.1 | 99.7 | 54.7 | 80.6 | 93.5 | 43.1 | 67.8 | 39.3 |
| 新加坡 | 排名 | 3 | 4 | 3 | 22 | 3 | 5 | 16 | 4 | 10 | 1 |
| | 得分 | 49.7 | 56.9 | 82.8 | 85.7 | 48.8 | 24.4 | 81.8 | 26.2 | 28.1 | 100 |
| 英国 | 排名 | 4 | 5 | 24 | 40 | 5 | 8 | 10 | 5 | 4 | 10 |
| | 得分 | 41.8 | 53.8 | 61.8 | 79.5 | 38.1 | 19.8 | 89.2 | 20 | 34.6 | 52.8 |
| 加拿大 | 排名 | 5 | 6 | 23 | 8 | 7 | 11 | 5 | 7 | 7 | 7 |
| | 得分 | 40.3 | 46 | 62.1 | 93.1 | 34 | 18.9 | 93.4 | 18.9 | 31.9 | 56.9 |
| 韩国 | 排名 | 6 | 12 | 7 | 11 | 12 | 3 | 6 | 18 | 8 | 6 |
| | 得分 | 40.3 | 35.1 | 74.4 | 91.4 | 24.3 | 60.9 | 91.9 | 8.3 | 31.3 | 57.3 |

| 国家 | 类别 | 总体排名 | 人才 | 基础设施 | 运行环境 | 研究 | 发展 | 政府战略 | 商业投资 | 规模 | 密度 |
|------|------|--------|------|--------|--------|------|------|--------|--------|------|------|
| 德国 | 排名 | 8 | 3 | 12 | 13 | 8 | 9 | 2 | 11 | 3 | 15 |
| | 得分 | 39.2 | 57 | 68.2 | 90.7 | 29.3 | 19.5 | 93.9 | 10.3 | 34.7 | 46.4 |
| 日本 | 排名 | 12 | 11 | 5 | 10 | 20 | 6 | 18 | 23 | 6 | 25 |
| | 得分 | 33.9 | 38 | 80.8 | 92.4 | 18.6 | 22.2 | 80.3 | 6.8 | 32.2 | 36.4 |

资料来源：Tortoise，The Global AI Index，https：//www.tortoisemedia.com/intelligence/global-ai/。

### （二）人工智能自身的安全

人工智能作为融合计算机科学、信息论、心理学等涉及自然科学与社会科学的交叉学科，融合了数据挖掘、计算机视觉、机器学习等多种新技术，由这些技术本身引致的安全问题不仅涉及人工智能自身的发展，还会影响到当前社会经济活动的方方面面。

首先，人工智能本身的安全问题。人工智能所融合的多项技术本身就会存在一些漏洞，技术融合形成的应用场景将会造成系统性的安全问题，这些漏洞一旦被发现并被恶意利用，将会破坏人工智能应用的正常运转，同时造成信息泄露、信息滥用、隐私被侵犯等风险。

其次，数据安全问题。人工智能应用推广过程中涉及用户数据收集、整理、分析以及应用，人工智能平台与用户对用户数据的使用权、控制权、归属权存在严重的信息不对称问题，且平台往往受到保留用户数据、分析用户数据并获取收益的激励，因此存在数据安全风险。如果人工智能平台的用户为企业，则可能涉及商业机密与客户隐私权，一旦这类数据被泄露，造成的社会影响将会更加恶劣。

最后，算法安全问题。一方面，人工智能程序攻击者向人工智能语料库中的训练集注入被污染的或包含恶意的数据，都将会导致算法中出现不正确的或具有误导性的错误，并且由于无法定位人工智能程序攻击者，用户人身会受到伤害，人工智能数据存在中毒风险。另一方面，人工智能程序攻击者通过向检测到的场景增加干扰信息欺骗算法，导致人工智能程序产生错误的预测结果，造成欺骗算法攻击风险。

### （三）人工智能产业链结构

中国的人工智能研究处于起步阶段，但面临复杂多变的国际局势，我国亟须在数学、计算机学科、神经学科等领域寻求关键核心技术的突破性创新，以解决核心设备、高端芯片、基础理论的"卡脖子"问题。根据投中研究院研究，2023 年以来，人工智能国外研究进展主要包括 Meta 发布的自监督算法 data2vec 2.0、谷歌发布的文字—图像生成模型 Muse 等、斯坦福团队发布的 DetectGPT、ChatGPT 竞品 Claude、Meta 公布的人工智能大型语言模型 LLaMA 等，主要集中在算法、图像生成以及大语言模型等领域；而国内的进展包括能实现手部任务快速识别的新型智能皮肤、促进人工智能临床应用的 DeepFundus、百度推出的中国式的 ChatGPT 服务以及商汤科技的中文语言大模型应用平台"商量"，主要集中在识别、应用与大语言模型等领域，其中，百度的中国式 ChatGPT 服务与商汤科技的"商量"都与 ChatGPT 有着千丝万缕的联系，表明我国原创性的人工智能技术创新缺乏，产业结构失衡，在基础层与技术层缺乏竞争力。

## 五 提升人工智能产业链供应链韧性与安全的政策建议

基于当前我国人工智能产业链供应链韧性与安全现状、存在的问题以及影响产业链供应链韧性与安全的主要因素，为了破解发达国家对我国关键核心技术的封锁，构建自主可控的人工智能产业链供应链，提升人工智能产业链供应链韧性与安全水平，提出如下政策建议。

### （一）增强对人工智能技术创新的政策支持

人工智能发展的核心是人工智能技术的发展，我国应发挥新型举国体制优势，集中科研力量推动人工智能基础层与技术层的技术创新发展。一方面，鼓励人工智能基础理论与原创技术发展，增加基础理论研究的投入。注重被"卡脖子"的关键技术科研攻关，设立相关研究的专项经费。另一方面，简化人工智能专利转化流程，鼓励产学研融合发展。搭建包含高校、科研院所与企业在内的人工智能成果转化服务平台，将技术供给方与需求方置于同一平台，联合进行关键核心技术的攻关，精简人工智能成果转化流程，提高专利转化率。

### （二）加大对人工智能技术创新投融资的政策倾斜

人工智能领域的投资情况影响人工智能的发展方向，我国应对人工智能技术创新的投融资实行政策倾斜，推动人工智能基础层与技术层的发展。目前，我国对人工智能企业的投融资往往关注人工智能的应用领域，并不关注人工智能技术领域。因此，应鼓励投资公司关注人工智能的技术领域，支持人工智能产业链上游、中游企业上市融资，利用资本市场解决自身融资问题。鼓励人工智能企业创新融资方式，通过股权转让、战略融资等方式获取投资，通过股权质押等方式获得商业贷款，解决处于人工智能产业链供应链基础层与技术层的企业的投融资问题。

### （三）完善对人工智能相关人才的培养模式

制约我国人工智能产业发展的关键因素之一就是人才短缺问题。一方面，要出台吸引全球人工智能人才的政策，吸引从事人工智能相关研究的海外专家学者、留学生回国进行相关研究。由于我国人工智能技术与世界领先水平仍存在一定的差距，关键核心技术"卡脖子"问题突出，在依靠本土学者进行技术攻关的基础上，吸引海外专家学者回国将会丰富人工智能人才的培养经验、人工智能技术的研发经验以及人工智能技术应用的实践经验。

另一方面，要设立人工智能研究院，制定人工智能专业的培养方案，培养人工智能专门研究人才，通过包含高校与企业的人工智能成果转化服务平台，匹配人工智能人才的需求与供给，提高人工智能专业毕业生的就业质量，从而推动人工智能技术的发展。

## 参考文献

崔彦哲、赵林丹：《基于交叉熵的无偏赋权法》，《数量经济技术经济研究》2020 年第 3 期。

黄群慧：《中国共产党领导社会主义工业化建设及其历史经验》，《中国社会科学》2021 年第 7 期。

中国社会科学院工业经济研究所课题组：《提升产业链供应链现代化水平路径研究》，《中国工业经济》2021 年第 2 期。

Stanford Institute for Human-Centered Artificial Intelligence. Artificial Intelligence Index Report 2022，https：//aiindex. stanford. edn/up－content/uploads/2022/03/2022－AI－Index－Report_ Master. pdf.

Stanford Institute for Human－Centered Artificial Intelligence. Artificial Intelligence Index Report 2023，http：//aiindex. stanford. edn/up－content/uploads/2023/04/HAI－AI－Index－Report_ 2023. pdf.

Tortoise. The Global AI Index Methodology Report，https：//www. tortoisemedia. com/wp-content/uploads/sites/3/2023/07/AI-Methodology-2306-4. pdf.

# B.20
# 集成电路产业链供应链韧性
# 与安全水平研究

李先军*

**摘 要：** 近年来，美国以安全之名对全球集成电路产业实施"长臂管辖"并强化本国制造能力，全球集成电路产业进入前所未有的动荡期。加之美国对华"脱钩"和推动盟友孤立中国，我国集成电路产业面临前所未有的断链、断供风险，而步入周期下行阶段进一步加剧了集成电路产业的竞争风险。但是，围绕科技自立自强和前沿技术突破，我国在集成电路产业链和供应链方面的技术和产品突破加速，有效缓解了外部力量对我国集成电路产业的影响，我国集成电路产业链供应链韧性与安全得到一定程度地缓解。未来，在美国进一步强化"脱钩"威胁、全行业处于下行周期、国内技术实力限制的现实背景下，提升我国集成电路产业链供应链韧性与安全水平不仅需要发挥国家的主动行为能力，更需要全行业的创新发展，形成国家和行业共同推动的高质量发展力量。

**关键词：** 集成电路产业 产业链 供应链

作为数字经济的根基，集成电路产业链供应链韧性和安全对于经济安全与国家安全至关重要。在全球集成电路产业竞争持续加剧并可能面临新风险

---

\* 李先军，中国社会科学院工业经济研究所副研究员，主要研究方向为中小企业创新与经济发展、关键核心技术创新的组织与政策等。

的背景下，进一步分析影响我国集成电路产业链供应链安全的主要风险和影响因素，并提出有针对性的相关建议，以为相关部门进一步提升我国集成电路产业链供应链安全水平提供参考。

# 一 全球集成电路产业链供应链韧性与安全的演进态势

进入 2023 年以来，美国进一步强化对华集成电路产业的打击，尤其是强化盟友合作机制，形成对我国集成电路的"全面围剿"，各国也强化对产业发展的国家干预，产业的国际分割更为突出。然而，随着全球集成电路产业进入产业新周期的下行阶段，普遍过剩成为产业的年度"关键词"，全球产业的韧性和安全水平在牺牲全球分工效率的前提下得以提升，其中，美、欧、日强化其本土制造能力，韩国强化其产业链的前端配套能力，中国在被动压力下不断推动产业"卡脖子"问题的有效突破。

## （一）"逆全球化"特征进一步强化，全球产业链供应链分化

为保持其在数字经济时代的继续领先优势，同时打击中国等潜在对手，近年来，美国不断强化对集成电路产业的干预，集成电路产业"逆全球化"特征凸显。在美国"逆全球化"系列政策影响下，全球集成电路产业自 2022 年下半年以来显著萎缩。根据世界半导体贸易统计组织（WSTS）2023 年 5 月的预测，2023 年全球半导体市场将出现 10.3% 的下滑，预计市场规模降至 5050.95 亿美元，尽管将在 2024 年复苏增长 11.8% 至 5759.97 亿美元，但也仅仅略高于 2022 年 5740.84 亿美元的水平[①]。美国半导体行业协会（SIA）2023 年 2 月公布的数据显示，2023 年 1 月全球半导体销售额环比下降 5.2%，同比下降 8.5%。另据国际数据公司（IDC）预期，2023 年全球

---

[①] WSTS, WSTS Semiconductor Market Forecast Spring 2023, May 2023, https：//www.wsts.org/76/Recent-News-Release.

半导体总营收将衰退 5.3%。

受 2023 年全球集成电路行业将进入新周期下行阶段影响，集成电路产业预期未来的投资将显著下降，根据国际半导体产业协会（SEMI）2022 年 12 月 13 日的预测，全球半导体制造设备销售额 2023 年下降 16% 至 912 亿美元，尽管在 2024 年反弹至 1072 亿美元，但也依然低于 2022 年的规模。受需求减弱影响，台积电 2023 年初预计资本支出将下降 6.3% 甚至 11.8%，尽管三星表示不会进一步减少资本支出，但 SK 海力士、镁光、铠侠等均表示会降低资本支出，铠侠表示将减产 30%。龙头企业减少资本支出会影响行业内其他企业的投资意愿，并影响上下游配套企业的发展预期。综合国际市场和国内需求情况，预计我国集成电路产业投资增速在 2023 年有所放缓。

在市场收缩和投资下降的影响下，各国对集成电路产品和装备的需求有所减少，全球集成电路产业的供给紧张局面将得到极大缓解，产业将进入整体过剩阶段，产业整体韧性得到有效恢复。

（二）各国发挥自身优势，强化国家干预，产业链割裂特征更为明显

在美国强化对集成电路产业国家干预、破坏全球大分工的"割裂"政策影响下，各国都出台政策强化对芯片产业的有效控制，通过打压中国、加速产业链本地化和"友岸化"等方式，并通过政府直接补贴方式强化对产业的直接支持。具体来看，美国通过出台《2022 年美国竞争法案》吸引台积电、三星、英特尔等在美增设先进制造基地，要求盟友合作以强化对中国的极限打压；欧洲同样出台《欧洲芯片法案》，并利用其在汽车芯片领域的领先优势强化本国芯片供应；日本也出台相关刺激措施，吸引台积电等晶圆厂到日本投资强化其制造领域优势；韩国强化集成电路产业带的打造，并凭借其在存储半导体领域的优势寄希望于打造最领先的集成电路制造基地。

自 2023 年以来，美国进一步强化对我国集成电路产业制造环节的遏制，尤其是进一步以多种"莫须有"缘由强化对我国企业的精准打击，并强化

与其亚太盟友对我国进行"合谋打击"。3月3日、3月28日和6月12日，美国商务部产业安全局分别将28家、5家和31家中国实体企业列入"实体清单"；6月10日，美国国土安全部（DHS）增加了对华2个实体和其8个分支机构的实体清单。4月26日，美韩签署包括《关于建立韩美下一代核心-新兴技术对话的联合声明》在内的6份文件，韩国成为美国打击我国集成电路产业的新力量。5月23日，日本经济产业省公布《外汇法》法令修正案，正式将先进芯片制造设备等23个品类纳入出口管制，该管制在7月23日生效。6月22日，美印达成一系列半导体合作协议，以利用印度的补贴将先进技术制造引入印度，目前美光、泛林、应用材料均表示将在印度加大半导体领域的相关投资。

在各国加强集成电路产业链配置和"圈子化"发展的背景下，集成电路产业的全球大分工遭遇严峻挑战，各国产业的自主发展能力显著提升，但效率却未能延续摩尔定律按照预期快速提高，全球产业韧性和安全有所改善，但产业的效率改善却落后于产业的技术进步预期。

## （三）全球进入产业下行期，且在各国加大产业投资的背景下产业竞争白热化

近年来，制造环节从中韩向美欧转移已成为美国保证其产业安全的重要举措，美欧将成为与中韩并列的集成电路制造中心。台积电、英特尔、三星等新建产能也大量集聚在美欧地区，2022~2023年，台积电共开工建设10家新厂，包括5家位于台湾地区的晶圆厂和2家先进封装厂、3家海外晶圆厂（美国、德国和日本）；英特尔在欧洲新建和扩产3家晶圆厂，在美国新建和扩产4家晶圆厂，在以色列新建1家晶圆厂；三星也预计在韩国本土新建5家晶圆厂；中芯国际也新建4家晶圆厂，产能规模达34万片。大厂新建产能将进一步加剧行业过剩局面，未来行业竞争和区域竞争更激烈。

尽管美欧强化其本土制造能力，并借此提高了其在集成电源产业的控制力。但是，由于集成电路的全球化特征，在产业进入下行期但各国加大产业投资、市场需求未能明显增长的背景下，集成电路产业的全球竞争将更为激

烈，尤其是过剩引发的价格下跌将会导致产业的部分企业面临生存危机，产业的安全性将面临新的挑战。

## 二 新形势下我国集成电路产业链供应链面临的主要风险及其后果

在集成电路产业面临欧、美、日、韩政府干预的大背景下，我国集成电路产业链供应链韧性和安全面临严峻的非市场风险。与此同时，我国集成电路产业总体上处于追随地位，在技术和产业竞争力上的差距导致在"逆全球化"背景下产业面临效率损失和进步受阻的风险。然而，正是在外部非市场压力下，我国集成电路产业的自主突破和自立自强效果显著成为缓解风险的重要内生力量。

### （一）美国主导的脱钩政策加剧了产业风险，但也倒逼我国集成电路产业的高质量发展

集成电路产业"逆全球化"的核心是美国对我国的"定点狙击"和"全域打击"，意图中断我国在数字经济时代的后发赶超路径。在此背景下，我国集成电路产业面临严峻的"被脱钩"风险，集成电路产业的全球化进程受到显著影响。

#### 1. 进出口贸易受影响显著，倒逼产业升级

2022 年，我国集成电路的全球进出口量显著下降，但进出口产品单品价值却大幅提升。根据海关总署的数据，2022 年，我国集成电路进口数量为 5384 亿块，同比下降 15.3%；出口数量为 2734 亿块，同比下降 12%；贸易逆差 2650 亿块，同比下降 18.4%。从价值量来看，2022 年，我国集成电路进口总额 4156 亿美元，比上年下降 3.9%；出口总额 1539 亿美元，增长 0.3%；贸易逆差 2616 亿美元，下降 6.1%①。从对比来看，我国集成电路产

---

① 中国电子信息行业联合会：《2022 年电子信息行业经济运行报告》。

品进出口的单品价值有较大增幅，尤其是出口在数量大幅下降的情况下金额却有所增长，我国集成电路产业的发展质量在有序提升。

2. 重要设备和软件断供风险加剧，倒逼国产替代

为阻碍我国集成电路产业的升级，2022 年 10 月，美国商务局修订了《出口管理条例》，重点强化对美国的产品、技术和人才的进一步限制，以阻碍中国企业获取先进计算芯片、超级计算机、特定半导体制造软件、设备及其相关技术的能力。在其中的"商业控制清单"（CCL）中新增四项"美国产品"物项，分别对应高性能计算芯片，超级计算机及部件开发生产前述计算机、电子组建或元件的专用软件以及特定先进半导体制造设备。并通过严控"美国技术"、实施"美国人"条款，我国通过正常的商业往来与美国在集成电路产业的技术交流被中断，采购美国的先进设备、软件和材料等的渠道已被美国单方面"中断"。

此外，为形成对我国集成电路产业的"全面围剿"，美国利用其"长臂管辖"联合集成电路产业链的重要国家和地区及龙头企业对我国实施管制和禁运政策。例如，进一步升级对先进光刻机出口中国的限制，从禁止荷兰对华出口极紫外（EUV）光刻机到企图对相对较低技术水平的深紫外（DUV）光刻机的干预。日本已于 2023 年 5 月 23 日公布《外汇法》法令修正案，正式将先进芯片制造设备等 23 个品类纳入出口管制。安谋（ARM）除停止对华为授权 V9 版本的架构之外，在美英政府的干预下，已经拒绝向中国企业出售其最先进的 IP 架构 Neoverse V1 和 V2。

在被以美国为首的发达国家和地区"围堵"的背景下，自主突破、自立自强是我国集成电路产业发展的唯一选择，也是基于长期发展视角下的必然要求。具体来看，在先进产品、设备和软件等方面也取得了显著成效。例如，长江存储的 192 层 NANO 芯片实现有效突破，华为的麒麟 9000s 芯片实现有效量产，国产的光刻机、刻蚀机等设备快速进步并加快在生产线的试用和迭代升级，实现国产替代。

3. 制程和技术被阻隔风险加剧，倒逼工艺和技术路线创新

在摩尔定律驱动下，全球集成电路产业延续可预计的技术路线不断成

长，并在此过程中推动集成电路制造工艺的有序升级和跃迁。我国探索新的工艺和技术路线，保障在新形势下的产品有序供应并支撑数字经济时代对集成电路产业的现实需求。

实际上，在集成电路产业进入纳米时代以来，领先企业也在探索技术路线和工艺上的创新，不仅是为了进一步延续摩尔定律，更重要的是寄希望于在新的技术路线下构筑行业的"护城河"。例如，佳能和应用材料推出的纳米压印技术和图案塑性技术，就是为了破解阿斯麦极紫外光技术的垄断地位并解决7纳米以上制程的高制造成本问题；英特尔、台积电等加快推动的芯粒封装工艺是将封装工艺前移到设计和制造环节以解决先进光刻所带来的成本攀升和良率下降问题。这些工艺和技术路线的创新也为我国破解集成电路产业难题发挥了重要作用，相关企业快速涌现，例如，为避免芯片架构被英特尔、安谋等"卡脖子"的问题，大量新创企业采用RISC-V架构，以异质架构和开源架构保障产品的可用性。

## （二）产业发展周期加剧了企业经营的市场风险，迫切需要强化协同提升产业的整体发展效率

对于后发国家来说，在产业进入下行期往往也是机会窗口，但也可能制造新的赶超陷阱，例如，加剧了行业的投资风险，原有的市场份额被龙头企业进一步蚕食。为此，需要进一步强化资本、用户对集成电路产业的支持，以有效的产业协调来提升产业的整体发展效率。

### 1. 下行期加剧了投资风险，降低了市场的投资吸引力

在美国"逆全球化"扰乱全球集成电路产业大分工的背景下，下游企业在短期内加大了集成电路产品的采购和备货，上游制造企业大量新建产能，形成了短期需求和投资旺盛的上升态势。然而，随着需求端库存攀升以及新产能的逐步投产，集成电路产业的整体供给趋于过剩，产业迅速进入过剩期。根据《中华人民共和国2022年国民经济和社会发展统计公报》的数据，2022年我国集成电路产量为3241.9亿块，同比下降9.8%。

在产业"两头在外"的市场格局下，我国集成电路新建产能的设备供货周期远远超过美欧日韩，导致新建产能的投产期延后、项目的投资回收期进一步延长。在行业下行期逐步投产的产能面临需求不饱和、价格下跌、投资回收期长等多重压力下，我国集成电路产业的投资风险上升。进一步地，在收益率下降和回收期延长的背景下，产业对市场的投资吸引力下降，可能影响未来产业投资的积极性。

2.市场份额被龙头企业挤占

产业的下行期意味着需求方的议价能力提升，供给方面临需求方更为苛刻的价格、质量、付款条件等条款，这对于位于赶超阶段的企业来说加剧了经营风险，不仅会丧失市场份额，甚至会丧失未来竞争力。具体来看，在集成电路产业下行期的后发企业会存在如下几方面劣势。一是龙头企业利用其在位能力进一步稳固客户，提高了后发者进入市场的门槛和成本。龙头企业与需求方具有长期的合作关系，彼此建立了长期的信任关系，在下行期更容易"抱团取暖"，后发者进入十分困难，从汽车芯片行业各大采购商和整车制造商强化与传统芯片制造商的合作可见一斑。二是龙头企业具有更强的资金实力和抗风险能力，在面临下行周期时有更大的降价空间，形成对后发者的有效威慑，例如，2023年5月以来以得州仪器为首的芯片龙头企业开启的大幅度降价，对我国电源芯片的初创企业形成巨大的压力。三是龙头企业具有独特的创新能力，可以利用下行期的资金和技术优势，进一步拉大与追赶者的差距，增加追赶者的技术风险。在龙头企业独具优势的下行期，国内企业在全球市场乃至国内市场的市场份额面临被挤压的风险，且作为后发展的追赶企业，可能在与龙头企业竞争中面临精准狙击的竞争风险。

（三）技术实力的差距面临被"卡脖子"的现实风险

尽管被美国定位为"竞争对手"，但我国集成电路产业在整体技术上与美国和欧、日、韩等存在较大的差距，在面临外部打压的当下，我国集成电路产业链供应链面临被"卡脖子"的现实风险加大，这也成为影响经济安全和国家安全、延缓技术进步和产业升级的重要原因。

**1. 产业链供应链自主可控能力较低，威胁国家经济安全和国家安全**

从集成电路产业链供应链的总体情况来看，我国在应用端具有显著的优势，但在前端的设计、制造、设备、软件、材料等方面依然表现出较大的劣势。在全球竞争日益激烈、美国及其盟友强化对华打压的背景下，比较优势难以发挥，比较劣势变成"卡脖子"内容，我国集成电路产业所支撑的产业安全面临较高的风险。一是电子设计自动化软件（EDA）领域面临领先企业主导的竞争生态优势、"产品—用户"技术路线锁定的用户生态、国家干预下的排他性生态等"生态围栏"困境，不仅软件产品的使用受限，使用过程也面临"安全漏洞"和"芯片后门"的风险。二是制造环节的优势在中低端制程，迈向高端制程的演化之路在美国的极限打压下发展缓慢。中芯国际在与台积电、三星等 2~3 纳米制程相比有约 5 代 10 年的差距。尤其是在美国通过"实体清单"等直接工具禁止领先企业为华为等国内企业代工芯片的背景下，我国在先进产品的制造和获取上面临较大风险。三是设备的整体国产化水平低，表现出极为突出的"工序倒挂"特征。尽管在各类设备上均有一些布局，但总体能力相对较低，尤其是光刻、刻蚀、镀膜设备这三大前道关键设备的国产化水平极低，这也成为美国及其盟友打压我国集成电路产业的重要聚焦点。四是材料同样表现出显著的"供需倒挂"特征，日本、美国和欧洲是全球集成电路材料供给的主导者，中国则是最大的消费国，我国集成电路材料自给能力严重不足，重要产品的国产化水平较低，面临极高的断供风险。

这些产业链核心环节的"短板"，在数字经济时代下成为威胁经济安全和国家安全的重要风险。一是底层技术和产品的可控性不足，容易导致数据安全和产业安全问题；二是关键领域竞争力弱，在面临"断供"威胁时缺乏反制措施，经济的系统性风险普遍较高；三是技术的"脱钩"会削弱我国在数字经济时代的优势，影响产业的数字化转型和数字的产业化发展。

**2. 与国际"脱钩"的长期风险**

集成电路产业的超复杂技术、超长产业链、全球化特征等决定了其技术的"黑箱"特征。在被美国污名化、孤立化的背景下，我国集成电路产业在赶超发展和国产替代的进程中，容易面临产业不信任以及技术"脱钩"产生的"加拉帕戈斯化"风险，同时会在游离于全球化之外推高产业的总体运行成本，产业竞争力会在竞争中进一步损失乃至下降。

## 三 提升我国集成电路产业链供应链韧性与安全水平的对策建议

在面临美国"脱钩"和打压、行业处于周期下行阶段、国内技术实力限制的现实背景下，提升我国集成电路产业链供应链韧性和安全水平不仅需要发挥国家的主动行为能力，更需要全行业的创新发展，形成国家和行业共同推动的行业高质量发展力量。

### （一）强化国际竞争的政策供给

美国的"脱钩断链"等政策本质上是对后发者打压的国家选择，具有长期性和必然性，寄希望短期内美国调整相关政策的可能性较低。为此，在当前美国主导的集成电路产业发展趋势下，需要创新国际竞争的政策供给，寻求从商业和民间力量来强化中美合作，进一步推动集成电路产业的全球化发展。具体来看，一是尽最大限度加大与美政府、行业协会、企业、学术机构等主体的有效沟通，巩固我国改革开放以来的成果，强化在集成电路供应链体系中的多国共存和技术路线的相互融入，进一步增强业界和学界的互信。二是探索与美国及其盟友在其他领域的利益交换和重复博弈，以争取有效开放和合作共赢。利用我国超大规模市场优势维持对欧、美、日、韩的吸引力，强化与美国盟友国家的全方位合作，例如，强化与欧洲在学术交流、标准共建、市场互惠等方面的合作，深化与日韩在能源、资源等方面的合作，以开放透明的合作增强多边互信。三是强化与美企和行业协会的商业沟通和合作，鼓励行业龙头企业、标准化组织、学术团体等加强与相关组织的联系和沟通，增进商业互信，提高商业外交效能。四是预判美国对我国集成电路及相关行业的遏制和打击政策，提高应对能力。美国对我国集成电路产

业的逐级压制、层层加码和精准遏制，对我国企业造成巨大预期冲击，深化研究国家竞争和产业竞争的内在逻辑，做好战略预判和断供预演。

## （二）紧随全球行业投资步伐，加速产能扩张

在国家力量嵌入产业发展逻辑过程中，各国都在强化产业发展的固定资产投资和产能扩张，逆产业周期投资已成为集成电路产业发展的博弈结果。为保证我国集成电路产品对国内需求的有效满足，巩固和提升我国集成电路产品的市场份额，需要在推动制程进步的同时加大成熟制程投资，以产能扩张来保证产品的有效供给。一是鼓励金融机构和产业基金加大对晶圆厂的信贷和股权支持，扩大我国在存储芯片、逻辑芯片（28~14 纳米）、功率器件等领域的产能，防范下行周期下美韩加大投资对我国产能的挤出效应，确保下行阶段的市场份额稳定和极端情况下自主供应。二是吸引国外龙头企业加大对我国成熟制程和下一代半导体产能投资。意法半导体和三安光电在重庆合作投资 8 英寸碳化硅晶圆厂，体现了当前情境下中外集成电路领域的合作依然有发展的空间。建议由民间资本与相关企业洽谈合资，避免在美国主导产能转移背景下我国被全球产业界所孤立。

## （三）进一步强化基础研究，夯实我国集成电路产业的技术根基

尽管目前产业界和决策层已形成加大支持集成电路产业发展的共识，但从目前的政策支持对象来看，主要关注短期产品和制造技术的"国产替代"方面，对集成电路未来发展的基础性、原始性技术重视度不够，对于产业链更底层的材料、设备、软件工具等重视度不够。着眼于集成电路产业发展的现实需要，未来需要进一步加大集成电路领域的基础研究，强化底层技术知识供给，为集成电路产业发展夯实基础。重点是对共性技术平台、大企业、高校、科研机构在基础研究上加大支持力度，要以新建国家实验室为契机，探索与美国 EUV 技术联盟模式、日本"超大规模集成电路技术研究组合"类似的企业间技术共同研发实验室，形成有效的联合研发机制，并发挥好中小企业的数量巨大和边缘创新的优势。

为推动产业的基础创新，要切实发挥企业作为创新主体的功能。进一步创新体制机制，构建官产学研合作的公共技术平台，引导社会资本投入基础研究领域。在加大基础技术投入和研究的同时，需要在整体导向上加强对基础教育学科的重视程度，在人才培养上进一步强化对基础教育的倾斜。在现有示范性微电子学院的基础上，要从整体教育方向上予以引导，加大基础学科投入，强化基础学科尤其是化学、材料、物理、电磁等领域的教育和研究，注重产业工人中"工匠"的培养和成长，避免教育和科研工作的过度商业化和工程化。

（四）加速"划时代产品"培育，以新场景拉动我国集成电路产业创新发展

在关注产业链供应链安全的过程中，要切实将发展作为驱动和保障安全的重要力量，利用国内的超大规模市场和全球市场，创新集成电路产品的创造和商业化，打造具有划时代意义的产品，拉动我国集成电路产业的创新发展。一是抢抓穿戴设备、人工智能、智能网联汽车、智能制造装备等划时代智能消费产品爆发的机遇期，充分发挥企业数字化转型中的工业互联网平台、智能示范工厂作为工业应用示范和场景培育的作用，以需求牵引相关技术突破。二是创新政府采购制度，针对关键核心技术清单和具有重大创新价值的企业和项目强化政府采购支持。鼓励国有企业率先试用国产芯片、设备及材料，发挥国有企业在产业生态打造中的重要牵引作用。三是强化芯片和产品协同开发。鼓励芯片企业聚焦特定类属产品，强化集成电路设计、制造、封测、原材料、设备、软件以及整机厂、最终用户等协同开发，打磨跨时代产品，实现技术领先、使用便利、价格竞争力的有效平衡。

（五）注重产业生态建设，以产业链供应链协同发展提升产业链供应链韧性

要从全产业链贯通、全供应链协同视角来强化集成电路产业链从软件、设备、材料领域到设计、制造、封测环节的竞争力，激发集成电路产业赶超

和发展的生态活力。

一是加快从国家层面协同推动集成电路和软件系统生态的建设。在关注集成电路 EDA 工具和 IP 核国产突破与迭代升级的同时，要统筹推进操作系统、开源生态、指令级架构等整体软硬件系统、用户生态的协同，否则国产替代的目标只能停留在技术层面而非产业层面。

二是需进一步强化战略定力，推动设备国产化和赶超发展。着眼于长期发展目标以加大政策支持力度、创新政策工具，强化对龙头企业的精准支持和创新型小企业的普惠性支持，把握技术、市场等机会窗口期推动产业跃迁，强化国际合作，完善我国在设备领域的供应链体系。

三是强化产业链协同，加快材料的商业化应用以实现有序迭代升级。既要发挥我国传统化工产业优势，推动化工企业与集成电路制造企业协同合作和有序升级，开发可用于集成电路制造过程中的各类高纯度、创新型化工产品，形成跨界的合作优势；也要发挥政府、行业团体或者龙头企业的引导作用，构建产业上下游和横向企业之间的社会协同网络，真正将产品从研发企业、实验室走向车间，走向大规模应用。

四是加强芯片设计公共技术服务平台建设，为国内多场景芯片设计提供远端集成服务。构建国产 EDA 工具和 IP 核整合平台，把握汽车芯片、工业级芯片、第三代半导体设计发展的机遇，围绕国内多场景芯片需求，为国产芯片设计企业、代工企业提供芯片设计集成服务、云端服务，降低设计企业投入成本和设计风险。

五是进一步提高芯片制造能力，尤其是高端制程芯片和下一代芯片制造能力。紧跟全球芯片产能扩张浪潮，进一步吸引台积电、三星、英特尔等行业龙头企业在我国扩张产能尤其是先进产能，强化本土芯片供应能力；鼓励中芯国际、华润微、长江存储等国内领军企业复制产能，进一步提升自主可控供给能力；鼓励制造技术、工艺创新型企业探索制造模式创新，前瞻性部署前沿性制造线路。

六是进一步强化架构、封装和材料创新。探索满足更为先进制程需要的架构创新，从 2D 到 3D，从鳍式场效应晶体管（FinFET）到全环绕栅极晶体管（GAA）再到互补场效应晶体管（CFET），不仅是集成电路制造工艺上的变化，也是集成电路设计、封装以及配套的设备、材料、EDA 软件的重新设计。围绕纳米级和原子级等微观电子及其物理特征，探索架构上的创新来满足未来高制程集成电路的需要。提升先进封装能力，创新封装技术以较低制程产品实现对先进产品的性能替代。利用我国在封装领域的优势，加大与晶圆制造企业、设计企业的协同，提升系统级（SIP）封装、3D 封装、晶圆级封装（WLP）、倒装封装（Flip-chip）、芯粒/小芯片封装（Chiplet）等先进封装能力，并创新在相对较低制程芯片的封装工艺以保证单位体积上的运算能力。加速晶体管本身、互联材料等方面的创新，加快推进在碳纳米管、碳化硅、砷化镓等新晶圆材料的产业化应用以及在其他复合材料方面的实验和中试，在铜互联工艺上可进一步开发铋、钴、钌或钼等材料与工艺的创新来提升晶体管连接效率，包括探索光互连等新的连接工艺。

**参考文献**

李先军、刘建丽：《产业基础领域强基战略：中国集成电路材料领域的竞争与发展》，《产业经济评论》2023 年第 5 期。

刘建丽：《"凹凸世界"背景下的关键核心技术突破路径选择——基于集成电路产业技术特质的分析》，《求索》2023 年第 3 期。

李先军、刘建丽、张任之：《以多层生态战略破解先发者主导优势：以 EDA 为例》，《技术经济》2023 年第 5 期。

刘建丽、李先军：《基于非对称竞争的"卡脖子"产品技术突围与国产替代——以集成电路产业为例》，《中国人民大学学报》2023 年第 3 期。

刘建丽：《芯片设计产业高质量发展：产业生态培育视角》，《企业经济》2023 年第 2 期。

刘建丽：《美国〈芯片与科学法案〉的可能影响及中国的应对之策》，《中国发展观察》2022 年第 12 期。

曲永义、李先军：《创新链赶超：中国集成电路产业的创新与发展》，《经济管理》2022 年第 9 期。

李先军、刘建丽、闫梅：《产业链优势重塑：各国破解汽车芯片短缺的举措及中国对策》，《当代经济管理》2022 年第 7 期。

李先军、刘建丽、闫梅：《我国集成电路设备的全球竞争力、赶超困境与政策建议》，《产业经济评论》2022 年第 4 期。

李先军、刘建丽：《中国集成电路产业发展："十三五"回顾与"十四五"展望》，《现代经济探讨》2021 年第 3 期。

# B.21
# 工业机器人产业链供应链韧性与安全水平研究

孔维娜*

**摘　要：** 工业机器人作为高端智能制造的基础装备，是制造业实现数字化、智能化和信息化的重要载体，是高端制造业的命脉，常被誉为"制造业皇冠顶端的明珠"。本文围绕中国与德国、日本、美国等智能制造强国工业机器人产业链上中下游关键战略细分产品，分别从抵抗能力、恢复能力、控制能力、创新能力四个维度测度产业链关键战略细分产品的韧性与安全水平，通过各指标的国别比较与时间比较，分析中国工业机器人产业存在的问题，揭示中国工业机器人产业发展面临的主要风险挑战。现阶段，中国在工业机器人领域存在上游传感器、伺服电机、减速器类核心零部件对外依赖严重、国产化率低的问题。从国家战略层面出发，一是要加大政府对工业机器人产业扶持力度，突破核心零部件技术攻关及颠覆式创新，领跑全球新赛道。二是要加强产学研协同创新，推动工业机器人产业链四链融合，促进科技成果的产业化应用。三是加强国际合作，提升中国在全球工业机器人产业链分工体系中的地位。

**关键词：** 工业机器人　产业链　韧性

---

* 孔维娜，经济学博士，中国社会科学院工业经济研究所博士后、助理研究员，主要研究方向为产业经济、国际贸易。

# 一 工业机器人产业链供应链韧性与安全水平
## 评估指标、国别比较与时间比较

进口来源地数量越多，应对国际供应短缺风险时可选择的进口供应商的范围就越大；出口目的地数量越多，越容易将全球产业链溢价风险分摊出去，对工业机器人强国的进口依赖越低，对"卡脖子"风险的抵抗能力就越强。进口集中度越低，应对风险发生时进口缺额的应急方案越多，就越能更加迅速地恢复到风险前的进口水平；出口集中度越低，产品的国际市场需求越大，就越容易将风险转移至国外，进而快速恢复至风险前的出口水平。出口产品国际市场占有率的提升有助于扩大产品国际影响力、帮助本土产业在该产品的国际竞争中站稳脚跟；同时市场占有率越高，减少或中断供应就越容易导致进口国因供应短缺出现"堵链""卡链"现象。出口技术复杂度越高，技术创新能力越强；出口产品的比较优势越强，越容易吸引更多创新资源及生产要素汇集，进而引致技术进步及颠覆式创新的可能性越高，有助于提升产品技术复杂度，加速出口贸易结构转型及产业结构升级，从而越有助于该产品领跑国际创新产品新赛道。

为了从整体上比较中国、德国、日本、美国工业机器人全产业链关键战略细分产品各指标的综合得分情况，使用熵权法标准化，对衡量工业机器人产业一级指标的 $n$ 种产品 $m$ 个二级指标 $x_{ij}$，[①]$i = 1, \cdots, n, j = 1, \cdots, m$ 进行离差标准化，得到 $x'_{ij} = x_{ij} - \min(\sum x_j) / [\max(\sum x_j) - \min(\sum x_j)]$；计算每种产品在各指标的比重，得到 $p_{ij} = x'_{ij}/(\sum_{i=1}^{n} x'_i)$，$i = 1, \cdots, n, j = 1, \cdots, m$；计算每个指标的信息熵，得到 $e_j = -\ln(n) \sum_{i=1}^{n} p_{ij}\ln(p_{ij})$；计算信息熵的冗余度，得到：$d_j = 1 - e_j$；计算各指标权重，得到：$w_j = d_j/(\sum_j d_j)$；于是，得到一个综合打分指标 $s_i = \sum_j w_j x'_{ij}$。

传感器、伺服电机、减速器等上游核心零部件被誉为"工业机器人大

---

① 各二级指标经公式计算得到，数据来自联合国贸易网站 http：//comtrade. un. org/data，新版网址 http：//comtradeplus. un. org/Trade Flow。

脑",中游及下游产品属于系统集成类,对技术要求相对较低。以整体上看,中国的传感器、伺服电机等上游核心零部件的综合得分在四个国家中最低,反而上游环境感知模块激光雷达、摄像头以及末端执行器类产品的综合得分较高(见图1)。中游产品中,中国的直角坐标机器人的综合得分居高,其余产品综合得分相对较低(见图2)。下游产品中,早教机器人、扫地机器人、消防灭火机器人的得分较高(见图3)。

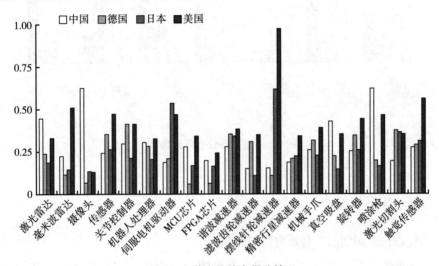

**图1 上游产品综合得分情况**

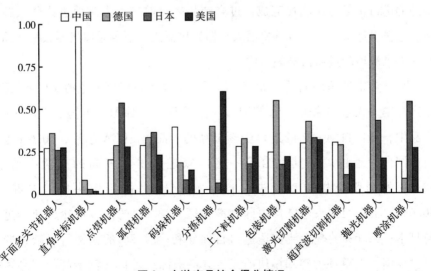

**图2 中游产品综合得分情况**

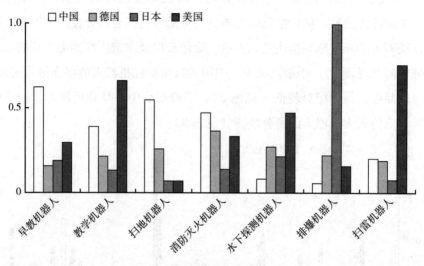

**图3 下游产品综合得分情况**

## （一）抵抗能力

### 1. 进口来源地前三名及进口份额占比

从整体上看，2021年，中国工业机器人全产业链产品自前三大进口来源地的进口份额占比超过五成，过半产品来自前三大来源地进口份额超七成，上游摄像头，中游分拣机器人、抛光机器人，下游排爆机器人等产品自前三大来源地的进口份额超八成。

从产业链环节层面看，如表1所示，中国工业机器人上游19种关键战略产品第一大进口来源地为德国，其次是日本、韩国、美国。上游19种产品中，进口自第一名的进口份额最高的产品为FPGA芯片，60.6%进口自中国台湾地区。在其他自第一名国家进口份额较高的上游产品中，52.8%的伺服电机驱动器进口自日本，41.1%的摄像头进口自韩国，40.6%的激光切割头进口自中国台湾地区；33.0%的摆线针轮减速器进口自日本；32.6%的毫米波雷达进口自匈牙利；31.2%的精密行星减速器进口自德国。上游环境感知模块前三名进口来源地进口份额最高的产品为摄像头，其次是激光雷达、毫米波雷达、传感器；上游运动控制模块前三名进口份额最高的产品为关节控制器，其次式机器人处理器；上游芯片中，FPGA芯片前三名进口份额（75.9%）高于MCU芯片（51.2%）；上游减速器前三名进口份额最高的产品为摆线针轮减速器（76.6%）；上游末端执行器中，激光切割头、喷涂枪前三名进口份额相对较高，触觉传感器前三名进口份额较低，机械手爪、真空吸盘、旋转器前三名的进口份额为56%~60%。

在中国工业机器人产业链中游12种关键战略细分产品中，有8种产品的第一大进口来源国是德国，其次为日本。前三名进口份额最高的中游产品为抛光机器人，其67.6%进口自德国，18.6%进口自日本，7.4%进口自瑞士；分拣机器人前三名进口份额84.7%，其69.3%进口自德国，11.4%进口自中国香港，4.0%进口自英国。

在中国工业机器人产业下游7种关键战略细分产品前三名榜单中，德国出现7次，日本出现6次，美国出现4次。70.9%的排爆机器人、48.8%的水下探测机器人进口自日本；34.6%的消防灭火机器人进口自德国；32.9%的扫地机器人进口自越南，其余下游产品进口份额自单一国家进口份额在30%以下。

表1　2021年工业机器人产业链关键战略产品进口来源地前三名及进口份额

单位：%

| 产品 | 进口前三名 | | | 前三名进口份额占比 | | |
| --- | --- | --- | --- | --- | --- | --- |
| | 第一名 | 第二名 | 第三名 | 第一名 | 第二名 | 第三名 |
| 激光雷达 | 马来西亚 | 美国 | 德国 | 28.2 | 18.1 | 15.6 |
| 毫米波雷达 | 匈牙利 | 德国 | 美国 | 32.6 | 19.3 | 9.0 |
| 摄像头 | 韩国 | 中国台湾 | 德国 | 41.1 | 32.0 | 8.8 |
| 传感器 | 德国 | 中国台湾 | 日本 | 24.6 | 13.6 | 12.4 |
| 关节控制器 | 德国 | 中国台湾 | 美国 | 42.1 | 13.6 | 10.3 |
| 机器人处理器 | 德国 | 日本 | 美国 | 26.5 | 18.6 | 10.5 |
| 伺服电机驱动器 | 日本 | 美国 | 德国 | 52.8 | 8.7 | 8.4 |
| MCU芯片 | 韩国 | 美国 | 爱尔兰 | 22.1 | 17.1 | 12.0 |

续表

| 产品 | 进口前三名 | | | 前三名进口份额占比 | | |
|---|---|---|---|---|---|---|
| | 第一名 | 第二名 | 第三名 | 第一名 | 第二名 | 第三名 |
| FPGA 芯片 | 中国台湾 | 韩国 | 菲律宾 | 60.6 | 7.7 | 7.5 |
| 谐波减速器 | 日本 | 德国 | 中国台湾 | 26.3 | 21.7 | 20.2 |
| 滤波齿轮减速器 | 荷兰 | 丹麦 | 德国 | 20.2 | 17.7 | 16.3 |
| 摆线针轮减速器 | 日本 | 美国 | 韩国 | 33.0 | 24.5 | 19.1 |
| 精密行星减速器 | 德国 | 美国 | 日本 | 31.2 | 17.0 | 12.5 |
| 机械手爪 | 日本 | 德国 | 中国台湾 | 26.3 | 23.4 | 6.9 |
| 真空吸盘 | 韩国 | 日本 | 德国 | 25.7 | 18.6 | 15.3 |
| 旋转器 | 日本 | 德国 | 韩国 | 22.2 | 22.1 | 13.1 |
| 喷涂枪 | 美国 | 日本 | 德国 | 27.0 | 21.2 | 19.6 |
| 激光切割头 | 中国台湾 | 德国 | 日本 | 40.6 | 17.7 | 17.3 |
| 触觉传感器 | 德国 | 日本 | 美国 | 15.8 | 14.1 | 14.0 |
| 平面多关节机器人 | 德国 | 日本 | 韩国 | 22.7 | 22.5 | 13.0 |
| 直角坐标机器人 | 捷克 | 日本 | 越南 | 23.1 | 23.0 | 12.6 |
| 点焊机器人 | 德国 | 韩国 | 日本 | 29.6 | 25.6 | 19.9 |
| 弧焊机器人 | 德国 | 日本 | 奥地利 | 43.2 | 27.8 | 8.8 |
| 码垛机器人 | 日本 | 芬兰 | 奥地利 | 34.9 | 13.0 | 11.1 |
| 分拣机器人 | 德国 | 中国香港 | 英国 | 69.3 | 11.4 | 4.0 |
| 上下料机器人 | 中国台湾 | 韩国 | 日本 | 21.2 | 18.6 | 15.6 |
| 包装机器人 | 德国 | 意大利 | 瑞典 | 37.3 | 18.2 | 9.9 |
| 激光切割机器人 | 德国 | 韩国 | 日本 | 31.0 | 27.6 | 17.9 |
| 超声波切割机器人 | 德国 | 奥地利 | 日本 | 21.1 | 20.9 | 15.0 |
| 抛光机器人 | 德国 | 日本 | 瑞士 | 67.6 | 18.6 | 7.4 |
| 喷涂机器人 | 新加坡 | 韩国 | 日本 | 38.3 | 20.5 | 18.4 |
| 早教机器人 | 日本 | 德国 | 美国 | 28.5 | 14.1 | 11.9 |
| 教学机器人 | 美国 | 德国 | 日本 | 29.4 | 16.0 | 5.7 |
| 扫地机器人 | 越南 | 德国 | 意大利 | 32.9 | 28.8 | 11.3 |
| 消防灭火机器人 | 德国 | 日本 | 美国 | 34.6 | 16.8 | 12.0 |
| 水下探测机器人 | 日本 | 德国 | 新加坡 | 48.8 | 14.2 | 9.3 |
| 排爆机器人 | 日本 | 德国 | 法国 | 70.9 | 5.8 | 5.5 |
| 扫雷机器人 | 德国 | 日本 | 美国 | 28.7 | 28.4 | 13.5 |

2. 出口目的地前三名及出口份额占比

从整体上看，2021 年，除机械手爪、码垛机器人、上下料机器人外，其余中国工业机器人产业链产品前三大出口目的地的出口份额均超过三成，产业链上近 1/3 的产品的前三名出口份额超五成，上游激光雷达、MCU 芯片、FPGA 芯片，中游喷涂机器人，下游扫雷机器人的前三名出口份额超过 66%。出口目的地前三名出口份额普遍低于进口来源地前三名进口份额，上游第一大出口目的地为美国，其次是日本、中国香港；中游产品主要出口至美国、越南、新加坡、印度尼西亚、中国香港、俄罗斯等；下游产品主要出口至美国、加拿大、泰国、比利时、韩国等。总体上，工业机器人产业链关键细分产品的出口目的地主要为美国、日本、韩国及东南亚国家。

从产业链环节看，上游 19 种产品中，出口至第一名份额最高的产品是 MCU 芯片，其次是 FPGA 芯片、激光雷达，其中，52.0% 的 MCU 芯片、50.8% 的 FPGA 芯片出口至中国香港地区；48.9% 的激光雷达出口至美国。除了激光雷达，其余上游环境感知模块的产品出口至单一国家份额均少于三成，约 23% 的上游运动控制模块产品，20%～30% 的上游减速器类产品出口至美国。在上游末端执行器产品中，35.6% 的喷涂枪出口至美国；24.4% 的旋转器、32.6% 的激光切割头、23.5% 的触觉传感器出口至日本。

中游产品前三名出口目的地较为分散，在 12 种中游产品前三名出口目的地榜单中，美国出现 6 次、日本出现 4 次、越南出现 4 次。出口至单一地区份额最多的产品是机器人本体产品中的直角坐标机器人，39.8% 的直角坐标机器人出口至美国；其次是喷涂机器人，35.2% 的喷涂机器人出口至新加坡，29.9% 出口至中国香港地区。在处理机器人产品中，前三名出口份额最高的产品是分拣机器人，25.4% 出口至法国、18.5% 出口至美国、12.2% 出口至日本。除了直角坐标机器人、分拣机器人、喷涂机器人外，其余中游产品前三名出口份额均在 30% 以下。

下游产品中，前三名出口份额最高的产品是扫雷机器人，58.0% 的扫雷机器人出口至加拿大，其余产品前三名出口份额在 30%～44%。在下游服务机器人产品中，第一大出口目的国为美国，28.3% 的早教机器人、14.7% 的

教学机器人、20.8%的扫地机器人出口至美国。在下游特种机器人产品中，24.3%的消防灭火机器人、9.5%的排爆机器人出口至美国；16.8%的水下探测机器人出口至泰国；12.8%的排爆机器人出口至韩国。

表2　2021年工业机器人产业链关键战略产品出口目的地前三名及出口份额

单位：%

| 产品 | 出口前三名 | | | 前三名出口份额占比 | | |
|---|---|---|---|---|---|---|
| | 第一名 | 第二名 | 第三名 | 第一名 | 第二名 | 第三名 |
| 激光雷达 | 美国 | 中国香港 | 韩国 | 48.9 | 14.8 | 4.5 |
| 毫米波雷达 | 美国 | 日本 | 德国 | 29.3 | 18.2 | 8.8 |
| 摄像头 | 中国香港 | 墨西哥 | 波兰 | 22.3 | 14.9 | 7.9 |
| 传感器 | 美国 | 中国香港 | 德国 | 16.5 | 12.5 | 9.6 |
| 关节控制器 | 美国 | 日本 | 德国 | 22.9 | 13.9 | 9.1 |
| 机器人处理器 | 美国 | 日本 | 中国香港 | 23.9 | 7.0 | 6.9 |
| 伺服电机驱动器 | 美国 | 日本 | 韩国 | 17.3 | 12.7 | 10.8 |
| MCU芯片 | 中国香港 | 韩国 | 马来西亚 | 5.2 | 7.8 | 6.8 |
| FPGA芯片 | 中国香港 | 新加坡 | 中国台湾 | 50.8 | 15.2 | 5.5 |
| 谐波减速器 | 美国 | 印度 | 德国 | 34.5 | 7.1 | 6.9 |
| 滤波齿轮减速器 | 美国 | 荷兰 | 埃塞俄比亚 | 21.2 | 9.7 | 6.3 |
| 摆线针轮减速器 | 新加坡 | 日本 | 中国香港 | 19.0 | 15.7 | 12.7 |
| 精密行星减速器 | 美国 | 日本 | 韩国 | 37.5 | 7.5 | 4.1 |
| 机械手爪 | 美国 | 日本 | 澳大利亚 | 9.7 | 7.6 | 6.6 |
| 真空吸盘 | 泰国 | 美国 | 日本 | 17.8 | 16.7 | 8.9 |
| 旋转器 | 日本 | 美国 | 德国 | 24.4 | 17.1 | 8.1 |
| 喷涂枪 | 美国 | 德国 | 加拿大 | 35.6 | 6.0 | 3.7 |
| 激光切割头 | 日本 | 美国 | 中国台湾 | 32.6 | 16.0 | 7.5 |
| 触觉传感器 | 日本 | 美国 | 泰国 | 23.5 | 18.3 | 7.9 |
| 平面多关节机器人 | 美国 | 澳大利亚 | 韩国 | 15.9 | 10.0 | 7.5 |
| 直角坐标机器人 | 美国 | 英国 | 中国香港 | 39.8 | 5.8 | 5.0 |
| 点焊机器人 | 越南 | 印度 | 俄罗斯 | 15.2 | 9.5 | 5.5 |
| 弧焊机器人 | 日本 | 澳大利亚 | 俄罗斯 | 14.7 | 10.6 | 8.1 |
| 码垛机器人 | 美国 | 日本 | 土耳其 | 10.8 | 10.7 | 6.8 |
| 分拣机器人 | 法国 | 美国 | 日本 | 25.4 | 18.5 | 12.2 |

| 产品 | 出口前三名 | | | 前三名出口份额占比 | | |
|---|---|---|---|---|---|---|
| | 第一名 | 第二名 | 第三名 | 第一名 | 第二名 | 第三名 |
| 上下料机器人 | 印度尼西亚 | 越南 | 巴西 | 10.3 | 8.3 | 6.8 |
| 包装机器人 | 美国 | 印度尼西亚 | 泰国 | 20.0 | 6.5 | 5.8 |
| 激光切割机器人 | 越南 | 中国香港 | 美国 | 13.4 | 9.0 | 6.2 |
| 超声波切割机器人 | 越南 | 马来西亚 | 意大利 | 13.6 | 6.4 | 6.2 |
| 抛光机器人 | 日本 | 印度 | 韩国 | 12.6 | 10.0 | 9.5 |
| 喷涂机器人 | 新加坡 | 中国香港 | 中国台湾 | 35.2 | 29.9 | 8.5 |
| 早教机器人 | 美国 | 中国香港 | 日本 | 28.3 | 8.9 | 6.6 |
| 教学机器人 | 贝宁 | 美国 | 中国香港 | 15.7 | 14.7 | 10.4 |
| 扫地机器人 | 美国 | 俄罗斯 | 德国 | 20.8 | 8.7 | 6.9 |
| 消防灭火机器人 | 美国 | 德国 | 日本 | 24.3 | 6.8 | 6.7 |
| 水下探测机器人 | 泰国 | 比利时 | 日本 | 16.8 | 15.0 | 12.1 |
| 排爆机器人 | 韩国 | 美国 | 中国香港 | 12.8 | 9.5 | 9.3 |
| 扫雷机器人 | 加拿大 | 澳大利亚 | 莫桑比克 | 58.0 | 8.3 | 7.9 |

### 3. 对德日美的进口依赖

从整体上看，在工业机器人产业链 38 种关键战略细分产品中，有 26 种产品对德日美三国的进口份额之和超过 40%，有 19 种产品对德日美三国的进口份额之和超过 50%，有 8 种产品对德日美三国的进口份额之和超过 70%。上游运动控制模块产品、伺服系统、减速器类、末端执行器类产品、中游喷涂机器人、下游特种机器人类产品对德日美三国的进口依赖相对较强。从对单一国家进口依赖看，分拣机器人、抛光机器人自德国进口份额分别高达 69.3%、67.6%；伺服电机驱动器、排爆机器人自日本进口份额分别高达 52.8%、70.9%；教学机器人自美国进口份额为 29.4%。

（1）对德国的进口依赖

从产业链产品层面看，在中国工业机器人全产业链 38 种关键战略产品中，有 17 种产品对德国的进口依赖超过 20%。在上游产品中，对德国进口依赖最强的产品是关节控制器（42.1%），其次是机器人处理器（26.5%），二者均为上游运动控制模块产品。上游环境感知模块产品中的传感器

（24.6%）、毫米波雷达（19.3%）、激光雷达（15.6%）自德国进口份额相对较高；除了摆线针轮减速器外的其余减速器类产品以及末端执行器类产品的对德依赖均超过15%。在中游产品中，搬运类机器人里的分拣机器人、焊接类机器人、处理类的机器人以及抛光机器人产品的对德依赖较高。在下游产品中，服务机器人里的扫地机器人、特种机器人中的消防灭火机器人、扫雷机器人对德进口依赖较大。

从时间层面看，上游产品中，除了摄像头、关节控制器、精密行星减速器外，其余上游产品对德的进口依赖呈现逐年下降趋势。除了焊接类机器人对德国进口依赖逐年上升外，其余中游产品对德国进口依赖无明显波动，分拣机器人对德国进口依赖疫情后激增。下游扫地机器人对德国的进口依赖逐年下降，其余下游产品对德国进口依赖相对较平稳。疫情后，除了毫米波雷达、伺服电机驱动器、直角坐标机器人、上下料机器人、早教机器人、排爆机器人、扫雷机器人对德国进口依赖持续降低，其余产品均呈现连续微升趋势。

（2）对日本的进口依赖

从产业链环节看，对日本进口依赖最强的产品是伺服电机驱动器（52.8%），其次是减速器中的摆线针轮减速器（33%）、谐波减速器（26.3%）以及末端执行器中的机械手爪（26.3%）、旋转器（22.2%）、喷涂枪（21.2%），其余上游产品对日本进口依赖均在20%以下。在中游产品中，对日本进口依赖较高的产品是码垛机器人（34.9%）、弧焊机器人（27.8%）。在下游产品中，对日本进口依赖最大的产品是排爆机器人（70.9%），其次是水下探测机器人（48.8%）、早教机器人（28.5%）、扫雷机器人（28.4%）；相对于服务机器人，特种机器人类产品的对日进口依赖更强。

从时间层面看，上游伺服电机驱动器，下游水下探测机器人、排爆机器人的对日进口依赖在疫情后逐年上升，滤波齿轮减速器、消防灭火机器人、精密行星减速器、传感器的对日进口依赖在疫情后逐年下降，其余产品的对日进口依赖因疫情微升。

（3）对美国的进口依赖

从产业链环节看，产业链上游对美国进口依赖最强的产品是喷涂枪（27%），其次是摆线针轮减速器（24.5%）、激光雷达（18.1%）、MCU芯片（17.1%）、精密行星减速器（17%），其余上游产品及所有中游产品对美国进口依赖均在10%以下。下游教学机器人对美国进口依赖相对最强（29.4%），其次是扫雷机器人（13.5%）、早教机器人（11.9%），其余产品对美进口依赖相对较低。

从时间层面看，上游激光雷达、毫米波雷达、机器人处理器、机械手爪、真空吸盘、喷涂枪，中游包装机器人，下游水下探测机器人、扫雷机器人等产品对美进口依赖因疫情而出现上升，且于疫情后第二年回落；扫地机器人的对美进口依赖于2019年攀升至43.1%，疫情后第二年骤降至1%；分拣机器人的对美进口依赖于2020年陡升至39.5%，2021年重新骤降至3%；其余产品对美进口依赖无明显波动。

## （二）恢复能力

### 1. 进口集中度趋势

本节使用赫尔芬达尔—赫希曼指数（HHI指数）衡量集中度，评估工业机器人产业链关键战略产品的恢复能力。从产业链环节看，在上游产品中，进口集中度最高的产品是FPGA芯片，2021年FPGA芯片进口集中度为0.379，其次是伺服电机驱动器（0.293）、摄像头（0.279）。在上游环境感知模块产品中，进口集中度最高的产品是摄像头（0.279），其次是毫米波雷达（0.152）、激光雷达（0.137）；上游运动控制模块产品进口集中度较高的产品是关节控制器（0.206）；上游减速器产品中进口集中度最高的产品是摆线针轮减速器（0.205）；上游末端执行器产品中进口集中度最高的产品是激光切割头（0.226），其余上游产品的进口集中度均在0.2以下。中游产品中，进口集中度最高的产品是抛光机器人（0.497）、分拣机器人（0.495），其次是弧焊机器人（0.272）、喷涂机器人（0.222），其余中游产品进口集中度在0.2以下。在下游产品中，进口集中度最高的产品是水下探

测机器人（0.267），其次是扫地机器人（0.204）。

从时间层面看，上游产品中，FPGA 芯片、伺服电机驱动器的进口集中度有逐渐微升的趋势，激光雷达的进口集中度有微降趋势，其余产品的进口集中度无明显波动。除了毫米波雷达、传感器、MCU 芯片、谐波减速器外，其余上游产品的进口集中度均在疫情后微升。中游产品中，抛光机器人、分拣机器人的进口集中度呈现逐渐微升趋势，其余产品无明显波动。码垛机器人的进口集中度在疫情后有所下降，但疫情后第二年回升，其余中游产品的进口集中度疫情后均呈现微升的态势。下游产品中，除了水下探测机器人外，其余下游产品的进口集中度在疫情后上升，于疫情后第二年回落。

2. 出口集中度趋势

从产业链环节看，出口集中度最高的上游产品为 FPGA 芯片（0.253），其次是 MCU 芯片（0.166）、摆线针轮减速器（0.147）、激光切割头（0.103），其余上游产品的出口集中度均小于 0.1。中游产品中，喷涂机器人的出口集中度相对较高（0.245），其次是直角坐标机器人（0.128）。下游产品中，出口集中度相对较高的产品是扫雷机器人（0.24）、水下探测机器人（0.151）。总体上，上游出口集中度较高的产品大类为智能芯片类，其次是末端执行器类。

从时间层面看，上游产品中，MCU 芯片、FPGA 芯片的出口集中度近年来呈现微升趋势，但在疫情后微降。激光雷达、毫米波雷达、摄像头等环境感知模块产品，精密行星减速器、谐波减速器等减速器类产品，激光切割头、真空吸盘、旋转器、触觉传感器等末端执行器类产品的出口集中度近年来呈现显著的逐年下降趋势，其余产品出口集中度趋势无明显波动。另外，除了触觉传感器外，所有上游产品的出口集中度均因疫情下降，但 FPGA 芯片、喷涂枪的出口集中度在疫情后第二年迅速反弹回升。中游产品中，喷涂机器人的出口集中度逐年上升，直角坐标机器人的出口集中度呈现微降趋势，其余产品的出口集中度较平稳。疫情后，喷涂机器人、超声波切割机器人、点焊机器人、弧焊机器人的出口集中度连续两年呈现上升态势，其余产品的出口集中度较平稳。下游产品中，早教机器人、扫地机器人、扫雷机器人的出口集中度有所下降，其余产品无显著波动。

### （三）控制能力

工业机器人产业链关键战略产品的控制能力使用出口产品国际市场占有率来衡量，即工业机器人产品的出口额占该产品的全球出口额的比重。整体上看，中国、德国、日本、美国、意大利、韩国、中国台湾、荷兰、法国、英国、新加坡和奥地利 2021 年的全产业链 38 种产品的市场占有率之和均超过 60%，有 22 种产品市场占有率之和达 70% 以上，有 10 种产品市场占有率之和接近 80%。

从产业链环节看，上游产品中，中国市场占有率较高的是环境感知类产品，运动控制类产品，末端执行器类产品中的真空吸盘、喷涂枪；德国市场占有率较高的是关节控制器、传感器、谐波减速器、滤波齿轮减速器以及末端执行器类产品；日本、美国市场占有率较高的是伺服电机驱动器、摆线针轮减速器、激光切割头、触觉传感器。中游产品中，中国市场占有率较高的为直角坐标机器人、码垛机器人、弧焊机器人；德国市场占有率较高的为抛光机器人、包装机器人、激光切割机器人；日本市场占有率较高的为喷涂机器人、点焊机器人；美国市场占有率较高的为分拣机器人。下游产品中，中国市场占有率较高的为早教机器人、扫地机器人；德国市场占有率较高的为消防灭火机器人；日本市场占有率高的为排爆机器人；美国市场占有率较高的为扫雷机器人。

从地区层面看，中国、德国、日本、美国的全产业链产品市场占有率相对最高。在其余地区中，意大利的包装机器人、韩国的摄像头、中国台湾地区的智能芯片类产品、荷兰的滤波齿轮减速器、法国的精密行星减速器、英国的分拣机器人、新加坡的喷涂机器人、奥地利的弧焊机器人等产品的市场占有率相对较高。

### （四）创新能力

本小节使用出口技术复杂度、出口显性比较优势来衡量工业机器人产业

链关键战略产品的创新能力。

1. 出口比较优势

从产业链环节看，上游 19 种产品中，出口比较优势大于 1 的产品有 6 种。出口比较优势最强的产品为摄像头（2.809），其次是喷涂枪（2.617）、激光雷达（1.755）、真空吸盘（1.655）、关节控制器（1.152）、机器人处理器（1.052），其余上游产品的出口比较优势均小于 1。总体上，上游运动控制模块的产品均具有相对较高的比较优势；上游环境感知模块产品中的激光雷达、摄像头以及末端执行器类产品中的喷涂枪、真空吸盘具有相对较强的比较优势；上游减速器类产品的比较优势相对较低。中游 12 种产品中，出口比较优势大于 1 的产品有 4 种。出口比较优势最强的产品是机器人本体中的直角坐标机器人（4.263），其次是搬运机器人中的码垛机器人（1.492）、处理机器人中的激光切割机器人（1.127）、超声波切割机器人（1.003），其余中游产品不具备出口比较优势。下游 7 种产品中，出口比较优势大于 1 的产品有 4 种。比较优势最强的产品是早教机器人（2.549），其次是扫地机器人（2.3）、消防灭火机器人（1.89）、教学机器人（1.436），其余下游产品均不具备比较优势。

从时间层面看，近十年来，上游产品的出口比较优势总体上较平稳，上游摄像头的比较优势于 2013 年达到顶峰后逐年下降，于 2016 年后基本保持平稳。关节控制器、激光雷达等环境感知模块，FPGA 芯片以及喷涂枪、旋转器、真空吸盘等末端执行器类产品的比较优势于 2015 年后呈现逐年微升趋势。毫米波雷达的出口比较优势逐年下降，疫情第二年出现小幅回升。

2. 出口技术复杂度

从产业链各环节看，上游产品中 MCU 芯片的复杂度最高，其次是处理器、FPGA 芯片、精密行星减速器、摄像头。中、下游产品中，直角坐标机器人的技术复杂度最高，其次是早教机器人。除了 MCU 芯片，其余产品技术复杂度近年来波动不大。

从国别角度看，中国工业机器人产业的复杂度相对于日本、德国较低。日本、德国、中国工业机器人产业的技术复杂度在疫情后有微降趋势。

## 二 工业机器人产业链供应链韧性的
## 影响因素分析

1. 拓宽进口来源地，拓展出口目的地多样性，增强产业链产品的抵抗能力

工业机器人不仅是高端装备制造的基础设备，也是其他战略性新兴产业发展的基础装备，一旦出现产业链供应链的断链风险，将引发"蝴蝶效应"，甚至导致其他战略信息产业断链，影响制造业安全。从进口来源地前三名看，中国工业机器人上游 19 种关键战略产品第一大进口来源地为德国，其次是日本、美国、韩国。进口份额最高的 FPGA 芯片 60.6% 是进口自中国台湾地区，52.8% 的伺服电机驱动器进口自日本，41.1% 的摄像头进口自韩国。中游 12 种关键战略细分产品中，8 种产品的第一大进口来源地是德国，其次为日本、韩国、奥地利。焊接机器人前三名国家的进口份额在 75%~80%；搬运机器人前三名地区的进口份额在 55%~84%；处理机器人前三名地区的进口份额在 57%~77%。下游 7 种关键战略细分产品前三名国家榜单中，德国出现 7 次，日本出现 6 次，美国出现 4 次。70.9% 的排爆机器人、48.8% 的水下探测机器人进口自日本；34.6% 的消防灭火机器人进口自德国；32.9% 的扫地机器人进口自越南，其余下游产品自单一国家进口份额在 30% 以下。从出口目的地前三名看，出口目的地前三名出口份额普遍低于进口来源地前三名进口份额，工业机器人产业链关键细分产品的出口目的地国家主要为美国、日本、韩国及东南亚国家。上游产品中，52% 的 MCU 芯片、50.8% 的 FPGA 芯片出口至中国香港地区；48.9% 的激光雷达出口至美国。中游产品前三名出口目的地较为分散，在 12 种中游产品前三名出口目的地榜单中，美国出现 6 次，日本出现 4 次，越南出现 4 次。下游产品中，58% 的扫雷机器人出口至加拿大，下游服务机器人、特种机器人产品第一大出口目的地为美国。

### 2. 降低进出口集中度，提高产业链产品的恢复能力

减速器、伺服电机、控制器等上游核心零部件对整个工业机器人的性能指标具有重要决定作用，针对暂不具备自主研发设计能力的上游关键核心零部件，应降低进出口集中度，增加进口来源地多样性，分散国外供应商的断供风险，保障我国工业机器人生产链条的平稳运行。比如，进口集中度最高的上游产品是 FPGA 芯片 （0.379），其次是伺服电机驱动器 （0.293）、摄像头 （0.279）。进口集中度最高的中游产品是抛光机器人 （0.497）、分拣机器人 （0.495），其次是弧焊机器人 （0.272）、喷涂机器人 （0.222）。进口集中度最高的下游产品是水下探测机器人 （0.267），其次是扫地机器人 （0.204）。从疫情前后看，上游 FPGA 芯片、伺服电机驱动器的进口集中度近年来有逐渐微升的趋势；除了毫米波雷达、传感器、MCU 芯片、谐波减速器外，其余上游产品的进口集中度均在疫情后微升。中游的抛光机器人、分拣机器人的进口集中度呈现逐渐微升趋势，其余产品无明显波动。除了水下探测机器人外，其余下游产品的进口集中度在疫情后上升，于疫情后第二年回落。从出口集中度看，上游 FPGA 芯片的出口集中度最高 （0.253），中游喷涂机器人的出口集中度相对较高 （0.245），下游出口集中度相对较高的产品是扫雷机器人 （0.24）。从时间趋势看，上游产品中，MCU 芯片、FPGA 芯片的出口集中度近年来呈现微升趋势，但在疫情后微降。中游喷涂机器人的出口集中度逐年上升，直角坐标机器人的出口集中度呈现微降趋势。下游产品中，早教机器人、扫地机器人、扫雷机器人的出口集中度有所下降，其余产品无显著波动。

### 3. 巩固国际市场占有率，提升产业链产品的控制能力

提高工业机器人产业链关键战略产品市场占有率，有助于帮助中国本土企业巩固市场地位，加速产品迭代更新，并带动工业机器人产业链上下游其他关联企业嵌入全球价值链，更加深入地参与国际分工，助力中国工业机器人产业链向"微笑曲线"两端攀升。针对中国工业机器人产业链上游环境感知类产品中的激光雷达、摄像头，末端执行器类产品中的真空吸盘，中游机器人本体类产品中的直角坐标机器人、码垛机器人，下游中的

早教机器人、消防灭火机器人等产品的国际市场占有率相对较高，应继续巩固国际市场份额，加大资金支持。各国的再工业化战略、中国的高质量发展战略等内外部环境的变化将驱动我国工业机器人产业转型升级，产业发展模式也将从以往依靠劳动力优势的粗放式发展模式向精细化发展模式转变，政策红利及其他战略性新兴产业的需求也将带动中国工业机器人产业发展从"大"到"强"。

4. 增强显性出口比较优势，提高产业链产品的创新能力

中国工业机器人产业链关键核心产品存在依赖进口、国产化率低、同质化严重的问题，站在新一轮科技革命和产业变革与我国加快高质量发展的历史性交汇点，沿袭劳动力成本优势将无法应对新一轮工业革命，应借助中国数字经济蓬勃发展的契机，提高中国工业机器人产业链关键核心技术产品的创新能力，包括原始创新能力及对国外中间品技术外溢的消化吸收再创新能力。针对上游摄像头、喷涂枪、激光雷达、真空吸盘、关节控制器、机器人处理器，中游机器人本体类产品中的直角坐标机器人，搬运机器人中的码垛机器人，处理机器人中的激光切割机器人、超声波切割机器人，下游早教机器人、扫地机器人、消防灭火机器人、教学机器人等具备出口显性比较优势的产品，加强人才、资金、技术等创新资源的支持，鼓励颠覆式创新及迭代创新，继续巩固国际市场地位，助力优势出口产品在国际市场竞争中站稳脚跟。

## 三 增强工业机器人产业链供应链韧性与安全的政策建议

1. 强化国家战略牵引，加大政府对工业机器人产业扶持力度，培养颠覆式创新能力，领跑全球新赛道

一方面，加大对工业机器人应用的政策扶持力度，打造良好产业生态环境。一些具备关键零部件研发生产基础的企业容易盲目追求大而全，将创新资源从关键零部件研发转向整机集成，难以形成同时具备研发、生产、集成

能力的全阶段产业链；同时，随着未来工业机器人应用场景不断丰富及需求增长，企业为了市场规模与销售利润，在没有进行充分调研的情况下盲目进入竞争，导致产品同质化严重。为避免无序、恶性竞争与重复建设，应通过设立工业机器人专项基金，建立首台套重大技术装备研制、示范应用及保险补偿政策体系等方式进行倾斜性配套支持；重点培育世界一流水平的机器人龙头企业及科技领军企业、核心产品具备出口优势的专精特新中小企业，优势互补，共同突破产业链关键核心产品的技术难关，提高国产化率。

另一方面，借助新一轮科技革命与全球价值链分工体系重塑背景下的"换道超车"机会窗口，助力中国工业机器人产业链优势产品制胜国际市场新赛道。西方国家为了构建排除中国的所谓"友好国家"网络，高筑技术壁垒，打压中国产品的市场空间，威胁中国工业机器人产业发展。为了融入全球价值链分工网络，一是要建立与国际接轨的工业机器人标准体系，积极参与工业机器人国际标准制定，提高关键核心产品技术的话语权。二是要培养颠覆式创新能力，培育变革性技术，推动我国工业机器人产业实现领跑，并迈向全球价值链中高端。

2. 加强产学研协同创新，推动工业机器人产业链、创新链、资金链、人才链四链融合，促进科技成果的产业化应用

一是加强对减速器、伺服系统、控制器等核心零部件研制及应用过程中的科研补贴及投资引导。中国工业机器人产业链不够完善，被称为"工业机器人大脑"的伺服电机、控制器、减速器等上游核心零部件依赖进口；中下游系统集成领域存在规模小、产值少的问题，导致我国工业机器人出口额仅占进口额的三成，高昂的核心零部件进口成本导致我国工业机器人产品在出口市场上缺乏竞争力。工业机器人作为资本密集型产业，产业发展需要政府、企业、民间团体的资本支撑，应引导国家、社会资本投资，拓宽资金来源渠道。

二是培养一批高水平研发人才队伍与管理人才，吸引海内外科研人才，为工业机器人产业链优势产品走向世界提供坚实人才支撑。德国、日本处于全球工业机器人贸易网络的中心地位。中国、韩国属于贸易追赶国，起步较

晚、缺乏核心专利等问题导致与机器人强国的技术距离。同时，国外企业技术壁垒高、自主创新能力不足等问题，导致伺服电机、控制器与减速器等工业机器人核心零部件被日本的 FANUC、瑞士的 ABB Robotics、德国的 KUKA Roboter 等全球机器人巨头企业垄断，国内专利多集中于末端执行器、关节、机械臂等非核心零部件。为了解决专业性人才不足的问题，可通过在高校开设工业机器人相关专业，加强专业性人才培训，有助于缩小人才缺口；同时要实施开放包容的国际科技合作战略，加强与机器人强国的共性技术合作交流，有助于提升科研人才的研发能力。

3. 加强国际合作，提升中国在全球工业机器人产业链分工体系中的地位

其一，加强与全球工业机器人强国的技术交流与合作，提高对外资企业关键技术外溢的消化吸收与再创新能力。随着日本的 FANUC、YASKAWA，瑞典的 ABB Robotics，德国的 KUKA Roboter 等全球工业机器人巨头企业加码布局中国市场，应鼓励埃夫特（EFORT）、埃斯顿（ESTUN）、新松（SIASUN）等中国企业与上述全球机器人四大家族就关键技术产品研发展开交流合作，提高消化吸收再创新能力，凭借劳动力成本优势叠加工程师红利，助力中国工业机器人产业走向世界。

其二，有效利用产业转移，设立海外研发中心，通过海外并购、产品外销等方式布局海外市场。一方面，加强工业机器人产业链关键核心技术突破，缩短与德国、日本的技术距离，减少贸易摩擦对中国产业链韧性的影响，助力中国工业机器人价值链地位提升。另一方面，依托国家"一带一路"倡议优势，发挥好中国工业机器人贸易在全球工业机器人贸易网络中的"纽带"作用，开拓共建"一带一路"国家的潜在市场，加强互利共赢式交流合作。

**参考文献**

贺胜兵、许宸昊、周华蓉：《"一带一路"工业机器人贸易网络特征及演化机制》，

《中国软科学》2023年第6期。

徐长生、刘晓翠：《我国工业机器人产业发展和贸易中存在的问题及应对》，《对外经贸实务》2019年第6期。

李丫丫、罗建强：《工业机器人贸易网络结构及其影响机制研究》，《中国科技论坛》2021年第7期。

董桂才：《中国工业机器人出口贸易及其影响因素研究》，《国际经贸探索》2015年第11期。

李敏、邱亚萍：《中国在全球工业机器人贸易网络中的拓扑特征与地位变迁》，《当代金融研究》2020年第4期。

谷均怡、赵春明、李震：《工业机器人应用、要素流动与中国出口》，《当代财经》2023年第9期。

# 集 群 篇
Clusters Reports

## B.22
# 先进制造业集群韧性研究

周 麟[*]

**摘 要:** 在新一轮科技革命和产业变革兴起之际,建设和发展先进制造业集群成为我国在全球范围内保持制造业核心竞争优势、由制造大国向制造强国跃迁的重要举措,也是建设现代化产业体系、夯实实体经济根基的关键途径,其中,集群韧性的塑造与提升至关重要。本文聚焦先进制造业集群韧性议题,在系统梳理先进制造业集群及其韧性内涵的基础上,对当前国家级先进制造业集群的空间分布和行业分布进行探索性论述,对先进制造业集群的发展现状和政策引导(包括空间政策、产业与创新政策、人才政策、服务保障政策)进行详细梳理。随后,聚焦抵抗能力提升、恢复能力提升、控制能力提升、主导能力提升四个方面,提出以高质量开发区为载体推进集群集约节约高效成长,构建完备的集群产业生态系统,完善集群自主"造血"和相互"供血"能力,

---

* 周麟,中国人民大学公共管理学院讲师,主要研究方向为城镇化与工业化、区域创新体系等。

主动融入全球产业链供应链创新链网络等政策建议。

**关键词：** 先进制造业集群　韧性　现代化产业体系

## 一　先进制造业集群的区域分布与行业分布

当前，我国共有 45 个国家先进制造业集群，涉及 19 个省区市、3 个计划单列市，其中东部地区 30 个、中部地区 8 个、西部地区 5 个、东北地区 2 个。行业类型则包含新一代信息技术、高端装备、生物医药及高端医疗器械等支撑制造业高质量发展的关键行业。接下来，从区域分布和行业分布两个维度进行分析。

### （一）区域分布

城市群是中国经济高质量发展的核心动力源，也是制造强国建设的重要区域支撑。为此，从城市群视角切入，探讨先进制造业集群的区域布局。45 个先进制造业集群均分布在《中华人民共和国国民经济和社会发展第十四个五年规划和 2035 年远景目标纲要》（简称国家"十四五"规划）明确的城市群中，且通过入选集群，基本可以透视中国的先进制造版图。

在这其中，京津冀、长三角、粤港澳大湾区、成渝和长江中游作为我国城市群的第一梯队——优化提升型城市群，拥有 37 个先进制造业集群，占总量之比超过 80%。其中，长三角作为经济体量最大、经济活跃度最高的城市群，拥有 18 个先进制造业集群，涵盖城市多达 15 座，彰显了其强大且均衡的先进制造能力，各地的重点产业集群悉数入选，这些集群的交相辉映支撑了成长性强、韧性高的长三角先进制造体系。粤港澳大湾区的 7 个先进制造集群密集分布在广深莞科技创新走廊，涵盖行业包括新一代信息技术、智能移动终端、超高清视频和智能家电等，凸显了这一科技走廊在中国先进制造版图上的重要位置。作为中部重镇的长江中游城市群同样有 7 个集群入选，既包括工程机械、轨道交通、飞机制造等传统优势的"国之重器"行业，也包括近年来培育的光电子、自助安全计算系统等新兴产业。与长江中游城市群相似，成渝的3个集群同样包含以成都、德阳为核心的高端能源装备这一"国之重器"集群和两个与信息技术紧密相关的新兴产业集群。值得注意的是，京津冀仅有两个集群入选，分别为保定市电力及新能源高端装备集群和京津冀生命健康集群，相较长三角、珠三角差距甚远。北京"三城一区"、天津滨海新区具备非常强的先进制造能力，但均无单一主体集群入选。河北的钢铁、石化、能源等基础产业的集群同样没有一个入选。

除去上述37个先进制造业集群外，还有8个集群分布在6个城市群。山东半岛作为经济体量较大、经济发展较为均衡的城市群，拥有3个先进制造集群，且具备龙头企业引领的鲜明特征，包括海尔、海信之于青岛市智能家电集群，中车四方之于青岛市轨道交通集群，潍柴之于潍坊市动力装备集群。另外5个集群则分布在粤闽浙沿海、关中平原、呼包鄂榆、辽中南和哈长5个城市群，且均为5个城市群中的制造强市的代表性集群。

进一步地，我们发现，当前先进制造业集群格局具备明显的南北分布差异，这与近年来经济、人口、创新的区域分布差异如出一辙。南方先进制造业集群数量多达36个，北方则仅为9个，河南、山西、黑龙江、天津等传统制造业强省（市）甚至无一家先进制造业集群入选。

## （二）行业分布

整体来看，45个先进制造业集群的行业分布主要集中在如下产业领域：新一代信息技术，装备制造，新材料，生物医药，日用消费品和钢铁、化石能源、煤炭等传统产业。其中，新一代信息技术和装备制造作为分别支撑中国经济发展"阵地"和"前线"的两个战略性新兴产业，分别拥有11个、20个先进制造业集群。前者涵盖集成电路、智能语音、数字安防等数字经济领域的前瞻性产业，后者则包含若干重大装备制造细分领域，如工程机械、轨道交通装备、航空航天、智能装备等。可以说，两个"国之重器"领域的先进制造业集群方向彰显了统筹发展与安全的战略导向，其中，集群韧性的塑造无疑是重要环节。与此同时，新材料、生物医药作为当前我国重点发展的战略性新兴产业，分别有 5 个先进制造业集群。其中，前者细分领域涉及若干前沿材料，如纳米新材料、磁性材料、稀土新材料及应用等；后者则主要包括生物医药和高端医疗器械两个维度。值得注意的是，我们发现 45 个国家级先进制造业集群中，还包括 3 个以日用消费品为主导产业的集群和 1 个以钢铁、化石能源、煤炭等传统产业为主导产业的集群，涉及领域包括高端纺织、泛家居、乳制品和绿色石化。

## 二　先进制造业集群韧性的发展现状与政策指引

### （一）发展现状

整体来看，先进制造业集群作为中国产业经济和区域经济发展的重要驱动力，其韧性能力建设取得一定成绩，近年来在应对新冠疫情、地缘政治不稳定等外力冲击时起到了稳定中国经济基本盘的作用。根据工信部公布的数据，2021 年，45 个国家先进制造业集群的主导产业产值达到 19 万亿元，布局建设了 18 家国家制造业创新中心，各类国家级技术创新载体数量超过 1700 家，同时，在大中小企业培育方面也做出了表率，共创建 170 余家国家级单项冠军企业、2200 余家国家级专精特新"小巨人"企业[①]。2022 年，45 个集群的主导产业产值已经突破 20 亿元，无论创新能力还是产业规模均处于稳步上升阶段，对人才、技术等各类要素的集聚能力也在持续增强[②]。

进一步地，以几个区域的代表性集群为例。在粤港澳大湾区，以新一代信息通信集群为"领头雁"，深圳市在 2022 年创造的电子信息制造业产值高达 2.48 万亿元，占全国的近 20%，规上工业企业数量超过 4000 家，在技

---

① 《工业和信息化部公布 45 个国家先进制造业集群名单》，https://www.gov.cn/xinwen/2022-11/30/content_5729722.htm。

② 《先进制造业产业集群建设步伐进一步加快　45 个国家级集群总产值突破 20 万亿元》，https://www.gov.cn/xinwen/2023-02/28/content_5743571.htm。

术快速迭代的当下一直保持着全球电子信息产业中心的地位。广州市、深圳市、佛山市、东莞市智能装备集群由珠江东西两岸 4 座城市联合打造，拥有规上企业近 5000 家，专精特新"小巨人"企业超过 100 家，1 万多家产业链上下游企业。在京津冀，保定市依托电力及新能源高端装备集群，在近年来构建了"风光氢储输"全链条产业链创新链，集群内核心零部件本地配套率超过 80%，并在特高压变电器、智能电网控制等领域拥有多项在全球范围内达到"领跑""并跑"水平的原始创新技术。在长三角，杭州市依托数字安防集群，在 2021 年实现数字安防核心产业营业收入 2720.8 亿元，同比涨幅超过 15%，"大安防"产业整体规模超过 6000 亿元，已经成为全球安防企业和技术的"窗口"。在长江中游城市群，2021 年长沙市新一代自主安全计算系统产业集群总产值 1350 亿元，在全国占比将近 1/3。中国电子、中国电科、奇安信、三安光电等 1100 余家企业集聚于此。在成渝，截至 2023 年 2 月，成渝地区电子信息先进制造集群营收规模已达 2.2 万亿元，在近三年实现快速增长。

与此同时，追随着国家先进制造业集群建设的脚步，各省区市纷纷重点推进先进制造业集群建设。根据笔者统计，截至目前已有超过 10 个省区市出台先进制造业集群建设的相关规划和行动计划，并将先进制造业集群建设视为构建现代产业体系、提升区域经济韧性的重要推手。例如，截至 2022 年 12 月，江苏省已培育 16 个先进制造业集群和 50 条重点产业链，规模超万亿元行业达 5 个，特高压设备（智能电网）、晶硅光伏、风电装备等 7 条产业链（产业集群）基本达到中高端水平，国际竞争优势明显，并累计建立超过 180 个细分产业链（产业集群）工作专班。河北省在 2022 年面向全省先进制造业集群开展先进制造业集群竞赛，并将产业规模效益突出、创新能力强、协作机制高效、要素集聚程度高等与集群韧性紧密相关的特征视为参评的重要条件。

## （二）政策指引

行之有效的政策制定是先进制造业集群韧性塑造的核心支撑，通过对中

央、地方关于先进制造业集群、产业链供应链现代化水平提升等议题出台的各级各类政策文件分析，本文从空间政策、产业与创新政策、人才政策、服务保障政策等四个维度进行集群韧性政策指引的梳理。

1. 空间政策

空间是集群经济的"落脚点"，也是集群韧性提升的实体底盘，空间政策由此成为先进制造业集群韧性的重要支点。2023年李强主持召开国务院常务会议审议通过关于加快发展先进制造业集群的意见，指出发展先进制造业集群，是提升产业链供应链韧性和安全水平的重要抓手，并明确要引导各地发挥比较优势，在专业化、差异化、特色化上下功夫，做到有所为、有所不为。各地的先进制造业集群相关文件也纷纷就恰合时宜的空间布局及其对产业链供应链韧性提升的效用进行谋划，例如，北京市在《北京市"十四五"时期高精尖产业发展规划》中提出要依托京保石走廊，布局由若干先进制造业集群构成的先进制造业发展带，聚焦生物医药、氢能等前沿产业展开产业链供应链深度融合和协同创新，进而提升北京乃至京津冀的产业链供应链整体韧性。上海市在《上海市先进制造业发展"十四五"规划》中提出应以张江、临港、金桥、漕河泾等园区为主体，打造先进制造业集群，并要加强长三角的产业协作，织密产业链供应链安全网络。四川省在《深入实施制造强省战略》中创新性地提出推动产业集群和城市群共同成长，包括：以各级各类产业园区为主体，实施先进制造业集群建设工程；探索跨区域集群协同培育发展机制等，并明确提出要推进关键领域产业链供应链本土化，以期提升产业链韧性和安全水平。

2. 产业与创新政策

好的产业与创新政策是先进制造业集群稳链延链和韧性提升的催化剂。通过梳理当前各地先进制造业集群相关的政策文件可知，提升企业自主创新能力、构建产业链和产业集群协同机制、产业链备份是当前产业与创新政策的高频词语，这会有效提升先进制造业集群的稳定性，进而塑造强韧性，例如，江苏省在《省政府关于加快培育先进制造业集群的指导意见》中表示，要聚焦集群产业短板，构建企业主导的创新体系，并提出实施"百企引航、千企升级"计划,力求推进大中小企业融通并形成联动式发展合力。浙江省在《浙江省"415X"先进制造业集群建设行动方案(2023—2027年)》中聚焦"链长+链主+专精特新"协同,提出要构建动态有效的链群协同机制,强化供应链安全评估、断链断供风险摸排和供应链备份对接,提升产业链供应链韧性和安全水平,每年实施产业链强链补链项目500个。河南省在《河南省先进制造业集群培育行动方案(2021—2025年)》中则明确提出要展开多元稳链行动,鼓励龙头企业就地构建产业链供应链,提高产业链供应链的区域内配套率,并加强产业链备份和灾害应急物资产业链供应链体系建设。

3. 人才政策

人才决定了先进制造业集群的发展广度和高度,是先进制造业集群韧性的"操盘者"。纵览当前先进制造业集群的相关政策,各地均将人才工作视为集群成长和韧性提升的基础工作,聚焦顶尖科技创新人才、高技能人才、高水平管理人才等多元化人才的引进培育。举例来说:作为全球制造业第一大市,苏州市在《关于加快推进先进制造业集群发展的实施意见》中强调要强化人才保障,加强与国内外"高精尖缺"人才团队对接。河南省在《河南省先进制造业集群培育行动方案(2021—2025年)》中明确指出要制定重点产业链紧缺人才清单,强化国际一流科技领军人才和创新团队引进培育。山东省在《培育先进制造业集群和创建制造业高质量发展试验区示范区的实施方案(2021—2025年)》中提出要推动产学研共培高技能人才,并打造能够助推先进制造业集群茁壮成长的高素质企业家、技工人才和企业管理者队伍。上海市则在《上海市先进制造业发展"十四五"规划》中明确提出要基于"人才+项目"模式,实施上海卓越制造人才提升工程、产业菁英计划、重点产业人才培育专项等多项人才政策,推动先进制造业高质量发展与韧性提升。

4. 服务保障政策

从"链长制"到"制造+服务"体系构建,在推进先进制造业集群发展的过程中,各级政府纷纷从财政资金、行政分工、发展环境、用地用能等多

个维度搭建层级化、体系化的服务保障政策网络来强化集群韧性。例如，在财政资金维度，多个省区市在近年来筹备出台先进制造业集群培育的相关财政专项资金和产业基金，对制造业企业提供更为优惠的贷款、投资抵押、融资改股、配套奖补等多种金融服务支持。在行政分工维度，"链长制"已经成为各地推进先进制造业集群韧性提升，提升产业链自主性、可持续性的"共用"型政策。同时，部分省区市还建立了先进制造业集群培育领导小组和工作办公室，并实施招商引资"揭榜挂帅"机制。在发展环境维度，通过优化营商环境、深化企业"放管服"改革等多种方式塑造良好的发展环境能够为技术、人才和产品提供切实保障，增强集群发展效能，提升集群韧性。在用地用能维度，强化集群用地保障，提升用地集约节约利用程度，降低集群用地能耗，提升清洁生产水平是先进制造业集群发展的共同考虑。例如，在用地维度，各地纷纷提出采取"承诺制+标准地"的全过程土地供应和管理方式，一些省区市明确在土地指标上对集群重大项目予以倾斜，并有计划地将低效、闲置工业用地的再开发和重大项目的土地指标扩容挂钩。在用能方面，对于集群用水、用电、用气、排污权等保障是既有政策的聚焦点，一些省区市则明确提出要积极争取符合条件的先进制造业重大项目国家能耗单列。

## 三　提升先进制造业集群韧性的对策建议

现阶段，先进制造业集群已经成为我国经济发展的"主心骨"。然而，在最为关键的集群韧性维度，无论是国家级，还是各省区市公布的省级先进制造业集群仍存在一些亟待解决的共性问题，包括：部分集群仍处于粗放发展阶段，尚不具备层次性、集约性的规模经济效应，进而导致抵抗能力有待提升；部分集群的体系化发展能力较弱，没有构建很好的产业生态系统，进而导致恢复能力有待提升；部分集群的产业链供应链体系尚不健全，致使在面对冲击时很可能出现"堵"链、"断"链；部分集群仍处于受制于"人"的阶段，在全球生产网络中的位势较低，进而容易被"卡脖子"。为此，本文聚焦集群韧性塑造的 4 个核心维度——抵抗能力提升、恢复能力提升、控制能力提升、主导能力提升（见图 1），探索性提出提升先进制造业集群韧性的对策建议。

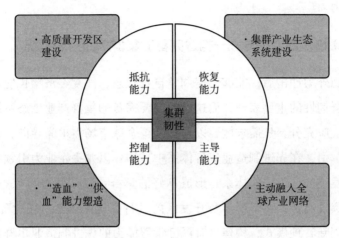

**图 1　集群韧性塑造的 4 个核心维度**

## （一）抵抗能力提升——以高质量开发区为载体推进集群集约节约高效成长

各级各类开发区的高质量发展是先进制造业集群韧性提升的基本条件，这突出地体现在集群抵抗能力提升维度。第一，协同是抵抗能力塑造的前提，应以集群经济为聚焦点，明确纳入集群范畴的开发区目录及其在主导产业的产业链供应链中的区位，推进开发区以"集中力量干大事"的方式差异化、特色化发展，形成以集群为单位的产业链供应链体系，进而推进集群发展的网络化、梯度化，提升抵抗外力冲击的能力。第二，效率是抵抗能力塑造的基础，应进一步提升开发区的经济效率，一方面要为纳入先进制造业集群管理的开发区设立构建更为有效的"亩产论英雄""项目论成败"奖惩机制，另一方面还要重点关注相关开发区中的低效、闲置工业用地的再开发，让土地真正依据项目流动起来，提升开发区土地的集约节约高效利用水

平。第三，资源集聚是抵抗能力塑造的途径，应在各省区市创建国家级、省级先进制造业集群的过程中，充分推进重大、重点项目向与之对应集群内的开发区分类聚拢，形成产业发展的规模报酬递增效应，以产业厚度提升来塑造抵抗能力。

### （二）恢复能力提升——构建完备的集群产业生态系统

在受到外力冲击后，能够迅速调整自身状态，恢复经济增长能力是先进制造业集群韧性的重要表现，而这显然需要完备的集群产业生态系统予以支撑。第一，应充分聚焦需求侧，以全国乃至全球市场需求为导向，以前瞻应用场景为牵引，在先进制造业集群体系中，构建以龙头企业为引领、大中小企业融通发展的分工协作体系，形成良好的集群企业"联盟"生态。第二，应充分聚焦供给侧，在集群涉及开发区内进行高质量要素市场化配置改革，并进一步创新管理模式，构建具有深度学习能力的先进制造业集群数字化要素配置系统。第三，应充分聚焦营商环境优化，在集群内部探索构建更贴合先进制造业发展需求和人才生产生活需求的生产生活生态、宜居宜业宜创环境，并聚焦完整社区、产业社区等产城融合的新社区发展模式，为先进制造业提供更好的配套支撑。第四，坚持鼓励创新和审慎包容的原则，从市场准入、人才培养、金融服务等各个方面加大支持力度，注重政策端的合作共创，形成推动先进制造业集群抵抗能力提升的合力。

### （三）控制能力提升——增强集群自主"造血"和相互"供血"能力

自我调节、自我控制是先进制造业集群在面对外力冲击时能够做到"从容应对"的必要行为，这需要集群拥有足够强劲的内生增长动能。因此，应增强集群的自主"造血"和相互"供血"能力。一方面，就自主"造血"能力而言，应深度聚焦创新驱动发展战略，对集群需要攻克的"卡脖子"技术和当前的技术优劣势形成"清单"式发展思路，做到环环相扣、逐一攻克，加大重大、重点项目和技术引进力度。同时，在关注专利数量、R&D等创新数量指标的同时，还应进一步聚焦知识复杂度、人才红利等通过"二次加工"才能得到的创新质量指标，以量质并重的模式推进集群技术能力的提升，形成良好的"造血"能力。另一方面，就相互"供血"能力而言，应在更大区域范围内审视先进制造业集群体系的发展，加强相关产业链供应链创新链上的集群之间的联系，并在技术、人才、土地等不同要素维度展开飞地经济、周末科学家、技术联合体等多种形式的相互合作，能够确保在某一集群遭遇外力冲击时，其他相关联的集群能够迅速在产业链供应链创新链上予以支撑，以完备的自循环体系推动集群不会出现失控的情况。

### （四）主导能力提升——主动融入全球产业链供应链创新链网络

在持续不稳定不确定的国际形势中砥砺前行，在错综复杂的全球产业坐标系中占有一席之地，是先进制造业集群发展的重要初衷，也是集群韧性塑造的重要目标。正如习近平总书记强调的，要最大限度用好全球创新资源，全面提升我国在全球创新格局中的位势，提高我国在全球科技治理中的影响力和规则制定能力。为此，应全方位推进先进制造业集群，特别是国家级先进制造业集群主动融入全球产业链供应链创新链网络，形成产业主导力。第一，应强化集群的全球产业枢纽作用，探索布局更多以"我"为主的产业链供应链创新链，并对全球相关机构开放共享，同时加快将集群内的领军型开发区建设成为相关领域全球顶尖的产业园区，并与国外相关企业、园区围绕联合实验室、技术转移转化中心、科技人文交流中心等产业平台的高水平共建展开更为紧密的合作。第二，应着力培育"引进来""走出去"相结合的集群发展模式，聚焦集群主导产业，一方面要以更大力度推进全球产业资源要素持续汇聚，支持高水平外资研发中心的设立和发展，并支持有条件的国内主体面向全球引进具备关键核心技术攻关经验的高层次人才。另一方面要鼓励有条件的国内主体在海外布局研发中心，并以此为契机培育更多在关键核心技术领域具备自主创新能力、在不同创新强国和地区拥有"技术前哨"的世界一流企业。

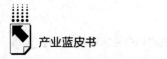
**参考文献**

周麟、叶振宇:《构建高质量区域创新体系　促进高水平科技自立自强》,《光明日报》(理论版) 2023 年 8 月 1 日。

《关于我省先进制造业集群建设和发展情况的调研报告》,http://www.jsrd.gov.cn/jgzy/cjw/yjybg/202212/t20221214_ 542491. shtml。

# B.23
# 创新型产业集群韧性研究

李 蕾[*]

**摘　要：** 创新型产业集群是深入实施创新驱动发展战略的重要产业组织形式，对实现创新驱动产业发展和中国式现代化建设具有重要意义。研究发现：我国创新型产业集群发展迅速，区域间、区域内不同省区市间以及行业间表现出不同程度的非均衡性；各区域在决定集群韧性各因素的发展上表现不同，东部地区创新的经济基础和创新能力具有较强的优势，东北地区在创新服务方面优势明显，中西部地区创新的各方面发展均较弱，尤其是中部地区；区域间在政策制度环境、创新资源、对外开放、市场机制等方面的差异是导致区域创新型产业集群韧性差异的重要原因。因此，从着力集聚高端优质创新资源、打造大中小企业融通发展新生态、建立有利于集群创新的制度环境、构建有利于集群创新的立体式服务体系、提升集群分工协作和协同创新水平等方面提出促进各区域创新型产业集群韧性提升的政策建议。

**关键词：** 创新型产业集群　经济基础　创新能力　创新服务

## 一　我国创新型产业集群的发展态势

2011 年，科技部启动"创新型产业集群建设工程"并确定 41 家创新型产

---

[*] 李蕾，经济学博士，河南财经政法大学副教授，主要研究方向为产业升级与产业竞争力。

业集群建设工程初选名单,自此,在全国范围内多次进行创新型产业集群试点培育,并分别于 2013 年、2014 年和 2017 年认定了三批创新型产业集群试点。2011~2023 年,我国创新型产业集群规模不断扩大。《中国火炬统计年鉴》数据显示,2014 年纳入统计管理的只有 71 个创新型产业集群,2017 年增加到 109 个,2021 年则发展到 146 个。2023 年 2 月,科技部火炬中心发布《关于公布 2022 年创新型产业集群的通知》,将天津市滨海新区海洋工程装备产业集群等 46 家集群确定为创新型产业集群,我国创新型产业集群规模进一步扩大。

### (一)规模态势

伴随着创新型产业集群数量的快速增加,集群在营业收入、出口总额、净利润等基本经济活动指标,以及科技活动成果和服务机构等多方面指标上也呈现迅速增加趋势(见表 1)。在基本经济活动方面,2018 年,在全国纳入统计管理的 109 个创新型产业集群中,企业总数为 22177 家。其中,高新技术企业 9065 家,占比 40.88%。所有企业营业收入达 5.54 万亿元,人员总数 415 万人,出口总额超过 9000 亿元,净利润约为 4500 亿元。而到了2021 年,在全国纳入统计管理的 146 个创新型产业集群内,企业总数增加到 34856 家。其中,高新技术企业 16469 家,占比提高到 47.25%。所有企业营业收入达 8.68 万亿元,人员总数 538 万人,出口总额达 1.26 万亿元,净利润接近 7600 亿元。在科技活动成果方面,2018 年集群企业研发人员合计 108 万人,研发费用支出 2488 亿元,当年授权发明专利 27857 件,共拥有有效发明专利 193512 件。而到 2021 年,各种科技活动成果均显著增加。其中,研发人员增加到 131 万人,研发费用支出超过 3200 亿元,当年授权发明专利比 2018 年增加了 1.2 倍,拥有有效发明专利增加到 333470 件。在服务机构方面,2018 年集群内有国家级科技企业孵化器 277 个,国家级生产力促进中心 44 个,国家技术转移示范机构 109 个,研发机构 4774 个,金融服务机构 2072 个,产业联盟组织 304 个。2021 年各种服务机构都有明显增加,尤其是国家级生产力促进中心和其他服务机构,在三年的时间内分别增加了 2.7 倍和 1.2 倍。另外，研发机构和产业联盟组织增幅也较大，均增加到 2018 年的 1.7 倍左右。

表 1  2018～2021 年全国创新型产业集群各方面规模指标

| 相关方面 | 具体指标 | 2018 年 | 2019 年 | 2020 年 | 2021 年 |
|---|---|---|---|---|---|
| 基本经济活动 | 企业总数（家） | 22177 | 23638 | 25953 | 34856 |
| | 高新技术企业数（家） | 9065 | 10303 | 11881 | 16469 |
| | 营业收入（亿元） | 55413 | 57397 | 62618 | 86800 |
| | 出口总额（亿元） | 9125 | 7754 | 8621 | 12639 |
| | 净利润（亿元） | 4568 | 4193 | 5712 | 7557 |
| | 上交税费（亿元） | 3262 | 3074 | 2995 | 3822 |
| | 集群人员总数（万人） | 415 | 419 | 431 | 538 |
| 科技活动成果 | 研发人员（万人） | 108 | 111 | 116 | 131 |
| | 研发经费（亿元） | 2488 | 2748 | 3161 | 3295 |
| | 当年授权发明专利（件） | 27857 | 35530 | 40425 | 61796 |
| | 拥有有效发明专利（件） | 193512 | 201912 | 240541 | 333470 |
| | 拥有注册商标（件） | 118971 | 147191 | 185197 | 279509 |
| | 当年形成的国家或行业标准（项） | 1020 | 1100 | 1071 | 1735 |
| | 认定登记的技术合同成交额（亿元） | 822 | 968 | 1871 | 1708 |
| 服务机构 | 国家级科技企业孵化器（个） | 277 | 297 | 299 | 352 |
| | 国家级生产力促进中心（个） | 44 | 45 | 42 | 163 |
| | 国家技术转移示范机构（个） | 109 | 105 | 106 | 132 |
| | 国家级资质产品检验检测机构（个） | 134 | 145 | 136 | 204 |
| | 研发机构（个） | 4774 | 5360 | 6074 | 8097 |
| | 金融服务机构（个） | 2072 | 2196 | 2287 | 3139 |
| | 其他服务机构（个） | 1145 | 1348 | 1619 | 2568 |
| | 产业联盟组织（个） | 304 | 294 | 379 | 534 |

注：这里选取 2018～2021 年的数据进行分析主要是为了保证不同年份之间指标的统一性。
资料来源：《中国火炬统计年鉴》。

## （二）区域分布

与全国发展趋势一致，各区域创新型产业集群的数量均明显增加。东部、中部、西部、东北四个区域①创新型产业集群分别从 2014 年的 33 个、16 个、15 个、7 个增加到 2021 年的 72 个、34 个、28 个、12 个，尤其是东部和中部，两个区域创新型产业集群的数量均增加了 1 倍多。创新型产业集群在区域间的分布呈现明显的非均衡性，表现为东部地区数量最多、中西部次之、东北最少的特征。2014 年，在纳入统计管理的 71 个创新型产业集群中，东部地区有 33 个，在全国占比达到 46.48%，而中部、西部地区则分别为 22.54% 和 21.13%，东北地区不到 10%。特别地，伴随着东部地区创新型产业集群的更快发展，其集群数量在 2017 年超过全国的半壁江山，占比高达 54.13%，2021 年虽然有所回落，但仍然保持在 50% 左右的高位。中部地区占比也有小幅增加，而西部和东北地区则出现下降趋势。

各区域内部不同省区市同样存在不同程度的非均衡性。东部地区中，江苏、山东、广东三省较为突出，三者创新型产业集群的数量之和超过区域总量的一半，特别是 2021 年，三省数量在东部地区的占比高达 65.28%，而其他 6 个省市则不到 35%。相比较而言，中部、西部和东北三区域内部各省区市间的非均衡性要弱一些。湖北、陕西、辽宁分别是三区域创新型产业集群数量较多的省份，其他省区市创新型产业集群数量较少，各区域的差异也不是特别明显。

## （三）行业分布

对纳入 2018 年《中国火炬统计年鉴》统计管理的 109 个创新型产业集群的行业归属进行划分，发现创新型产业集群在不同行业的分布存在明显差异。尤其值得注意的是，生物医药、生物制品、医疗健康和健康科技行业创新型产业集群数量高达 18 个，占所有创新型产业集群的 16.51%，是集聚创新型产业集群数量最多的行业。通常情况下，创新型产业集群是基于高新技

---

① 东部地区包括北京、天津、河北、上海、江苏、浙江、福建、山东、广东和海南等 10 个省市；中部地区包括山西、安徽、江西、河南、湖北和湖南等 6 个省；西部地区包括内蒙古、广西、重庆、四川、贵州、云南、西藏、陕西、甘肃、青海、宁夏和新疆等 12 个省区市；东北地区包括辽宁、吉林和黑龙江等 3 个省。由于数据缺失，在涉及数据的分析时，删掉了海南、西藏、宁夏三省区。

术申请设立的，而且其主导产业要有良好的市场前景，重要的细分领域要在国内具有明显的优势。可见，生物医药、生物制品、医疗健康和健康科技行业属于我国技术领先且具有明显创新优势的行业。其次，光伏、智能输配电、智能电网及设备等行业也聚集了一定数量的创新型产业集群，表现出一定的创新发展优势。然而，也有一些行业的创新型产业集群数量较少，如半导体智能照明，动力电池、锂电等行业仅拥有2个创新型产业集群，特别是船舶与海洋工程装备、高端工业软件、海洋与生命科学等创新型行业只有1个创新型产业集群，说明这些行业还没有形成明显的创新发展优势。特别需要指出的是，在类脑智能、量子信息、基因技术等未来产业领域，我国还没有形成一定的优势，缺乏区域性和全国性的产业集群。

## 二　区域创新型产业集群的韧性分析

创新是创新型产业集群的重要特征，也是创新型产业集群持续发展的根本动力。因此，创新型产业集群的韧性主要取决于集群创新的经济基础、创新能力、创新服务等各种决定创新绩效因素的发展或建设情况。

### （一）区域创新型产业集群的经济基础

经济基础是产业集群进行创新的基本条件，缺乏经济基础的产业集群不仅难以维持，更难以在创新上有所突破。创新型产业集群的经济基础通常由集群内企业的数量，尤其是高新技术企业的数量以及企业在营业收入、利润、集群人数等方面的规模决定。一般情况下，集群内高新技术企业的数量越多，企业各方面规模越大，集群创新的经济基础就越雄厚。就2021年纳入统计管理的146个创新型产业集群来看，全国层面单个集群平均拥有企业238.74家、高新技术企业112.80家，平均单个集群的营业收入、集群人员、出口总额、净利润分别为594.52亿元、3.68万人、86.57亿元、51.76亿元。

区域层面，东部地区所有指标的集群平均值均大于全国平均水平，

尤其是营业收入这一指标，远大于其他区域，说明东部地区创新型产业集群创新的经济基础较好，这在很大程度上与东部地区大多省区市经济发展水平较高、营商环境较好，从而更容易集聚大企业是分不开的。然而，东部地区集群的平均企业数、高新技术企业数以及出口总额 3 项指标并没有排在各区域之首，前两个稍微小于东北地区，这主要是由山东省较低的集群规模导致的。中部地区恰恰相反，其所有指标的集群平均值均小于全国平均水平，而且除了营业收入、出口总额和净利润 3 项指标外，其他指标均排在各区域的最后，说明中部地区创新型产业集群创新的经济基础在各区域中表现最差。同样，西部地区绝大多数指标的集群均值也小于全国平均水平，但其出口总额这一指标较为突出，位列所有区域之首，这主要得益于重庆、四川、陕西、内蒙古等省区市集群较大的出口规模。东北地区集群的平均企业数和高新技术企业数两项指标在所有区域中最高，这与辽宁省产业集群内聚集了较多的企业和高新技术企业关系密切。

## （二）区域创新型产业集群的创新能力

创新能力是产业集群创新的关键，在很大程度上决定着产业集群创新的速率和质量，对创新型产业集群来说尤其如此。创新型产业集群的创新能力一方面体现在研发人员和研发经费等创新投入上，另一方面体现为授权或拥有的发明专利、注册商标、国家或行业标准、技术交易等创新成果上。创新投入方面，2021 年全国 146 个创新型产业集群研发人员和研发经费的平均值分别为 8954.68 人和 22.57 亿元。创新成果方面，当年授权发明专利、拥有有效发明专利、拥有注册商标、当年形成的国家或行业标准、认定登记的技术合同成交额的平均值分别为 423.26 件、2284.04 件、1914.45 项、11.88 项、11.70 亿元。

区域层面，东部地区同样表现出明显的优势，所有指标的集群平均值均远大于全国平均水平，而且除认定登记的技术合同成交额低于东北地区外，其他所有指标也都远远大于其他区域，具有特别强的集群创新能力，这主要是因为东部地区凭借优越的发展环境集聚了大量创新人才、资金等创新资源。形成反差的是，中部地区所有指标的集群均值均小于全国平均水平，而且全都排在所有区域的最后，集群创新能力十分弱。西部地区和东北地区处于中间位置，前者在研发人员、研发经费、拥有注册商标、当年形成的国家或行业标准等方面优于后者，而后者在当年授权发明专利、拥有有效发明专利、认定登记的技术合同成交额等方面优于前者。特别地，东北地区认定登记的技术合同成交额的集群平均水平位居四区域之首，这与辽宁省较大规模的技术交易关系密切。

### （三）区域创新型产业集群的创新服务

创新服务是产业集群创新的重要孵化平台和支撑载体，对集群创新发挥着不可替代的助推作用。创新服务通常体现为技术孵化器、检验检测机构、研发机构、产业联盟等各类服务机构的批准和设立。2021 年全国 146 个创新型产业集群中，单个集群平均拥有的国家级科技企业孵化器、国家级生产力促进中心、国家技术转移示范机构、具有国家级资质产品检验检测机构、研发机构、金融服务机构、其他服务机构和产业联盟组织分别为 2.41 个、1.12 个、0.90 个、1.40 个、55.46 个、21.50 个、17.59 个、3.66 个。

区域层面，东部地区除了国家级生产力促进中心和产业联盟组织两个指标的集群均值小于全国平均水平外，其他指标值均在全国平均水平之上，但是与经济基础和创新能力相比，各指标值的优势程度大大减弱，除了国家级科技企业孵化器排在区域第一，以及具有国家级资质产品检验检测机构、研发机构和金融服务机构略微弱于西部地区或东北地区外，其他几个服务机构的集群平均发展水平并没有表现出明显的优势，说明东部地区创新型产业集群的创新服务发展较弱，尤其是国家级生产力促进中心、国家技术转移示范机构以及产业联盟组织，三者甚至排在区域倒数第一或倒数第二的位置。相应地，东北地区创新型产业集群则在创新服务方面表现出明显的优势，其除了国家级科技企业孵化器和具有国家级资质产品检验检测机构外，其他所有服务机构的集群均值全都位于区域之首，尤其是产业联盟组织，远远多于其他区域的平均水平。创新服务最差的区域仍然是中部地区，其除了国家级生产力促进中心多于全国平均水平且排在仅次于东北地区第二的位置外，其他所有服务机构的集群平均数都是四区域中的最小值。西部地区创新型产业集群创新服务机构的发展情况明显优于中部地区，特别是国家级生产力促进中心、国家技术转移示范机构、具有国家级资质产品检验检测机构和产业联盟组织等服务机构的集群均值甚至超过东部地区，表现出一定的发展优势。

## 三　区域创新型产业集群韧性差异的原因分析

作为创新型产业集群发展的根本动力和灵魂所在，创新对创新型产业集群的发展和稳定性至关重要。这意味着，政策制度环境、创新资源、对外开放、市场机制等影响企业创新的因素在很大程度上也必然决定着创新型产业集群的韧性。因此，不同因素在区域间发展的不同使创新型产业集群韧性表现出较大的区域差异。

### （一）政策制度环境是区域创新型产业集群形成发展的基础

国家级高新技术开发区是各区域的创新资源集聚地，知识密集和技术密集特征明显，具有较好的创新基础，为创新型产业集群的形成和发展提供了良好的条件。因此，创新型产业集群大多是基于国家高新区进行培育和发展的，可以说，高新区这一政策环境在创新型产业集群的形成过程中发挥着重要作用。截至2023年2月，全国共有创新型产业集群193个。其中，近150个创新型产业集群位于122个国家高新区内，占比近八成。同时，我国国家级高新区表现出极大的区域不平衡性，江苏、广东等沿海省份数量较多，而中西部地区，尤其是西部地区相对较少。各省区市基于已经建设的国家级高新区，申请建设创新型产业集群，这必然导致江苏、广东等沿海省份创新型产业集群的数量较多，而高新区数量相对较少的中西部地区创新型产业集群的数量较少。通常情况下，区域创新型产业集群数量越多，创新型产业集群发展的政策和制度环境就越完善，集群面对风险和意外时，其抵抗能力和恢复能力就越强。

## （二）创新资源是区域创新型产业集群持续创新的根本动力

从创新型产业集群的发展规律来看，世界发达国家著名的产业集群，如美国硅谷、日本筑波科学城、英国剑桥科技园等都集聚着高端人才、企业、研发机构等创新资源，可以说，创新资源是创新型产业集群持续创新的根本动力。就我国各区域创新型产业集群的发展来看，东部地区集群创新的经济基础较好，更容易集聚创新资源，集群平均的研发人员和研发经费都远高于其他区域。相应地，东部地区创新型产业集群的创新能力特别强，其发明专利、注册商标、国家或行业标准等创新成果与其他区域相比都表现出明显的优势。一般而言，集群的创新资源越丰富，创新能力就越强，集群的风险抵抗能力、恢复能力以及对局势发展的控制能力就越强，从而表现出更强的发展韧性。

## （三）对外开放是区域创新型产业集群保持创新活力的重要路径

与一国或区域经济发展一样，集群在封闭环境中也容易产生路径依赖，而对外开放是集群摆脱自我积累与强化的路径依赖从而保持发展活力的重要路径。通过对外开放，集群内企业将面临更大的且更具竞争性的市场，使集群能够突破国内或区域市场需求的局限性，增强生产发展的动力。更重要的是，开放的市场有助于集群内企业与国外相关企业、研发机构、多元化服务机构建立合作关系，集聚全球创新资源，促进集群企业持续创新，而这是创新型产业集群保持发展活力的根本。因此，我国对外开放较早且开放程度比较高的东部沿海地区，比开放程度相对较低的中西部地区更有助于激发和释放集群的创新活力。

## （四）市场机制是区域创新型产业集群企业协同创新的制度保障

分工协作和知识溢出是集群创新的重要方式，企业与企业之间的经济技

术关系是影响集群内知识溢出的重要因素。而良好的市场机制是企业间形成更好的相关多样化和非相关多样化等经济技术关系的重要制度保障。相关多样化意味着同一集群内企业之间存在较好的经济技术联系，受具有技术相关性、相似资源的企业影响，通过人才流动或接受相关企业知识的溢出加速集群企业间的学习，有利于企业的协同创新。同时，非相关多样化的企业之间在知识和技术上的联系相对松散，可以有效阻断集群过度专业化以及单个或部分企业发展不稳定带来的风险。另外，好的市场机制还有助于形成大中小各类企业共同参与的产业组织形式，更容易应对外部环境的变化，避免集体陷入困境。我国江苏、广东等东部沿海地区凭借优越的地理位置，率先形成较好的市场条件，因此，创新型产业集群内企业之间形成了更好的分工协作关系和协同创新网络，能更有效地提高集群的创新绩效。

## 四　提升区域创新型产业集群韧性的对策建议

东部、中部、西部、东北各区域在决定集群韧性各因素上的表现不同，东部地区创新的经济基础和创新能力具有较强的优势，但在创新服务方面发展较弱。东北地区在创新服务方面优势明显，中部、西部地区在创新的经济基础、创新能力和创新服务上均没有表现出明显的优势，尤其是中部地区三方面发展都较弱。因此，未来应结合创新型产业集群的影响因素，针对不同区域创新型产业集群韧性的薄弱环节因地制宜地提出促进集群企业创新、提升集群韧性的政策建议，加快形成东部地区建设具有国际影响力的创新型产业集群，中部、西部、东北各区域建设具有国内影响力的创新型产业集群的发展创新新局面。

### （一）着力集聚高端优质创新资源，提升区域集群的创新能力

高端优质创新资源是创新型产业集群创新的基础，是提升企业创新能力的关键。其中，研发人员等创新人才是创新主体，因此，各区域，尤其是对于创新资源匮乏和创新能力较弱的中部、西部、东北各区域来说，要通过制

度创新、政策引导等创造创新人尽其才的优良环境，大力引进国内外高端技术和领军人才，甚至可以面向世界制造强国和科技发达国家进行实质性的开放协作。同时，要有计划地推进区域教育体系建设，为创新型产业集群提供源源不断的人才支持。加强企业职工的科学文化知识培训，建立终生学习制度，建成稳定的和具有国际先进水平的劳务培训基地和职业培训基地，发展订单式培训，建设高素质的职工队伍，达到人才充分集聚，支撑产业集群高水平、可持续发展。

### （二）打造大中小企业融通发展新生态，夯实区域集群的经济基础

领军企业是产业集群的龙头与核心，对带动集群内中小企业融通发展具有重要引领作用。而领军企业的培育壮大离不开专注于细分领域的各类中小企业的配套服务，中小企业在创新型产业集群形成发展过程中也发挥着重要作用。因此，中部、西部地区和东北地区一方面要围绕重点和特色产业链，通过财政支持、税收优惠、营商环境优化等具体措施，引进培育一批领军企业，积极发挥"头雁效应"，向产业链供应链上下游企业辐射推广，形成龙头企业带动集群产业集聚发展的新格局。对于投资规模大、技术含量高、带动作用强以及代表未来方向的产业集群，积极引进、培育掌握关键环节核心技术的隐形冠军企业，以更好地发挥领军企业对集群产业发展的支撑引领作用。另一方面，加强对专精特新企业的扶持，培育一批主业突出、竞争力强、成长性高的冠军企业和独角兽企业，在集群特色领域做大做强抓新，从而增强对领军企业的配套服务能力，形成大、中、小企业融通发展新生态。

### （三）建立有利于集群创新的制度环境，激发区域集群的创新活力

创新型产业集群的发展离不开良好的制度环境，而我国创新型产业集群发展的制度环境还不完善，尤其是中部、西部地区和东北地区，主要体现为管理治理体制不合理、法律环境不到位、文化环境有欠缺等方面。因此，中部、西部、东北各区域要从多角度建立有利于集群创新的制度环境。一是应探索改革行政区划管理治理体制，加快形成政府—市场—集群

组织的治理模式，形成多元化、共生化、网络化的治理结构。融合城乡管理，打破地区垄断，促进不同创新型产业集群生产要素的充分流通和利用。拓展集群治理的社会参与机制，发挥各类新型研发机构、行业协会、基金会、科技社团等在推动集群发展中的作用。二是强化知识产权保护，加强社会信用体系建设。综合运用法律、行政、经济、技术、社会治理手段强化保护，为创新提供法律保障，最大限度地激发集群企业创新的积极性、主动性、创造性。三是营造崇尚知识、尊重人才、鼓励创新、允许试错、宽容失败的文化和社会氛围，形成各利益主体优势互补、利益共享、风险共担、追求卓越的集群创新文化。

### （四）构建有利于集群创新的立体式服务体系，完善区域集群的创新服务

企业的发展既离不开提供资金支持和交易收支服务的金融机构，也离不开科技企业孵化器、生产力促进中心、权威的检验检测机构、研发机构、产业联盟等多元服务机构，创新型企业尤其如此。各区域要根据自身创新服务机构的发展特点聚弱强弱，搭建有利于集群企业创新的立体式多元服务体系。具体来看，集群金融机构发展较弱的中部地区，要着力构建有利于集群发展的金融环境，鼓励商业性金融、开发性金融和政策性金融等各类金融资源聚焦集群培育和发展，针对集群特点开拓创新出符合集群企业成长规律、能有效应对风险和不确定性的现代金融工具，设计个性化、标准化的金融服务产品，为企业提供支票账户、现金管理、信用证、融资服务等综合金融服务。尤其要设立专门服务中小企业的银行和金融担保机构，解决集群内中小企业的融资难问题；而对于国家级生产力促进中心、国家技术转移示范机构、具有国家级资质产品检验检测机构、产业联盟发展不具有优势的东部地区，以及在国家技术转移示范机构、具有国家级资质产品检验检测机构、产业联盟等方面发展较弱的中部地区等，要积极申请设立相应的国家级服务机构，搭建产业联盟组织，构建完整的立体式产业集群服务体系，实现对产业集群发展的全方位创新服务。

### （五）加强集群分工协作和协同创新水平，提高区域集群的创新绩效

产业集群是一种基于企业间分工而形成的在地理上集中的协作生产方式。只有通过分工协作才能更好更充分地发挥产业集群的优势。然而，我国中西部和东北地区由于市场机制不完善，一些创新型产业集群的分工协作水平较低，协同意识弱，没有形成相互支撑、相互依存的专业化分工协作网络，协同创新效率低，尤其是与国际先进企业实质性合作更少，无法适应集群发展的需要。因此，中部、西部、东北各区域要顺应数字经济时代发展趋势，加快建设产业集群互联网，搭建产业链各组成部分积极参与、知识分享、利益共享的产业技术联盟，形成定位清晰、优势互补、分工明确的协同创新机制，促进同一集群内与不同集群间企业、研发机构、服务机构等的深度分工协作，打造跨主体、跨集群、跨地区、跨领域的协作创新网络，提高分工协作和协同创新水平。同时，东部地区要积极支持集群进行国际交流与合作，鼓励集群领军企业按产业链布局需要，在境外设立代表处、办事处等境外机构，积极与国际著名企业开展前沿技术、关键领域先进技术的共同研发，致力于提高产品的技术含量和附加值，提高集群主导产品在全球产业链的战略地位，扩大集群的国际影响力。

### 参考文献

王贤梅、胡汉辉：《创新型产业集群效率评价与分解——链式结构视角》，《科技管理研究》2022 年第 24 期。

朱华友、李娜、庄远红、蒋自然：《危机冲击下长三角地区电子信息产业集群韧性特征及其影响因素》，《地理研究》2021 年第 12 期。

李金华：《我国创新型产业集群的分布及其培育策略》，《改革》2020 年第 3 期。

张其仔主编《中国产业竞争力报告（2022～2023）No. 11——提升产业链供应链韧性和安全水平》，社会科学文献出版社，2022。

赵璐：《推动创新型产业集群发展的四个着力点》，《科技中国》2020 年第 6 期。

# B.24
# 战略性新兴产业集群韧性研究

李　赞*

**摘　要：** 战略性新兴产业集群韧性是产业链供应链现代化水平和安全水平的集中体现。具有韧性的产业集群更具有竞争力、影响力和话语权。我国战略性新兴产业集群韧性整体有所增强，但不同类型产业集群之间的韧性存在较大差异。采用进口集中度指标对轨道交通装备产业集群和智能制造装备产业集群的韧性进行测算表明，一方面，这两类新兴产业集群都具有较强韧性，且智能制造装备产业集群韧性要强于轨道交通装备产业集群；另一方面，同一类新兴产业，中间品进口规模越大的产业集群，其进口结构越具有多样性和均衡性，韧性越强。链主企业作用、产业生态环境以及融入全球价值链的深度造成了不同类型产业集群韧性的差异。可以从动态实施灵活产业政策、构建大中小企业融通发展的产业生态、构建创新生态体系和加大对外开放深度参与全球生产网络四个方面提高战略性新兴产业集群韧性。

**关键词：** 战略性新兴产业集群　产业生态　进口集中度

---

* 李赞，唐山科学发展研究院助理研究员，中国社会科学院工业经济研究所博士研究生，主要研究方向为产业经济学。

# 一　我国战略性新兴产业集群建设特征

《"十三五"国家战略性新兴产业发展规划》提出"以产业链和创新链协同发展为途径，培育新业态、新模式，发展特色产业集群，带动区域经济转型，形成创新经济集聚发展新格局"。2019年国家发改委公布首批66个国家级战略性新兴产业集群名单，涉及5个大类12个小类。通过对66个产业集群区域分布和行业分布的梳理发现，战略性新兴产业集群具有区域分布集中性、行业分布差异性和地域根植性三个特征。

## （一）区域分布集中性

国家级战略性新兴产业集群区域分布相对集中，主要集中在沿海和长江中游等发达地区。按照八大经济区①划分，北部沿海和长江中游分别有14个国家级战略性新兴产业集群，合计占总数的42%，其次是南部沿海11个，东部沿海10个，黄河中游和西南地区均有6个，东北地区和大西北地区分别为4个和1个。从八大经济区内部来看，长江中游地区四省和东部沿海三省市的战略性新兴产业发展较为均衡，其中，湖南、湖北和安徽各4个，江西2个；上海4个，江苏和浙江均为3个。北部沿海、南部沿海、黄河中游、西南地区内部省区市发展差异较大，新兴产业集群分布也呈现明显的地区差异。例如，山东凭一省之力分布7个产业集群，占北部沿海地区新兴产业集群数量的一半，其次是北京4个、天津2个，河北省只有1个生物医药集群；南部沿海地区广东和福建优势明显，分别有6个和4个，海南只有1个信息技术服务产业集群；黄河中游地区的新兴产业集群主要集中在河南和陕西，西南地区主要集中在四川、贵州和重庆。

---

① 北部沿海：北京、天津、河北、山东。长江中游：湖南、湖北、安徽、江西。南部沿海：福建、广东、海南。东部沿海：上海、江苏、浙江。黄河中游：河南、陕西、山西、内蒙古。西南地区：重庆、四川、广西、贵州、云南。东北地区：黑龙江、辽宁、吉林。大西北地区：西藏、甘肃、宁夏、青海、新疆。

## （二）行业分布差异性

战略性新兴产业集群行业分布的地域性特征明显，不同区域或省域（市）具有差异化的优势新兴产业。新一代信息技术领域产业集群主要集中分布在长江中游和沿海地区。具体到区域内部省域（市）层面分析，新一代信息技术产业集群集中分布在安徽省合肥市（3个）、湖北省武汉市（3个）、上海市（3个）、北京市（2个）、广东省深圳市（2个）、河南省郑州市（2个），占新一代信息技术领域产业集群总数的65%。生物医药领域产业集群主要集中在沿海地区，而长江中游地区生物医药产业集群较少，黄河中游地区更是没有生物医药产业集群。具体来看，生物医药领域产业集群主要集中在北京市（2个）、山东省（2个）、广东省（2个）。高端装备领域产业集群集中分布在湖南省（2个）、广东省（2个）、江苏省（2个），占高端装备产业集群总数的67%。新材料领域产业集群集中分布在福建省（3个）、湖南省（2个）、山东省（2个），占新材料产业集群总数的50%。根据以上分析可见，安徽省、湖北省、上海市的优势战略性新兴产业集中在新一代信息技术领域；福建省优势战略性新兴产业集中在新材料领域；湖南省优势战略性新兴产业集中在高端装备和新材料领域；北京市优势战略性新兴产业集中在新一代信息技术和生物医药领域；广东省优势战略性新兴产业集中在新一代信息技术、生物医药和高端装备领域；五大类战略性新兴产业集群在山东省均有分布，但山东省的优势产业主要集中在生物医药和新材料领域。

## （三）地域根植性

根植性是指产业的生长与其所在地的一种天然、固有的联系，如与当地的资源条件、上下游企业有机地共同形成产业链连接或产业网络①，基于地域根植性形成的产业集群是符合比较优势理论的，与当地的资源、技术、市场需求等相匹配，具有长期的、可持续的产业竞争力。我国战略性新兴产业

---

① 付晓东、付俊帅：《主导产业根植性的理论渊源与启示》，《区域经济评论》2017年第1期。

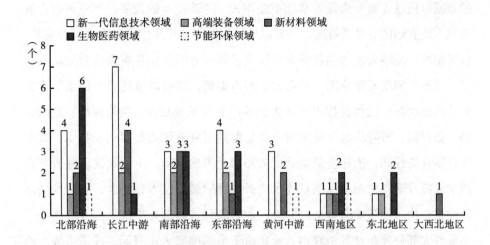

**图 1　不同行业国家级战略性新兴产业集群区域分布**

资料来源：根据 2019 年国家发改委公布的 66 个国家级战略性新兴产业集群名单整理。

集群分布的区域集中化与行业差异化特征，背后反映的是新兴产业集群所具有的地域根植性。战略性新兴产业集群是未来能够发展成为地方主导产业或支柱产业、带动地方经济发展的产业集群，集群必须符合当地资源禀赋优势，而非跟风模仿。战略性新兴产业集群依赖于"有效市场+有为政府"协同发挥作用，通过"产业链内部整合→本地市场效应→创新要素集聚"的诱发机制，"创新要素集聚→本地知识溢出效应→产业链内部进一步整合"的自增强机制，以及"产业链外部整合→优化创新制度环境→创新集群加速形成"的加速机制形成与发展壮大[1]。以新一代信息技术领域的产业集群为例，其区域集中化特征更为明显，主要集中在省会城市或直辖市等，如合肥市、武汉市、深圳市、上海市、北京市、郑州市等。新一代信息技术产业集群是典型的创新要素驱动型集群，数据、信息、知识等创新要素成为数字经济时代驱动产业集群的关键要素。新一代信息技术产业伴随数字经济发展壮大，是数字经济时代的主导产业和增长动能。新一代信息技术产业发展初期，国内各城市

---

① 凌永辉、查婷俊：《我国地方创新集群形成与演化研究——基于产业链整合视角》，《经济学家》2022 年第 5 期。

的数据、信息等新要素发展基础相差不大，随着产业的发展，产业集聚在省会城市或直辖区、经济特区，一方面是因为这些城市集中了省内大部分高校、科研院所、高端人才等创新资源与要素；另一方面是在各省强省会战略推动下，政策、创新资源等进一步向省会城市集聚，这些政策优势与创新要素集聚共同推动新一代信息技术产业集群的形成与发展壮大。生物医药、高端装备、新材料、节能环保等领域的产业集群则更具有传统要素与新技术、效率融合驱动的特征，依托资源禀赋优势和产业天然基础，由政策优势或者要素成本优势推动，与新一代信息技术或是该领域最新技术相结合，突破发展路径锁定，构建创新生态体系，推动产业智能化、高端化发展。因此，这些产业集群大部分分布在各地级市，或是由于早期国家工业布局，或是依赖本地丰富原料要素支持，在已经形成的产业的基础上，进一步通过创新生态体系的构建，发展成为新兴产业集群，如石家庄、通化的生物医药产业集群，湘潭、徐州、常州等的高端装备产业集群，赣州、宝鸡的新材料产业集群等。

## 二 集群化有效提升战略性新兴产业韧性

### （一）集群发展模式增强了战略性新兴产业韧性

无论是区域经济韧性还是产业链供应链韧性和安全水平，都集中表现为产业集群韧性。集群化发展是提高产业链供应链韧性和安全水平，进而提高区域经济韧性的有效组织模式。战略性新兴产业具有产业链长、产业关联度高、知识溢出性强、技术不确定大的特征，这些特征天然要求战略性新兴产业必须选择集群化发展。战略性新兴产业集群是一种涵盖了技术研发、技术转化、产业网络化整个过程，具有知识传播、动态循环和创新扩散的组织间关系网络[①]，是技术与产业、集群与创业的有机结合，集群内企业与企业之

---

① 刘志阳、姚红艳：《战略性新兴产业的集群特征、培育模式与政策取向》，《重庆社会科学》2011年第3期。

间、企业与科研机构之间、科研机构之间相互连接，关系紧密，既有横向企业合作竞争的集聚，也有纵向上下游企业的集聚，形成了一个复杂的、动态的产业和创新网络体系。一方面，集群内部企业之间的紧密连接提高了集群面对外部冲击时的快速反应能力和恢复能力；另一方面，集群创新知识的内部与外部溢出效应有效降低了技术发展不确定性，共担风险，共享收益，以集群整体力量促进技术的创新和演进。

## （二）根植性体现了战略性新兴产业集群韧性

地域根植性构成产业集群的重要特征，也是体现产业韧性的重要方面，根植性越强，产业集群韧性越强。根据形成产业集群所需投入关键性要素的稳定性和可代替性，集群根植性包括基于初级要素的根植性、基于高级要素的根植性、基于产业生态的根植性与基于社会关系的根植性等不同层次。投入关键性要素的稳定性越强，越难以被替代，产业集群的根植性越强，韧性越强①。战略性新兴产业是典型的创新驱动、知识和技术密集型产业，与传统产业集群相比，战略性新兴产业集群形成所需投入的关键要素的稳定性强、可替代性难度大，其根植性更多来源于创新生态环境的建立，创新性、系统性和复杂性更强，产业集群韧性也随之增强。从我国国家级战略性新兴产业集群分布的区域集中化与行业差异化特征分析，我国战略性新兴产业集群形成与发展呈现明显的从以传统要素驱动为主向以新要素与效率融合驱动为主转变，战略性新兴产业集群形成与发展的主导力量是技术驱动、创新资源集聚等高级要素叠加长期产业发展过程中所形成的复杂的社会网络关系。这种基于稳定且不可替代要素的根植性内含了战略性新兴产业集群所天然具有的应对外部冲击的较强韧性。

## 三　战略性新兴产业集群韧性分析

韧性是产业集群面对外部冲击时所表现出来的抵抗能力、恢复能力以及

---

① 李晓华：《产业链韧性的支撑基础：基于产业根植性的视角》，《甘肃社会科学》2022年第6期。

动态再平衡的能力。我国战略性新兴产业已具有一定韧性，不同类型产业集群韧性不同。

### （一）我国战略性新兴产业整体具有一定韧性

新冠疫情和逆全球化给各行业较大冲击，特别是美国的再工业化战略和对华贸易政策，主要针对我国战略性新兴产业和高技术产业，遏制技术的发展，战略性新兴产业链供应链断链的风险加大。但战略性新兴产业顶住压力正逐步发展成为新的经济增长点，面临内外部风险冲击表现出较强韧性。主要表现为产值的快速增长与反弹，与传统行业相比具有更强的抵抗力与恢复力。例如，2021 年战略性新兴产业增加值 15.3 万亿元，占 GDP 比重为13.4%，其中规模以上工业战略性新兴产业增加值比上年增长 16.8%，比规模以上工业增加值增速高 7.2 个百分点；2023 年 1~6 月，中央企业战略性新兴产业完成投资同比增长超过 40%，在全部投资中的占比超过 1/4①。2022 年广东省新兴产业集群增加值占 GDP 比重超过 40%，并已形成 8 个超万亿元级的新兴产业集群②；安徽省战略性新兴产业产值占比由 2012 年的18.1%提高到 2021 年的 41%，产值年均增长 19.8%③。2015~2020 年，我国经济发展新动能指数分别为 119.6、146.9、191.2、257.9、325.5 和 440.3，分别比上年增长 19.6%、22.8%、30.2%、34.9%、26.2%和 35.3%，战略性新兴产业采购经理人指数（EPMI）持续高于制造业 PMI。数据反映了战略性新兴产业抵抗冲击恢复能力强于传统制造业。

### （二）不同类型战略性新兴产业集群韧性存在差异

我国是制造业大国，工业体系完备，故选取轨道交通装备产业集群和智

① 《紧扣重点　更大力度布局战略新兴产业——国有企业下半年发展动向观察》，《经济参考报》2023 年 7 月 31 日。

② 《新型工业化，广东新作为！多图数看含金量、含智量、含绿量》，《南方都市报》2023 年11 月 17 日。

③ 《安徽新兴产业跑出加速度》，《经济日报》2022 年 7 月 22 日。

能制造装备产业集群，进行定量分析。定量分析方法如下。①韧性测算指标：进口集中度（Herfindahl-HirschmanIndex，简称HHI），用某一产业链从各国进口各类中间品的规模占产业链中间品总进口规模比重的平方和表示。HHI越小，说明中间品进口国家较分散，产业链风险越低、韧性越强。②数据来源：首先将新兴产业与国民经济行业分类代码、ISIC代码进行匹配，再通过ISIC代码与CPC代码、CPC代码与HS代码匹配对应，最终得到新兴产业HS六位数代码。数据来源于联合国贸易数据库和海关总署。③由于海关总署公布的是省份统计数据，而战略性新兴产业集群以行政市为空间界限，经查阅资料与省份统计年鉴得知，新兴产业集群占该省份新兴产业比重较大，故以省份数据代替城市产业集群数据。

1. 轨道交通产业集群韧性

整体韧性：已形成涵盖上游原材料和零部件的制造以及装备的设计、中游整车装备制造、下游列车的运营和维修检测服务的完整产业链，中国中车等行业龙头企业作用显著，产业整体竞争力强，产业集群韧性强。例如，2020年中国中车占全球轨道交通市场份额为53%，远超排名第二的加拿大庞巴迪公司（11%）。根据数据测算可知，我国轨道交通产业集群进口集中度较低，处于0.01~0.03，较低的HHI表明轨道交通产业集群韧性较强，其中间品进口具有多样性和均衡性。

面临的国际风险点：①部分关键零部件及设备仍依赖国外进口，尤其是制造执行系统（MES）软件、产品生命周期管理（PLM）软件等关键核心软件及服务，自主化率相对较低；②国外企业、国外企业的国内独资公司和中外合资公司，在城市轨道交通装备的信号系统和制动系统领域的市场占有率为70%左右。

2. 智能制造装备产业集群韧性

整体韧性：智能制造装备产业融合了先进制造技术和新一代信息技术，其先进性、智能化代表了制造业未来发展方向。智能制造装备产业链上、中、下游分别为核心零部件、设备制造、系统自动化。上游是产业链薄弱环节，核心零部件对国际市场依赖度较高，导致我国制造装备产业被"低端

锁定",产品附加值不高。除湖南 2021 年外,智能制造装备产业集群进口集中度小于 0.01。通过对其他 3 个省份该中间品的进口国和进口金额分析,该中间品并不能构成影响智能制造产业链韧性的关键产品。2022 年、2023 年湖南省智能制造 HHI 数据回归常态。从数据比较可以看出,智能制造装备产业集群的韧性要显著强于轨道交通装备产业集群,智能制造装备产业集群的进口具有多样性、分散性、韧性较强等特征。

面临的国际风险点如下。①中国机械工业联合会的数据显示,中国中低端装备自给率较高,高端装备自给率较低。②工业机器人关键零部件技术国产化率依然较低。根据头豹研究院的数据,我国工业机器人机械本体、减速器、控制器、伺服系统的国产化率分别为 30%、10%、13% 和 15%。③发展相对落后的高端数控机床制约我国智能制造业发展。截至 2021 年,国产高端数控机床系统市场占有率小于 30%。国产精密机床加工精度与国际先进水平相差 1~2 个数量级[①]。

## 四 影响战略性新兴产业集群韧性的因素

通过对轨道交通装备和智能制造装备产业集群韧性的定性分析,根据生产网络理论,韧性受到产业组织结构和产业生态的影响,例如,产业集群生命周期、链主企业作用、集群内部企业之间的连接、集群内创新能力与活力,以及集群内创新—产业—社会生态网络体系的建立。这些因素决定了产业集群所能发挥的规模效应、范围效应和知识溢出效应的深度和广度,龙头企业带头作用越强,集群内网络结构越密集、越具有创新活力,集群的知识溢出效应和产业放大效应也越强,遇到不确定因素或市场冲击时,应对能力和恢复能力也越强,表现为韧性越强。

### (一)链主企业作用

链主企业大部分是所在领域的龙头企业,在产业集群形成与发展过程中

---

① 王磊、卢秉恒:《中国工作母机产业发展研究》,《中国工程科学》2020 年第 2 期。

发挥着重要作用。一般而言，产业集群是大中小企业围绕链主企业，通过上下游配套，形成纵向垂直产业链供应链，在市场竞争引导下，越来越多的企业加入，横向合作竞争+纵向产业链形成网络化产业集群。链主企业通过自身的优势吸引上下游企业，协调产业链上各个节点的活动，是补链延链强链的关键力量。

链主企业规模大、创新能力强、市场占有率高、行业知名度高，与上下游配套企业的合作过程，也是新技术、新工艺、新理念等缄默知识的传播和扩散过程，溢出效应增强了产业集群的创新效率和对风险的抵御能力。因此，链主企业在产业集群中往往承担领头雁和创新发动机的角色，链主企业的规模和创新能力越强，对产业链供应链的引领作用越强，产业集群的竞争力和韧性也越强。

以生物医药产业集群为例，我国医药产业龙头企业处在全球产业链价值链低端位置，其规模、技术和品牌影响力等与国际龙头企业差距较大，全球产业链供应链价值链掌控能力弱、抵抗外部风险冲击能力弱，很难带动国内产业发展、培育完善的产业生态①。根据美国《制药经理人》杂志公布的2023年度全球制药企业前50强排行榜，从销售额来看，中国进入榜单最高位次的中国生物制药（39名），年销售额44.63亿美元，仅为辉瑞销售额的4.88%；从研发投入看，世界前十名药企的平均研发投入为20.45%，如强生、礼来、拜尔等公司的研发投入占销售收入比为30%左右，我国入榜的4个药企的平均研发投入为14.33%，创新能力还有进一步提升的空间。

## （二）产业生态环境

产业生态既包括龙头企业、年轻企业、中小企业之间紧密合作的产业组织结构，也包括企业、创新平台之间产学研的对接，拥有较为完整的供应链和产业链，围绕产业链部署创新链和人才链，形成了产业链上中下游高度协

---

① 郭朝先、许婷婷：《我国医药产业链供应链韧性和安全水平研究》，《经济与管理》2023年第3期。

同、共生发展，科研与产业良好融合、互相促进的生态环境。紧密连接、复杂、多元、系统的产业生态可以提高产业集群韧性。我国部分战略性新兴产业集群内部结构较为松散，"集而不群"。一是新兴产业集群内部紧密连接网络尚未形成。相关企业只是在空间上集聚，内部连接性不足，分工协作度不高，信息流通性不畅，横向纵向协作网络组织松散。缺乏带动性强、产业链整合能力强、引领中小企业发展的链主企业，还没有形成大中小企业协同发展的产业生态。当集群受到外部冲击时，松散的集群组织结构的抵抗力较低，链主企业的缺乏也导致集群受到冲击后的恢复能力较差，需要较长恢复时间，集群韧性不高。二是创新主体之间协同创新机制不健全，"产学研"合作深度不够，创新平台发挥作用不足，集群内关键共性技术、检验检测、知识产权保护、融资服务等公共服务配套不完善，导致新兴产业"卡脖子"技术和产品对国外特别是对美国的产业链创新链依赖程度高，产业链断链风险增大。

同时，我国创新要素资源空间分布不均，北京、上海等城市集聚了大量创新资源，与新兴产业集群的空间分布具有一定的错配，产业链创新链融合度低，创新要素流动性受阻进一步增加了创新成本。如节能环保、新材料、生物医药等一些战略性新兴产业集群依托资源、市场等历史因素发展起来，集群所在区域高校、科研机构等创新资源匮乏，对高端技术型人才吸引力不强，创新生态网络尚未形成，难以支撑新兴产业集群创新发展。

### （三）融入全球价值链的深度

工业革命推动交易成本和运输成本的下降，进一步推动了生产的全球化，国际贸易经历了由产业间贸易向产业内贸易再到产品间贸易的转变，企业以模块化形式嵌入全球产业链网络，这是由经济学比较优势规律所决定的、由利益所驱动的。虽然出现"逆全球化"的波动，但全球产业链供应链深化的趋势不会改变。同时，不确定的国际政治局势对经济全球化的影响越来越大，特别是在战略性新兴产业方面。与传统产业不同，战略性新兴产业是世界各国特别是发达国家重点部署的产业，是发达国家"再工业化"

或"工业4.0"的重要支撑性产业，我国战略性新兴产业从发展之初就面临竞争十分残酷的市场和技术环境。美国对我国芯片产业的制裁表明"关键性核心技术是买不来、要不来、讨不来的"。因此，战略性新兴产业集群的发展一方面要积极融入全球产业链，通过参与国际市场竞争，提高产业竞争力；另一方面关键环节、关键技术、核心技术必须掌握在中国企业手中，才能不被"卡脖子"，保证产业链供应链的安全。这体现为战略性新兴产业深度、高层次地融入全球价值链，占据价值链的高端环节、高附加值环节，掌握关键环节和关键核心技术，掌握产业链的主导权，在受到外部环节冲击时，可以及时调整产业链供应链，将竞争性节点转移至国内，全球产业链转化为国内产业链，以国产化进口替代增强产业集群韧性。

深度融入全球价值链、增强全球产业链价值链的主动权可以有效增强战略性新兴产业集群韧性。轨道交通产业集群和智能制造产业集群的进口数据分析表明，进口的规模越大，进口集中度越低，韧性越强。例如，江苏智能制造产业集群进口规模显著大于湖南，江苏HHI数据显著小于湖南；同样，四川轨道交通产业集群进口规模大于山东，四川轨道交通产业集群HHI数据小于山东。但目前我国战略性新兴产业集群深度融入并具有国际竞争力、掌握产业主导权的链主企业或领军型企业数量偏少，高端产业技术与高端供应链掌握在西方发达国家手中，集群内企业产品附加值不高，国际市场竞争力不强，全球市场占有率不高，平均利润率偏低，集群在全球产业链垂直分工中的地位偏弱，在全球产业价值分配中不具备话语权，对全球经济影响力和控制力偏弱。一旦受到外部冲击，关键环节缺少备用方案，极易发生断链的风险，降低了产业集群韧性。

## 五　增强战略性新兴产业集群韧性的对策建议

（一）针对不同发展阶段不同韧性水平的产业集群，动态灵活实施产业集群政策

同产品和产业生命周期一样，战略性新兴产业集群的发展也有生命周

期。不同发展阶段的新兴产业集群的竞争力和韧性水平是不同的，需要有针对性地制定需求型、供给型、环境型产业集群政策工具，并根据产业集群生命周期的转化及时调整政策重点和组合。

在战略性新兴产业发展的萌芽或起步时期，市场前景和技术研发的不确定性较大，企业之间连接较弱，规模效应难以实现，产业集群缺乏市场竞争力，产业韧性也很低。这一时期需求型政策实施效果更好，其目的是通过产业政策快速构建新兴技术应用场景，开拓并稳定新兴产业需求市场，以市场规模激发新品研发和产业发展壮大。可实施的需求性政策包括政府采购、消费补贴等。如我国新能源和新能源汽车产业集群发展初期，采用的政策以需求型政策为主，辅以环境型和供给型政策。

在战略性新兴产业集群成长阶段，技术研发投入增多，创新能力增强，产业的市场规模和市场占有率、影响力不断扩大，龙头企业对上下游的带动作用逐步增强，集群内企业连接加强，产业集群具有了一定竞争力，产业韧性也得以增强。这一时期可以以供给型政策为主，以环境型政策为辅，以政策激励集群内部企业构建有韧性的集群网络组织。政府通过出台人才、技术、资金、教育培训、财政和金融等政策，支持企业进行工艺创新、流程创新和产品创新；企业搭建信息交流平台和创新合作平台；企业与高校合作培养人才等，以政策支持技术供给推动产业集群不断增强创新能力，提高产业链供应链韧性。如我国沿海发达地区的一些新一代信息技术产业集群和高端装备产业集群处于成长期，这些集群内的龙头企业已经具备一定的国际市场竞争力，但复杂的创新体系和产业生态还没有建立，企业间连接不够紧密，难以实现知识溢出效应。在政策工具选择上，以空间支撑类和网络组织类[1]的环境型和供给型政策为主，推动上下游产业链纵向对接和创新平台搭建，提高产业集群竞争力和韧性。

处于成熟阶段的战略性新兴产业集群，已形成复杂的系统化的创新体系

---

[1] 余川江、李晴、龚勤林：《政策工具视角下中外智能制造产业集群政策比较研究》，《东南学术》2021 年第 5 期。

和产业生态,产业竞争力强,产业集群具有较强韧性。在这一阶段,政策应以环境型政策为主,辅以供给型政策,鼓励产业集群更深程度融入全球价值链,深度参与全球生产网络,鼓励引入外部竞争,激发集群内部的创新活力,避免发展路径锁定。

## (二)构建链主企业主导、大中小企业融通发展的复杂产业集群生态

持续做强链主企业,特别是发挥国有企业、中央企业"链长制"企业作用。链主企业要发挥经济规模大、研发能力强、具有行业话语权的优势,致力于围绕行业关键核心、前沿以及"卡脖子"的共性技术,组织科研机构搭建引领性、前瞻性的共性技术研发平台[①];支持具有进口替代潜力、技术上领先、拥有技术话语权的企业做大做强;培育一大批专精特新中小企业,建立稳定的上下游协作配套关系,形成大中小企业融通发展格局。

鼓励集群内企业主体间的合作交流,组建研发共同体,对集群内企业间合作项目给予一定的政策支持。搭建集群内企业交流平台,构建行业协会,完善产业集群内生产性服务业发展体系,提高集群内"缄默知识"流动性,建立制造业企业之间、制造业与生产性服务业间横向、纵向融合发展的协同网络,提升集群的危机应对能力。

鼓励以终端应用和场景示范为牵引,强化同一区域内不同产业集群间的协同发展,加强不同产业集群内企业间的交流和合作,保持差异性,避免因集群内企业生产经营活动高度相似而出现恶行竞争[②],以跨学科、跨领域创新交流拓展战略新兴产业发展空间,打造更安全可靠、更有韧性的产业链和供应链。

---

① 黄群慧:《中央企业在国家创新体系中的功能定位研究》,《中国社会科学院研究生院学报》2013 年第 3 期。

② 朱华友、李娜、庄远红等:《危机冲击下长三角地区电子信息产业集群韧性特征及其影响因素》,《地理研究》2021 年第 12 期。

### （三）加强自主创新能力，构建创新生态体系

创新生态体系属于产业集群生态的一部分，但基于创新在增强产业集群韧性中的重要性，以及构建创新生态体系过程中技术、人才、平台、协同等要素的独特性，因此，建议从突破关键核心技术、加强自主创新能力、搭建产学研协同创新平台方面，完善产业协同创新体系，充分发挥集群知识溢出效应，增强集群韧性。

聚焦新兴产业集群关键技术、关键环节和未来发展方向，形成政府牵头、市场化运行、多元创新主体参与的协同创新格局。大力推动国家级和省级重点实验室等专业领域科研机构、高校、科研院所等创新主体，与产业集群内企业开展深入合作，鼓励战略性新兴企业建立技术研发中心，以企业为主建立创新联合体，搭建产学研协同研发平台，科技研发与产业发展之间建立协同机制，推动技术的产业化和市场化，破解科技与产业"两张皮"问题。企业与创新主体共同构建面向市场需求的创新生态体系，以人才链、创新链和产业链的深度融合实践助力新兴产业集群的创新驱动发展。

### （四）推进对外开放，深度融入全球产业链

立足新发展格局，一方面构建国内产业链价值链，另一方面深度融入全球产业链，参与国际合作网络，发挥我国市场规模大的优势，围绕战略性新兴产业集群发展关键领域、关键技术，以市场需求规模吸引国际先进技术、人才等要素流入，提升产业集群国际化水平和创新能力。支持集群内链主企业开拓国际市场，根据要素禀赋在全球优化配置资源，占据价值链"微笑曲线"两端，把握产业链话语权，增强韧性。鼓励集群内的专精特新企业做大做强，通过国际战略合作、产业链上下游兼并重组等形式进一步获取国际先进技术、市场，增强品牌知名度，提高企业竞争力。如轨道交通装备制造集群链主企业中国中车、新能源汽车集群龙头企业比亚迪等已具有一定的国际市场竞争力，通过组织或参加国际行业交流会、建立海外创新中心、与国际高校合作等多种途径获取外部知识和信息，深度融入全球产业链，与国

际技术创新前沿接轨，建立全球创新网络体系，增强应对技术革命和产业变革不确定所导致外部冲击的韧性。

## 参考文献

兰玉贞、刘畅、周建勤：《基于脆弱性分析的轨道交通装备产业链优化升级策略研究》，《铁道运输与经济》2022 年第 6 期。

中国工程科技发展战略研究院：《中国战略性新兴产业发展报告》，科学出版社，2013。

Nemet G. F., "Demand-pull, Technology-push, and Government-led Incentives for Non-Incremental Technical Change," *Research Policy*, 2009. 38.

# B.25
# 产业转型升级示范园区经济韧性研究

张航燕*

**摘　要：** 产业转型升级示范区作为我国老工业城市和资源型城市的先进典型代表，肩负着引领全国老工业城市和资源型城市转型发展的重要使命。本文以入选国家级产业转型升级示范园区中的16个国家级高新技术产业开发区为对象，分析各转型升级示范园区经济韧性。受示范区转型升级程度不同、经济外向度不一、人力资源和科技创新等要素保障存在差异等因素的影响，面对新冠疫情，产业转型升级示范园区经济韧性不尽相同。综合来看，西部和东部地区高新技术开发区经济韧性较强，而东北地区和中部地区高新技术开发区经济韧性相对较弱。进而提出从建立健全长效机制、支持特色产业发展、强化要素保障支持等方面提升产业转型示范园区经济韧性的政策建议。

**关键词：** 老工业城市　资源型城市　产业转型升级示范园区　韧性

## 一　产业转型升级示范园区振兴实践

　　资源型城市是我国重要的资源和能源供给和保障基地，老工业城市有着辉煌的产业发展历史，积累了较为雄厚的产业发展基础和较为完善的工业体系，资源型城市和老工业城市为建立我国独立完整的工业体系、促进国民经

---

\* 张航燕，管理学博士，中国社会科学院工业经济研究所副研究员，中国社会科学院大学副教授，主要研究方向为工业运行分析与评价、产业融合、国企改革等。

济持续健康发展作出了历史性的贡献。

2017 年以来，国家发展改革委联合科技部、工业和信息化部、自然资源部和国家开发银行，先后分两批在全国支持建设了 20 个产业转型升级示范区，涉及 36 个城市（区）。同时，亦公布了产业转型升级示范园区名单，共计 47 个，其中包含 21 个高新技术产业开发区和 14 个经济技术开发区。总体来看，产业转型升级示范区基本涵盖了我国最具有代表性的老工业城市和资源型城市。

## （一）传统产业挖潜提质

### 1. 淘汰落后产能和低效产业，退出空间实现"腾笼换鸟"

株洲市实施老工业区企业关停与土地收储、搬迁转型、人员安置、污染治理和园区建设"五个同步"，全面完成老工业区企业关停搬迁；北京市石景山区支持首钢老工业区改造，打造北京冬奥会和中国服贸会重要场地；长治市关闭退出 11 座煤矿，压缩产能 570 万吨。

### 2. 加快延伸拓展产业链，提升产品附加值

自贡市推动形成"盐卤—工业盐—新材料"产业链，建设川南新材料产业基地；沈阳市推进装备制造向智能制造转型，自主研发数控机床智能终端和工业云平台，提供设备、设计、制造、维修和交易全产业链服务。

### 3. 实施工业技术改造，为传统产业赋新能

淄博市实施工业技术改造"三千计划"，初步探索了集集聚产能、产品换代、品牌升级、生态环保于一体的工业"精准转调"模式；黄石市大力实施"百企技改"工程，通过各种方式支持存量变革。

### 4. 融合发展，加快传统制造业升级

沈阳市大力推进"互联网+服务型制造"商业模式，建设"沈鼓智慧云服务平台"，运用大数据、云计算和人工智能助力生产型制造向服务型制造转型；黄石市推动金融、现代物流业、高技术服务业、工业设计等与工业制造融合创新。

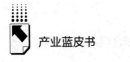

### （二）新兴产业重点突破

**1. 以龙头企业为牵引，培育发展新兴产业**

长治市推动能源企业向发展新能源转型，形成"硅矿—工业硅—多晶硅—单晶硅—电池片—太阳能组件—光伏发电"产业链体系，光伏玻璃、太阳能光伏全产业链规模位居省内第一；宜宾市依托龙头企业开展产业链招商，积极构建动力电池主体、电池结构件、电池材料、电池回收循环利用以及动力电池科技研发全产业链。

**2. 培育文化创意、工业旅游等高附加值服务业业态**

黄石市探索"资源+"模式，将工业遗址和地矿资源转化为旅游资源；自贡市依托"盐龙灯"文化资源，培育彩灯文化产业链，加快特色文化资源向特色文旅产业转化；吉林市依托冰雪资源，按照"冰雪旅游—文体旅融合—先进冰雪装备制造"的发展路径，大力发展冰雪产业。

### （三）积极承接产业转移

**1. 完善推进机制**

沈阳市、大连市、长春市积极落实与北京市、上海市、杭州市对口合作实施方案，建立年度推进机制，加快发展新兴产业。韶关市充分发挥省内对口帮扶机制，积极推进"广韶同城"和"深韶对接"，推动产业合作共建，实施莞韶共建产业园。萍乡市抓住沿海地区梯度转移机遇和湘赣边区域合作机遇，采取"政府+企业"共建模式，为落户企业量身定制、建设200多万平方米标准化厂房，增强产业承载能力，提高土地集约利用水平。

**2. 发挥比较优势**

黄石市积极对接武汉光谷，发展电子信息配套产业，实现了电子信息产业的从无到有。娄底市积极融入长株潭都市圈，探索与长株潭建立产业联盟，200多家企业与长株潭开展产品配套合作。

### （四）优化布局，集聚发展

**1. 按照"差异化、组团化、特色化"原则对原有产业园区进行现代化改造与调整**

黄石市推动园区向全产业链配套发展，老旧城区 80% 的企业退城入园，该园区成为全国第三大 PCB 产业聚集区、第二大特钢生产基地。株洲市探索"标准引领+会展经济+清洁改造"的陶瓷发展模式，形成集陶瓷材料、陶瓷制造、陶瓷机械、陶瓷颜料等于一体的产业集群。

**2. 培育和建设新型科技工业园区**

沈阳市挖掘产业发展潜力，布局高端石化、高端医疗装备、生物医药等多个专业化新型产业园区。黄石市推动城市东拓南融、市域一体发展，规划环大冶湖产业带，形成若干个新的产业集聚区。洛阳市依托装备制造业基础，布局建设高端装备、智能制造、大数据、轨道交通等"六大产业园"。

**3. 完善体制机制，优化城市发展环境**

淄博市推行行业综合许可"一证化"改革，在全省率先开展全领域"无证明"城市建设，免提交证明事项超过 1.3 万项。黄石市在全省率先开展企业投资项目"先建后验"改革试点，精简报建事项，开展多图联审，简化竣工验收，加强事中事后监管，为企业发展创造良好的环境。

## 二　产业转型升级示范园区经济韧性对比分析

### （一）产业转型升级示范园区基本情况

考虑到数据可得性，本文选择 16 个国家级高新技术产业开发区进行韧性分析。整体来看，这 16 个国家级高新技术产业开发区差异较大。从工业总产值来看，长春高新技术产业开发区产值超过 4600 亿元，株洲、洛阳和淄博高新技术产业开发区产值在 2000 亿~3000 亿元，大庆、湘潭、包头、永川和徐州高新技术产业开发区产值在 1000 亿~2000 亿元，其余 7 个高新

技术产业开发区产值不足千亿元；从从业人员来看，长春、洛阳、株洲和淄博高新技术产业开发区从业人员超过 10 万人，石嘴山高新技术产业开发区从业人员不足 2 万人；从出口额看，淄博和洛阳高新技术产业开发区出口额超过百亿元，唐山和长治高新技术产业开发区出口额不足 8 亿元；从研发支出看，洛阳、株洲和淄博高新技术产业开发区研发支出超过 50 亿元，大庆、唐山、石嘴山、平顶山研发支出不足 5 亿元。

## （二）产业转型示范园区韧性分析

韧性（resilience）是一个源于物理学、工程学、生态学等学科的概念，指一个系统遭受外部冲击后维持自身稳定并恢复原有状态的能力。经济韧性是一个经济体（如个人、家庭、城市、区域或国家）应对外部干扰、抵御冲击或扰动并调整自身发展路径的能力。学术界引入区域经济韧性（regional economic resilience）的概念，试图理解不同地区抵御经济冲击和恢复能力的差异。谭俊涛等[①]从经济维持性和恢复性 2 个维度测度中国 31 个省区市应对 1997 年亚洲金融危机和 2008 年全球金融危机的经济韧性特征；维持性是指区域应对外部扰动（如经济危机）所表现出的脆弱性或敏感性；恢复性是指区域从外部扰动中恢复的程度和速度。本文将从工业总产值增速及其变动分析产业转型示范园区经济韧性，即从各产业转型示范园区工业总产值增速及其变动与国家级高新技术产业开发区平均水平相比较看韧性差异。

从增速变动值看，2020 年国家级高新区工业总产值增速同比减少 1.3 个百分点，有 6 个产业转型示范园区增速降幅超过平均水平，分别是重庆荣昌、长治、唐山、平顶山、湘潭、鞍山高新技术产业开发区；自贡、长春、大庆和淄博高新技术产业开发区增幅靠前，分别增加了 16.3 个、12 个、11.3 个和 10.9 个百分点。2021 年国家级高新区工业总产值增速同比增加 7.8 个百分点，有 10 个产业转型示范园区增幅低于平均水平，分别是包头、

---

① 谭俊涛、赵宏波、刘文新、张平宇、仇方道：《中国区域经济韧性特征与影响因素分析》，《地理科学》2020 年第 2 期。

长春、洛阳、自贡、株洲、重庆荣昌、重庆永川、湘潭、鞍山和徐州高新技术产业开发区；大庆、平顶山、长治、淄博高新技术产业开发区增幅靠前，分别增加了39.9个、24.3个、23.1个和21.7个百分点。综合来看，重庆荣昌、湘潭、鞍山高新技术产业开发区工业总产值增速降幅超过平均水平，增速增幅低于平均水平；大庆、淄博和石嘴山高新技术产业开发区工业总产值增速降幅低于平均水平，增速增幅高于平均水平。

从增速看，2019年，国家级高新区工业总产值平均增速为8%，有9个产业转型示范园区的增速高于平均增速，分别是重庆荣昌、包头、洛阳、徐州、长治、重庆永川、石嘴山、自贡、湘潭高新技术产业开发区；淄博、长春、大庆高新技术产业开发区工业总产值增速较低，为-3.2%、-4.7%和-17.6%。2020年，受疫情影响，国家级高新区工业总产值增速降至6.7%，但仍有10个产业转型示范园区增速超过平均增速，较疫情前增加1个，分别是洛阳、包头、自贡、徐州、重庆荣昌、重庆永川、株洲、石嘴山、淄博、长春高新技术产业开发区；唐山、大庆高新技术产业开发区工业总产值增速较低，分别为-5.4%和-6.2%。2021年，国家级高新区工业总产值平均增速升至14.5%，有9个产业转型升级示范园区增速高于平均增速，分别是大庆、洛阳、平顶山、长治、石嘴山、重庆荣昌、重庆永川、徐州和淄博高新技术产业开发区；湘潭和长春高新技术产业开发区工业总产值增速位居末尾，其中长春高新技术产业开发区工业总产值增速为-5.9%。综合来看，徐州、石嘴山、洛阳、重庆永川、重庆荣昌高新技术产业开发区连续三年工业总产值增速均高于平均水平；鞍山高新技术产业开发区连续三年工业总产值增速均低于平均水平，湘潭高新技术产业开发区2020年和2021年工业总产值增速均低于平均水平。

结合工业总产值增速和增速变动值来看，石嘴山高新技术产业开发区是唯一工业总产值增速连续三年超过国家高新技术开发区平均增速，且2020年工业总产值增速降幅低于全国平均水平，2021年工业总产值增速增幅超过全国平均水平的高新技术开发区；表明其经济韧性较强。而鞍山高新技术开发区是唯一工业总产值增速连续三年低于国家高新技术开发区平均增速，

且 2020 年工业总产值增速降幅高于全国平均水平，2021 年工业总产值增速增幅低于全国平均水平的高新技术开发区；湘潭高新技术开发区 2020 年和 2021 年工业总产值增速均低于国家高新技术开发区平均增速，且 2020 年工业总产值增速降幅高于全国平均水平，2021 年工业总产值增速增幅低于全国平均水平的高新技术开发区，表明鞍山和湘潭高新技术开发区经济韧性较弱。

## 三 产业转型升级示范园区经济韧性差异原因分析

### （一）产业结构

相比而言，转型发展较好的地区，经济韧性较强。资源型地区和老工业城市产业具有显著的"倚能倚重"特征，很多产业依赖政策扶持发展，产业自身发展能力较差，综合竞争力不足，抗风险能力弱，传统工业比重大，接续替代产业有待培育发展，转型升级任务艰巨。长治市煤炭"一业独大"格局尚未根本改变，将炼焦、钢铁和电力等煤炭关联产业计算在内，煤炭比重接近 80%。国家产业转型升级示范区建设 2022 年度评估结果公布，大连经济技术开发区、包头稀土高新技术产业开发区、宝鸡高新技术产业开发区是真抓实干成效明显、被通报表扬的产业转型升级示范园，全国仅此 3 家。近年来，包头稀土高新技术产业开发区作为国家级高新技术开发区，以产业转型升级为突破口、以创新驱动为引领，推动传统产业高端化、优势产业集群化、新兴产业规模化。一方面，包头稀土高新区"无中生有"培育新兴产业，2022 年新能源产业产值增长 502%，新能源光伏产业园将打造"千亿级"产业集群。另一方面，包头稀土高新区"有中生新"提升传统产业。稀土产业大力发展产业链，2022 年已形成约 500 亿元的产值规模。有色金属产业形成了从电解铝铜到精铝以及精铜杆、板、带、箔、丝全产业链加工体系。

### （二）外向程度

相比而言，株洲、长春、洛阳和湘潭等高新区外向型程度较高。例如，湘潭高新区成立于 1992 年，2009 年晋升为国家级高新区。"十三五" 期间，湘潭高新区实际利用外资 17.41 亿美元，年均增速 14.1%；外贸进出口完成 10.7 亿美元，年均增速 27%。受疫情的影响，外向型高新区出口的压力进一步增加。首先，疫情全球蔓延，加剧世界经济下行压力，很多国家出现了消费不足现象，导致出口商品的市场需求减少。其次，受疫情的影响，许多国家采取了限制进口、封锁边境等措施，导致出口订单大幅减少。再次，疫情期间企业的正常生产受到了很大的影响，很多企业员工短缺、原材料供应不足等导致生产延误、无法按时交货。最后，受疫情影响，许多国家的货运渠道运输成本上升，出货困难。此外，近年中美贸易摩擦加剧，贸易环境复杂变化，势必对中国企业产生负面影响。2020 年湘潭高新区出口 77 亿元，较 2019 年减少 24 亿元。

### （三）人力资源

从人的因素看，产业转型示范园区多位于西部、东北地区，或者东部和中部省区市的非省会地区，教育科研的短板比较明显，人才吸引能力弱。例如长治市，虽有长治学院、长治医学院 2 所本科院校，但专业设置以文科类、医学类、师范类学科为主，与本地产业转型升级所需的人才结构有较大距离。近年来，受人口、人才大量外流等因素影响，产业转型示范区人口老龄化、低技能化问题更加突出，产业发展面临高素质劳动力供给不足的严重制约。2010～2020 年，全国总人口增长了约 5.4%，而地级资源型城市常住人口总体下降了 2.7%，其中 62.0% 的地级资源型城市常住人口出现下降，23.1% 的城市人口降幅超过 10%；2010～2020 年，辽宁省 6 个资源型城市（阜新市、抚顺市、本溪市、鞍山市、盘锦市、葫芦岛市）常住人口基本呈现阶梯下降趋势，由 2010 年的 1396.4 万减少至 2020 年 1265 万，人口下降幅度接近 10%。

### （四）科技创新

产业转型示范区研发投入不高、高新技术企业数量少，科技创新平台数量偏少、层次不高、等级较低，资源整合度不高，在为企业开展供需对接、创新服务、解决共性难题等方面的作用相对较弱，地方对工业发展引领和支撑作用不足。2021 年 16 个国家级产业转型示范园区除洛阳和株洲外的 14 个高新区研发强度均低于国家级高新技术产业园平均研发强度①，研发强度最高的洛阳高新区高出平均水平 0.38 个百分点，大庆研发强度不足 1%（见图 1）。从学历结构来看，除长春、徐州、唐山和包头外，其余 12 个国家级产业转型示范园区大专以上学历占比低于国家级高新技术产业园平均水平（62.3%），其中，重庆荣昌和永川高新技术开发区大专以上学历占比不足三成。

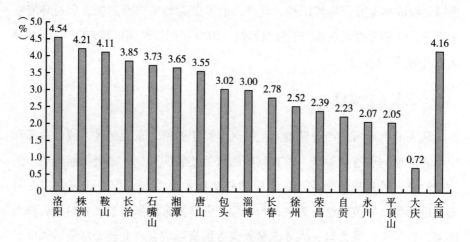

**图 1　2021 年国家级产业转型示范园区研发强度**

资料来源：依据《中国火炬统计年鉴 2022》数据计算得出。

此外，资源型地区和老工业城市国有经济占比高，国企改革相对滞后，历史遗留问题较多，发展活力不足，抗风险能力相对较弱。

---

① 受数据限制，此处企业研发强度为研究开发经费内部支出/营业收入×100%，只限于国家级高新技术产业开发区比较。

# 四 提升产业转型升级示范园区经济韧性的政策建议

## （一）完善体制机制

### 1.加快完善对口援助、帮扶与合作机制

强化智力扶持，加强重点领域合作，激发产业转型示范区发展内生动力。推进教育东西部协作，在西部特殊类型地区建设一批职业技能实习实训基地。完善东西部劳务协作机制，加强对农村低收入群体外出务工的组织与服务，加大就业技能培训力度。加强对帮扶产业项目实施的监督考核，构建产业帮扶项目落地前的"预评估"机制，避免因项目仓促实施而导致失败或资金利用效率低。

### 2.深化产业转移对接机制

完善转型示范园区承接产业转移相关政策，成立承接产业转移联席会议等高位协调组织，协调和指导地方"招商引资"，有序推进"产业飞地"建设，避免各地招商引资恶性竞争，促进转型示范园区产业转移有序承接。建立转型示范园区与发达地区产业园区规划对接机制，从规划层面推进产业有序转移，进一步降低交易成本，提升产业转移效率。

### 3.着力深化开放合作

促进产业转型示范区与共建"一带一路"国家和地区的经贸合作，增强产业转型示范区与中心城市和城市群的融合互动，推动产业转型示范区新技术、新产业、新业态和新模式发展。积极引进金融保险、市场营销、会议会展、法律咨询等生产性服务业。

## （二）发展特色产业

### 1.精准分类施策，探索各具特色的产业发展模式和转型升级路径

充分考虑不同类型地区资源禀赋和发展阶段特征，分析面临的困难和问题，因地制宜地确定发展方向和支持重点。培育一批在全国有影响力的龙头

企业和品牌，努力延伸产业链，加快推动老工业城市和资源型地区产业转型升级。推进传统工业智能化改造，促进传统制造业与信息技术、服务业、文化旅游业之间的融合发展，推进数字技术与经济社会发展和产业发展各领域广泛融合。推动制造业集群化发展，延伸产业链，增强产业链供应链自主可控能力。

**2. 坚持创新引领，增强产业核心竞争力**

创新是引领发展的第一动力，也是提高发展活力和竞争力的关键。产业转型示范区要深入实施创新驱动发展战略和制造强国战略，依托原有产业基础，把握需求变化趋势和产业升级方向，提升有效供给能力。提升科技创新能力，加快培育经济发展新动能，加快建设创新平台，积极参与国家重大科技基础设施建设，鼓励与高等院校、科研院所联合建设科研创新平台和新型研发机构。

## （三）强化要素保障

### 1. 完善人才发展机制

因地制宜制定相关配套措施，在住房、医疗、子女入学、职称评聘、项目资助等方面给予支持，满足特殊类型地区员工正当必要需求，拓宽人才晋升通道，强化成长激励。完善人力资源服务机构数据库，解决招工供需不畅的信息匹配问题。

### 2. 完善资金支持

进一步完善产业转移对接机制和税收分享机制，加大对产业转型升级示范区建设的财政支持力度。推广产业链金融模式，鼓励各类金融机构按照市场化原则支持产业转型升级示范区振兴发展，提升重点项目金融服务质效。

**参考文献**

高国力、贾若祥、徐睿宁：《加快特殊类型地区高质量振兴发展研究》，《经济纵横》

2022 年第 7 期。

张庆杰、曹忠祥、刘保奎、滕飞、刘峥延：《长治市产业转型升级示范区建设的成效、问题与对策建议》，《中国经贸导刊》2019 年第 24 期。

申红艳、腾飞：《路径依赖视角下老工业城市产业重构模式研究》，《经济研究参考》2020 年第 21 期。

张文忠、余建辉：《中国资源型城市转型发展的政策演变与效果分析》，《自然资源学报》2023 年第 1 期。

朱爽、李晶、殷守强、蒋斋：《辽宁省资源型城市发展现状、问题与转型策略研究》，《中国矿业》2023 年第 6 期。

程显扬、刘钒、李天娇：《产业转型升级示范区高质量发展的大数据分析》，《宏观经济管理》2020 年第 3 期。

# B.26
# 特色产业集群韧性研究

徐 娟*

**摘 要：** 特色产业集群是推进农村农业建设和中小企业高质量发展的重要组
织形式。通过分析已认定的 180 个优势特色产业集群和 100 个中小
企业特色产业集群发现，集群呈现空间分布差异大、产业分布不均
衡等现状。通过政策文本分析发现，我国特色产业集群政策工具结
构不优，政策类型使用较为单一，对于需求型政策工具、限制类型
和规范类型的政策以及空间支撑维度的政策使用力度弱。整体而言，
我国特色产业集群存在的主导产业和配套体系不完善、平台赋能程
度较低、产业结构较为单一、产业链融合程度低、政策工具设计不
合理等影响韧性的问题较为突出。因此，从构建多元化产业格局、
全面提升产品质量推进数字化转型、提高平台赋能度、加强产业链
融合深度、推进"四链"协同发展、以政策引领助力特色产业集群
高效协同发展等方面提出推动特色产业集群高质量发展的对策建议。

**关键词：** 特色产业集群 中小企业 产业链 韧性

## 一 我国特色产业集群发展现状

### （一）地区空间分布差异大

自 2020 年以来，农业农村部和财政部共认定了 180 个优势特色产业集群

---

\* 徐娟，经济学博士，西北大学公共管理学院副教授，硕士生导师，主要研究方向为产业经济
与公共政策等。

项目。根据图 1 所示，华北、华东、华南、华中、西北、西南、东北地区分别拥有 24 个、33 个、20 个、21 个、33 个、29 个和 20 个优势特色产业集群。从数量上看，各个地区的分布相对均衡。华东和西北地区的优势特色产业集群数量明显较多，每个地区都有 33 个，比华南和东北地区均多出 13 个。然而，需要注意的是，由于西北地区经济发展相对缓慢，其产业集群的韧性受到影响。一旦上下游配套企业出现问题，产业链中断的风险就会更大。相比之下，华东地区经济发展水平较高，交通便利，产业集群的辐射能力也较强，这为其集群的韧性提升提供了良好的基础。

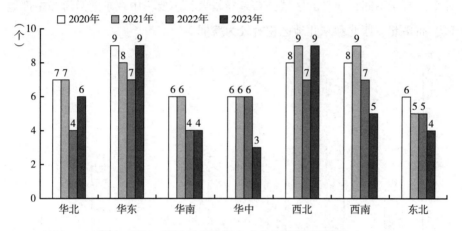

图 1　2020~2023 年优势特色产业集群数量地区分布

注：农业农村部和财政部最近一次公布优势产业集群建设名单的时间为 2023 年 3 月 16 日。因此本文出现的 2023 年数据均至该日期。

资料来源：农业农村部、财政部相关网站，http://www.xccys.moa.gov.cn/tscy/202005/t20200522_6345014.htm，http://www.moa.gov.cn/govpublic/CWS/202104/t20210429_6366921.htm，http://www.moa.gov.cn/gk/cwgk_1/nybt/202303/t20230316_6423242.htm。

根据具体省区市分布情况统计，新疆在数量上遥遥领先，拥有 11 个优势特色产业集群，其次是广东，拥有 9 个集群。青海、宁夏、山西、江苏、浙江、福建、上海、北京、天津、海南、港澳台的集群数量都低于 5 个，而其他省区市的集群数量在 5~8 个。需要注意的是，各省区市之间的优势特色产业集群分布存在较大差异。

根据 2022 年工信部认定的第一批 100 个中小企业特色产业集群，华东地区的数量为 33 个，远超其他地区。华东地区作为中国经济发展最快、中小企业发展最具活力的地区，其新能源、新材料、电子信息、生物医药、装备制造等产业集群占比极高。国家大力支持发展中小企业特色产业集群，并巩固其产业链，对促进当地经济发展的效果十分明显。华南、华中、西北和西南地区的中小企业特色产业集群数量在 10～17 个，相对较为均衡。而东北地区的中小企业特色产业集群数量最少，截至 2022 年 9 月，只认定了两个（见图 2）。综上所述，中小企业特色产业集群的分布特征与优势特色产业集群有所不同，前者的区域分布差异较大，主要集中在东南沿海和中部地区，而华北、西北和东北地区相对较为薄弱。

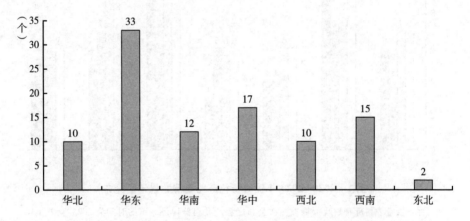

**图 2　2022 年度工信部认定中小企业特色产业集群数量**

注：工信部最新一次公布时间为 2022 年 9 月。因此本文出现的 2022 年数据截至该日期。
资料来源：中国政府网，https://www.gov.cn/zhengce/zhengceku/2022-09/14/content_ 5709725.htm。

山东和广东是中小企业特色产业集群数量最多的省份，均为 7 个。这两个省份的集群发展非常活跃。浙江紧随其后，有 6 个中小企业特色产业集群，也位于沿海地区。四川、重庆、湖北、安徽、江苏、江西、福建和河北的中小企业特色产业集群数量均为 5 个。陕西、河南、湖南、贵州和广西的数量均为 4 个。天津有 3 个中小企业特色产业集群。北京、新疆、甘肃各有 2 个，而吉林、辽宁、山西、云南和海南各仅有 1 个。

西藏、青海、宁夏、内蒙古和黑龙江等省区没有中小企业特色产业集群。无论是国家级优势特色产业集群还是中小企业特色产业集群，广东的活跃度都遥遥领先于其他省份，这反映了广东经济的强劲活力和韧性。

### （二）产业分布不均衡

从优势特色产业集群的产业分布情况来看，多数集群都是地方重点发展的主导产业，其中的企业大多是行业的龙头。这些优势特色产业集群聚焦于各省区市的特色农畜产品，主要关注与国家经济和民生息息相关的重要农产品，并兼顾其他特色农产品，符合产业集群认定中的"突出优势、强调特色"的标准。从产业分布角度来看，在 180 个优势特色产业集群中，畜牧类占据了 59 个，果蔬类占 40 个，粮油类占 33 个，中药材类占 10 个，茶叶类和食用菌类各占 9 个，水产类占 7 个，花木类占 3 个，其他农产品类（如橡胶、棉花等）占 10 个。

从中小企业特色产业集群的产业分布情况来看，这些集群以当地的支柱产业为主导。在这些集群中，有超过 2.8 万家中小企业，其中包括 294 家专精特新的"小巨人"企业和 55 家制造业的冠军企业。这些企业为当地作出了巨大的贡献，其总产值超过 1.8 万亿元。软件与信息技术产业占比 26%，新能源与智能装备制造占比 20%，新材料与制造业占比 18%，生物医药占比 15%，金属与机械制造占比 11%，其他产业占比 10%。除了金属与机械制造产业外，其他集群都属于创新型和战略型产业集群。科技型中小企业作为科创领域最活跃的市场主体，在推动中国高质量发展方面发挥着重要的增长极带动作用。

## 二 我国特色产业集群政策现状

产业集群韧性受政府战略、政策、法规的影响，积极稳定的政策有助于产业集群韧性的提升。当特色产业集群主导产业因冲击而陷入低迷时，小企业很难改变产业集群内部结构，政府干预对产业调整具有重大影响。本文基于政策工具理论，结合我国特色产业集群政策情况，采用 Rothwell 和 Zegveld 的政策分类法，构建我国特色产业集群政策的"政策工具—政策类型—产业链维度"三维分析框架（见图 3）。将基本政策工具（X 维度）分为供给型、需求型和环境型[①]。依据产业集群政策目标与作用，将特色产业集群政策（Y 维度）分为统筹性、推动性、规范性和限制性政策四种类型[②]。以产业链为视角（Z 维度），将其分为企业发展、产业环境、空间支撑、网络组织四个维度以进行政策分析[③]。

## （一）政策文本选择与量化分析

### 1. 政策文本收集

以"特色产业集群""产业集群""集群"等关键词对中国政府网、国务院直属机构等网站中所发布的政策进行标题和全文范围的搜索，查找类型包括指导意见、通知公告、决定、批复等政府文件。检索时间截至 2023 年 8 月 11 日，最终 2008~2023 年共有 50 份政策文本。

### 2. 政策量化分析

从政策发布时间看，2008~2023 年共有 50 项相关政策，年均发布 3.1 项。2020 年，我国特色产业集群相关政策从 2 项增加至 9 项。从 2017 年开始，政策数量逐年增多，2020 年进入政策密集阶段。各部委相继出台了与

---

① 供给型政策工具指政府通过直接供给人力、财政、技术等多种资源推动特色产业集群的发展；需求型政策工具指通过政府采购、服务外包、价格补贴等手段激发市场需求，改善外部不确定环境，直接拉动特色产业集群的发展；环境型政策工具指政府通过目标规划、法规管制、金融税收等手段间接地为特色产业集群的发展营造良好环境。

② 统筹性政策指从整体层面对特色产业集群的发展提出全方位、多角度的指导意见或者规划等；推动性政策指通过财政支持、税收优惠、基础设施建设等手段为企业的发展提供直接支持，促进企业创新，减少企业负担；规范性政策指产业集群的发展需要考虑生态环境的承载能力，对于排放集中、污染严重的产业集聚区，探索集中治理方式等内容的政策；限制性政策是指国家对于特定产业的发展进行限制或是放宽某些产业准入条件的政策。

③ 企业发展指与企业发展息息相关的基础设施和其他方面的资源支持的政策；产业环境指对企业群整体作出规划与支持，着眼优化整个产业整体环境的政策；空间支撑指通过鼓励示范园区和试点建设等措施，为企业间信息交流、协同发展提供支持的政策；网络组织强调跨领域、跨层面合作发展，推动上下游产业链纵向对接的政策。

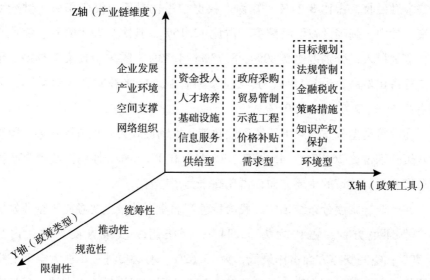

**图3 特色产业集群政策三维分析框架**

特色产业集群有关的指导意见和实施方案，突出体现在基础设施、数字化建设、全产业链发展等方面。（1）从政策主体看，特色产业集群的政策主体是国务院、工业和信息化部、农业农村部、财政部等。在特色产业集群政策中，单独发布的有31项，联合发布的有19项，一项政策最多由11个部门联合发布，国务院14次独立发文，足见国家对特色产业集群的关注度。（2）从政策类型看，2008~2023年，特色产业集群政策以"通知""意见"类为主，均为规范性文件。其中，通知类政策有24项，占比48%，意见类政策有21项，占比42%。我国政府就如何促进特色产业集群发展提出了指导意见和方向，但尚未对具体的实施效果提出具体的标准规定。

## （二）分析结果

### 1. 单维度分布结果

在政策工具分布结果中，环境型政策工具占比最高，达46.96%；其次是供给型，占比35.47%；需求型占比最低，仅为17.57%。环境型政策工具中的策略措施和目标规划两项工具得到广泛应用，占比均为15.54%；其

次是金融税收，占比 8.11%；知识产权保护占比最低，仅 2.03%。供给型政策工具中，基础设施使用最多，占比 12.16%，其次是人才培养、信息服务、资金投入，分别占比 9.80%、8.78%、4.73%。需求型政策工具中，示范工程占比最高，为 8.78%，其次是贸易管制、价格补贴和政府采购，分别占 5.74%、2.03% 和 1.01%。

在政策类型分布结果中，统筹性政策、推动性政策、规范性政策、限制性政策分别占比 26.77%、45.45%、15.15% 和 12.63%。推动性政策是我国特色产业集群政策的主要方向，占比高于其余三者。

在产业链维度分布结果中，我国特色产业集群政策主要倾向于企业发展和产业环境方面，占比均为 32.34%；网络组织政策方面次之，占比 21.70%；空间支撑方面占比最低，为 13.62%。有必要进一步加大空间支撑和网络组织政策制定力度，为产业链上下游协同发展提供政策支持，通过政策促进跨领域合作发展，推动产业链上下游合作。

2. 双维度交叉分析结果

在产业链各维度中，使用最多的政策类型均为推动性政策，使用最少的为规范性政策。其中，政府在推动企业发展层面的政策力度最大，其次是推动网络组织发展层面和推动产业环境层面的政策。可以看到，在产业环境层面，各政策类型均衡发力，而在企业发展和网络组织层面，则主要依靠推动性政策类型。空间支撑的政策文件数最少，在规范性和限制性政策方面则为空白。

在产业链各维度中，不同政策工具的使用呈现显著差异。我国特色产业集群产业链中对各类政策工具均有所涉及，为特色产业集群的发展提供了较为全方位的政策支持。对于企业发展和产业环境方面，使用供给型政策工具最多，分别占 50.00% 和 48.39%。空间支撑方面则需要政府加大支持力度，其对应需求型政策工具占比最大，为 81.48%。在网络组织方面，由高到低使用的政策工具依次是环境型、供给型和需求型，分别占 68.57%、22.86%、8.57%。

上述分析表明，我国在需求型政策工具、限制性和规范性的政策类型以及产业链的空间支撑维度的政策力度方面存在不足。政策类型多为改善特色产业集群内外部发展环境的推动性政策。其次，政策工具使用结构不均衡，政策类型使用结构较为单一，致使政策对提升产业集群韧性的效果有所减弱。基于此，一方面，可适当增加需求型政策工具使用，增强政策拉力的同时加大限制性和规范性政策类型以及空间支撑的政策支持力度；另一方面，为有效提升特色产业集群韧性，可根据政策目的和现实需求通过科学精准施策，提升多元主体积极性，改变政府单一治理模式。

## 三　特色产业集群韧性的衡量与影响因素

### （一）特色产业集群韧性衡量

韧性是指，在面对外部冲击、压力或变化时，能够保持稳定、适应变化并且迅速恢复的能力。对于特色产业集群来说，其产业结构及主导型产业的占比、集群创新能力及政策支持是衡量其韧性的关键指标。

#### 1. 产业结构

理论上，单一产业结构下的产业集群通常集中在主要产业上，并对主导企业产生依赖。然而，当产业集群面临危机时，这种积极影响很容易扭转，并对集群中的企业产生一系列负面影响。相比之下，多元化的产业集群在面临外部冲击时更容易重组到其他产业，从而降低了产业集群的风险并提升了其韧性。因此，提升产业集群的多元化是至关重要的。一个关键因素是对于新进入者持积极开放的态度，充分接受新技术和新发展模式。就我国的优势特色产业集群的产业分布情况而言，将畜牧业作为主导产业，我国在果蔬、粮油、中药材等农作物的培育种植方面充分发挥了因地制宜的优势，实现了优势农业特色集群全面开花。这些集群内部的各个产业之间存在优势互补和资源共享，对当地农业的高质量发展起到了重要的引领作用。

我国中小企业特色产业集群中，80%以上为战略性新兴产业和高科技产业，产业之间关联度高，产业结构分布合理。中小企业发挥其灵活和创新积

极性高等优势，通过主导产业引领，对区域经济发展起到了重要作用。同时，地区产业结构的多样性与互补性也提升了区域韧性。

### 2.创新能力

创新能力对于一个地区产业集群的韧性至关重要。具有较高创新能力的集群能够应对外部冲击，并具备多样化的解决方案和高水平的知识储备和人才资源。因此，这些集群能够更高效地利用集群内部资源，具备更强的适应性和恢复力。在农业主导的优势特色产业集群中，人才的培育、设备的更新和农业科技合作十分重要。例如，北京设施蔬菜产业集群注重农业科技创新，引进先进的设施农业技术。通过温室、水肥一体化等先进设备和新品种的引进，以及信息技术的应用，这个集群实现了高度密集和科技含量高的设施蔬菜生产。创新能力不仅对产业集群具有重要影响，而且是衡量一个地区产业集群韧性的重要指标。缺乏创新能力将导致集群缺乏动力。只有不断激发创新活力，才能保持集群的韧性。

### 3.政府支持

政府支持是提升产业集群韧性的重要因素。明确的政策方向能够为产业集群提供稳定的发展预期，并鼓励创新、扩大投资和提升竞争力。政府的支持措施包括税收优惠、提供创新基金和科研经费等，这些措施可以为集群在面对外部冲击时提供缓冲，促使集群更好地适应变化。此外，政府还可以设立专门机构，如创新基地、孵化器和人才中心来支持产业集群的创新能力提升。这些机构能够为创新型企业提供技术支持、市场信息、培训和资金等资源，从而加速新技术和新产品的研发和应用。人才培养也是关键一环。培养适应集群需求的高素质人才能够为集群的持续创新提供有力支持。国家可以通过设立人才培养计划和提供奖学金等方式来鼓励人才的培养和流动。此外，国家设立金融服务机构也是产业集群发展的重要支持。金融机构可以为集群企业提供融资、风险管理、保险等服务，降低企业的资金压力，提供灵活的资本运作方式，从而使企业在面临市场波动时更具有韧性。综上所述，政策支撑、设立人才培养机构以及金融服务相关机构都在不同层面上影响了产业集群的韧性。有了这些支持要素，集群能够提高应对外部冲击的能力，为持续发展创造有利条件。从全国不同区域的国家级示范区、企业孵化器、创新基地等建设情况看，国家在全国范围内已构建相对完备的公共服务机构以支持特色产业集群健康持续发展。

## （二）影响特色产业集群韧性的关键因素

### 1. 集群主导产业与配套产业体系

特色产业集群的稳定和发展与其主导产业的创新能力密切相关。只有主导产业能够持续创新，特色产业集群才能更好地应对外部冲击和市场波动。此外，与主导产业相关的服务配套体系和衍生配套产业链的发展也至关重要。在实际发展中，特色产业集群的主导产业可以分为多元型、单一型、创新型和资源依赖型产业。不同类型的主导产业及其配套产业对集群的韧性有不同的影响。多个相关配套产业的支撑可以提升集群的韧性。当某个特定产业受到不利因素影响时，其他产业可以起到减缓对整个集群冲击的作用。因此，在特色产业集群的发展中，除主导产业的持续创新外，建立完善的服务配套体系和发展相关配套产业链也是至关重要的。这样的发展模式可以提高集群的韧性，使其能够更好地适应外部环境的变化，实现可持续发展。

### 2. 平台赋能与创新活力

特色产业集群的创新活力对于其韧性具有重要影响，而创新能力的强弱则取决于平台赋能的程度。我国的特色产业集群主要由第一产业和中小企业组成，其数字化赋能存在一些瓶颈。高度赋能的平台可以通过提供数字化工具、数据分析、人工智能等技术来促进集群内企业的创新活动。此外，技术支持和资源共享也有助于加速新产品和新技术的研发和推广。例如，北京中关村科技园区是一个集聚了众多高校、科研机构和高科技企业的地区，各个平台共享资源和经验，平台赋能程度非常高。平台赋能对特色产业集群的创新活力具有重要作用。通过数字化工具、数据分析和技术支持，平台可以促进创新活动，并加速新产品和新技术的研发和推广，对于提升特色产业集群的竞争力和韧性非常关键。

### 3. 开放合作与产业链融合

我国特色产业集群面临着开放合作进程缓慢和产业链融合度低的问题，这两个因素是影响产业集群韧性的关键因素。开放合作可以推动我国中小企业特色产业集群的产品和服务走向国际市场。通过与外部市场的合作，特色产业集群可以减少对国内市场的依赖、降低市场风险，并提高在全球市场中的竞争力。开放合作还可以吸引外部优质资源。通过与国内外企业、机构和组织的合作，特色产业集群可以获取先进技术和管理经验。此外，开放合作还有助于推动特色产业集群以特色产业为中心向外辐射，吸引其他产业合作，加强产业链融合度，向高端、高附加值方向升级。与国际领先企业和机构的合作可以促进技术、产品和服务的升级，推动产业链的延伸和优化。重庆蔬菜产业集群与四川省设施蔬菜产业集群的合作促进了农产品的供应链衔接，丰富了两地市场的产品种类，提供了多样化的农产品。

## 四　提升特色产业集群韧性的对策建议

通过以上分析可知，我国特色产业集群总体呈现空间分布差异大、产业分布不均衡的特点，东部地区中小企业特色集群密度大、创新能力突出，西部地区多依靠农业主导的优势特色产业发展特色产业集群。整体而言，我国特色产业集群存在产业结构较为单一、主导产业和配套体系有待完善、平台赋能与创新活力亟须提高、合作开放与产业链融合程度低、政策工具和政策类型设计不合理等问题，为此提出以下几点建议。

### （一）构建多元化产业格局，全面提升产品质量

优化产业结构可以减少集群对单一产业的依赖，多元化的产业格局有助于集群的稳定、减少单一产业波动对整体的冲击。一是引入不同领域的知识和技术，促进不同产业之间的创新与合作，不同领域的交叉融合可以产生新的产业链条。二是立足长远，科学处理好发展规模与发展质量的关系，积极创建地区特色品牌，提高品牌影响力。立足地区特殊地域、特有资源、特有

品种等独特优势，发挥龙头企业和中小企业作用，实现集群品牌共建共享，辐射带动周围地区产业发展。发挥"一镇一品""一村一品"的产业集群规模优势，促进区域生态体系的微观循环。

## （二）推进数字化转型，提高平台赋能度

数字化转型是中小企业和县域经济高质量发展的重要创新载体，借助特色产业集群数字化转型政策，贯通全产业链，实现各环节高效协同，提升产业链运作效率。一是建立工业互联网行业平台，通过与大众化细分产业集群双轮驱动，发挥链主企业海量数据优势赋能场景，利用数据化驱动产业链创新链协同，提高业务赋能效率。同时，通过特色产业集群资源配置、专业数据支撑和行业经验沉淀，为中小企业提供全链条和个性化解决方案。二是构建"数字化赋能+线上平台+线下园区"的转型模式，帮助中小企业解决规模小、非标、离散等不同环节的问题，实现企业间紧密协作，推动特色产业集群生态升级。加快建设中小企业数字化应用系统，构建面向中小企业的工业软件服务平台和省级产业大数据系统，聚焦中小企业的共性需求，降低数字化转型门槛。

## （三）拓展产业链融合深度，推进"四链"协同发展

推进特色产业集群"四链"协同发展，一是加强产业链上下游的协调与合作，鼓励企业间形成合理的分工协作关系，通过提供政策支持，推动关键环节的技术创新和资源整合。通过加快建设预制菜产业集群，能够连接农业种植、食品加工与餐饮配送等环节。通过打造爆款产品和创新生产研发技术，实现预制菜的烟火气与厨房标准化深度结合。二是提高供应链的透明度和灵活性，降低物流成本，提高供应链的效率和稳定性。在特色产业集群中培育一批专注细分市场和创新力、成长性好的优质中小企业，将其上下游的配套深度融入产业链中，依靠政策倾斜和市场带动，建立分层梯度培育库。三是完善配套服务，着力完善基础设施、优化政策环境、提升公共服务能力，增强特色产业集群的聚合力。

### （四）以政策引领助力特色产业集群高效发展

当前我国特色产业集群领域总体布局尚未完善，持续出台推动类政策的同时，也应当根据特色产业集群实际发展情况以及地域差异，充分发挥其他类型政策的综合效用。一是一些产业的市场准入门槛低、规模较小，带来的市场经济效益一般，对社会资本吸引力不强，难以形成产业集群，需要根据产业特性制定相应的政策以支持某些产业的集群化发展。二是结合产业需求及自身情况，制定空间支撑类政策，充分发挥示范园区和试点建设的作用。三是根据各产业集群的不同生命周期阶段，相应地加强规范性政策的制定。当集群失去适应环境变化的能力时，就会陷入衰退，原因往往在于单一结构的产业集群缺乏异质性和多样性。政府应持续加强基础建设和服务体系建设，加大产学研融合发展，促进跨领域、跨层面合作，推动上下游产业链融合，特别是在农业主导的优势特色产业集群中可以构建"农户+合作社+企业+市场"的全产业链体系。

**参考文献**

刘新艳、张应青、马思美等：《乡村振兴背景下优势特色产业集群分布特征、发展优势及培育路径》，《农村经济与科技》2023 年第 5 期。

《〈促进中小企业特色产业集群发展暂行办法〉解读》，《中小企业管理与科技》2022 年第 17 期。

任双利：《县域特色产业集群发展存在的问题及解决策略》，《全国流通经济》2023 年第 4 期。

程文亮：《创新驱动下小微企业产业集群智能化升级研究——以河南省特色产业集群为例》，《价格理论与实践》2022 年第 6 期。

邵倩：《"互联网+"助力农业特色产业集群做强做优》，《中国农业资源与区划》2022 年第 5 期。

方彬楠、陆珊珊：《政策力促中小企业特色产业集群发展》，《中国中小企业》2022 年第 9 期。

甄鸣涛、肖赫、崔佳硕：《河北省县域特色产业集群发展创新研究》，《合作经济与科技》2020 年第 17 期。

翟万江：《培育特色产业集群　推动中小企业高质量发展——解读〈促进中小企业特色产业集群发展暂行办法〉》，《中国科技产业》2022 年第 12 期。

曾宪奎：《在高质量发展中提升产业链供应链韧性和安全水平》，《宁夏社会科学》2023 年第 2 期。

郭伏、李明明、任增根等：《产业集群中产业链的关键环节识别方法研究》，《辽宁工业大学学报》（社会科学版）2019 年第 3 期。

# 专 题 篇
Special Reports

# B.27
# 产业链供应链韧性与安全水平
# 评估方法研究

陈昌浩　张其仔*

**摘　要：** 产业链供应链韧性是产业链供应链受到冲击后维持正常运转的能力。准确科学地评估产业链供应链韧性有助于指导产业链供应链发展，引领产业链供应链补齐"短板"，实现产业链供应链的创新升级。本文在原有国内外研究的基础上，结合前人研究成果，提出了产业链供应链韧性评估的四项基本能力，分别是抵抗能力、恢复能力、控制能力和创新能力，通过分析和厘清产业链供应链韧性评估的逻辑，构建了产业链供应链韧性评估框架，该指标框架和方法提出了一个科学系统的产业链供应链评估办法，为今后的研究提供借鉴。

* 陈昌浩，中国社会科学院大学应用经济学院博士研究生；张其仔，中国社会科学院工业经济研究所副所长、研究员、博士生导师，中国社会科学院中国产业与企业竞争力研究中心主任，主要研究方向为产业经济学、发展经济学。

**关键词：** 产业链供应链　韧性　指标体系　评估方法

# 一　产业链供应链韧性评估的方法介绍

## （一）国外常用研究方法

国外的有关研究中，大多数关于供应链弹性的研究始于 2003 年的克兰菲尔德供应链弹性和脆弱性调查，后来逐渐增加了有关恢复能力的研究[①]。当前较为常用且相对成熟的方法有以下几种。第一种是基于经验分析和定性的方法，例如，采用德尔菲法或结构方程模型法，结合图论解释结构建模，即邀请供应链管理方面的专家或员工，进行问卷调查或讨论交谈，将问卷或交谈结果数据化，最终得到当前供应链潜在的风险和稳定能力。Timothy 等创建了两种结构，分别是供应链脆弱性和供应链能力，采用扎根理论，利用焦点小组访谈的方式，并与两种结构相匹配，最后得出了 50 个漏洞和 96 个特定功能[②]。Soni 等收集了 103 名来自工业界和学术界的专家的调查问卷，最终确定了推动供应链韧性的 10 个因素，并通过结构方程方法，测算了各部分的关系，最终得出了一个供应链韧性的指数[③]。Jones 等选取了英国特许采购与供应学会数据库中来自采矿、建筑或制造业的不同行业的 264 名管理人员的问卷答案，创建并测算了供应链韧性的四个维度——规模、可靠性、相似性、复杂性（地理分散度），设计了李克特量表，将问卷打分情况

①　Riposan I., Chisamera M., Uta V., et al., "The importance of rare earth contribution from nodulizing alloys and their subsequent effect on the inoculation of ductile iron," *International Journal of Metalcasting*, 2014, 8: 65-80.

②　Pettit Timothy J., Fiksel J., Croxton K. L., "Can you measure your supply chain resilience?" *Supply Chain and Logistics Journal*, 2010, 10 (1).

③　Soni U., Jain V., Kumar S., "Measuring supply chain resilience using a deterministic modeling approach," *Computers & Industrial Engineering*, 2014, 74: 11-25.

量化，最后从四个维度的数值得出了供应链韧性的指数①。Sahu 等采用模糊集合论的方法，利用专家对堪萨斯大学的供应链绩效问卷进行主观打分，将模糊答案转化为模糊数，估算模糊性能重要性指数，最终构建了一个估算供应链韧性的多层评估框架②。Qader 等对巴基斯坦的食品、饮料和制药行业的 490 人进行了问卷调查，从供应链弹性的三个方面设计了问卷问题，即准备程度、回应程度和恢复程度，并以此估计供应链韧性③。

第二种是采用定量的分析方法，基于数据模型的方法如 DEA 模型、TOPSIS 方法、系统动力学等，在比较利用披露和已知的客观数据下，对产业链供应链韧性进行测算，旨在探索在更宏观的角度考察供应链韧性。Cheng 和 Zhu 认为，要建立一个评价指标体系，同时根据评价体系提出了产业链供应链韧性评估的四种方法，分别是约束法、加法、乘法、黑箱法，并对四种方法进行了比较，在比较四种方法的优劣后认为黑箱法最适合评估供应链产业链韧性④。Faramarzi 等设计了一个 DEA 模型，应用他们的模型来评估伊朗联合燃料发电厂的供应链韧性⑤。Tajbakhsh 和 Hassini⑥，以及 Haghighi 等⑦也都采用了网络 DEA 方法在供应链韧性评价领域进行了相关研究工作，Haghighi 等使用了平衡计分卡的概念，将其与网络乘数模型相结合，并引入独

① Brandon-Jones E., Squire B., Autry C. W., et al., "A contingent resource-based perspective of supply chain resilience and robustness," *Journal of Supply Chain Management*, 2014, 50 (3): 55-73.

② Sahu A. K., Datta S., Mahapatra S. S., "Evaluation of performance index in resilient supply chain: a fuzzy-based approach," *Benchmarking: An International Journal*, 2017, 24 (1): 118-142.

③ Qader G., Junaid M., Abbas Q., et al., "Industry 4.0 enables supply chain resilience and supply chain performance," *Technological Forecasting and Social Change*, 2022, 185: 122026.

④ Cheng G., Zhu X., "Research on resilient supply chain on the basis of Hooke's law," //2010 International Conference on E-Product E-Service and E-Entertainment. IEEE, 2010: 1-3.

⑤ Faramarzi G. R., Khodakarami M., Shabani A., et al., "New network data envelopment analysis approaches: an application in measuring sustainable operation of combined cycle power plants," *Journal of Cleaner Production*, 2015, 108: 232-246.

⑥ Tajbakhsh A., Hassini E., "A data envelopment analysis approach to evaluate sustainability in supply chain networks," *Journal of Cleaner Production*, 2015, 105: 74-85.

⑦ Haghighi S. M., Torabi S. A., Ghasemi R., "An integrated approach for performance evaluation in sustainable supply chain networks (with a case study)," *Journal of Cleaner Production*, 2016, 137: 579-597.

特的 DEA 模型。他们的模型使用了不良因素沿定性数据。他们还介绍了该模型在回收塑料供应链中的应用。Spiegler 等提出并测试了一种利用非线性控制理论动态分析 SCRES 的方法[①]。Aven 通过分析和定义系统弹性和系统性能，看到弹性和性能交叉的工作，强调了风险和弹性之间的关系，强调在供应链网络中开发鲁棒性以减轻风险的研究[②]。Ramezankhani 等开发了一个新的和通用的绩效测量和分析框架，设计一个新的 DEA 模型，测算汽车工业的供应链韧性，采用 QFD-DEMATEL 方法挑选了最佳的因素加入 DNDEA 模型中，对上下游各部门的供应链韧性进行测算，最终对汽车工业的整体和部门的供应链韧性作出评价[③]。Hosseini 等将供应链韧性分解为吸收能力、适应能力和恢复能力三部分，并提出了数学和优化建模、结构方程建模、贝氏网络、模拟技术、多准则决策五类解决方案来对三种能力进行测算，最后将三种能力赋予不同的权重，将其标准化为一个属于［0，1］的数值[④]。Hosseini 等利用系统论和控制论，开发了一种新的测量方法，即通过构建一个韧性网络结构，利用网络方法对开放系统下的供应链韧性进行测算，衡量供应链韧性的三个方面即必要的多样性、VSM（可行的系统模型）和二阶控制论[⑤]。

第三种方法则是采取上述两种方法结合的方式，即定量和定性方法相结合。Pournader 等利用数据包络分析建模和模糊集理论，建立了模糊网络 DEA 模型，对供应链整体和各层次的风险弹性进行了评价，同时又利用对

① Spiegler V. L. M., Potter A. T., Naim M. M., et al., "The value of nonlinear control theory in investigating the underlying dynamics and resilience of a grocery supply chain," *International Journal of Production Research*, 2016, 54 (1): 265-286.

② Aven T., "How some types of risk assessments can support resilience analysis and management," *Reliability Engineering & System Safety*, 2017, 167: 536-543.

③ Ramezankhani M. J., Torabi S. A., Vahidi F., "Supply chain performance measurement and evaluation: A mixed sustainability and resilience approach," *Computers & Industrial Engineering*, 2018, 126: 531-548.

④ Hosseini S., Ivanov D., Dolgui A., "Review of quantitative methods for supply chain resilience analysis," *Transportation Research Part E: Logistics and Transportation Review*, 2019, 125: 285-307.

⑤ Hosseini S., Ivanov D., Blackhurst J., "Conceptualization and measurement of supply chain resilience in an open-system context," *IEEE Transactions on Engineering Management*, 2020, 69 (6): 3111-3126.

伊朗 9 个行业的 150 名中高层管理人员的问卷调查，对问卷的结果用模糊网络 DEA 模型进行了测试，最终得到了供应链整体和分级别的弹性指数[1]。Belhadi 等考察了新冠疫情影响下，欧洲制造业与航空业的产业链供应链韧性，在三个不同的阶段使用定性和定量相结合的方法。在第一阶段，使用一个连续的混合方法进行弹性评估，整合时间恢复和财务影响分析。在第二阶段，进行了一项实证调查，涉及 145 家公司，以评估短期供应链韧性的应对策略。在第三阶段，对汽车和航空业的供应链管理人员进行了半结构化访谈，以了解长期的供应链韧性响应策略，综合三阶段结果得出产业链供应链韧性[2]。Piya 等使用综合模糊解释结构模型与决策试验和评估实验室的方法，对新冠疫情下的阿拉伯地区石油和天然气行业以及受其影响的上下游共 14 个产业供应链韧性进行了测算[3]。Fu 等考察了新冠疫情下，基于效率、能力、活跃度、连通性和流通性等 5 个维度的 9 个指标，构建了中国公路货运供应链韧性评价框架[4]。

## （二）国内常用研究方法

国内的研究大多是站在较为宏观的角度来考察产业链供应链韧性，即较多从产业集群的角度，而较少从某单一产业出发考察冲击对上下游产业的产业链供应链韧性的影响。主要采用的方法分为三类。

第一类研究是经验性和定性分析研究，基于政策、重大事件对产业链供

[1] Pournader M., Rotaru K., Kach A. P., et al., "An analytical model for system-wide and tier-specific assessment of resilience to supply chain risks," *Supply Chain Management：An International Journal*, 2016, 21 (5): 589-609.

[2] Belhadi A., Kamble S., Jabbour C. J. C., et al., "Manufacturing and service supply chain resilience to the COVID-19 outbreak: Lessons learned from the automobile and airline industries," *Technological Forecasting and Social Change*, 2021, 163: 120447.

[3] Piya S., Shamsuzzoha A., Khadem M., et al., "Integrated analytical hierarchy process and grey relational analysis approach to measure supply chain complexity," *Benchmarking：An International Journal*, 2021, 28 (4): 1273-1295.

[4] Fu X., Qiang Y., Liu X., et al., "Will multi-industry supply chains' resilience under the impact of COVID-19 pandemic be different? A perspective from China's highway freight transport," *Transport Policy*, 2022, 118: 165-178.

应链的冲击，进一步分析产业链供应链韧性的表现。杨丹辉等指出我国产业链韧性仍存在较大不足，应大力推进全产业链绿色化，加强数字经济与传统产业融合，加快产业结构优化升级，不断提升产业链供应链韧性①。张其仔认为产业链供应链韧性现代化面临新进展、新挑战，产业链供应链无法适应当前技术革命带来的挑战，韧性需要继续提升，亟须找到新路径有效提升产业链供应链韧性②。刘长俭等认为新冠疫情冲击使我国产业链供应链韧性不足的问题暴露，引起有关国际物流供应链体系的反思，需建立多元的物流供应链体系，增强产业链供应链韧性③。中国人民大学经济安全研究课题组等基于马克思资本循环理论讨论了产业链供应链安全问题，认为我国产业链供应链韧性仍需提升，在复杂多变的国际竞争中保障产业链供应链安全，实现关键技术自主可控④。商静、陈明对产业链供应链发展的长期趋势和内在规律进行了归纳总结，指出安全问题是冲击产业链供应链的短期原因，提出当前由于中国采取了正确的政策措施，强调投资主体的多元性，企业与国家各自发挥作用，推进了产业链供应链区域化、内向化和多元化，积极构建"双循环"格局以应对短期挑战，最终结果表明中国的产业链供应链韧性较强⑤。张洪昌、丁睿从理论内涵和提升路径两方面讨论了我国制造业产业链供应链韧性，认为我国制造业产业链供应链韧性存在不足，面临诸多困境，需要继续提升⑥。石建勋、卢丹宁阐述了产业链供应链韧性和安全水平的内涵及联系，提出我国产业链供应链韧性有待提升，以应对复杂多变的国际政

---

① 杨丹辉、戴魁早、赵西三等：《推动中国全产业链优化升级》，《区域经济评论》2021 年第 2 期。
② 张其仔：《产业链供应链现代化新进展、新挑战、新路径》，《山东大学学报》（哲学社会科学版）2022 年第 1 期。
③ 刘长俭、孙瀚冰、袁子文等：《系统提升中国国际物流供应链韧性的路径》，《科技导报》2022 年第 14 期。
④ 中国人民大学经济安全研究课题组、沈尤佳、陈若芳等：《提升产业链供应链韧性和安全水平研究——基于马克思资本循环理论》，《中国高校社会科学》2023 年第 2 期。
⑤ 商静、陈明：《产业链供应链发展趋势及区域空间重组治理——基于信息化和安全韧性的视角》，《城市发展研究》2023 年第 1 期。
⑥ 张洪昌、丁睿：《我国制造业产业链供应链韧性的理论内涵与提升路径——基于中国式现代化的背景》，《企业经济》2023 年第 7 期。

治经济环境变化①。江英等对粤港澳大湾区的产业链供应链韧性进行了研究，指出自贸试验区建设能够提高产业链供应链韧性②。

第二类研究是通过定量分析方法，运用直接的、客观披露的数据进行简单的测算得到产业链供应链韧性。廖涵等基于 WIOD 的 ICIO 表，从中间品贸易的视角，考察了在受到 1998 年、2000 年、2008 年和 2011 年四次外部冲击的情况下供应链的受损程度、恢复程度和恢复时间三个方面指标，来衡量不同国家和部门的供应链韧性，结果表明我国的供应链韧性有所提升，较其他部分国家供应链更具韧性③。许明通过对 2020~2021 年度进出口贸易数据进行对比，考察了中国对 RECP 和 G7 成员国贸易创造和转移效应，以及创新类产业链的关联效应，认为 RECP 协定强化了区域产业链供应链韧性④。郭朝先、许婷婷对医药产业链供应链韧性与安全水平进行了评估，建立了测度指标体系，分别衡量了产业链、供应链和价值链的"健康程度"，结论表明我国医药产业处于产业链价值链低端，产业链供应链韧性较差，安全水平较低⑤。吕越、邓利静考察了中国汽车产业链韧性，采用进口集中度指标，利用 2017 年 1 月至 2021 年 12 月 HS6 位产品—来源国—省份维度的海关进口数据，测算中间品进口多样性，以此来体现汽车行业产业链供应链韧性。结果表明，进口结构区域集中，产业链风险存在上升的趋势，整车制造等中游环节风险较大，产业链供应链韧性仍需提升⑥。

第三类研究是通过较为复杂的定量分析模式，选择评价体系或建立数学

① 石建勋、卢丹宁：《着力提升产业链供应链韧性和安全水平研究》，《财经问题研究》2023年第 2 期。
② 江英、隋广军、杨永聪：《自贸试验区建设助推产业链供应链韧性提升的机理及路径——以粤港澳大湾区为例》，《国际贸易》2023 年第 6 期。
③ 廖涵、胡晓蕾、刘素倩：《不利外部冲击下我国供应链韧性分析》，《企业经济》2021 年第 10 期。
④ 许明：《RCEP 对中国产业链供应链影响机制与优化路径研究》，《亚太经济》2023 年第 2 期。
⑤ 郭朝先、许婷婷：《我国医药产业链供应链韧性和安全水平研究》，《经济与管理》2023 年第 3 期。
⑥ 吕越、邓利静：《全球产业链重构下稳外资面临的主要挑战——基于绿地投资数据的分析》，《开放导报》2023 年第 2 期。

模型的方法来评估产业链供应链韧性。陶锋等通过匹配中国上市公司上下游供应商和客户数据，从供需匹配优化、供需关系维持和供应质量提升三个方面着手，分别评估产业链供应链韧性[①]。孟祺利用 2017~2021 年的数据，运用半参数估计的广义可加模型，从"补链""延链""强链"等三个维度，测度产业链供应链韧性，并同时研究了"链长制"对产业链供应链韧性的影响，结果表明，中国各地区产业链供应链韧性总体差异较大，呈现东部地区较高、中西部地区较低的现象[②]。谷城、张树山运用熵权法、变异系数综合赋权法、Dagum 基尼系数、空间收敛模型等方法，对 2010~2020 年中国 30 个省区市的产业链韧性进行了测度，结果表明，中国总体水平偏低，但呈现递增趋势，区域差异明显[③]。杨仁发、郑媛媛通过计算全球价值链长度的波动率来衡量韧性，结果表明，产业链供应链韧性可以通过数字经济加强[④]。张伟等运用 TOPSIS 方法，根据 2011~2020 年 3478 家制造业上市公司数据，建立了一个制造业产业链供应链韧性评价体系，从抵抗能力、恢复能力、演化能力和政府能力 4 个层面衡量了我国制造业产业链供应链韧性。结果表明我国制造业间产业链供应链韧性横向差异较大，区域差异上体现为东西部上升、中部下降的趋势，制造业整体表现为不断增强[⑤]。

## （三）评估方法述评

综合国内外研究，产业链供应链韧性评估方法研究已相当成熟，但仍未出现一种被广泛接受，同时具备科学性、普适性、解释性、全面性和可操作

① 陶锋、王欣然、徐扬等：《数字化转型、产业链供应链韧性与企业生产率》，《中国工业经济》2023 年第 5 期。
② 孟祺：《产业政策与产业链现代化——基于"链长制"政策的视角》，《财经科学》2023 年第 3 期。
③ 谷城、张树山：《产业链韧性水平测度、区域差异及收敛性研究》，《经济问题探索》2023 年第 6 期。
④ 杨仁发、郑媛媛：《数字经济发展对全球价值链分工演进及韧性影响研究》，《数量经济技术经济研究》2023 年第 8 期。
⑤ 张伟、李航宇、张婷：《中国制造业产业链韧性测度及其时空分异特征》，《经济地理》2023 年第 4 期。

性等特点的方法。国外研究通常将重点放在企业层面，专注于企业的供应链风险和威胁，其目的主要是帮助企业管理人员进行供应链风险管理。通常采用的方法也是问卷调查与模型结合的方法，这种做法的优点是对该企业或者该细分行业产业链供应链有非常精准和全面的估计，但并不能满足相关研究对于产业链供应链的整体把握和全盘考量，对产业链供应链韧性的研究没有站在更为宏观的角度。

国内研究通常将重点放在国家和区域方面，专注于考察产业链供应链韧性的整体情况，以及区域内、行业间产业链供应链韧性的差异。通常采用的方法是建立指标体系或选取某一近似指标替代的情况，这种方法的优点是可操作性较强，也有很强的经济解释能力，但较为缺乏普适性和科学性。首先，对于不同的产业选用了同样的指标体系，没有体现出各产业间的差异和联系；其次，选取指标体系时，不能保证关于产业链供应链韧性的所有指标都考量进体系中；最后，在选取某一近似指标替代时，不能全面概括产业链供应链韧性的特点，产业链供应链韧性更应该用一种复合的指标来综合考量。同时，对某一产业的产业链供应链韧性的评估研究也较少，较少考虑产业链供应链上中下游的情况。

在对产业链供应链韧性进行评估时，难度在于从整体上把握产业链供应链的完整特点，要把握好产业链供应链所具备的各项能力，既要考虑到产业链供应链的基础功能，又要考量未来衍生的其他特征；既要考虑产业链供应链韧性目前受冲击时的表现，又要考虑其预防风险的能力和未来恢复的能力；既要考虑产业链供应链自身发展的情况，又要考虑影响产业链供应链韧性的外部环境因素。现有国内外文献没有兼顾各个方面、较为全面地对产业链供应链韧性进行评估的方法和框架。

综上所述，现有国内外研究方法都有其明显的优势和不足，综合国内外已有研究，主要的分歧在于如何定义产业链供应链。因此本文将由源头零部件生产到制造、销售完整产品以及售后服务，同时包含其替代的厂商视为一个完整产业链供应链，基于此提出一种产业链供应链评估方法，为后续产业链供应链韧性评估研究提供一定的借鉴。

## 二 产业链供应链韧性评估体系的内在逻辑

产业链供应链韧性评估首先需要建立一个科学的、具有较强经济解释能力的评估体系，这样才能准确测算产业链供应链韧性，得到合理的结果。本文将重点讨论如何构建一个产业链供应链韧性的评估体系。以往研究往往会将产业链供应链韧性分为几部分能力来分别进行评估，其中多数研究都将产业链供应链韧性大致分成吸收能力（演化能力）、抵抗能力（抵御风险能力）和恢复能力，其中又略有差别，如加入政府能力、变革能力或适应能力等①。本文将在此前研究的基础上，依托产业链供应链的能力表现构建产业链供应链韧性评估体系，将产业链供应链韧性分为抵抗能力、恢复能力、控制能力和创新能力。

### （一）产业链供应链的抵抗能力

由于产业链供应链存在传导机制②，产业链供应链的上下游环节受冲击存在一定的滞后性。鉴于产业链供应链的传导特点，衡量产业链供应链韧性要将韧性考察划分为三个部分，即经营情况、外部环境情况和负债情况。

第一，抵抗能力首先表现在产业链供应链上的市场主体的表现，主要体现为企业的经营状况，可以采用营业收入和营业成本等指标。营业收入在一定程度上体现了企业运行状况，同时营业成本中隐含了企业对成本的控制，在一定程度上反映了企业内部的管理能力和企业结构的合理性。营业收入和

---

① Hosseini S. , Ivanov D. , Dolgui A. , "Review of quantitative methods for supply chain resilience analysis," *Transportation Research Part E*: *Logistics and Transportation Review*, 2019, 125: 285-307；张伟、李航宇、张婷：《中国制造业产业链韧性测度及其时空分异特征》，《经济地理》2023 年第 4 期；陈晓东、刘洋、周柯：《数字经济提升我国产业链韧性的路径研究》，《经济体制改革》2022 年第 1 期；马俊凯、李光泗、韩冬：《数字经济赋能粮食供应链韧性：作用路径和政策取向》，《新疆社会科学》2023 年第 1 期。
② 张树山、胡化广、孙磊等：《供应链数字化与供应链安全稳定——一项准自然实验》，《中国软科学》2021 年第 12 期。

营业成本还反映了企业在产业链供应链上的地位和重要程度，营业收入通常与企业的经营状况成正比，而营业成本通常与企业的经营状况成反比，选择这两项指标可以很好地反映企业的经营状况，同时与产业链供应链韧性具有较强的联系。

第二，产业链供应链的抵抗能力还体现在其所处的地理环境，通常发展较好的城市拥有更好的基础设施建设，从而在信息共享和技术支持上拥有较大的优势。充分发挥政府的作用，做到"有效市场+有为政府"紧密协调，完善产业链供应链管理体系，推进产业链供应链政策颁布实施，主动引领上中下游产业发展，着力打造现代产业体系。同时，产业主导企业——龙头企业在行业合作中也起到了关键的作用，产业主导企业往往具有体现整个产业内部创新能力的大部分特征，对产业链供应链的影响较大①。基础设施的完善也给予产业链供应链恢复提供了极大的帮助，便捷的远距离信息交互为产业链供应链运行的恢复带来了便利，在受到冲击后积极地共享信息，组织和协作可以极大程度地提高产业链供应链的韧性。因此，将所在城市是否为一二线城市纳入指标体系中，反映企业所处的环境情况，也是衡量产业链供应链抵抗能力的较为合理的方面。

第三，产业链供应链的抵抗能力还体现在其预防和防范风险的层面，研究企业的负债情况是考量产业链供应链风险状况的有效方式。通常负债较高的企业会面临更为严重的风险考验，因此，分析资产价值损失和资不抵债情况能够分析产业链供应链的风险情况，进一步对产业链供应链的抵抗能力进行评估。

综合考量产业链供应链的经营状况、环境状况和负债情况三个方面，最终能够很好地评估产业链供应链韧性的抵抗能力。

### （二）产业链供应链的恢复能力

恢复能力主要描述产业链供应链在受到冲击后，想要恢复到原有状态的

---

① 盛朝迅：《产业生态主导企业培育的国际经验与中国路径》，《改革》2022 年第 10 期。

能力。恢复能力要从三个方面进行评估，分别是市场信心、企业规模和员工能力。

产业链供应链的市场信心主要体现为企业在金融市场上的表现，基本股票收益和股票价格是研究市场上消费者或股民对企业的观望态度，通常两项指标与企业发展呈正向关系。企业表现越好，证明企业受到冲击时恢复能力就越强，对产业链供应链的及时恢复帮助就越大。企业规模主要从员工总数这一层面衡量，通常规模越大的企业较规模较小的企业而言有更大的恢复能力，从整体上提升了产业链供应链的恢复能力。

产业链供应链恢复能力还体现在员工能力层面。员工能力体现在人均创收和人均创利两个方面，体现了企业内部员工创造效益的水平。两项指标越高，代表企业的恢复速度越快，产业链供应链的恢复速度也就越快。

### （三）产业链供应链的控制能力

产业链供应链的控制能力指产业链供应链对影响产业链供应链的各种内部及外部因素的控制程度，包括国内国外市场依赖、关键技术依赖、中间产品依赖、供应链整体控制以及环境污染控制等因素，产业链供应链的控制能力越强，代表产业链供应链的韧性就越强。

产业链供应链的控制能力主要体现在其对市场、供应链以及环境和关键技术的控制能力上，对市场的控制体现为产业链供应链对主要客户群体的把握和掌控以及与主要供应商之间的联系。中间品、关键技术等要素在产业链供应链运行过程中起到了极其重要的作用，是产业链供应链韧性的重要影响因素。中间品、关键技术等要素的缺失将会严重影响产业链供应链的正常运转，在极端情况下会导致产业链供应链上中下游环节发生中断。控制能力层面主要从产业链供应链对市场等基础条件的控制出发，即产业链供应链发展过程中对周边客观条件控制进行评估。产业链供应链对市场的控制体现在其对市场的依赖度、对关键技术的依赖度、对环境污染的控制力度以及对供应链的管理程度等方面。关键技术依赖度可借鉴安同良等的方法，利用PageRank算法和HITS算法衡量"卡脖子"技术，即产业链供应链对关键技

术的依赖程度①。本文选择利用上市公司剔除自引用后各年累计被引用次数衡量关键技术依赖度，市场依赖程度可以利用客户集中度赫芬达尔指数以及供应商集中度赫芬达尔指数进行衡量，供应链依赖度利用供应链集中度衡量，供应链集中度越高，供应链依赖度相对越强。产业链供应链对基础条件的控制体现为产业链供应链运行对生态环境的影响，产业链供应链应朝着更加环境友好、创建生态文明和达成绿色低碳的方向发展②，环境污染控制可利用上市公司年排放废物量进行测度。

产业链供应链对中间产品的依赖度体现为生产中间产品的企业在产业链供应链中的重要程度，本文利用上市公司间的关联交易，绘制了上市公司间关联交易的社会网络图像，并识别出其中的关键中间节点，与生产中间产品的企业相对应，并计算了产业链供应链上各个企业的权重，用以表示产业链供应链对于中间产品的依赖程度。

以上方面能够较为全面地评价和分析产业链供应链的控制能力。

### （四）产业链供应链的创新能力

产业链供应链的创新能力是产业链供应链韧性评估的关键环节。党的二十大报告指出，"着力提升产业链供应链韧性和安全水平"，其关键和重点在于推动产业链关键核心技术自主可控。只有将关键技术掌握在自己手中，才能真正保障产业链供应链安全，保证产业链供应链自主可控。因此，在评估产业链供应链韧性时，要重点对产业链供应链上的堵点和断点进行研究，解决产业链供应链上堵点和断点的关键就在于提高产业链供应链的创新能力。

科研技术的研发和应用对产业链供应链韧性有极为深刻的影响。"卡脖子"技术在产业链供应链上牵一发而动全身，因此整个产业链供应链在遭遇"卡脖子"技术时，表现得相当灵敏。当前科技创新能力在一定程度上代表了产业链供应链在遭遇和应对风险冲击时的接续能力，是否可以能够实

---

① 安同良、姜舸、王大中：《中国高技术制造业技术测度与赶超路径——以锂电池行业为例》，《经济研究》2023 年第 1 期。

② 史丹：《绿色发展开创全球工业化新阶段》，《中国经贸导刊》2019 年第 5 期。

现技术替代，而这也正是产业链供应链韧性的防范和预防能力的体现。综上所述，衡量某一行业的产业链供应链韧性的创新能力要充分评估产业链供应链各个环节的创新水平，评估其在遭遇冲击时对整条产业链供应链的影响。产业链供应链的创新能力可分研发投入、研发产出效率、人力资本三个方面来评估。创新是补齐产业链供应链短板的重要支撑，产业链供应链的创新能力要求上中下游企业、高校、科研院所集中科技研发资源，发挥各个单位在产业链供应链创新中的积极作用，集中实现科技突破。人力资本代表了产业链供应链基本的创新能力，是产业链供应链中从业人员素质的综合表现。人力资本积累对产业链供应链韧性有积极的影响，人力资本为产业链供应链发展提供持续的智力支撑和技术支持，有力地保证了产业链现代化的建设。人力资本能够产生在产业链供应链的各个环节，形成知识溢出和技术扩散，这种正外部性将会随着产业链供应链的传导扩散到整个产业链供应链的上中下游的各个环节，有利于技术创新和产业升级，提升了全产业链供应链的合作水平，带动了全产业链供应链协同发展。因此，人力资本是产业链供应链创新能力的重要体现。人力资本是产业链供应链实现技术突破和科技引领的重要智力支撑和创新保障，创新能力中的人力资本衡量的是产业链供应链各个环节从业人员的技术水平和创新效能。

因此，具体指标可以选择使用当年的研发费用、当年独立获得的专利总和、当年联合获得专利总和、研究生及以上学历员工占比、高中及以下学历员工占比。

# B.28
# 新基建提升产业链供应链韧性的效能研究

郭朝先　方澳*

**摘　要：** 新型基础设施具有提升我国产业链供应链韧性的巨大潜力。一方面，通过提升企业价值链地位、推动数字化智能化转型、提高创新能力强化了主体韧性；另一方面，通过优化供需匹配、加速生产系统变革、构建完善集成协同创新链优化了结构韧性。当前，我国数字、融合、创新基础设施对产业链供应链韧性的基底支撑能力、核心赋能作用、驱动引领功能显著提升。但其未来的发展仍需统筹全局长期建设、聚焦关键领域协同提升创新能力；高质量推进数实融合、健全完善人才供需体系提升抵抗能力；加快法律规范制定、提升政府服务与监管水平加强恢复能力；加强国际交流合作、多维度保障发展安全提升控制能力。

**关键词：** 产业链供应链　新型基础设施　韧性

## 一　当前我国新基建进展与提升产业链供应链韧性的效能

当前我国通信、数据基础设施建设走在世界前列，技术基础设施建设加

---

* 郭朝先，中国社会科学院工业经济研究所研究员、产业组织研究室主任；方澳，中国社会科学院大学应用经济学博士研究生。

快；工业互（智）联网发展迅速，新能源汽车产业国际领先，但智慧交通领域国际影响力不高；创新基础设施数量趋于稳定，创新创业服务能力与产业促进能力稳步提升。总体上，当前我国数字、融合、创新基础设施提升产业链供应链韧性的基底支撑能力、核心赋能作用、驱动引领功能不断加强。

## （一）数字基础设施对产业链供应链韧性的基底支撑能力突出

### 1. 通信基础设施：5G 基本实现高质量全覆盖，量子通信技术全球领先

5G、量子通信等通信基础设施大幅度提高了市场信息的传输速度与质量，为构建市场信息快速处理架构提供了基本支撑。截至 2023 年 6 月底，我国 5G 基站总数达 293.7 万个，占移动基站总数的 26%，5G 移动电话用户达 6.76 亿户，渗透率为 39.5%，5G 网络实现覆盖全国所有县城城区和重点乡镇镇区。其他通信领域，全国互联网宽带接入端口数量已达到 11.1 亿个，其中，光纤接入（FTTH/O）端口数量为 10.6 亿个，占总接入端口数的 96.2%。具备千兆网络服务能力的 10G PON 端口数达 2029 万个。全国光缆线路总长度达到 6196 万公里①。随着济南、青岛、哈尔滨、长沙、合肥等国家级互联网骨干直联点建成开通，我国国家级互联网骨干直联点开通数量达到 22 个。

在 5G 发展方面，室内覆盖和深度覆盖成为建设新方向，5G 行业虚拟专网爆发式增长。根据统计数据，5G 应用已经覆盖了国民经济 97 个大类中的 40 个，应用案例数量累计超过 5 万个。在制造业、矿山、医疗、能源、港口等应用先导行业，5G 应用已经实现了规模复制，并在全国 523 家医疗机构、1796 家工厂企业、201 家采矿企业、256 家电力企业中得到商业应用，充分表明当前 5G 技术应用已深入各个行业。测算结果显示，2022 年 5G 直接带动经济总产出约 1.45 万亿元、经济增加值约 3929 亿元；间接带动总产出约 3.49 万亿元、经济增加值约 1.27 万亿元②。

---

① 《工信部：2023 年上半年通信业经济运行情况》，2023 年 7 月 20 日，https://wap.miit.gov.cn/gxsj/tjfx/txy/art/2023/art_75d835da87d24c13aa5dc752b901aca7.html，最后访问日期：2023 年 8 月 10 日。

② 中国信息通信研究院：《中国 5G 发展和经济社会影响白皮书（2022 年）》，2022。

量子信息技术是以量子力学原理为基础，通过对微观量子系统中物理状态的制备、调控和观测，实现信息感知、计算和传输的全新信息处理方式，主要包括量子计算、量子通信、量子测量三大领域，被认为具有开启下一轮通信技术创新周期的潜力。我国在量子通信领域的新型 QKD 系统和星地量子通信实验方面全球领先；在量子计算领域专利申请数量方面位居全球第二，占比达 26%；在量子通信和量子测量领域专利申请数量方面均处于全球第一，占比分别为 54% 和 49%①。

2. 技术基础设施：人工智能、云计算等产业化水平与市场规模显著提高

以人工智能、云计算、区块链为代表的技术基础设施在生产端提升资本、劳动、技术等要素之间的匹配度，在消费端完成个性化需求与专业化供给的匹配，大大提高了市场匹配质量。2021 年我国人工智能核心产业规模达到 3416 亿元，人工智能领域融资金额增至 2442.2 亿元，融资数量为 821 笔，已授权人工智能发明专利申请量为 6.7 万件。截至 2021 年底，我国人工智能相关企业数量达到 7796 家，其中，23.8% 处于基础层，17.3% 处于技术层，58.9% 处于应用层②。在技术发展与应用方面，人工智能沿着"创新、工程、可信"三个方面持续演进。超大规模预训练模型、知识驱动、交叉融合创新等成为算法创新热点；单点算力持续提升，算力定制化、多元化成为重要发展趋势；计算技术围绕数据处理、数据存储、数据交互三大能力要素演进升级，数据服务走向精细化和定制化；工具体系、开发流程、模型管理全生命流程的高效耦合、自动机器学习技术、云边端协同管理成为工程化应用重要趋势；稳定性、可解释性、隐私保护、公平性等构成可信人工智能③。

我国云计算市场持续高速增长，2021 年，市场规模达到 3229 亿元，较 2020 年增长 54.4%，公有云市场规模同比增长 70.8% 至 2181 亿元，私有云市场同比增长 28.7% 至 1048 亿元。其中，公有云 IaaS 市场规模达 1614.7 亿

① 中国信息通信研究院：《量子信息技术发展与应用研究报告（2022 年）》，2022。
② 人工智能行业协会：《2022 人工智能发展白皮书》，2022。
③ 中国信息通信研究院：《人工智能白皮书（2022 年）》，2022。

元，增速 80.4%；PaaS 同比增长 90.7% 至 196 亿元；SaaS 市场规模达到 370.4 亿元，增速略微滑落至 32.9%。厂商份额方面，阿里云、天翼云、腾讯云、华为云、移动云位列我国公有云 IaaS 市场份额前五；公有云 PaaS 方面，阿里云、华为云、腾讯云、百度云处于市场领先地位①。

区块链方面，截至 2022 年 9 月，已有 29 个省区市将发展区块链技术写入"十四五"规划，共出台涉及区块链的产业政策 319 份。据 IDC（国际数据公司）预测，中国区块链市场规模有望在 2024 年突破 25 亿美元，五年预测数据与上期相比整体上调 5%~10%，五年年复合增长率将达到 54.6%②。

3. 数据基础设施：全国性数据中心网络基本形成，算力规模全球领先

数据中心、计算中心等数据基础设施搭建起地区化、行业化的专门数据网络，促进了国内统一市场、行业专门市场、线上市场的形成。近年来，我国数据中心机架规模稳步增长，大型数据中心规模增长迅速。截至 2021 年底，全国在用机架达 520 万架，年均复合增速超过 30%。其中大型以上机架达 420 万架。在新基建、数字化转型等政策促进及企业需求驱动下，数据中心市场规模持续高速增长，2021 年市场收入超过 1500 亿元，近三年年复合增长率达 30.69%。高新技术、数字化转型及终端消费等多样化算力需求场景不断涌现，算力赋能效应凸显③。

数据基础设施支撑我国基础算力、智能算力、超算算力规模迅速提升。据统计，2021 年我国基础设施算力规模达到 140EFlops，位居全球第二，在用数据中心服务器 1900 万台，存储容量达到 800EB（1EB＝1024PB）。计算设备算力总规模达到 202EFlops，全球占比约为 33%，保持 50% 以上的高位增长。通用服务器出货量达到 374.9 万台，同比增长 7%，六年累计出货量超过 1960 万台。在智能算力方面，算力规模达到 104EFlops，增速达 85%，在算力总规模中占比超过 50%。2021 年 AI 服务器出货量达到 23 万台，同比增长 59%，6 年累计出货量超过 50 万台。根据 ICPA 智算联盟统计，截至

① 中国信息通信研究院：《云计算白皮书（2022 年）》，2022。
② 中国信息通信研究院：《区块链白皮书（2022 年）》，2022。
③ 中国信息通信研究院：《数据中心白皮书（2022 年）》，2022。

2022年3月，全国已投运的人工智能计算中心近20个，在建智能计算中心超过20个。在超算算力方面，超算商业化进程不断提速，进入以应用需求为导向的发展阶段。2021年超算算力规模为3EFlops，增速为30%，联想、浪潮、曙光超算数量位列国内前三①。

大数据是数据的集合，是围绕数据形成的一套技术体系，并衍生出丰富的产业生态，成为释放数据价值的重要引擎。2021年，我国大数据产业规模增加到1.3万亿元，复合增长率超过30%②；我国大数据领域论文发表量在全球占比31%，相关专利总数在全球占比超过50%，均位居第一；大数据市场主体总量超过18万家；大数据领域投融资金额呈现上升趋势，2021年获投总金额超过800亿元，再创历史新高③。

### （二）融合基础设施对产业链供应链韧性的核心赋能作用明显

#### 1. 工业互（智）联网融合赋能效用走深，技术—标准—安全形成发展合力

在党中央、国务院决策部署下，我国工业互（智）联网顶层设计持续完善，各领域支持政策不断出台。根据测算统计，2021年我国工业互联网增加值规模达4.13万亿元，占GDP比重为3.67%，五年来年复合增速达15.02%。其中，直接产业规模达1.09万亿元，增速12.94%，渗透产业规模达3.04万亿元，增速15.81%④。工业互联网正加速同各行业深度融合，渗透产业与直接产业增加值之比从2017年的2.52上升到2.79。其中，第一产业相关规模达668.42亿元，增速17.43%；第二产业相关规模达20713.9亿元，增速13.02%；第三产业相关规模达19880亿元，年增速达到17.33%。

当前，我国已形成较完善的工业网联产业发展支撑体系，并在技术、标

---

① 中国信息通信研究院：《中国算力发展指数白皮书（2022年）》，2022。
② 国家互联网信息办公室：《数字中国发展报告（2021年）》，2022。
③ 中国信息通信研究院：《大数据白皮书（2022年）》，2022。
④ 中国工业互联网研究院将工业互联网产业划分为直接产业与渗透产业两类，其中，直接产业涵盖网络、平台、安全三个部分，渗透产业则是指工业互联网从多维度推动形成的全新产业生态和行业应用创造的增长总和。

准和安全方面取得进展。技术方面，国家高标准制定底层技术创新发展规划，建成覆盖全国 300 多个地市的高质量企业外网，连接 18 万家工业企业①，建成五大国家顶级节点并稳定运行②，连接工业设备达 7686 万台（套），工业机理模型数量达到 58.8 万个，服务企业 160 万家，同时涌现出一批优秀的企业私有云平台和工业 App③。标准方面，体系化建设稳步发展，基础共性标准、网络联接标准、标识解析标准、数据计算标准、应用标准、安全标准等体系框架逐渐成熟，一批成果达到国际领先水平。安全方面，工业互（智）联网安全政策和安全保障管理体系日益完善，工业企业安全意识全面增强，工业信息安全保障技术水平显著提升，推动了工业网联安全产业的全面发展。

2. 能源互联网稳步发展，新能源基础设施国际领先，特高压项目加快推进

能源互联网建设广泛增强了供给侧灵活调节能力，提高了多能互补水平，增强了输配侧灵活调控能力，扩大了用户侧互联互动的规模。截至 2023 年 6 月，全国发电装机规模达到 27.1 亿千瓦，其中非化石能源装机 13.8 亿千瓦，可再生能源装机达到 13.22 亿千瓦；水电、风电、光伏发电装机容量分别达 4.18 亿千瓦、3.89 亿千瓦、4.7 亿千瓦。已建成投运新型储能项目累计装机规模超过 1733 万千瓦/3580 万千瓦时，平均储能时长 2.1 小时。全国能源重点项目完成投资额超过 1 万亿元，同比增长 23.9%④。

在新能源汽车基础设施方面，截至 2023 年 5 月底，充电基础设施规模达 635.6 万台，其中公共充电桩约占 1/3、私人充电桩约占 2/3，充电方式以交流小功率充电桩为主、直流大功率充电桩为辅。一线城市中心城区公共

① 《工业互联网创新发展成效报告（2018-2021）》，中国工业互联网研究院，2021。
② 《国家顶级节点标识解析量超 1381 亿，工业互联网如何进阶?》，2022 年 6 月 10 日，https：//baijiahao. baidu. com/s? id=1735201585531634439&wfr=spider&for=pc，最后访问日期：2023 年 8 月 16 日。
③ 《工业 APP 白皮书（2020）》，中国工业技术软件化产业联盟、工业互联网产业联盟，2020。
④ 《国家能源局 2023 年三季度网上新闻发布会文字实录》，2023 年 7 月 31 日，http：//www.xinhuanet. com/energy/20230731/39e44777b66b45ef93ea2a7793bdf9ab/c. html，最后访问日期：2023 年 8 月 16 日。

充电桩覆盖率超过 80%，全国 65%的高速公路服务区具备充电条件，"十纵十横两环"高速快充网络初步形成。车桩兼容水平逐步提升，充电、智能控制、安全监测等技术处于国际领先地位①。

特高压输电网方面，截至 2020 年底，我国累计建成"14 交 16 直"特高压输电网络，在运在建工程线路总长达 4.8 万公里，在运特高压变电（换流）容量超过 4 亿千瓦，累计送电超过 1.8 万亿千瓦时。其中，特高压跨区输送能力已超 1.5 亿千瓦。"十四五"期间，我国电网发展将进一步以地区电力需求为导向，构建西电东送、北电南送电力输送格局，重点解决跨区输电通道利用率低、新能源消纳和储存等问题②。

**3. 车联网智能化水平与市场规模快速提升，智慧交通系统影响力有待提高**

车联网产业是汽车、信息通信、电子元器件、道路交通运输等行业深度融合的新型产业形态，同时也是先进制造业和现代服务业深度融合的重要方向。依托丰富的信息通信产业生态，我国汽车产业的智能化与网联化水平大幅提升，截至 2022 年 11 月，我国具备 L2 级智能驾驶辅助功能的乘用车销量超过 800 万辆，渗透率达 33.6%。乘用车前装标配车联网功能交付1164.33 万辆，前装搭载率 66.69%。L4 级别自动驾驶示范落地加速推进，全国开放各级测试公路超过 7000 公里，实际道路测试超过 4000 万公里。截至 2022 年 6 月，部署路测通信基础设施超过 6200 台，推进车联网标准制定近 300 项③。

智慧交通系统是综合运用信息处理和计算机等技术来提高交通运输服务成效的实时综合管理系统。2011~2020 年，我国智慧交通系统专利申请数量达到 10659 件，超过美国排名世界第二，仅次于日本的 12448 件。我国智慧交通系统研发热点主要集中在信息的采集、处理领域，"视频监控

① 《国家发改委：截至今年 5 月底，充电基础设施规模已达到 635.6 万台》，中国网财经，2023 年 6 月 21 日。
② 许云林、冯祥奕：《中国能源互联网发展概述及关键问题研究》，《海峡科技与产业》2022 年第 7 期。
③ 中国信息通信研究院：《车联网白皮书（2022 年）》，2022。

设备""智能门卫""社区智能化"均为信息处理相关产业，主要应用于管理场景，例如社区管理、交通管理、城市管理等。在国内，东南大学、北京航空航天大学等高校、企业处于研发领先地位。PCT专利能够衡量专利的国际竞争力和国际影响力，当前德国、日本专利中PCT专利占比为30%左右，我国仅为3.5%，反映了我国智慧交通系统专利国际影响力有待提高。

### （三）创新基础设施对产业链供应链韧性的驱动引领功能加强

#### 1.科技与产业技术创新基础设施：技术发展与产业促进能力显著提升

国家重点实验室面向前沿性、基础性、工程性领域，促进基础应用技术进步，是我国主要的科技创新基础设施。2018~2021年，我国国家重点实验室数量由254个增长至533个。研究与开发机构数由3306个减少至2962个，主要是由于地方研发机构数量由2589个减少至2216个，中央研发机构则由717个增长至746个。机构研发人员由46.4万人增长至52.9万人，经费支出由2698.4亿元增长至3717.9亿元。

产业技术创新基础设施方面，2018~2021年，我国国家高新技术开发区数量保持169个，区内企业数则由120057家增长至181541家；火炬特色产业基地数由439个增长至475个，基地企业数由177245家增长至251689家；火炬软件产业基地数保持44个，基地企业营业收入则由46423.5亿元增长至86959.8亿元。

#### 2.科教与创业基础设施：科教服务与创业服务能力稳步增长

科教基础设施方面，2018~2021年，我国高等学校数由2663所增长至2756所，高校研发机构数由16280个增长至22859个，研发人员由98.4万人增长至140.8万人，经费内部支出由1457.9亿元增长至2180.5亿元。国家大学科技园数由115个增长至139个。

创业基础设施方面，众创空间是通过市场化机制、专业化服务和资本化途径构建的，我国重要的低成本、便利化、全要素、开放式的新型创业公共服务提供平台。2018~2021年，我国众创空间数量由6959个增长至9026

个；企业孵化器数量由 4849 个增长至 6227 个，在孵企业总收入由 8343 亿元增长至 12442.5 亿元，累计毕业企业数由 139396 家增长至 215969 家。

## 二 新基建提升产业链供应链韧性面临的现实问题

### （一）底层理论技术供给不足、协同创新存在壁垒导致创新能力受限

其一，数学、物理等基础理论与人工智能、大数据等数字技术是新基建尤其是数字基础设施的发展支撑，但长期以来，我国在现代基础学科理论创新方面落后于发达国家，基础性、创造性贡献较少。在人工智能领域，我国在颠覆性理论突破与阶跃性模型创新方面有所不足，技术标准、数据标准体系不得不长期对标国际，在芯片制造、架构设计、底层平台方面面临着"卡脖子"风险[1]。从技术类型看，我国在 5G 等通信基础设施方面建立起了一定优势，但在算力、芯片、融合赋能等方面的技术还存在劣势，高端工业软件和工业控制系统领域的专业网络、标识解析体系、云网平台等关键技术本土供给能力不足。

其二，新基建具有高技术、高风险、高收益的特点，我国当前在数字基础设施的投入较多，而在融合基础设施、创新基础设施领域仍处于技术探索阶段，尚未形成规模化建设趋势，整体赋能效应、创新效应尚未完全显现。产学研融合存在壁垒，创新体系不完善，不利于企业创新能力提升与产业链供应链整体韧性提升。同时，不同创新主体研发重心尚存在偏差，产业端与研发端之间存在刚性界限，市场与研发之间的双向激励路径不通畅，设备、产品、服务等资源难以自由流动，赋能成本高、效率低、效果差问题突出。与此同时，国内资本市场与知识产权体系尚不完善，对创新者激励不足，也难以吸引国际资本与国际企业流入国内创新体系。

---

[1] 郭朝先、方澳：《全球人工智能创新链竞争态势与中国对策》，《北京工业大学学报》（社会科学版）2022 年第 4 期。

## （二）建设权责不明晰、人才质量与供需匹配度不高导致抵抗能力不足

其一，基础设施建设的权责矛盾导致产业链韧性提升作用不明显。工业互联网是 5G 最大的应用领域，但部分行业的应用比例近年来反而出现下降。产业链上下游不同领域、不同规模的企业对新基建的个性化需求强烈，但目前项目建设成本与项目落地效益不够明晰，导致新基建赋能陷入停滞。

其二，人才供需匹配度低，规范化人才培养体系亟待建立。新基建发展既需要 OT（运营技术）、IT（互联网技术）、CT（通信技术）复合型人才，也需要具有拔尖创新能力的学术人才和解决工作实际问题的应用人才。目前国内企业对人工智能、工业互联网人才的需求较大，但是岗位规范化程度较低，不利于高校制定专业化的人才培养方案。同时，产教融合人才培养不足，产教深度合作培养人才的方式体系尚未形成，人才供需匹配度不高，削弱了产业链供应链面对外部冲击时的抵抗能力。

## （三）法律规范体系、市场竞争秩序不完善导致系统性恢复能力较弱

其一，相关技术法律规范缺失，数据隐私问题突出，尚未发挥数据要素赋能作用。相较于发达国家，我国在大数据、区块链、人工智能等领域的法律规范系统研究和整体规划尚不完善。在应对这些技术应用可能带来的风险，以及隐私保护方面，尚缺乏充分的预案和应急方案。

其二，平台垄断恶化市场竞争环境，降低了产业链整体盈利水平与抵抗能力。随着新型基础设施建设与应用的不断深入，工业、交通、能源、社会等领域数据呈规模化扩张，数据所蕴含的经济社会价值将得到前所未有的深度挖掘和充分释放。

# 三 对策建议

## （一）统筹全局长期建设，聚焦关键领域协同提升创新能力

其一，结合新基建新周期、新规律、新要求，立足长远推动新基建领域全局性、长期性统筹建设。加快"瓦特（Watts）、比特（Bits）、米特（Meters）"即能源、信息、交通三网融合发展，打造能源基建"血管系统"、信息基建"神经系统"、交通基建"肢体系统"的新型基建网络，提前布局6G、内生智能网络、星地融合组网等新一代概念性技术开发。系统优化算力基础设施布局，高质量推进"东数西算"关键项目建设，均衡东西部需求与供应配置，促进东西部地区性算力之间的高效互补和协同联动，引导通用数据中心、超算中心、智能计算中心、边缘数据中心等算力设施合理梯次布局。"全国一盘棋"推动数据节点、数据长廊、数据区块建设，积极建立东西部地区供需对接机制与平台，进一步发挥应用集聚效应。发挥政府和央企示范带动作用，推动政府数据和电子政务服务西迁，鼓励中央企业率先在西部地区打造示范应用平台，吸引东部互联网平台应用落户西部。高质量推进国家八大网络节点集约化、规模化、绿色化建设，鼓励超大规模、高能效比的绿色数字中心建设，鼓励数据中心采用自主创新技术，重点发展网络。高质量落实《数字中国建设整体布局规划》，夯实数字基础设施和数据资源体系"两大基础"，加快5G网络、千兆光网协同建设，深入推进IPv6规模部署和应用，打通数字基础设施大动脉，推进移动物联网全面发展，大力推进北斗规模应用。

其二，健全科技攻关新型举国体制，强化企业创新主体地位，高效配置科技力量和创新资源，强化跨领域跨学科协同攻关。支持实体产业行业组织、产业联盟和专业机构编制发布行业知识产权布局指南，明确行业知识产权布局。支持引导行业龙头实施知识产权管理标准，达成行业性知识产权共识。引导产学研用相结合，建立健全政府、企业、行业组织和产业联盟、智库等的协同创新推进机制。加强对理论研究和技术攻关的支持，推动各方在标准制定等方面协调配合。推动建设数据驱动的开放式、分环节的产业链供应链协同创新服务体系，提高产业链供应链全链条层面的协同创新水平。鼓励龙头企业牵头建设产业链供应链联盟，利用数字技术优化供应链流程，加强上下游企业之间的沟通连接，充分发挥数字协同治理功能，形成"龙头企业拉动、配套企业跟进、融合创新发展"的共生格局，形成稳定持久的产业链供应链关系。鼓励下游企业追踪挖掘市场需求，传递需求信息，推动产业链供应链上下游信息共享，打破信息壁垒，提升上游供给对下游需求的匹配性、及时性和适应性。营造良好的新基建赋能创新生态，打通不同主体之间的创新要素渠道。坚持以市场投入为主，支持民间投资等多元主体参与新基建，进一步放开基建投资领域的市场准入，破除民营企业的隐性壁垒，发展与新基建需求相匹配的融资方式与参与方式。

## （二）高质量推进数实融合，健全完善人才供需体系，提升抵抗能力

其一，基于我国超大规模、多层次、多元化的内需市场，发挥我国工业门类齐、产业体量大、应用场景多、数据种类全的优势，着眼于产业链供应链全过程，促进产业链供应链各环节、各区域之间的数据畅通，扫除产业瘀点和堵点，释放产业发展潜力，增强产业发展接续性和竞争力。坚持推动数字经济与实体经济深度融合发展，加快推进新型工业化和制造强国、质量强国、航天强国等建设。进一步推进实体企业联网改造升级，推进 IP 化、扁平化、柔性化技术改造和建设部署，打通信息孤岛，加快推进宽带网络基础设施与改造，优化升级国家骨干网络。畅通数据资源大循环，加快建立数据产权制度以及国家数据管理体制机制，健全各级数据统筹管理机构，广泛开展数据资产计价研究，建立数据要素按价值贡献参与分配机制。降低中小实体企业的信息网络成本，加快推出更多贴合制造企业转型需求的数字化方案。支持传统企业利用数字技术推动产品升级、过程升级、组织管理变革和商业模式创新等，通过全方位、全链条数字化转

型提高生产率水平。

其二，构建完善"数字+实体"专业人才供需系统，培养和引进相结合，增加高端人才供给。建立知识产权专家咨询制度，设立知识产权专家委员会和专家库，遴选培养一批制造业领军人才。鼓励高校加强制造业应用人才培养，建设制造业在职人才培养基地。开展工业互联网人才认证工作，建设国家级新基建人才数据平台，支撑产业人才供需系统建设。协同研究院所、企业、高校等共建全国性数字人才培养生态，提高人才培养质量与效率。加强基础学科建设，瞄准理论、算法、平台、芯片等短板领域，加快引进全球顶尖人才和青年人才，开辟专门渠道，实行特殊政策，实现高端人才精准引进，提高高层次人才参与水平。构建完善全国统一、竞争有序的技术产权市场体系，建立完善知识产权交易制度，促进主体间、区域间、产业间技术扩散。

### （三）加快法律规范制定，提升政府服务与监管水平，加强恢复能力

其一，制定相关法律法规和标准，提高"数字+实体"治理能力。加强支持人工智能伦理治理研究，发展负责任的可信人工智能。加强数据开放、隐私保护、算法监管与问责等各类标准规范与体系化研究，不断深化实体企业应用过程。在《网络安全法》《数据安全法》《个人信息保护法》等重大制度设计的基础上，进一步深入研究可能出现的新情况、新问题，探索采用试点、沙箱监管方式，创新智能化监管工具。贯彻落实反垄断法及配套政策，强化反垄断执法，坚决打击算法歧视、市场操纵、数据垄断等非公平行为。

其二，根据产业链供应链纵向关系结构，异质性制定差别化政策，充分考虑产业链供应链上下游企业规模、所有权性质、市场结构等方面的差异性，避免"一刀切"监管，通过合理监管提高我国新基建质量和效率。建设行业性数字化转型公共服务平台，重点解决中小企业数字化转型资金不足、人才短缺、技术弱势等问题。支持"链主"企业探索建设形式多样的

数字化赋能平台，辐射和带动中小企业数字化转型。充分发挥财政补贴、税收优惠、金融扶持等政策支持引导作用，有针对性缓解民营企业"不想转""不敢转""不会转"问题。坚持"包容审慎"原则，一方面通过监管预防"数据安全"和"平台垄断"问题，另一方面避免因监管过严而扼杀技术创新。

### （四）加强国际交流合作，多维度保障发展安全，提升控制能力

其一，坚持全球化道路，搭建"数字+实体"全球化服务平台，吸引国际创新要素资源参与国内数字技术与实体产业发展。有效拓展国际合作，积极参与全球数字创新与治理。积极促进中日韩区域协同创新，打造东亚数字创新高地，加强区域人才交流与技术共享。高质量推动"一带一路"基础设施建设、中国—东盟智慧城市合作、中国—中东欧数字经济合作，推动形成"创新共同体"与"技术统一战线"。积极借鉴国际规则和经验，围绕市场准入、反垄断、数据跨境流动等重大问题探索建立治理规则。鼓励企业、联盟、行业组织更多参与全球数字经济标准构建与规则制定，支持企业深度参与全球产业分工合作，促进内外产业深度融合，高标准建设国内国际相互促进、高价值、高水平、系统性的供需循环。

其二，高标准建设多维度安全体系，确保新基建数据、能源、产业安全。针对数据中心、能源互联网、智慧交通网络等领域开展安全技术、产品和解决方案的试点示范和推广应用。构建工业设备、网络平台、实体企业的安全评估认证体系，依托多方机构开展安全防护标准认证。建立完善工业全产业链数据安全管理体系，明确参与主体的数据安全责任和具体规范，加强数据收集、存储、处理等环节的安全防护能力。建立完善数据分级分类管理制度，引导企业加大安全投入，加强安全防护和监测处置技术手段开发。合理发挥社会力量，着力提升隐患排查、攻击发现、应急处置和攻击溯源能力。

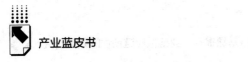
**参考文献**

郭朝先、方澳：《新基建赋能实体经济高质量发展的生成逻辑与优先策略》，《新疆师范大学学报》（哲学社会科学版）2023 年第 6 期。

中国社会科学院工业经济研究所课题组：《提升产业链供应链现代化水平路径研究》，《中国工业经济》2021 年第 2 期。

陶锋、王欣然、徐扬等：《数字化转型、产业链供应链韧性与企业生产率》，《中国工业经济》2023 年第 5 期。

陈晓东、刘洋、周柯：《数字经济提升我国产业链韧性的路径研究》，《经济体制改革》2022 年第 1 期。

许云林、冯祥奕：《中国能源互联网发展概述及关键问题研究》，《海峡科技与产业》2022 年第 7 期。

郭朝先、方澳：《全球人工智能创新链竞争态势与中国对策》，《北京工业大学学报》（社会科学版）2022 年第 4 期。

Chu Y., Tian X., Wang W., "Corporate Innovation Along the Supply Chain," *Management Science*, 2019, 65 (6).

# B.29
# 应对全球产业链供应链调整的政策措施

杨小科　陈明仙*

摘　要：　目前，全球产业链供应链调整面临着本土化、区域化、多元化、数字化、绿色化等趋向，这种调整一方面给中国企业带来了诸多利好，如创造了更多的市场机会、降低企业生产成本、促进劳动力就业以及加快技术创新等，但另一方面也给中国企业带来了一系列的困难，比如贸易政策的不确定性、地缘政治风险加大、国内产业结构升级缓慢、劳动力成本上升、环境和可持续发展压力加大以及人工智能新技术挑战等。为了更好地应对全球产业链供应链调整，我国可以从提供更加开放和稳定的营商环境、支持创新和技术转移、推动区域合作和自由贸易、加强企业社会责任、积极参与全球问题解决等方面入手，为构建全球产业链供应链合作体系作出努力。

关键词：　产业链供应链　韧性　安全水平

## 一　全球产业链供应链调整给中国企业带来的机遇

数字经济的快速发展使企业可以按照专业化分工对全球产业链供应链进行设计、调整和聚合。全球产业链供应链的调整给中国企业和经济也带来了双重利好：一方面，通过互联网平台企业或者平台经济将非实质性和创新性

---

\* 杨小科，中国社会科学院大学副教授，中国社会科学院大学国家城市群空间战略研究院特约研究员；陈明仙，中国社会科学院大学商学院硕士研究生。

工作内容进行外包，离岸生产和在岸生产相互结合、取长补短，促进了劳动力供求的匹配并实现了灵活就业，降低了人员成本；另一方面，离岸生产还可以帮助中国企业充分利用新兴市场经济体的人口红利和低廉工业化成本优势，专注于在世界经济范围内配置创新资源、降低创新成本。

（一）挖掘市场机会，市场边界不断扩大

通过构建全球产业链供应链，一些企业可以进入新兴市场和发展中国家，扩大销售和业务范围并实现全球化经营。全球产业链供应链的调整可以让中国企业的市场范围不再局限于国内或小范围的国际市场，而是能够进入新的市场。截至 2023 年 7 月，Vivo 超越三星成为印度智能手机市场第一品牌①，全球产业链供应链的调整在某种程度上促进了中国一些企业的全球化进程，使这些企业有了进行市场细分的计划，并获得更多的市场份额。

（二）降低生产成本，提高生产效率和质量

全球产业链供应链的构建允许企业在全球范围内寻找更具竞争力的原材料、劳动力和技术，以降低生产成本。企业可以利用较为完善的零部件供应链和生产体系提高生产效率和产品质量。2023 年 3 月，在特斯拉投资者大会上，特斯拉正式宣布了墨西哥建厂计划，这一计划的初衷主要是降低生产成本。墨西哥具有丰富的锂矿资源，可以为汽车厂商提供较低价格的原材料，同时墨西哥还是北美重要的汽车生产基地和零部件供应国，拥有较为良好的供应链基础，能够有效抵御突发事件冲击下的供应链风险。除了特斯拉，墨西哥还吸引了通用、日产、福特等汽车企业在本国建设生产基地。② 在合适的国家和地区建厂或与当地企业达成合作进行生产制造，可以让企业更好地利

---

① IDC：《Vivo 超越三星成为印度智能手机市场第一品牌》，IT 之家，2023 年 8 月 4 日，https：//www.ithome.com/0/710/415.htm。

② 赵国国、万莹：《从特斯拉动员中国供应商赴墨建厂看中国产业链体系优势走向全球》，《中国汽车报》2023 年 7 月 14 日，http：//www.cnautonews.com/shendu/2023/07/14/detail_20230714358204.html。

用本地资源和原材料，减少原材料在供应过程中的运输成本以及不确定性风险。企业选择发展中国家的代工厂或供应商，可以更好地利用其较为低廉的劳动力和当地丰富的原材料资源，从而降低生产成本；同时，中间品和原材料加工本地化可以有效提高生产国（发展中国家）的技术水平，惠及生产国企业和相关产业链。

### （三）充分利用离岸劳动力市场，促进离岸劳动力就业

全球产业链供应链的建设和运营，不仅促进了发达经济体国家的劳动力再就业，也给发展中国家创造了更多技术更新改造的机会。全球产业链供应链建设和调整带来了技术发展，同时又创造了更多的新岗位。作为苹果公司最大的供应商，富士康公司为我国提供了超过 100 万个工作岗位。2021 年，人民网报道显示，外资企业带动约 4000 万劳动力就业。[①] 发达国家扩大生产和建设过程中，在提高当地生产效率、降低生产成本、跨国发展企业的同时，也为本国提供了更多的就业岗位。企业为了更好地利用发展中国家的丰富资源或廉价劳动力而建设工厂，为当地创造了更多的就业岗位，带动了发展中国家的经济发展，促进了当地生产技术的创新发展。

### （四）加快知识和技术转移，促进创新溢出效应发挥

在全球产业链供应链中，企业可能获得来自不同地区的技术和知识，这些内在的知识可以不断提升企业乃至产业集群的创新能力和竞争力。在全球产业链供应链构建过程中，不同企业之间通过竞争和合作，通过知识的隐性化以及外溢性，提高了企业自身的能力，同时跨文化背景的员工的交流也为企业的发展提供了动力。

---

① 《外资企业带动约 4000 万人就业》，《人民日报》海外版 2021 年 8 月 24 日，https://www.gov.cn/xinwen/2021-08/24/content_ 5632902. htm。

## 二 全球产业链供应链调整背景下中国的应对策略

2023 年 8 月发布的《国务院关于进一步优化外商投资环境加大吸引外商投资力度的意见》从保障外商投资企业国民待遇、提高投资运营便利化水平、加大财税支持力度等七个方面共 24 条政策为新时代进一步促进开放、更好统筹国内国际两个大局指明了方向。中国超大规模市场优势为全球产业链供应链带来的规模经济降低了跨国投资企业成本和创新成本。新时代，我国要继续坚持开放合作的方针，提供稳定和优良的外商营商环境，同时加强创新和技术转移，积极参与国际合作和全球治理，为全球的互信合作关系作出积极的努力和贡献。通过这些努力，我国可以更好地融入全球经济合作体系，实现共赢发展。

第一，提供更加开放和稳定的营商环境。继续深化改革，为外企提供更加开放和稳定的营商环境，降低市场准入门槛，加强知识产权保护，简化行政审批程序等，增强外企对我国市场营商环境的信心，促进投资与合作。我国 2023 年上半年新设外商投资企业 2.4 万家，增长 35.7%，各省区市推出的各项政策促进更多的外企进行投资。[1]我国应当继续推行各项政策，优化营商环境，完善沟通机制，切实解决外企在华经营遇到的问题和困难。

第二，支持创新和技术转移。为外企提供创新和技术转移的支持，可以增强合作伙伴关系。《关于进一步鼓励外商投资设立研发中心的若干措施》提出了支持开展科技创新、提高研发便利度、鼓励引进海外人才、提升知识产权保护水平等 4 方面 16 条政策，以此激励外资在我国进行科技创新。[2]我国可以加大对科研机构和高新技术企业的支持力度，鼓励技术交流和合作，促进共同创新，为国企和外企的技术创新合作提供政策支持，为我国技

---

① 王珂：《商务运行总体呈现恢复态势（权威发布）》，《人民日报》2023 年 7 月 20 日。
② 谢希瑶：《为支持外资在华开展科技创新出实招——解读鼓励外商投资设立研发中心若干措施》，新华社，2023 年 1 月 18 日。

术发展提供保障并贡献力量。

第三，推动区域合作和自由贸易，支持多边主义与国际合作。要积极参与区域合作和自由贸易协定制定，促进贸易便利化和市场一体化。我国通过区域性的合作和自由贸易协定，可以为全球产业链供应链和价值链合作作出积极贡献。中国、日本、韩国、澳大利亚、新西兰和东盟十国共 15 方成员在 2012 年制定了《区域全面经济伙伴关系协定》（Regional Comprehensive Economic Partnership，RCEP），RCEP 在 2022 年 1 月 1 日正式生效。RCEP 能够促进区域合作和贸易畅通，我国一直在积极推进区域合作，为国家间的自由贸易提供保障，促进全球产业链供应链的发展。坚持多边主义原则，加强国际合作，可以增进国家间的互信合作关系，与不同国家加强交流合作，积极参与不同国际组织间合作。

第四，加强企业社会责任意识。鼓励企业加强社会责任意识，在经济发展的同时，也要关注环境保护、劳工权益和社会福利等方面的社会责任。通过积极履行社会责任，企业可以赢得更多信任和支持，并获得更多与外企合作的机会。国企通过加强社会责任意识，能够吸引外企投资和人才引进。企业家精神的重要内容之一是承担社会责任，这是企业竞争力的重要基础。企业家积极承担在经济发展、环境保护、公益慈善等方面的社会责任，可以有力推动我国经济社会可持续发展。

第五，积极参与全球问题解决。作为联合国安理会常任理事国之一，我国主动履行应尽义务，展现大国风采。我国要坚持可持续发展，关注全球问题并积极参与问题解决，为构建全球产业链供应链合作体系共同努力。

**参考文献**

陆健：《构建富有韧性的全球产业链供应链体系》，《光明日报》2022 年 9 月 21 日。

《产业链供应链韧性与稳定国际合作倡议》，《人民日报》2022 年 9 月 21 日。

孙淑琴、秦立政：《投入数字化、离岸外包与企业技能溢价》，《国际贸易问题》2022 年第 10 期。

刘廷宇、张世伟、刘达禹：《承接离岸外包、常规任务偏向型技术进步与工资极化》，《财贸经济》2021年第2期。

蒋庚华、霍启欣、李磊：《服务业离岸外包、全球价值链与制造业国际竞争力》，《山西财经大学学报》2019年第12期。

吕延方、王冬：《离岸外包改善环境质量吗——基于中国工业面板数据的证明》，《国际贸易问题》2017年第8期。

屠新泉：《全球产业链重构与全球贸易治理体系变革》，《当代世界》2023年第7期。

杨根森、袁静：《全球产业链重组下区块链赋能实体经济：机制路径、治理困境与发展策略》，《国际经贸探索》2023年第6期。

周祺：《全球产业链重构趋势与中国产业链升级研究》，《东岳论丛》2022年第12期。

张辉、吴尚、陈昱：《全球价值链重构：趋势、动力及中国应对》，《北京交通大学学报》（社会科学版）2022年第4期。

常君晓、李飞跃、黄玖立等：《全球宏观经济环境、东道国制度质量与外商直接投资》，《国际贸易问题》2023年第7期。

邹志明、陈迅：《外商直接投资对技术创新与经济高质量发展的影响及其作用机制——基于环境规制的调节作用》，《科研管理》2023年第2期。

董有德、夏文豪：《外商直接投资与中国绿色全要素生产率——基于系统GMM和门槛模型的实证研究》，《上海经济研究》2022年第8期。

蔡晓珊：《粤港澳大湾区营商环境对外商直接投资的影响研究》，《国际经贸探索》2022年第12期。

任鸿斌：《中国外商投资环境评价与发展》，《国际经济合作》2014年第7期。

# B.30
# 共建"一带一路"国家产业链供应链合作分析

王罗汉*

**摘　要：** 本文基于相关贸易数据和相关理论，通过定量化的测算，考察了我国与共建"一带一路"国家之间主要产品进出口贸易的变化，在一定程度上分析和预判了我国在共建"一带一路"国家的产业链供应链韧性与安全。评估结果显示，我国确需构建面向共建"一带一路"国家的专业化高端智库机构，提高战略定位和决策水平。面对国际不确定因素的增加，不同技术等级行业间的国际竞争日益加剧，"卡脖子"风险不仅仅来源于发达国家，我国确需实施差异化的产业政策加以应对。在战略层面开展对接的同时，需要引导产业链实现区域化重构，依靠科技创新引领产业链加快向价值链高端升级。

**关键词：** "一带一路"　产业链供应链　科技创新

## 一　共建主要区域对华贸易竞争力指数（TC*）

### （一）东南亚地区及新加坡

东南亚除新加坡外全部为发展中国家。为便于比较和分析，本文在测算

---

* 王罗汉，中国科学技术发展战略研究院副研究员，经济学博士，主要研究方向为国际科技创新合作、"一带一路"科技合作、产业与区域创新合作等。

东南亚地区后，把新加坡单列出来再次核算，寻找与我国产业链紧密程度和竞争力间的差异。数据测算结果显示，东南亚（包括新加坡）地区初级产品对华长期保持贸易顺差。在制成品方面，除机械和运输设备（SITC 7）对华保持长期贸易顺差外，其他各等级技术门类的贸易竞争力与我国差距逐步拉大。新加坡在对华机械和运输设备（SITC 7）领域的竞争力不强。可以得出判断，东南亚之所以在该领域长期保持顺差，应与我国在该领域供应链配套越发紧密有关，该地区（不包括新加坡）已然成为我国机械和运输设备主要零配件重要来源地，产业链供应链高度依赖中国[①]。而我国相比新加坡在高技术密集型产业的技术升级方面也并不逊色，与 2020 年前后出口竞争力已基本持平。

## （二）中亚地区及俄罗斯

中亚地区主导产业是农业、采矿业和能源工业，工业制造能力弱，各技术等级的制造品均需大量进口。数据测算结果表明，中亚五国与俄罗斯在同我国的贸易竞争力基本来自资源类矿产品和初级产品等。而在制成品方面，中亚五国高技能和技术密集型制造业对华 $TC^*$ 值从 -0.25（2016 年）下滑到 -0.69（2022 年），低技能和技术密集型制造业对华 $TC^*$ 值从 -0.32（2016 年）下滑到 -0.52（2022 年），其他制成品变化不大。主要依赖初级商品、宝石和非货币黄金（2022 年对华 $TC^*$ 值达到 0.94）、初级产品（2022 年，0.95）、矿物燃料、润滑剂和相关材料（2022 年，0.99），全部产品对华贸易在 2022 年出现逆差。俄罗斯与中亚五国在对华贸易竞争力方面类似，均是在初级产品与燃料（SITC 3）方面具有较大优势，且自 2016 年开始对华贸易出现顺差，但从产品结构上看，俄罗斯对华贸易顺差主要来源于资源类和燃油等矿产品出口，而制造业产品领域我国优势较为明显。例如，制成品（SITC 5 至 8 减 667 及 68）对华贸易竞争力 $TC^*$ 从 -0.87（2016

---

[①] 刘娅、梁明、徐斯、齐冠钧：《中国制造业外迁现状与应对策略——基于产业链供应链关联性的分析》，《国际贸易》2023 年第 5 期。

年）提升为-0.83（2022年），不同于中亚五国，俄罗斯在低技能和技术密集型制造业领域从-0.91（2016年）提升到-0.55（2022年），上升幅度较大，对华进口有所下滑。

（三）南亚地区

南亚全部为发展中国家，除印度外多数为较不发达国家。从产品结构上看，对华贸易有竞争力的产品主要是初级商品、宝石和非货币黄金（SITC 0+1+2+3+4+68+667+971）、初级产品等资源输出类商品。与中亚地区的不同在于，南亚对华贸易长期保持稳定，制成品方面对华依赖程度变化不大。相较于东南亚，南亚一方面开放程度本身较低，对国际贸易依存度较小，产业链内循环特征较为明显，虽然南亚人口众多、市场较大，但人均消费能力有限，消费产品等级偏低；另一方面印度等个别国家对待外企环境相较东南亚友好程度偏弱，个别国家还存在企业经营安全隐患，因此在我国对外产业竞争力中的影响并不大。

（四）中东欧5国及以色列

根据《中国—中东欧国家科技创新记分卡》多项监测指标，中东欧的捷克、希腊、匈牙利、波兰和罗马尼亚不论在规模还是在质量方面远高于该区域其他国家和地区，可以较好地代表中东欧与我国贸易间竞争力水平，因此选取以上5国作为分析对象。以色列虽地处西亚，但是该地唯一发达国家，且科技创新能力雄厚，人均收入水平、社会发达程度也与中东欧接近，且同属共建"一带一路"重要节点国家。为更好地把握我国与共建重要节点国家的贸易质量和水平，本文将以色列与中东欧并列分析。

数据测算结果显示，中东欧及以色列在对华贸易竞争力方面差异较大，从对华贸易顺差种类和技术等级看，以色列对华出口产品的技术等级较高，匈牙利中等，希腊、罗马尼亚对华产品技术等级较弱。其他国家对华贸易竞争力均为负数，表明捷克和波兰在对华主要制成品出口方面处于贸易逆差。从产品技术等级看，以色列依然在高技术产品出口方面对华具有竞争优势，

尤其是在阴极阀和阴极管等尖端高技术领域，多年来具备对华优势地位。匈牙利在部分中等技术产品方面对华具备一定的出口优势。希腊与罗马尼亚则主要在部分燃料和化学品方面保持较弱的竞争优势，如希腊的化学品（SITC 5）对华贸易在进出口临界点上下波动。

## 二 共建主要区域对华显示性比较优势指数（RCA*）

### （一）东南亚地区及新加坡

数据测算结果显示，东南亚近年来在各等级技术产品上的国际竞争力相比我国有日益增强态势，多项产业的 RCA* 值多年来高于 1.25。但将高等级技术再细分到我国最擅长的机械和运输设备（SITC 7）与高科技制造商——电子和电气领域，则不具备优势。这表明，一是东南亚地区人口红利十分明显，与中国在中低端技术和劳动密集型产业的国际贸易上的竞争态势日益凸显。二是东南亚地区生产品的主要目的地未必都在中国。东南亚的出口导向经济模式十分明显，但产品的技术等级还普遍不高。东南亚在承接转移来自其他国家的生产能力，产业开放程度高，供应链对接国家众多，已不仅局限于对接我国单一市场，发展势头正朝着全球生产代工基地方向转变。三是该地区唯一发达国家新加坡在部分中等技术密集型产品的出口竞争力方面，相比中国依然具备较强的比较优势。

### （二）中亚地区及俄罗斯

数据测算结果显示，中亚及俄罗斯地区除在原材料、初级产品等资源类产品相比我国长期具备优势外，俄罗斯在低技术密集型和劳动密集型产品的国际市场上，我国同等技术产品的比较优势不明显。而中亚在一些高技术密集型产品的出口上，相较于中国也具有一定优势。但将高等级技术再细分到我国最为擅长的机械和运输设备（SITC 7）和高科技制造商——电子和电气领域则不具备优势。说明中亚地区在保持传统的能源出口基地外，也在开拓产业多元化发展态势。尤其在承接国际产业链部分中间产品、转口贸易等方面也有涉及。中亚地区与东南亚在承接我国和其他国家中低端产业和劳动密集型产业方面具有相似性。不同在于，中亚的能源矿产出口占比更高，产业门类较少，产业转型较慢，但中亚地区在劳动密集型和低技术密集型上比东南亚分值更高，说明国际市场竞争力相比东南亚对我国同类产品的可替代性更高，同类产品相比东南亚更有优势。

### （三）南亚地区

数据测算结果显示，南亚地区与我国相比没有显示性比较优势的产业门类，即便是初级产品，在国际市场上也并不比中国具有太多竞争优势且还有下滑态势，从 1.13（2016 年）下降到 0.78（2022 年）。在低技术密集型领域，南亚国家出口的部分产品相比中国有一定优势，从 0.5（2016 年）上升到 1.01（2022 年）。而劳动密集型产品却从 1（2016 年）下滑到 0.52（2022 年）。南亚国家相比中国，其出口的产品在国际市场上不具备比较优势。

### （四）中东欧5国及以色列

数据测算结果显示，中东欧 5 国没有一个产业的国际市场竞争力在对华出口上有竞争优势，其 $RCA^*$ 数值连中等竞争力的最低临界值 0.8 都达不到。而以色列则与之相反，除在主要的高技术密集型产业及相关的机械制造和运输设备（SITC7）、阴极管和阴极阀、高科技制造商——电子和电气领域外，在低技术密集型产业在国际市场上对华出口具备较强竞争力，其 $RCA^*$ 数值远超 1.25。通过对比中东欧 5 国和以色列对华出口值与对外出口值后发现，中东欧 5 国的对外出口其实并不低。以捷克为例，2022 年捷克对外出口总额约为 240.21 亿美元，以色列仅为 73.68 亿美元，捷克当年出口额是以色列的 3.26 倍，但在对华出口方面，捷克对华出口额只占其出口总额的 1.12%，而以色列对华出口占比 12.13%。这一结果表明，虽然中东

欧5国的产业实力或说产品竞争力并不低,出口规模也不容小觑,中国的消费市场巨大,但它们的主要出口市场并不在中国。换句话说,中东欧5国的产业链供应链体系并未充分融入中国。此外,中东欧国家对华进出口所覆盖的产品领域和类型也比较单一,主要集中在基础设施和化工机械等轻工业方面①。

## 三 促进共建"一带一路"国家产业链供应链韧性提升上的战略考虑及政策建议

### (一)构建"一带一路"高端智库机构,提高专业规划水平

建议构建"一带一路"高端智库机构。该机构可在运用大数据、云计算等科学方法,总结评估过去实践及经验教训的基础上,动员相关领域智库、高校、科研机构、媒体等,与合作国家加强创新发展规划对接。研讨修订"一带一路"双边和多边中长期发展规划。通过两年一次的"一带一路"国际合作高峰论坛,科学指导重大项目的国际区域布局。在"一带一路"平台内,从国家经济社会发展环境、产业链相关性、创新合作潜力等多角度,进行全面综合研判,围绕关键国家定期发布有针对性的国别研究和投资需求报告,为"一带一路"建设工作小组提供全面科学精准支撑。

同时,构建先进性、合理性的绩效评估体系。为促进"一带一路"建设质量与效率稳步提高,需要科学规划顶层设计,及早规避战略性失误。如为提高境外经贸合作园区科学规划与正常运行水平,该机构要从前瞻性出发统筹规划园区的区位战略布局,健全与东道国间的沟通合作机制,通过双边和多边关系投资合作协定,协调化解潜在政治风险,为企业争取税收、外汇优惠政策,避免功能重复和无序竞争。只有通过加强对共建"一

---

① 王薇:《"一带一路"背景下中国与中东欧国家经贸关系研究》,《现代管理科学》2019年第12期。

带一路"国家产业发展状况的研究,判定当地产业链稳定性的痛点、产业发展的优劣势和产业链供应链面临的主要风险点,才能更有效地使用双边资源,因地制宜地开展国际合作,提升共建"一带一路"国家的产业链供应链韧性安全。

## (二)面对不同技术等级行业竞争,实施差异化产业政策

共建"一带一路"国家异质性发展十分突出,在国际市场竞争背景下,需要有针对性地实施差异化的产业政策。一方面对富含较高技术等级产品,尤其进口量较大且进口替代难度较高的领域,需要格外注意。要充分认识到,部分共建国家也可能对我国构成较大供应链"卡脖子"断供风险。要充分借助"一带一路"建设平台,主动做好供应链进口来源多元化方案。对我国在一些领域多年来自身开展技术攻关乏力,且涉及国家安全和科技自立自强的战略科技,需要纳入举国体制开展系统攻关。尚且达不到战略级别,但产品供应来源单一,且容易造成国内市场供应短缺的,要加快引导国内创新资源在共建"一带一路"国家实现更宽更深的生产、交流与共享,共同构建面向全球一流的科研创新机构、风险投资集团、创新团队等创新要素为一体的创新网络,优化合作新路径,及早化解供应链高危风险。另一方面,针对进入门槛不高的中低端技术产业,又分两类。一类是诸如纺织、服装等传统劳动密集型产业。重点解决三个环节。首先要摸清我国传统劳动密集型行业优势产品的原料供应、应用范围和与共建国家存在竞争的关键领域,国家要摸底,做到"心中有数"。其次要加强核心产品制造、高端进口产品可替代和高效回收废旧料处理技术的研发,做到"内强实力"。最后要扩大高端劳动密集型产品的国内市场份额,在强化产品知识产权保护的同时,大力提升产业工人的工艺技术水准。推进高端机械、高品质原料,要瞄准未来国际前沿,加快开展产品升级迭代,避免原料进口"卡壳",产品出口又需求疲软,出现"腹背受敌"的被动局面。另一类是自然资源矿产及能源类产业。要努力采取措施提高应对供应中断或市场扭曲韧性。鼓励关键原材料的多样化生产,提高在开采国企业的话语权和控制力,加大对共建国

家中稀有矿产的收购与开发投资力度。对石油、战略原材料等关键战略储备，要根据供应来源国可能出现的不确定因素趋势，提前出台预警机制，尽早做足备选方案，优化、补充政策工具箱。提高利用全球资源为我国服务的水平，为实现多样化供应所需时间备足提前量。

## （三）深化战略对接，引导共建国家与我国实现区域化重构

战略对接已经成为我国下一步与共建"一带一路"国家深化双边互动、实现产业链供应链安全可靠的重要抓手。一方面，国内已经设立的自由贸易试验区应积极考虑与共建"一带一路"的项目对接，依托"一带一路"国际公共平台，将更多境外区域纳入我国产业链供应链外循环。另一方面，推动产业链供应链生态体系区域化，建设以我国国内大市场为中心的产业链供应链安全新生态。推进集产业技术研发、资本运作、科研成果转化服务、产品上市于一体的新型集成式产业园区，构建从科技型中小企业、高新技术企业到独角兽企业的"一条龙"式成长培育机制，支持一批国内专精特新"小巨人"企业和隐形冠军企业在共建国家设立离岸技术创新中心、离岸人才合作中心、离岸产业融通发展中心，实现供应链来源渠道多元、供应链抗风险能力增强、创新链产品技术赋能提速的战略目的。通过项目合作、机构合办、人才双向培养等多种形式，最终在沿线多个节点形成战略联盟，实现"示范应用—研发评价—技术创新—辐射推广"全链条区域良性循环。

# B.31
# 中非合作与产业链供应链韧性研究

孙天阳*

**摘　要：** 本文分析了中非产业链供应链合作的格局环境，对中非产业链供应链合作的韧性进行了评估，在此基础上提出了加强中国与非洲产业链供应链合作的对策建议。研究发现：非洲各地的人口基数为其提供了巨大的市场和生产潜力，在部分关键矿产的生产和储量方面表现尤为突出；近年来，非洲国家出台了一系列促进贸易和投资的政策，这些为中非产业链供应链合作提供了有力支持。中非双方应继续建设自主可控、安全高效的中非产业链供应链合作机制，实现产业优势互补，积极营造良好的中非合作舆论环境。

**关键词：** 中非合作　产业链供应链　韧性

　　非洲矿产资源、劳动力资源丰富，但资本、技术相对短缺，制造业基础薄弱，对中国的医药、机电等产品进口依赖较大，中非经济互补性较高，具备广阔的投资和贸易前景，建立自主可控、安全高效的中非产业链供应链合作机制对于我国不断扩大高水平对外开放具有长远的、基础的和重要的战略意义。

---

* 孙天阳，中国社会科学院工业经济研究所助理研究员，主要研究方向为产业经济、国际贸易。

# 一　中非产业链供应链合作的格局环境

## （一）中非产业链供应链合作优势

### 1. 生产潜力巨大，市场前景广阔

非洲人口规模仅次于亚洲，居世界第二位，且人口结构年轻，具有巨大的生产潜力和广阔的市场前景。从人口规模分布来看，在北非地区，埃及以其超过 1 亿的人口数量地位凸显，这个数字几乎相当于阿尔及利亚、摩洛哥、突尼斯和利比亚的总人口。这使北非成为一个具有巨大消费潜力和生产基地的地区。而东非地区，埃塞俄比亚拥有超过 1 亿的人口，而且其人口增长速度也远远超过世界平均水平。在中非地区，刚果（金）集聚了区域最多的人口，接近 1 亿。此外，2021 年的数据显示，中非的人口增长率高达 3%，这一数字显著超过世界的 1.03% 和非洲的 2.45% 的平均水平。在西非地区，尼日利亚人口规模超过 2 亿人，这一数字几乎是毛里塔尼亚、塞内加尔、冈比亚、马里、布基纳法索、几内亚、几内亚比绍、佛得角、塞拉利昂、利比里亚、科特迪瓦、加纳、多哥、贝宁、尼日尔 15 个国家的总和。这使西非成为一个拥有巨大消费市场和充足劳动力的地区，为其经济发展创造了有利条件。在南非地区，南非拥有超过 0.5 亿的人口，且人口结构较为复杂，包括黑人、有色人、白人和亚裔等多个种族，为多元化的经济、文化交流创造了条件。

在人口结构方面，非洲拥有世界上最年轻的人口，预计将为全球提供未来的劳动力。具体来看，北非人口约 2 亿人，其中 15 岁以下人口占比约 30%；东非人口约 3.87 亿人，0~14 岁、15~64 岁和 65 岁及以上人口分别占比 39.9%、56.6% 和 3.5%；中非人口约 1.41 亿人，0~14 岁、15~64 岁和 65 岁及以上的人口分别占比 42.68%、54.36% 和 2.96%；西非人口约 4 亿人，其中 0~14 岁、15~64 岁和 65 岁及以上人口分别占比 41.4%、55.5% 和 3.1%；南非人口约 2.21 亿人，0~14 岁、15~64 岁和 65 岁及以上的人口分别占比 36.7%、59.1%和4.2%。

总体而言，非洲各地的人口基数为其提供了巨大的市场和生产潜力，特别是年轻人口结构为其未来的劳动力市场提供了充足的潜在供应，在劳动密集型产业方面具有显著的发展潜力，如果能够加大对教育和技能培训的投入，并鼓励科技创新和进步，那么非洲将有望成为下一个全球经济增长的引擎。

### 2.矿产资源丰富

非洲在全球矿产资源领域占据着显著的地位，尤其在部分关键矿产的生产和储量方面表现尤为突出。从储量占比来看，非洲是全球最大的钻石生产地，特别是南非、博茨瓦纳和刚果民主共和国是钻石主要生产国，非洲钻石储量占全球的50%~60%。此外，非洲是世界第二大黄金生产地区，其中南非、加纳和马里是主要的黄金生产国，非洲黄金储量占全球的20%~30%。在铂金方面，非洲尤其是南非储量较大，非洲储量占全球的75%~85%，位居全球首位。据估计，非洲的锰储量占全球的25%~35%。在石油生产方面，尼日利亚和安哥拉储量丰裕，非洲石油储量占全球的10%~15%。此外，南非、纳米比亚和尼日尔是铀的主要生产国。非洲铀储量合计占全球的20%~25%。南非还是主要的煤生产国。非洲煤炭储量占全球的5%~10%。刚果民主共和国在锡的生产上占据主导地位。非洲锡储量占全球的25%~30%。摩洛哥是全球最大的磷生产国。非洲磷储量占全球的70%~80%。最后，钽主要用于电子设备，由刚果民主共和国和卢旺达主要生产。非洲储量占全球的50%~55%。

从具体区域分布来看，北非地区，以石油、磷矿、天然气和钾矿为代表的矿产资源丰富，其中石油储量约占全球的5%，并以其浅埋、高产出和优质油质而著称。东非地区，拥有石油、天然气、金、银、铁矿石、钴、铜和宝石等矿产资源。中非地区的资源特点是其丰富的水系资源，如刚果盆地、尼日尔河和乍得湖，这为其农业提供了得天独厚的条件。此外，中非地区除圣多美和普林西比外，大部分国家都有丰富的矿产资源，尤其是原油，还有铜、钻石、金和铀等。西非地区，矿产资源广泛分布，包括金、铁矿、铜、铝、锌、锰、铅、石油和天然气。尼日利亚石油资源丰富，其储量在全球中

占有重要地位。几内亚的铝土矿产量突出，而马里和几内亚金矿储量丰裕。此外，西非还有大量的钻石、锌、铅和锰等矿产资源。南非地区矿产资源包括钻石、金、铂、铬、锰、钒、锂、铀、石棉和铜等。总体来看，非洲在全球矿产资源中拥有重要地位，各地区在矿产资源上都有其独特的优势和特点，在全球矿产供应链及其他关联产业链中发挥了关键作用，为非洲的经济发展和国际产业合作提供了有力支撑。

### 3. 贸易和投资促进政策利好

中国与非洲各地区国家在矿业领域的合作始于 20 世纪 80 年代，近年来，非洲国家出台了一系列政策、法规支持和规范贸易与投资发展，特别是在矿产开采、数字经济等重要领域。在矿产开采方面，北非国家通过改善法规和提供国民待遇等措施，吸引了大量外国矿业资本，其中中国与北非的合作有助于矿物深度加工和经济发展。东非地区的黄金、钻石等矿产资源丰富，但法律体系复杂和生态环境脆弱等因素制约了矿业发展，中国的丰富经验和东非的优惠政策为双方合作提供了良好条件。中国与中非地区的合作强调深度加工和资源综合利用，与西方某些矿业战略形成鲜明对比，有助于推动地区经济和生活水平的提升。西非地区矿产资源丰富但开发程度较低，中国的实践经验和当地政府的优惠政策为合作提供了基础，但西方国家的早期占据也给中国企业带来了挑战。南非地区通过修改矿业法和实施鼓励政策，改善了投资环境，中国与南非的合作重点包括采矿、选矿、工业开发等领域。总体而言，中国与非洲各国家在矿业产业链供应链的合作不仅有助于提高资源综合利用程度，促进双方经济发展，还体现了互帮互助的合作精神。

在数字经济发展方面，北非地区与中国通过举办如中国—阿联酋经济贸易数字展览会等在线展会，为双方合作奠定了基础。阿尔及利亚、埃及、摩洛哥等国政府通过推动数字化转型的政策和计划，与中国的合作进一步深化，有助于实现多产业数字化转型和数字经济治理。东非地区作为"一带一路"倡议的重要节点，拥有丰富的资源，经济增长前景乐观。肯尼亚、埃塞俄比亚等国政府明确了发展数字经济的重要性，并逐步实施了相关计划，鼓励企业和劳动力利用新兴技术和网络平台，推动数字化产业投资。南部非洲地区在地理位置上具有独特优势，拥有庞大的消费者群体和多样化的市场需求。南非、毛里求斯等国政府高度重视数字化转型，并出台了一系列战略性政策文件，如《南部非洲发展共同体数字化战略计划（2017）》等，促进了数字经济的发展。总体来看，中国与非洲各地区在数字产业、经济增长、人文交流等方面的合作不断深化，双方在法律保障、技术升级、产业融合等方面的共同努力，为实现数字化转型和经济发展提供了坚实支撑。

## （二）中非产业链供应链合作短板

### 1. 产业基础不强

非洲制造业发展滞后，第一、第二产业在国民经济中占比不高，成为中非产业链供应链合作的主要制约因素之一。具体来看，北非的产业结构依赖第二、三产业，以纺织品、食品加工等为主。东非的农业增加值占 GDP 比重远高于世界平均水平，制造业发展缓慢，服务业受疫情冲击较为严重。中非的第三产业占比 47.12%，农业现代化水平较低，粮食依赖进口，制造业发展水平与非洲其他地区相比较低，产业结构依赖采掘业，第二产业易受国际大宗商品市场影响。西非第一产业增加值占比 25.89%，油气业、农业等领域发展良好，交通不发达影响旅游业，工业基础薄弱，石油储量位居非洲第二，天然气储量位居非洲第一。

### 2. 基础设施薄弱

非洲地区的基础设施薄弱，使贸易和投资成本很高，限制了其参与全球化分工。在信息化方面，非洲的互联网状况在 2010~2020 年有所改善，固定宽带订阅率逐渐增长。但不同国家之间的差异显著，南非、埃及等少数国家的互联网发展较为迅速，而其他国家则相对缓慢。与全球其他地区相比，非洲的固定宽带订阅率仍然较低，在全球产业链数字化转型的背景下，"数字鸿沟"将可能阻碍非洲国家参与全球分工。非洲地区的铁路里程数明显低于全球平均水平。非洲的铁路建设面临许多挑战，交通运输的落后给商品、要素的流通带来了不利影响。

### 3. 关键投入品依赖进口

总体来看，非洲尚未构建有效的区域内分工网络，特别是制造业极为依赖进口。从非洲进口最多的 10 个来源地来看，中国以 160.1 亿美元的总额位居榜首，其次是阿拉伯联合酋长国、印度、德国和法国等。从产品类别的角度来看，电子和电气在多个国家都是主要的进口类别，尤其在中国的进口组合中比较突出，达到 19.12 亿美元。这可能反映了非洲对先进技术和电子产品的需求增长。低科技产品和资源型制造品也在非洲的进口中占有较大份额，特别是与农业和纺织相关的产品。

非洲的进口结构相对集中在高科技和资源型产品，特别是与中国的贸易关系主要集中在电子和电气产品上，但中国的一些集成电路中间投入品较为依赖从西方国家进口，例如，先进制程的光刻机、光刻胶等，对中非在数字经济领域的产业链合作带来了一定不确定性。此外，对特定资源和低科技产品的依赖可能增加了非洲对全球经济波动的敏感性，从而可能影响中非合作的稳定性和可持续性。在未来的中非合作中，多样化的贸易结构和产业合作可能更有助于提升非洲在全球经济中的地位，并增强合作的互利性和韧性。

### （三）中非产业链供应链合作机遇

当前，全球供应链正在迅速重组，数字化、绿色化成为重要转型方向，更多元化的全球政治、经济格局为中非产业链供应链合作带来了重要机遇。

### 1. 数字化和技术进步

数字化和技术进步给中非产业链和供应链合作带来了前所未有的机遇，为双方的经济一体化发展和全球竞争力提升开辟了新的路径。首先，数字化技术的引入能够提高中非供应链的透明度和效率，通过大数据分析、人工智能等先进技术，中非可以实现供应链的实时监控和智能优化、降低运营成本、提高响应速度。其次，技术进步促进了中非在制造业、服务业等领域的产业升级，通过引入先进的自动化、智能化生产技术，中非可以提高生产效率，降低能耗，实现绿色生产。再次，数字化还促进了中非市场的深度融合，通过电子商务、移动支付等技术，中非可以实现跨境贸易的便捷化，促进双方市场的无缝对接。又次，技术进步还为中非在教育、医疗、金融等领域的合作提供了新的可能，通过远程教育、远程医疗等技术，中非可以实现优质资源的共享，提高非洲地区的公共服务水平。最后，数字化和技术进步还为中非在全球产业链中的地位提升提供了有力支撑，通过构建数字化的产业生态，中非可以实现双方在全球产业链中的优势互补，共同提升全球竞争力。

### 2. 绿色和可持续发展

随着全球对环境和气候变化的关注增加，绿色和可持续发展成为主流。非洲的丰富自然资源和可再生能源潜力为中非合作提供了新的机遇。绿色和可持续发展已成为全球共同追求的目标，对于中非产业链和供应链合作具有深远的战略意义。首先，中非双方在能源、基础设施、农业等领域的合作，正逐渐从传统模式转向绿色、低碳、可持续的方向，这一转变不仅符合全球可持续发展趋势，更是响应了国际社会对环境保护的共同呼声。其次，中非合作在推动绿色技术、绿色产品的研发和应用方面具有巨大潜力，可以促进双方在新能源、节能环保等领域的技术创新和产业升级。再次，中非合作还可以通过共建绿色供应链，推动双方在全球产业链中的地位提升，实现共同增长。例如，中非合作建设的绿色基础设施项目，不仅可以提高非洲大陆的互联互通水平，还可以促进区域内的经济一体化进程，为非洲的可持续发展提供有力支撑。最后，中非绿色合作还可以促进双方在全球环境治理中的合作，共同应对气候变化等全球性挑战，展现大国责任与担当。

### 3. 全球供应链的重组

在当前国际贸易环境变革的背景下，全球供应链正在经历重组，非洲有机会成为新的供应链节点，特别是在原材料、农产品和制造业方面，全球供应链的重组为中非产业链供应链合作带来了新的机遇。这一重组促使全球生产和供应链向成本较低、资源丰富、市场潜力巨大的地区转移，其中非洲大陆具有显著优势。中非合作在此背景下得到进一步的推动，中国的产业转移

和非洲的资源优势相结合，有助于实现双方的互补和共赢。通过深化合作，中非双方可以共同推动产业升级，增强供应链的韧性和稳定性，促进区域内外经济一体化，从而在全球供应链重组的大背景下，共同探索新的增长点，实现可持续发展目标，为全球经济治理体系的完善和国际经济秩序的稳定作出积极贡献。

### 4. 非洲的一体化进程

非洲的一体化进程在近年来取得了显著进展，特别是非洲大陆自由贸易区（AfCFTA）的成立，标志着非洲经济一体化迈出了重要一步。这一进程不仅促进了非洲内部市场的整合，提高了区域内贸易的便利化，还为非洲与全球其他经济体，特别是中国的合作提供了新的机遇。中非产业链供应链合作在此背景下得到进一步地深化和拓展。非洲一体化的推进使中非合作更加便捷，降低了贸易壁垒，增强了市场的互联互通。中国的技术、资金和经验可以更好地与非洲的资源和市场潜力相结合，共同推动产业升级和创新。此外，非洲一体化还有助于提高整个非洲大陆的治理能力、扩大市场规模，为中非合作提供更广阔的空间。

### 5. 地缘政治平衡

随着新兴经济体的崛起，世界可能会进一步走向多极化。这为非洲提供了更多的合作选择和策略平衡的机会。在复杂的国际环境中，中非合作可以为双方提供更多的策略选择和灵活性。地缘政治平衡在全球范围内对中非产业链供应链合作带来了独特的机遇。在当前复杂多变的国际政治环境下，各国寻求多元化合作以减轻单一地缘政治风险成为一种趋势。中国与非洲国家在此背景下的合作不仅基于经济利益的共同追求，还反映了双方在维护多边主义和推动全球治理体系改革方面的共同立场。地缘政治平衡促使中国和非洲国家加强合作，共同探索符合各自国情和发展阶段的合作模式，增强供应链的多样性和韧性。此外，中非合作还有助于非洲国家在全球政治经济体系中的地位提升，实现在全球事务中的更大话语权。

## 二　中非产业链供应链韧性

为综合反映中非产业链供应链韧性，本文拟从产业互补性、比较优势指数、进口贸易集中度、高技术产品出口占比、物流发展水平五个方面进行测度。

### （一）产业互补性

本文采用 Peter Dry-sdale 提出的贸易互补指数来反映，ESI 越大，表明 $i$ 国出口与 $j$ 国进口越匹配，表明两国贸易的潜在空间越大。

$$TCI_{ij} = \sum_k RCA_{xik} \times RCA_{mjk} \times \left( \frac{X_w^k}{X_w} \right) \tag{1}$$

其中，$RCA_{xik} = (X_i^k / X_i) / (X_w^k / X_w)$，$RCA_{mjk} = (M_j^k / X_j) / (M_w^k / M_w)$。

综合来看，中国出口与非洲进口的互补性分布较为均匀，中国出口能够较好满足大部分非洲国家的进口需求，特别是中国与乍得、尼日利亚和加纳等国的贸易互补程度较高，而与卢旺达、博茨瓦纳和塞舌尔等国的贸易互补程度较低。相较而言，非洲出口与中国进口分布差异较大，其中毛里塔尼亚、刚果（金）、塞拉利昂等少数国家与中国的贸易互补程度明显高于其他国家，圣多美和普林西比、塞舌尔等国的贸易互补程度则相对较低。上述结果表明，非洲国家出口与中国进口的互补性还有待提高，应进一步充分挖掘传统制造业、农业等非资源密集型行业的合作潜力。

### （二）比较优势指数

中国和非洲国家存在明显的"错位"比较优势，双方存在广阔产业链供应链合作空间（见图 1）。从动物、植物、油脂、食品和矿产品等领域的数据对比中明显观察到，非洲在这些领域的数值普遍高于中国，揭示了非洲在自然资源和农业生产方面的显著优势。而中国的优势体现在制造业和工业

化、科技和创新能力、供应链整合和物流能力、金融和服务业等方面,特别是在电子、纺织和机械等领域具有全球竞争优势,以及在新兴技术领域如5G、人工智能、新能源等方面展现出强大的研发和市场化能力。非洲的资源丰富性与中国的制造和科技优势相结合,为双方在经贸合作、资源互补和共同发展方面提供了可行性和机遇,有助于推动双边关系的深入发展和全球价值链的整合,实现合作共赢。

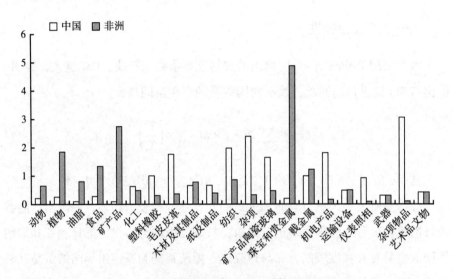

图1 2021年中国和非洲各行业比较优势指数

资料来源:根据 Uncomtrade 数据库数据计算。

## (三)进口贸易集中度

进口贸易集中度反映了对特定进口来源地的依赖程度,集中度指数越低,表明对特定进口来源地越依赖,缺乏备选的进口替代方案。图2的结果表明,中国各类产品的普遍进口集中度较低(大部分低于0.2),我国的供应链不依赖少数供应商。但值得注意的是,我国部分细分产品的进口来源地较为集中,进口贸易集中度较高对中非产业链供应链合作带来一定风险。此外,非洲的部分产品进口集中度较高,例如毛皮皮革、杂项、纺织等,而我国是非洲这些产品的主要供应国，一方面应积极应对全球产业链供应链调整，防止这些传统制造业过快转移至越南、印度等新兴工业化国家，另一方面，应积极推进在非洲投资设厂，充分利用当地的劳动力成本优势以及消费市场潜力，保障中非产业链供应链合作的稳定可持续。

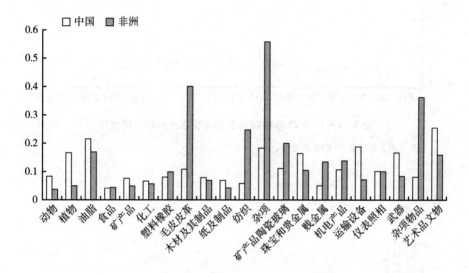

**图 2　2021 年中国和非洲各行业进口集中度**

注：集中度以赫芬达尔指数反映。

资料来源：根据 Uncomtrade 数据库数据计算。

## （四）高技术产品出口占比

在中国与非洲的比较中，可以明显看到中国的高科技出口占比远高于非洲平均水平，反映了中国在全球高科技供应链中的关键角色（见图 3）。同时，非洲各国的产品出口情况揭示了其在高科技出口方面的多样性和差异性，其中一些国家如摩洛哥、突尼斯和南非在高科技出口方面表现较好（见图 4）。中非产业链和供应链合作在这一背景下显得尤为重要。中国的技术优势和产业链经验可以助力非洲国家提升自身的高科技产业水平，而非洲的丰富资源和市场潜力为中国企业提供了新的合作机遇。

产业蓝皮书

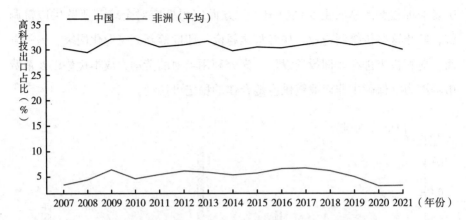

**图3　2007~2021年中国与非洲高技术产品出口的比较**

资料来源：世界银行 WDI 数据库。

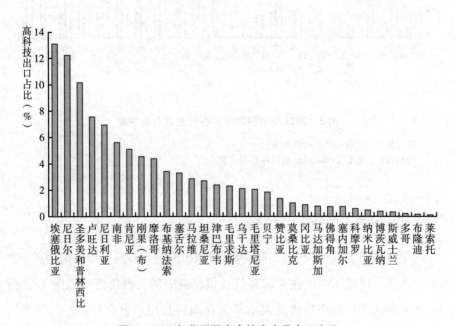

**图4　2021年非洲国家高技术产品出口占比**

资料来源：世界银行 WDI 数据库。

### （五）物流发展水平

中国的物流绩效指数相对较高，并在分析的时间段内呈现稳定上升的趋势。非洲平均物流绩效指数在一定时期内也呈现上升趋势，但总体上仍然低于中国（见图5）。从非洲具体国家来看（见图6），南非的物流绩效在非洲排名较高，这可能归因于其先进的基础设施、有效的政府政策、先进的物流技术和良好的教育系统。尼日利亚的物流绩效可能受到基础设施瓶颈和政府政策的限制，虽然经济规模庞大，但基础设施可能仍需改善。埃塞俄比亚作为内陆国家，其物流绩效可能受到运输成本和基础设施限制的影响；索马里的物流绩效较低，可能反映了政治不稳定和基础设施不足等因素。总体来看，非洲的物流发展水平偏低，有待进一步完善基础设施建设，保障中非产业链供应链合作畅通。

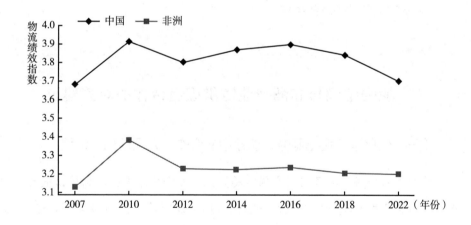

**图5　2007~2022年中国与非洲的平均货物准时到达频率的比较**

注：从1到5评分，1=很低，5=很高。
资料来源：世界银行WDI数据库。

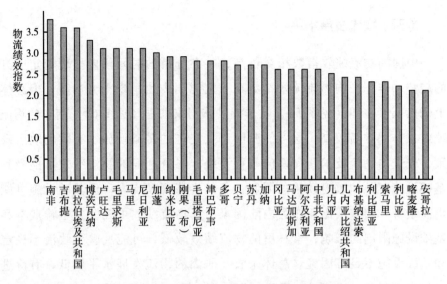

**图 6 2022 年非洲各国平均货物准时到达频率**

注：从 1 到 5 评分，1＝很低，5＝很高。
资料来源：世界银行 WDI 数据库。

## 三 加强中国与非洲产业链供应链合作的对策建议

### （一）优化跨境金融服务，加速中非合作"人民币化"进程

推进中非金融、能源市场交易去美元化，鼓励采用人民币结算，抵御汇率波动给企业生产经营带来风险。加快各地中非跨境人民币服务中心建设，发展跨境人民币资金池、跨境电商对非结算等业务，为中非金融业务提供更为便捷的绿色通道，提供人民币与南非兰特大规模使用币种的中非之间便捷高效的跨境汇款服务。

### （二）增强供应链韧性，提高关键投入品战略储备

建立中非产业链供应链数据库，提高供应链全局的可视化和可追踪性，

引导企业权衡仓储成本和"断链"风险，维持合理库存水平，预防突发事件造成的供应链中断，构建供应链风险预测模型，对潜在供应链风险及时提出预警，并保障企业的具体商业信息隐私，增强企业数据共享意愿。推动离岸仓储、海外仓储发展，利用海外仓库平滑生产、配送周期，规避突发原因引起的停工和运输中断，发挥海外仓库的调节器、缓冲器作用。

### （三）夯实互利共赢基础，改善中非合作舆论氛围

应彰显中国给非洲国家带来实际利益的基本事实，消除合作方政府、企业及民众的疑虑和对立情绪，夯实互利共赢基础，增强合作信心。提升国内主流媒体的跨文化传播能力，以国际化方式实事求是地讲好帮助非洲国家应对粮食能源危机、债务风险的中国故事，进一步树立中国负责任大国的国际形象。

### （四）实施分类分级监管，构建非洲利益保护和投资风险防控体系

创新联系企业方式，完善中央、地方、行业协会和企业共同参与、分工明确的预警机制，指导企业了解掌握非洲安全形势变化，对投资风险的成因、影响、案例等进行系统性梳理，总结俄乌冲突爆发以来，我国在非洲投资企业采取应对措施的经验和不足，作为海外企业应对重大突发性安全事件的参考借鉴。与行业和其他利益相关者合作，强化安全服务和执法机构能力，以打击非法采矿、电缆偷盗和基础设施破坏等行为。

### （五）引导梯度性产业布局，促进非洲国家形成区域内互补分工网络

研判不同非洲国家要素禀赋差异，引导中资企业形成多元化、梯度性的产业布局，增强非洲内部产业链供应链抵御外部风险的韧性。考虑在地中海沿岸、南部非洲等适宜稻谷种植的非洲区域推广高产优质小麦品种种植，优化在毛里求斯、南非等工业基础较好的非洲国家增加日用品、药品、疫苗、

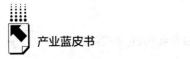
机电产品产能布局。投资非洲基础设施建设，修复铁路，扩充港口运力，提升电力供应保障，降低非洲区域内投资、贸易成本。

## 参考文献

白玫：《韩国产业链供应链政策变化及其影响研究》，《价格理论与实践》2022 年第 1 期。

白玫：《欧盟产业链供应链韧性政策研究》，《价格理论与实践》2022 年第 9 期。

郭朝先、许婷婷：《我国医药产业链供应链韧性和安全水平研究》，《经济与管理》2023 年第 3 期。

杨小科、郭朝先：《中国与共建"一带一路"国家产能合作高质量发展研究》，《中国社会科学院大学学报》2023 年第 4 期。

张其仔、许明：《实施产业链供应链现代化导向型产业政策的目标指向与重要举措》，《改革》2022 年第 7 期。

张其仔：《产业链供应链现代化新进展、新挑战、新路径》，《山东大学学报》（哲学社会科学版）2022 年第 1 期。

中国社会科学院工业经济研究所课题组：《提升产业链供应链现代化水平路径研究》，《中国工业经济》2021 年第 2 期。

# Contents

## I    General Report

**Abstract**: Enhancing the resilience and security of industrial chains and supply chains requires fully leveraging the role of enterprises and entrepreneurs, and improving their abilities and qualities, which are an inevitable requirement for building a high −level socialist market economy system and a modern industrial system. Enterprises are important actors in implementing the new development concept, and the main driving force for innovative development. At present, for leveraging the role of enterprises and entrepreneurs and enhancing their abilities and qualities, the key is to solve the mismatching contradiction between the innovation ability of enterprises, the supply of entrepreneurs abilities, and the new challenges and requirements. In this regard, efforts should be made to improve the incentive and constraint mechanism of state-owned enterprises, develop and strengthen the private economy, attach importance to the dominant position of enterprises in scientific and technological innovation, and playing the role of law in promoting long-term development and stabilizing expectations.

产业蓝皮书

**Keywords**: Industrial Chain Supply Chain Resilience; Technological Innovation Subject; Entrepreneurial Spirit

# Ⅱ Policy Reports

**B.2** Research on the Policy of Industry Chain Leader System

*Guo Chaoxian, Zuo Liguo / 010*

**Abstract**: The industry chain leader system is the government's precise guidance and regulation of regional industrial development and structural adjustment under the premise of conforming to the law of industrial development itself, and it is also an important starting point for the country to strengthen, supplement and stabilize the chain to effectively maintain the security and stability of the industrial chain and supply chain. At present , the industry chain leader system policy has been nidely promoted throughout the country. This paper on the basis of sorting out the industry chain leader system of local governments and central enterprises, proposed to clarify the functional positioning of the industry chain leader system, promote the coupling of the industry chain leader system between local governments and central enterprises, guide the dislocation and coordinated development of various regions, and further improve the quality of the industry chain leader system.

**Keywords**: Industry Chain Leader System; Central State-Owned Enterprises; Local Government

**B.3** Industrial Chain Master: Policy Practice Research

*Liao Jiancong, Jiang Hong / 016*

**Abstract**: At present, from the practical effect of the industrial chain "chain master" policy in various provinces, the pace of "chain master" enterprise cultivation has accelerated, the new pattern of the gradient development of high-quality "chain master" enterprises has initially formed, the ecological dominance of the "chain master" industry has been enhanced, the control of the industrial chain and supply chain has continued to strengthen, the R&D investment of "chain master" enterprises has continuously increased, and the willingness and ability of enterprises to innovate has gradually improved. However, need to accelerate the improvement of the overall top-level design. Build a "chain leader system" policy system with Chinese characteristics, lead the development of the "chain master" with new technologies, promote the high-quality development of the industrial chain supply chain, improve the opening level of the "chain master", promote international cooperation of the industrial chain, increase the reserve of industrial chain security policies, and improve the overall security level of the industrial chain.

**Keywords:** Chain Leader System; Chain Master; Industrial Policy; Industrial Chain

**B.4** Research on Supply Chain Innovation and Application Pilot Policy *Yuan Jingzhu / 026*

**Abstract:** The pilot policy of supply chain innovation and application has played a certain role in improving the resilience of the industrial chain supply chain and improving the efficiency of the industrial chain supply chain, and has formed some typical experiences in the innovation and development of the supply chain. However, the effect of policy implementation is still affected by some major problems, based on the above policy implementation issues, five suggestions are put forward to improve the effect of policy implementation.

**Keywords:** Supply Chain; Industrial Chain Supply Chain Resilience; the Effect of Policy Implementation

**B.5　Study on the Cultivation Policies of Specialized
and Sophisticated Enterprises**

*Zhang Jianying* / 033

**Abstract**：In order to solve the problem of technology "bottleneck" in key areas of the industrial chain, the Ministry of Industry and Information Technology and local governments began to intensively introduce policies and measures to cultivate specialized and sophisticated SMEs at the end of 2018. The 14th Five-Year Plan period (2021－2025) is an important period for the cultivation of specialized and sophisticated enterprises. By reading the official policy documents, this paper makes a comparative analysis of policies to cultivate specialized and sophisticated enterprises, and summarizes the existing problems and puts forward suggestions for improvement. it is suggested that the gradient cultivation system should be fully implemented, the support for listing cultivation should be increased, the system of batch issuance of award and subsidy funds should be implemented, and the specialized and sophisticated enterprises should be bigger and stronger.

**Keywords**：Specialized and Sophisticated Enterprises；Little Giant Enterprises；Gradient Cultivation

**B.6　Study on the Integration and Development of Large,
Medium and Small Enterprises**　　*Zhang Fengzhi* / 043

**Abstract**：The integrated development of large, small and medium-sized enterprises has been proposed in a number of important documents in China, and the two documents of 2018 and 2022 discuss the policy system of the integrated development of large, small and medium-sized enterprises in a more systematic way. After five years (2019－2023) of development, the pattern of integration and development of large, medium and small enterprises has been initially formed, and the resilience of the industrial chain has been greatly enhanced. Further promotion of the integration of large, medium and small enterprises, need to structure a real-time mapping of the industrial chain, taking major projects as a key, and stabilizing the external environment of enterprises.

Keywords: Integration Development of Large, Medium and Small Enterprises; Integration Innovation; Small and Medium Enterprises; Industrial Policy

## B.7 Research on Promoting the Deep Integration of Industrial Chain, Innovation Chain and Talent Chain

*Xu Ming* / 052

Abstract: Under the profound adjustment of the global supply chain system, promoting the integration of the industrial chain, innovation chain, and talent chain is an important measure to establish a modern manufacturing industry. This chapter focuses on the relevant policies of the industrial chain, innovation chain, and talent chain, and analyzes the mechanism and effectiveness of policies promoting the integration of the three chains. The evaluation of policy effectiveness is conducted from three aspects: industrial upgrading effect, innovation efficiency mechanism, and resource allocation effect. Finally, this chapter proposes policy implications for promoting the deep integration of the three chains: promoting the deep integration of the industrial chain and the innovation chain, building a talent chain around the industrial chain, improving the collaborative supporting system, and optimizing resource support policies.

Keywords: Industrial Chain; Innovation Chain; Talent Chain

## B.8 Research on the Industrial Chain Ecological Cultivation Policy

*Shan Yanfei* / 061

Abstract: Cultivating an industrial chain ecosystem is an important path for

high-quality industrial development in the digital economy era. This article proposes the "1+2+3+4" key path to cultivate the industrial chain ecosystem by sorting out the background, significance, connotation, and constituent elements of the proposed industrial chain ecosystem. On this basis, this article cultivates the industrial chain ecosystem progress in China from the central, local, and industry levels. Finally, this article proposes policy suggestions for further cultivating the industrial chain ecosystem.

**Keywords:** Industrial Chain; Industrial Ecological; Industry Collaboration

## B.9 Research on the Governance System for Industrial and Supply Chain
*Hu Wenlong* / 073

**Abstract:** The industrial and supply chain governance system is a fundamental and comprehensive governance system aimed at modernizing the chain connection between industrial enterprises, covering many elements such as basic systems, governance institutions, governance mechanisms, and governance objects. Its core task and main content are to establish a sound basic system and institutional mechanism, create a healthy and sustainable development environment for the industrial and supply chain, and focus on building four aspects: credit system, regulatory service system, standard system, and industry organization system. Through sorting out policy documents related to the industrial and supply chain at the national and local levels, it is found that the primary reason for strengthening the governance of the industrial and supply chain is to respond to external risk shocks of the industrial and supply chain; The governance model of the industrial and supply chain focuses on eliminating obstacles to the chain connection between industrial enterprises; The key to improving the governance system of the industrial and supply chain is to enhance the independent and controllable ability of the industrial and supply chain; Building an industrial and supply chain governance system and breaking through administrative regional restrictions has become the biggest highlight. At present, optimize industrial and supply chain governance system necessary to gradually eliminate regional segmentation, narrow institutional gaps, and build a unified national market, create a fair, stable, and predictable legal environment for industrial development, with the governance goal of promoting joint innovation of common technologies and key core technologies. Industrial and supply chain governance should fully leverage the government's "tangible hand" role.

**Keywords**: Industrial and Supply Chain; Governance System; Industrial Resilience; Industrial Chain Security

**Abstract**: Supply chain finance is not only a major component of the supply chain, but also a major lever for stabilizing, fixing, supplementing, and extending the supply chain. Since 2017, the central government has introduced relevant supply chain finance policies in areas such as information sharing, standardization construction, regulatory system adjustment, and addressing prominent issues; Local governments have actively followed up and introduced multiple supply chain finance policies. Under the influence of these policies, the supply chain finance system continues to improve, the financial infrastructure becomes more complete, the supply chain finance platform prospers and develops, and the supply chain finance business continues to optimize. To further promote the development of supply chain finance, this article analyzes the content of supply chain finance policies and evaluates policy objectives and effects. Based on this, the following suggestions are proposed: to improve the supply chain finance evaluation system through multiple channels; Continuously promoting the construction of the supply chain finance system; Differentiated evaluation of local government policy performance.

**Keywords**: Supply Chain Finance; Credit Foundation; Risk Control

产业蓝皮书

**B**.11　Research on the construction of green supply chain

*Liu Zhixiong*, *Lin Denghui and Xie Jianbang* / 093

**Abstract:** As global concern for environmental issues escalates, the construction of green supply chains has become a crucial aspect of sustainable development. This article thoroughly investigates China's green supply chain policies, tracking their evolution, characteristics, In conclusion, the article proposes recommendations for the future construction of China's green supply chain. It advocates for balanced development, promoting green consumerism, enhancing the resilience and competitiveness of the supply chain through collaborative production, and integrating innovative digital technologies to improve efficiency and sustainability. This comprehensive approach is not only aimed at elevating China's status in the global economic framework but also at making a significant contribution to the wider goals of sustainable development.

**Keywords:** Supply Chain; Green Supply Chain; Green Transformation

**B**.12　Research on the Shift and Relocation of Industry

Chain and Supply Chain　　*Miao Yufei*, *Guo Chaoxian* / 103

**Abstract:** The orderly shift of industry chain and supply chain is an important measure to improve regional coordination, and also an effective way to enhance industrial resilience and competitiveness. In recent years, China has attached great importance to industrial shift work and promoted industry and supply chain shift orderly across regions. In China, it is obvious typical industries such as textile and consumer-electronic tend to shift to central and western regions. Internationally, under geopolitical pressure, trade barriers and "reindustrialization" in European and American countries, part of our industry chain has shifted to Southeast Asia, South Asia and Latin America. At present, the implementation of related policies shows the following results: the shift of domestic industry and supply chain is more orderly, forming a group of excellent industrial clusters; the structure of foreign investment is continuously improved and the proportion of high-tech industries is increasing; the cooperation with "Belt and Road" countries on industrial shift is deeper and smoother. Finally, this paper puts forward some suggestions to promote independence and optimize the relocation of our industry chain.

**Keywords**: Industry Chain and Supply Chain; Industrial Shift; Industrial Techndogy

# Ⅲ  Industry Chain Reports

**Abstract**: Based on rice, wheat, corn and soybean, the resilience and safety level of China's grain industry chain and innovation chain were analyzed. From the perspective of export, the United States has significant advantages in the four kinds of foods, while China's have no advantages in export. From the perspective of imports, China is the world's major grain importer and the largest soybean importer. In terms of domestic production, rice is basically self-sufficient in China, corn and wheat can achieve a tight balance between supply and demand, and soybeans are seriously in short supply. China has a high degree of participation in the global grain industry chain, but its added value is low, so it is at the low end of the industry chain. From the perspective of the resilience and safety level of the supply chain of the grain industry chain, the risks in China are mainly concentrated in soybeans. The external dependence of soybeans and the importing countries accumulate risks are too high, which leads to weak resistance and resilience, weak control over the supply chain of the soybean industry chain. And the basic reason is the low breeding efficiency and weak innovation ability. In view of the problems

existing in the supply chain of China grain industry chain, some suggestions were put forward to further improve the toughness and safety level.

**Keywords:** Grain; Industry Chain Resilience; Innovation Ability

**B.14** Analysis on the Resilience of China's Fossil Energy
Industry Chain Supply Chain                     *Zhao Shuo* / 128

**Abstract:** This article analyzes the resilience of China's fossil energy industry and supply chain from four aspects: resistance, recovery, control, and innovation. Overall, the industrial and supply chain resistance of China's oil and natural gas industry is relatively weak; There are also hidden dangers in the recovery capacity of the three major fossil fuels; The control ability is gradually increasing, but the high degree of external dependence still restricts the stable development of the industrial chain and supply chain; Compared to the above three points, China's innovation capability in the fossil energy industry chain and supply chain has made significant progress, but the phenomenon of "bottleneck" in key technologies still exists.

**Keywords:** Fossil Energy; Industry Supply Chain; Resilience

**B.15** Research on the Resilience and Safety of Chinese
Mineral Resource Industrial and Supply chain

*Wang Lei* / 138

**Abstract:** Mineral resources are the basis of survival, production, and economic and social development, and have the characteristics of scarcity, depletion, irreplaceable and fundamental. In recent years, as a global consumer and importer of mineral resources, the resilience and security risks of Chinese mineral resources industry chain supply chain continue to appear within a wider context of the once-in-a-century changes taking place in the world. Therefore, we should apply systems thinking, coordinate development and security, coordinate domestic and international markets and resources, adhere to bottom-line thinking and limit thinking, take multiple measures and strive to build a more complete and resilient mineral resources industrial chain and supply chain.

**Keywords**: Mineral Resources; Industrial and Supply Chain; Resilience

**Abstract**: This chapter tries to construct a preliminary evaluation system which consists of nine primary indicators and 23 secondary indicators for the resilience of the pharmaceutical supply chain from four dimensions: resistance, recovery, control, and sustainability. Overall, the resistance of has increased, the recovery ability has improved, the control ability has significantly improved, and the sustained ability has been continuously enhancing. As a conclusion, in recent years, the resilience of China's pharmaceutical supply chain has significantly improved. Although there are still shortcomings, the resilience of China's pharmaceutical industry is stable but rising. China needs to continuously promote innovation, strengthen the supply of innovative resources, optimize the market structure, and actively utilize international resources in order to further improve the resilience of the supply chain of pharmaceutical industry and achieve its security.

**Keywords**: Pharmaceutical Industry; Supply Chain Resilience; Evaluation System

**Abstract**: The resilience and security of the supply chains in the new energy

industry have become an unignorable issue. Based on the analysis of key links and main players in the global new energy supply chains, this article evaluates the resilience and security level of China's new energy supply chains through a four-dimensional analysis framework consisting of resistance capacity, recovery capacity, control capacity, and innovation capacity. Through research, it is found that the resilience of China's new energy supply chains is mainly manifested in good risk resistance ability, strong supply chain control capacity, relatively fast industry recovery ability, and leading innovation capacity. However, there are also some technical and industrial shortcomings that urgently need to be addressed. To this end, firstly, it is necessary to strengthen risk monitoring and information sharing to improve the transparency of the supply chains in the new energy industry; secondly, increase the investment in technological research and development, strengthen the chain, accelerate technological breakthroughs, and alternative materials for key materials; thirdly, increase the reserves of key components and materials, and enhance the recycling and reuse of materials; and fourthly, strengthen international cooperation in the new energy industry, enhance communication, resolve contradictions and risks, and achieve safe and stable development of the supply chains in the new energy industry.

**Keywords:** New Energy; Resilience of Industry Chain and Supply Chains; Risk Resistance Ability; Supply Chain Control Capacity; Key Materials

**B**.18 Research on the Resilience and Security of
New Energy Vehicle Industry Supply Chain

*Bai Mei, Xu Zhe* / 185

**Abstract:** This article first analyzes the global distribution pattern of key links in the supply chain of the new energy vehicle industry, and constructs an four-dimensional evaluation framework for the resilience and security level of the industry chain supply chain. This framework covers resistance capacity, recovery capacity, control capacity, and innovation capacity. Research has found that China's new energy vehicle industry chain and supply chain have shown a good overall level of four-dimensional capabilities, specifically manifested as high degree of export diversification, powerful policy support, scale advantage, and strong talent absorption ability; However, key technologies and core components are still the main point in the future. The supply chain of China's new energy vehicle industry is still constrained in key technology research and development, relies on imports for core components, and has a supply and demand gap in related research and manufacturing talents. To this end, four suggestions are proposed: firstly, we should adhere to the diversified import orientation and expand import sources; Secondly, we need to build a policy support system from the perspective of the entire industry chain and supply chain; Thirdly, we need to increase technological research and development efforts and adhere to independent innovation; Fourthly, we need to strengthen the construction of a scientific and technological talent team in key links.

**Keywords:** New Energy Vehicle; Industry Chain and Supply Chain; Resilience Assessment; Industry Security

**B**.19  Research on the Resilience and Security Level of the
Supply Chain in the Artificial Intelligence Industry Chain

**Abstract:** As an important driving force for the new round of technological revolution and industrial transformation, achieving autonomous and controllable artificial intelligence technology is the key to China's development of the digital economy, the only way to enhance the international competitiveness of China's digital economy, and the core to ensuring the resilience and security of China's artificial intelligence industry supply chain. This article constructs the artificial intelligence industry chain supply chain resilience and security index. The study found that the

overall artificial intelligence industry chain supply chain resilience index in China is gradually increasing, and it is in the middle and upper reaches. Priority should be given to improving innovation ability, thereby driving the improvement of recovery ability, control ability, and resistance ability. Therefore, in order to enhance the resilience and security of the artificial intelligence industry chain supply chain, policy support for AI technology innovation should be strengthened, policy preferences for AI technology innovation investment and financing should be increased, and the training mode for AI related talents should be improved.

**Keywords**: Artificial Intelligence; Industrial Chain; Supply Chain; Resilience; Security

## B.20 Research on the Resilience and Security of the IC Industry Chain and Supply Chain      *Li Xianjun* / 210

**Abstract**: In recent years, the United States has imposed "long-arm jurisdiction" on the global integrated circuit (IC) industry in the name of national and industrial security, which has led to unprecedented turbulence in the global IC industry. In addition, the United States' "decoupling" from China and promoting its allies to isolate China have put the Chinese IC industry at risk of unprecedented chain breaks and supply disruptions. The downward trend of the IC industry has further exacerbated the competitive risks. However, around the theme of self-reliance and breakthroughs in cutting-edge technology, China has accelerated technological and product breakthroughs in the IC industry chain and supply chain, effectively alleviating the impact of external forces. The resilience and security of China's IC industry chain and supply chain have been effectively alleviated. In the future, in the face of the reality of the United States' "decoupling" and suppression, the industry's downward cycle, and the limitations of domestic technological strength, improving the resilience and security of China's IC industry chain and supply chain requires not only the active behavior ability of the country, but also the innovative development of the entire industry, forming a high-quality development force jointly promoted by the country and the industry.

**Keywords**: Integrated Circuit Industry; Industrial Chain; Supply Chain

**B**.21  Research on the Resilience and Security of the Industrial

Robot Industry Chain and Supply Chain  *Kong Weina* / 225

**Abstract**: As the basic equipment of high-end intelligent manufacturing, industrial robots are an important carrier for the digitization, intelligence, and informatization of the manufacturing industry. They are the lifeblood of the high-end manufacturing industry and are often hailed as the "pearl at the top of the manufacturing crown". This chapter focuses on the key strategic sub products in the upstream, midstream, and downstream industrial robot industry chains of China, Germany, Japan, the United States, and other intelligent manufacturing powers. The resilience and safety level of key strategic sub products in the industry chain are measured from four dimensions: resistance ability, resilience, control ability, and innovation ability. By comparing various indicators by country and time, the problems in China's industrial robot industry are analyzed, Reveal the main risks and challenges faced by the development of China's industrial robot industry. At present, China faces serious external dependence and low localization rate in core components such as upstream sensors, servo motors, and reducers in the field of industrial robots. From a national strategic perspective, firstly, we need to increase government support for the industrial robot industry, break through core component technology breakthroughs and disruptive innovation, and lead the global new track. The second is to strengthen collaborative innovation between industry, academia, and research, promote the integration of the industrial robot industry chain and the four chains, and promote the industrial application of scientific and technological achievements. The third is to strengthen international cooperation and enhance China's position in the global industrial robot industry chain division of labor system.

**Keywords**: Industrial Robots; Industrial Chain; Resilience

# Ⅳ   Clusters Reports

**B** . 22   Research on the Resilience of Advanced

Manufacturing Clusters                                          *Zhou Lin* / 245

**Abstract**: During the rise of a new round of scientific and technological revolution and industrial transformation, constructing and developing advanced manufacturing clusters is a necessity measure for China to maintain its core competitive advantage in the global manufacturing industry, and it is also a key way to build a modern industrial system and consolidate the foundation of the real economy. In this process, it is very important to shape and improve cluster resilience. This chapter focuses on the resilience of advanced manufacturing clusters, and explores the spatial distribution and industry distribution of the current state-level advanced manufacturing clusters based on systematically sorting out the connotation of advanced manufacturing clusters and their resilience. The development status and policy guidance of advanced manufacturing clusters (including space policy, industry and innovation policy, talent policy, service guarantee policy) are reviewed in detail. Subsequently, we focus on enhancing resistance, recovery, control, and leadership abilities while proposing the promotion of intensive, cost-effective, and efficient growth of clusters through high-quality development zones as carriers. We aim to establish a comprehensive cluster industry ecosystem that enhances both independent " hematopoietic " capabilities and mutual "blood supply" within clusters. Additionally, we actively seek integration into global networks such as industrial chains, supply chains, innovation chains to foster policy suggestions.

**Keywords**: Advanced Manufacturing Clusters; Resilience; Modern Industrial System

**B**. 23  Research on the Resilience of Innovative Industrial Clusters

*Li Lei* / 257

**Abstract**: The innovative industrial cluster is an important form of industrial organization for the in-depth implementation of the innovation-driven development strategy, which is of great significance for the realization of innovation-driven industrial development and the construction of Chinese path to modernization. The study has found that innovative industrial clusters in China has developed rapidly, and there are varying degrees of imbalance between regions, provinces within regions, and industries. The development of various factors that determine cluster resilience varies among different regions. The eastern region has a strong economic foundation and innovation capability for innovation. The northeast region has obvious advantages in innovative services, while the central and western regions have weak development in all aspects of innovation, especially the central region. The differences in policy and institutional environment, innovative resources, opening up to the outside world, and market mechanisms among regions are the important reasons for the resilience differences of regional innovative industrial clusters. Therefore, policy recommendations are proposed to promote the resilience improvement of innovative industrial clusters in various regions by focusing on gathering high-end and high-quality innovative resources, creating a new ecosystem for the integration development of large, medium and small enterprises, establishing an institutional environment conducive to cluster innovation, constructing a three-dimensional service system conducive to cluster innovation, and strengthening the division of labor and cooperation and collaborative innovation level of clusters.

**Keywords**: Innovative Industrial Clusters; Economic Base; Innovation Capability; Innovative Services

产业蓝皮书

**B**.24 Research on the Resilience of Strategic Emerging

Industry Clusters *Li Zan* / 270

**Abstract**: The resilience of strategic emerging industrial clusters is a concentrated reflection of the modernization level and safety level of industrial chain and supply chain. Industrial clusters with resilience are more competitive, influential and vocal. The overall resilience of China's strategic emerging industry clusters has increased, but there are significant differences in resilience between different types of industrial clusters. Using HHI to calculate the resilience of the rail transit equipment industry cluster and the intelligent manufacturing equipment industry cluster, on the one hand, these two types of emerging industry clusters have strong resilience, and the resilience of the intelligent manufacturing equipment industry cluster is stronger than that of the rail transit equipment industry cluster; On the other hand, in the same category of emerging industries, the larger the scale of intermediate goods import, the more diverse and balanced the import structure of the industrial cluster, and the stronger its resilience. The role of chain master enterprises, the industrial ecological environment, and the depth of integration into the global value chain have caused the differences in the resilience of different types of industrial clusters. The resilience of strategic emerging industrial clusters can be improved from four aspects: dynamic implementation of flexible industrial policies, construction of industrial ecology for integrated development of large, small and medium-sized enterprises, construction of innovation ecosystem, and increasing opening-up and in-depth participation in global production networks.

**Keywords**: Strategic Emerging Industry Cluster; Industrial Ecology; Herfindahl-Hirschman Index

**Abstract**: As an advanced representative of China's old industrial cities and resource-based cities, the industrial transformation and upgrading demonstration zone shoulders the important mission of leading the transformation and development of the country's old industrial cities and resource-based cities. This paper analyzes the economic resilience of 16 national high-tech industry development zones selected as national industrial transformation demonstration parks. Influenced by factors such as the transformation and upgrading degree of the demonstration zone, the degree of economic extroversion, and the differences in human resources and scientific and technological innovation, the economic resilience of the industrial transformation and upgrading demonstration zone is different in the face of the COVID-19. Overall, the high-tech development zones in the west and east are more resilient than those in the northeast and middle. And then it puts forward the policy suggestions to improve the economic resilience of industrial transformation demonstration parks from the aspects of establishing and improving the long-term mechanism, supporting the development of characteristic industries, and strengthening the factor guarantee support.

**Keywords**: Old Industrial Cities ; Resource-Based Cities; Industrial Transformation and Upgrading Demonstration Park; Resilience

**Abstract**: Characteristic industrial clusters are an important organizational form for promoting rural agricultural construction and high-quality development of small and medium-sized enterprises. By analyzing 180 identified advantageous and

100 small and medium-sized enterprise characteristic industrial clusters, it was found that significant spatial distribution differences and imbalanced industrial distribution exist. Through policy text analysis, it was also found that the structure of policy tools for China's characteristic industrial clusters is uneven, and the use of policy types is relatively limited. The use of demand based policy tools, restrictive and normative policies, and policies with spatial support dimensions is weak. Overall, there are prominent issues affecting China's characteristic industrial clusters resilience, such as incomplete leading industries and supporting systems, low platform empowerment, limited industrial structure, low integration of industrial chains, and improper design of policy tools. Therefore, it is suggested to build a diversified industrial pattern and improve product quality, to promote digital transformation and enhance platform empowerment, to strengthen the depth of industrial chain integration and promote the coordinated development of the "four chains", and to propose countermeasures and suggestions to promote the high-quality development of characteristic industrial clusters through policy guidance assistance in the efficient and coordinated development of characteristic industrial clusters.

**Keywords:** Characteristic Industrial Clusters; Small and Medium-Sized Enterprises; Industrial Chain; Resilience

# V Special Reports

**B.27** Research on the Evaluation Methods for the Resilience of Industrial Chain Supply Chain

*Chen Changhao, Zhang qizi* / 312

**Abstract:** The resilience of the industrial chain supply chain is an evaluation of its ability to maintain normal operation after being impacted. Accurately and scientifically evaluating the resilience of the industrial chain supply chain can help guide the development of the industrial chain supply chain, lead the industry chain supply chain to fill the "shortcomings", and achieve innovation and upgrading of the industrial chain supply chain. On the basis of existing domestic and foreign research, combined with previous research results, this article proposes four basic abilities for evaluating the resilience of industrial chain supply chains, namely resistance ability, recovery ability, control ability, and innovation ability. By analyzing and clarifying the logic of evaluating the resilience of industrial chain supply chains, a framework for evaluating the resilience of industrial chain supply chains is constructed. This indicator framework and method propose a scientific and systematic evaluation method for industrial chain supply chains, Provide reference for future research.

**Keywords**: Industrial Chain Supply Chain; Resilience; Indicator System; Evaluation Method

## B. 28   Research on the Efficiency of New Infrastructure
## Improving the Resilience of Industrial and Supply Chains

*Guo Chaoxian, Fang Ao / 326*

**Abstract**: New infrastructure has great potential to enhance the resilience of China's industrial and supply chains. On the one hand, subjectival resilience has been strengthened by enhancing enterprise's position in the value chain, promoting digital and intelligent transformation, and enhancing innovation capabilities; On the other hand, structural resilience has been optimized by optimizing supply and demand matching, accelerating production system transformation, and constructing a comprehensive integrated collaborative innovation chain. Currently, basic supporting capacity, core empowering role, driving and leading function of China's digital, integrated, and innovative infrastructure to enhance the resilience of the industrial and supply chain have significantly improved. Propose targeted countermeasures and suggestions: coordinate the overall long-term construction, focus on collaboration in key areas to enhance innovation capabilities; Promote

high-quality integration of data and reality, improve the talent supply and demand system to enhance resistance capabilities; Accelerate the formulation of legal norms, enhance the level of government services and supervision to strengthen recovery capabilities; Strengthen international cooperation, ensure development security from multiple dimensions to enhance control capabilities.

**Keywords**: Industrial and Supply Chain's; New Infrastructure; Resilience

**B**.29  China's Strategy in the Context of Global Industrial and
Supply Chains Adjustment

*Yang Xiaoke, Chen Mingxian* / 341

**Abstract**: The security of the industrial chain and supply chain is not closed but open. The adjustment of the global industrial chain and supply chain is facing the trend of localization, regionalization, diversification, digitalization, and greening. This adjustment has created more market opportunities for Chinese enterprises, reduced production costs, promoted labor employment and accelerated technological innovation. However, it has also brought a series of difficulties to Chinese enterprises, such as uncertainty in trade policy, increased geopolitical risks, slow upgrading of domestic industrial structure, rising labor costs, and increased pressure on the environment and sustainable development. and new AI technology challenges. In order to respond to the adjustment of the global industrial and supply chain, China could provide a more open and stable business environment, support innovation and technology transfer, promote regional cooperation and free trade, strengthen corporate social responsibility, and actively participate in global problem solving, and make efforts to build a global industrial and supply chain cooperation system.

**Keywords**: Industrial Chain and Supply Chain ; Resilience; Security Level

**Abstract**: Based on relevant trade data and theories, through quantitative calculation, this paper investigates the changes of import and export trade of major products between China and the countries jointly built by "the belt and road initiative", and analyzes and predicts the resilience and security of China's industrial chain and supply chain along the "the belt and road initiative" to a certain extent. The evaluation results show that China really needs to build a specialized high-end think tank for the "the belt and road initiative" to improve its strategic positioning and decision-making level. Faced with the increase of international uncertainties, the international competition among industries with different technical levels is intensifying day by day. The risk of "neck sticking" not only comes from developed countries, but China really needs to implement differentiated industrial policies to deal with it. While carrying out docking at the strategic level, it is necessary to guide the industrial chain that realizes the regional reconstruction, and to rely on scientific and technological innovation to lead the industrial chain that accelerates the upgrading to the high end of the value chain.

**Keywords**: The Belt and Road Initiative; Industrial Chain and Supply Chain; Scientific and Technological Innovation

**Abstract**: This section analyzes the pattern and environment of industrial chains and supply chain cooperation between China and Africa, evaluates the resilience of industrial chains and supply chain cooperation between China and Africa, and proposes countermeasures and suggestions to strengthen industrial

chains and supply chain cooperation between China and Africa. Research has found that the population base of various regions in Africa provides them with huge market and production potential. Africa is particularly outstanding in terms of production and reserves of some key minerals. In recent years, African countries have introduced a series of policies to promote trade and investment, which have provided strong support for supply chain cooperation between China and Africa. both China and Africa should continue to build an independent, controllable, safe and efficient supply chain cooperation mechanism, achieve complementary industrial advantages, and actively create a good public opinion environment for cooperation between China and Africa.

**Keywords**: Sino-African Cooperation; Industrial Chain and Supply Chain; Resilience

社会科学文献出版社

# 皮 书

## 智库成果出版与传播平台

### ❊ 皮书定义 ❊

皮书是对中国与世界发展状况和热点问题进行年度监测，以专业的角度、专家的视野和实证研究方法，针对某一领域或区域现状与发展态势展开分析和预测，具备前沿性、原创性、实证性、连续性、时效性等特点的公开出版物，由一系列权威研究报告组成。

### ❊ 皮书作者 ❊

皮书系列报告作者以国内外一流研究机构、知名高校等重点智库的研究人员为主，多为相关领域一流专家学者，他们的观点代表了当下学界对中国与世界的现实和未来最高水平的解读与分析。截至 2022 年底，皮书研创机构逾千家，报告作者累计超过 10 万人。

### ❊ 皮书荣誉 ❊

皮书作为中国社会科学院基础理论研究与应用对策研究融合发展的代表性成果，不仅是哲学社会科学工作者服务中国特色社会主义现代化建设的重要成果，更是助力中国特色新型智库建设、构建中国特色哲学社会科学"三大体系"的重要平台。皮书系列先后被列入"十二五""十三五""十四五"时期国家重点出版物出版专项规划项目；2013~2023 年，重点皮书列入中国社会科学院国家哲学社会科学创新工程项目。

# 皮书网

（网址：www.pishu.cn）

发布皮书研创资讯，传播皮书精彩内容
引领皮书出版潮流，打造皮书服务平台

## 栏目设置

**◆关于皮书**

何谓皮书、皮书分类、皮书大事记、
皮书荣誉、皮书出版第一人、皮书编辑部

**◆最新资讯**

通知公告、新闻动态、媒体聚焦、
网站专题、视频直播、下载专区

**◆皮书研创**

皮书规范、皮书选题、皮书出版、
皮书研究、研创团队

**◆皮书评奖评价**

指标体系、皮书评价、皮书评奖

**◆皮书研究院理事会**

理事会章程、理事单位、个人理事、高级
研究员、理事会秘书处、入会指南

## 所获荣誉

◆2008 年、2011 年、2014 年，皮书网均
在全国新闻出版业网站荣誉评选中获得
"最具商业价值网站"称号；
◆2012 年，获得"出版业网站百强"称号。

## 网库合一

2014年，皮书网与皮书数据库端口合
一，实现资源共享，搭建智库成果融合创
新平台。

皮书网　　"皮书说"　　皮书微博
　　　　微信公众号

**权威报告·连续出版·独家资源**

# 皮书数据库
## ANNUAL REPORT(YEARBOOK)
## DATABASE

## 分析解读当下中国发展变迁的高端智库平台

### 所获荣誉

● 2020年，入选全国新闻出版深度融合发展创新案例
● 2019年，入选国家新闻出版署数字出版精品遴选推荐计划
● 2016年，入选"十三五"国家重点电子出版物出版规划骨干工程
● 2013年，荣获"中国出版政府奖·网络出版物奖"提名奖
● 连续多年荣获中国数字出版博览会"数字出版·优秀品牌"奖

皮书数据库

"社科数托邦"
微信公众号

### 成为用户

　　登录网址www.pishu.com.cn访问皮书数据库网站或下载皮书数据库APP，通过手机号码验证或邮箱验证即可成为皮书数据库用户。

### 用户福利

● 已注册用户购书后可免费获赠100元皮书数据库充值卡。刮开充值卡涂层获取充值密码，登录并进入"会员中心"—"在线充值"—"充值卡充值"，充值成功即可购买和查看数据库内容。
● 用户福利最终解释权归社会科学文献出版社所有。

数据库服务热线：400-008-6695
数据库服务QQ：2475522410
数据库服务邮箱：database@ssap.cn
图书销售热线：010-59367070/7028
图书服务QQ：1265056568
图书服务邮箱：duzhe@ssap.cn

社会科学文献出版社 皮书系列
SOCIAL SCIENCES ACADEMIC PRESS (CHINA)

卡号：784743633319
密码：

# S 基本子库
SUB DATABASE

## 中国社会发展数据库（下设 12 个专题子库）

紧扣人口、政治、外交、法律、教育、医疗卫生、资源环境等 12 个社会发展领域的前沿和热点，全面整合专业著作、智库报告、学术资讯、调研数据等类型资源，帮助用户追踪中国社会发展动态、研究社会发展战略与政策、了解社会热点问题、分析社会发展趋势。

## 中国经济发展数据库（下设 12 专题子库）

内容涵盖宏观经济、产业经济、工业经济、农业经济、财政金融、房地产经济、城市经济、商业贸易等 12 个重点经济领域，为把握经济运行态势、洞察经济发展规律、研判经济发展趋势、进行经济调控决策提供参考和依据。

## 中国行业发展数据库（下设 17 个专题子库）

以中国国民经济行业分类为依据，覆盖金融业、旅游业、交通运输业、能源矿产业、制造业等 100 多个行业，跟踪分析国民经济相关行业市场运行状况和政策导向，汇集行业发展前沿资讯，为投资、从业及各种经济决策提供理论支撑和实践指导。

## 中国区域发展数据库（下设 4 个专题子库）

对中国特定区域内的经济、社会、文化等领域现状与发展情况进行深度分析和预测，涉及省级行政区、城市群、城市、农村等不同维度，研究层级至县及县以下行政区，为学者研究地方经济社会宏观态势、经验模式、发展案例提供支撑，为地方政府决策提供参考。

## 中国文化传媒数据库（下设 18 个专题子库）

内容覆盖文化产业、新闻传播、电影娱乐、文学艺术、群众文化、图书情报等 18 个重点研究领域，聚焦文化传媒领域发展前沿、热点话题、行业实践，服务用户的教学科研、文化投资、企业规划等需要。

## 世界经济与国际关系数据库（下设 6 个专题子库）

整合世界经济、国际政治、世界文化与科技、全球性问题、国际组织与国际法、区域研究 6 大领域研究成果，对世界经济形势、国际形势进行连续性深度分析，对年度热点问题进行专题解读，为研判全球发展趋势提供事实和数据支持。

# 法律声明